MARTIN LUTHERS VORSTELLUNG VON DER REICHSVERFASSUNG

von

WOLFGANG GÜNTER

ASCHENDORFFSCHE VERLAGSBUCHHANDLUNG
MÜNSTER WESTFALEN

REFORMATIONSGESCHICHTLICHE STUDIEN UND TEXTE

In Verbindung mit Remigius Bäumer, Theobald Freudenberger, Klaus Ganzer, Konrad Repgen und Ernst-Walter Zeeden herausgegeben von

Erwin Iserloh

HEFT 114

D 25

Aschendorffsche Buchdruckerei, Münster Westfalen, 1976

ISBN 3-402-03761-0

Dem Andenken von

PROFESSOR DR. AUGUST FRANZEN

† 30. März 1972

INHALTSVERZEICHNIS

Vorwort 1

Einleitung 3
1. Das Problem 3
2. Die Problemgeschichte 8

I. Kapitel:
DIE THEOLOGISCHEN GRUNDLAGEN EINER VERFASSUNG 17
1. Die Lehre von den weltlichen Ständen 17
2. Die Lehre von der Obrigkeit 22
3. Die obrigkeitliche Verfassungsform 28

II. Kapitel:
DAS „HEILIGE RÖMISCHE REICH DEUTSCHER NATION" 31
1. Deutsches Reich oder Weltimperium? 31
2. Das Reich als „Imperium Romanum" 41
3. Das Reich als „Sacrum Imperium" 49

III. Kapitel:
DIE REICHSVERFASSUNG BIS 1530 53
1. Der Aufbau des Reiches 53
2. Die Reichsstände 57
3. Der Kaiser 58
   a) Die Funktion des kaiserlichen Amtes 58
   b) Grundlagen und Grenzen des kaiserlichen Amtes 61
4. Die Reichsangehörigen 74
   a) Die allgemeine Verantwortung für das Recht 74
   b) Die allgemeine Verantwortung für das gemeine Wohl 79

IV. Kapitel:
PROBLEME EINER REICHSREFORM 83
1. Die Reform der Herrschaftsordnung (Politia) im Reich 84
   a) Die Reformbedürftigkeit des Reiches 84
   b) Die Reform des Herrschaftsverbandes 85
2. Die Reform der Lebensordnungen (Oeconomia) im Reich 89
3. Die Reform der Reichskirche (Ecclesia) 96
   a) Reformtendenzen und Reformbedürfnisse in der Reichskirche 96
   b) Luther und die Nationalkirche 98
   c) Innere Reform der Reichskirche 106

V. Kapitel:
DER AUGSBURGER REICHSTAG ALS WENDE 117
1. Die Führungskrise im Reich 117
2. Widerstand und Reichsverfassung 212
3. Neue Einflüsse auf Luthers Verfassungsvorstellung 125
4. Die Verfassungsform des Reiches 130

VI. Kapitel:
DIE REICHSVERFASSUNG BIS 1539 135
1. Die Verfassungspolitik und Bekenntnis. 135
2. Die Reichsverfassung 138

VII. Kapitel:
PROBLEME EINER REICHSREFORM 1530–1546. 143
1. Reform durch Verfassungsänderung?. 143
2. Die Reform der Reichskirche 147
   a) Innere Reformen der Reichskirche 147
   b) Die Nationalkirche 152

VIII. Kapitel:
LETZTE ENTWICKLUNGEN. 157
1. Die kurfürstlich-aristokratische Reichskonzeption 157
   a) Die Tischrede vom 7. Februar 1539 157
   b) Der Brief an Johann Ludicke 167
   c) Weitere Äußerungen vom Frühjahr 1539. 168
2. Ständische Freiheit und neue Lehre 171

ERGEBNISSE. 175

QUELLEN- UND LITERATURVERZEICHNIS 181
1. Quellen. 181
2. Literatur 183

ABKÜRZUNGEN. 201

PERSONENREGISTER 203

SACHREGISTER. 205

VORWORT

Diese Arbeit wurde im Wintersemester 1972/73 von den Philosophischen Fakultäten der Universität Freiburg als Dissertation angenommen und für den Druck überarbeitet.

Es bekümmert mich, daß ich meinem verehrten Lehrer, Professor Dr. August Franzen (†30. März 1972), nicht mehr persönlich danken kann. Er hat mein Interesse für die Reformationsgeschichte geweckt, diese Untersuchung angeregt und meine wissenschaftliche Entwicklung in einer Weise gefördert, die weit über das an der heutigen Großuniversität übliche Maß hinausgeht. Seinem Andenken sei dieses Buch gewidmet.

Besonderen Dank schulde ich auch Herrn Professor Dr. Gottfried Schramm. Seine Art, Geschichte strukturell zu raffen und zu interpretieren, hat mein Verständnis vom Beruf des Historikers entscheidend mitgeprägt. Nach dem unerwarteten Tod von Professor Franzen hat er diese Arbeit bis zu ihrem Abschluß betreut und mir in zahllosen Gesprächen Kritik und Anregungen zuteil werden lassen.

Zu danken habe ich auch den Herren Professor Dr. Josef Engel, Tübingen, und Professor Dr. Konrad Repgen, Bonn, für wertvolle Hinweise, die der Druckfassung zugute kamen.

Der Gesellschaft zur Herausgabe des Corpus Catholicorum und ihrem Vorsitzendem, Herrn Professor Dr. Erwin Iserloh, Münster, danke ich sehr herzlich für die Aufnahme meiner Arbeit in die Reihe »Reformationsgeschichtliche Studien und Texte«. Ebenso danke ich der Erzdiözese Freiburg und dem Kuratorium der Wissenschaftlichen Gesellschaft in Freiburg für erhebliche Druckkostenzuschüsse.

Frau Oberstudienrätin Marlene Wronka, Freiburg, und Herr Dr. Albrecht Endriß, Tübingen, haben mir freundlicherweise bei den Textkorrekturen geholfen. Ich möchte ihnen an dieser Stelle noch einmal sehr herzlich für ihre Mühe danken.

EINLEITUNG

1. Das Problem

Luthers öffentliches Auftreten sprengte rasch den engen Rahmen theologischer Fachdiskussion und kirchlicher Lehraufsicht. Es wurde zum Signal, das unerwartet und unvorhersehbar die divergierenden Wünsche und Hoffnungen eines ganzen Volkes zu einen schien. Wie kaum eine andere Persönlichkeit des Spätmittelalters eroberte sich der bis dahin unbekannte Mönch und Professor das Monopol über die öffentliche Meinung Deutschlands. Wenn schon dies genügte, sein Auftreten zu einem Politikum ersten Ranges zu machen, so sorgten die ekklesiologischen und politischen Konsequenzen seiner Botschaft für ein übriges. In der Schrift an den christlichen Adel entwarf er ein Reformprogramm, das nicht nur den päpstlichen Primat angriff, Gebrechen der Kirche aufzeigte und die Reformkompetenz der weltlichen Gewalt proklamierte, sondern auch die Reform vieler weltlicher Mißstände forderte.

Die neue Lehre erstrebte damit nicht nur eine neue Kirchenverfassung und ein verändertes Verhältnis zwischen geistlicher und weltlicher Gewalt, sondern machte sich auch zum Maßstab im Beurteilen und Lösen zentraler Zeitprobleme: Die Dynamik eines religiösen Aufbruchs sollte sich erneuernd und verändernd dem kirchlichen, sozialen und wirtschaftlichen Leben mitteilen.

Diese Reformappelle wandten sich an die Obrigkeiten im Reich, unter denen Luther den Kaiser – das von Gott gegebene *»junge edle Blut«* [1] – mit besonderer Sympathie auszeichnete und keinen Zweifel daran ließ, daß er die Reform von Kirche und Reich vor allem von ihm erwartete. Darüber hinaus wandte sich Luther, ohne genau nach Zuständigkeiten zu scheiden, an alle hohen und niederen Obrigkeiten im Reich: an die Fürsten und an die Städte, an den Adel im allgemeinen. Wichtig sind ihm allein die Reformen – die Frage nach ihrer konkreten politischen Verwirklichung, nach den jeweils zuständigen Instanzen, verschwindet hin-

---

[1] Vgl. WA 6, 405.

ter der unreflektierten Illusion einer Harmonie der obrigkeitlichen Gewalten im Reich.

Mit diesem Appell an die Träger der politischen Macht war Luther auf einen Bereich gestoßen, dessen innere Verhältnisse keinesfalls so harmonisch waren, wie er arglos glaubte. Denn die Reichsverfassung mit ihrer Pluralität der Herrschaftsgewalten befand sich im frühen 16. Jahrhundert in einer Entwicklungsphase, in der – trotz oder gerade wegen der vorausgegangenen Reichsreformperiode – viele Fragen offen standen.

So war noch nicht endgültig darüber entschieden, welchen Kurs das Reich zwischen den extremen Möglichkeiten eines aristokratischen Staatenbundes oder eines monarchischen Einheitsstaates steuern würde[2]. Zwar hatte der Kaiser während des Spätmittelalters wichtige Hoheitsrechte an die Fürsten verloren; zwar wurde er durch Kurkolleg und Reichstag, durch neue Reichsinstitutionen und schließlich auch durch die Wahlkapitulation in seiner politischen Handlungsfreiheit eingeschränkt[3]. Aber der noch geringe Konsolidierungsgrad der Reichsverfassung[4], die vielfach noch offene Kompetenzenfrage und schließlich auch der ansehnliche Restbestand monarchischer Befugnisse[5] boten einem tatkräftigen Herrscher noch mancherlei Ansatzpunkte, seine Stellung gegenüber den Reichsständen auszubauen. Hinzu kommt, daß sich die Stände in der Ära Maximilians trotz der offenkundigen Schwäche dieses Kaisers als unfähig erwiesen hatten, die monarchische Gewalt durch das

---

[2] Vgl. hierzu Fritz Dickmann, Der Westfälische Frieden, 2. Aufl., Münster 1965, 17–25; Stephan Skalweit, Reich und Reformation, Berlin 1967, 7 f. (vgl. jedoch auch die Einschränkung S. 19); Heinrich Lutz, Kaiser Karl V., Frankreich und das Reich, in: Frankreich und das Reich im 16. und 17. Jahrhundert, Göttingen 1968, 10 f.; Horst Rabe, Reichsbund und Interim, Köln/Wien 1971, 72–92.

[3] Vgl. Fritz Hartung, Deutsche Verfassungsgeschichte der Neuzeit, 9. Aufl., Stuttgart 1969, 8–12; 21 ff.; Heinz Angermeier, Königtum und Landfriede, München 1966; Karl S. Bader, Kaiserliche und ständische Reformgedanken in der Reichsreform des endenden 15. Jahrhunderts, in: HJb 73 (1954) 74–94.

[4] Gerade dieser geringe Konsolidierungsgrad gab dem Kaiser die Möglichkeit, die Reichsverfassung gegebenenfalls durch eine monarchisch geführte Einung nach dem Vorbild des Schwäbischen Bundes (vgl. Helmo Hesslinger, Die Anfänge des Schwäbischen Bundes. Ein Beitrag zur Geschichte des Einungswesens und der Reichsreform unter Kaiser Friedrich III., Ulm 1970 [Forschungen zur Geschichte der Stadt Ulm, 9], bes. 192–217) auf eine neue Grundlage zu stellen, wie es Karl V. denn auch tatsächlich versucht hat, vgl. Martti Salomies, Die Pläne Kaiser Karls V. für eine Reichsreform mit Hilfe eines allgemeinen Bundes, Diss. Helsinki 1953, sowie Rabe, Reichsbund und Interim, 83 und passim.

[5] Dies betrifft vor allem die Stellung des Kaisers als oberster Lehnsherr, seine oberste Gerichtshoheit (vgl. Hartung, Deutsche Verfassungsgeschichte, 9) und schließlich auch seine Reservatrechte (vgl. Hermann Conrad, Deutsche Rechtsgeschichte, Bd 2, Karlsruhe 1966, 67 f.).

Prinzip der ständischen Einung zu ersetzen und damit eine ständische Zentralgewalt zu konstituieren[6]. Alle Kräfte, die am Fortbestand und an der Funktionsfähigkeit des Reiches interessiert waren, wurden damit zwangsläufig an den Kaiser verwiesen. Dies zeigt sich darin, daß die öffentliche Meinung überwiegend dem Kaiser zuneigte: Der monarchische Gedanke war seit den Reformkonzilien nicht nur allgemein aufgewertet worden[7], sondern gewann unter dem Eindruck der französischen Politik und Publizistik in Kreisen führender Intellektueller geradezu den Charakter eines nationalen Postulats[8]. Und in der populären Reform- und Weissagungsliteratur verband sich der Kaisergedanke in zunehmend religiös-eschatologischer Einfärbung mit der Hoffnung auf eine grundlegende Reform aller politischen und sozialen Mißstände im Reich[9].

Eng mit der Frage nach der Verfassungsform hing das Problem zusammen, ob es dem Reich gelingen würde, sich zum »frühmodernen Staat«[10] weiter zu entwickeln, das heißt, ob es sich mit neuen Institutio-

---

[6] Vgl. Fritz Hartung, Berthold von Henneberg, Kurfürst von Mainz, in: HZ 103 (1909) 527-551, bes. 539, sowie über das Scheitern des ersten Reichsregimentes: ders., Deutsche Verfassungsgeschichte, 18-21; Karl S. Bader, Kaiserliche und ständische Reformgedanken, 89; Alfred Schröcker, Unio atque concordia. Reichspolitik Bertholds von Henneberg 1484-1504, Diss. Würzburg 1970, 296-304.

[7] Vgl. Karla Eckermann, Studien zur Geschichte des monarchischen Gedankens im 15. Jahrhundert, Berlin 1933 (Abhandlungen zur Mittleren und Neueren Geschichte, 73) 46, sowie Antony Black, Monarchy and Community. Political Ideas in the Later Conciliar Controversy 1430-1490, Cambridge 1970 (Cambridge Studies in Medieval Life and Thought, III/2).

[8] Vgl. Joseph Knepper, Nationaler Gedanke und Kaiseridee bei den elsässischen Humanisten, Freiburg 1898 (Erläuterungen und Ergänzungen zu Janssens Geschichte des deutschen Volkes, I/2, 3) 130 ff.; Wilhelm Erich Kaufmann-Bühler, Ulrich von Huttens humanistisch-politische Gedankenwelt, Diss. Masch. Heidelberg 1923, 117. Hieraus erklärt sich auch die weite Verbreitung der Schriften Lupolds von Bebenburg in humanistischen Kreisen, vgl. Rainer Klippel, Die Aufnahme der Schriften Lupolds von Bebenburg im deutschen Humanismus. Diss. Masch. Frankfurt 1953. Vgl. zu den zeitgenössischen französischen Bemühungen um das Kaisertum Gaston Zeller, Les rois de France, candidats à l'Empire. Essai sur l'idéologie impériale en France, in: Revue Historique 173 (1934) 273-311; 497-534, bes. 504 ff.

[9] Vgl. z.B. Reformatio Sigismundi, ed. Heinrich Koller, Stuttgart 1964 (MGH Staatsschriften, 6) 338-344; »Oberrheinischer Revolutionär«, Das Buch der hundert Kapitel und der vierzig Statuten, ed. Annelore Franke, Berlin 1967 (Leipziger Übersetzungen und Abhandlungen zum Mittelalter, A/4) 368-379; 490 ff. Vgl. zur populären Kaiserprophetie: Franz Kampers, Die deutsche Kaiseridee in Prophetie und Sage, München 1896, 137-147; Will-Erich Peuckert, Die große Wende. Das apokalyptische Saeculum und Luther, Hamburg 1948, 213-243; 606-613; Norman Cohn, Kaiser Friedrich II. als Messias, in: Stupor Mundi, hrsg. von Günther Wolf, Darmstadt 1966 (Wege der Forschung, 101) 634-647. Von Interesse sind auch die hohen Druckauflagen eines Werkes wie des Pseudo-Methodios im frühen 16. Jahrhundert, vgl.Ernst Sackur, Sibyllinische Texte und Forschungen, Halle 1898, 3 ff.

[10] Vgl. zum Begriff Gerhard Oesterreich, Geist und Gestalt des frühmodernen Staates,

nen, Einnahmequellen und Verwaltungstechniken das Instrumentarium zu einer intensiveren Herrschaft schaffen würde. Dies war nötig, um jene wirtschaftlichen, sozialen und schließlich auch kirchlichen Ordnungsprobleme zu meistern, die die Krisen der spätmittelalterlichen Welt aufwarfen[11].

Auf dem Weg zur »Verstaatlichung« hatten die Territorien bereits einen ansehnlichen Vorsprung vor dem Reich gewonnen. Aber auch das Reich versuchte in seiner Gesetzgebung seit 1495 ordnend und regulierend in bislang autonome Bereiche einzugreifen und weitete damit seine »staatlichen« Funktionen und Rahmenkompetenzen aus[12]. Die Wirksamkeit dieser Ansätze blieb jedoch von vornherein dadurch beschränkt, daß es nicht gelang, eine Reichsexekutive zu schaffen. Gerade hier boten sich einem tatkräftigen Kaiser Chancen: Wenn es ihm gelingen würde, diese Ansätze weiter zu entwickeln, eine wirksame und von ihm abhängige Exekutionsordnung zu errichten, die Wehrverfassung des Reiches unter seiner Führung neu zu ordnen und schließlich auch die Reichskirche zu kontrollieren, dann wäre in der Tat die monarchische Lösung der Verfassungsfrage ein Stück Realität geworden. Indessen hing das Ausnutzen und Erweitern der Kronrechte nicht allein von der politischen Phantasie und vom diplomatischen Geschick des Kaisers ab, sondern letztlich von seiner Macht: Ein Kaiser, der nicht auf ständische Hilfe verzichten und seiner Gebotsgewalt nicht den nötigen Nachdruck verleihen konnte, hatte keine Chance, das Reich in eine Monarchie und in einen »modernen Staat« zu verwandeln.

Mit der Wahl Karls V. schien die Verfassungsfrage in eine entscheidende Phase zu treten: Der junge Habsburger besaß durch die Zufälligkeiten des dynastischen Erbgangs nicht nur größere Machtmittel als alle seine Vorgänger, sondern ließ trotz seiner universalen und dynastischen Interessen[13] und trotz der Beschränkungen durch die Wahlkapitulation

Berlin 1968, 6. Vgl. auch Werner Näf, Frühformen des »Modernen Staates« im Spätmittelalter, in: HZ 171 (1951) 225-243, sowie Peter Blickle, Landschaften im Alten Reich. Die staatliche Funktion des gemeinen Mannes in Oberdeutschland, München 1973, 30-38.

[11] Vgl. hierzu vor allem Hans Maier, Die ältere deutsche Staats- und Verwaltungslehre (Polizeiwissenschaft), Neuwied/Berlin 1966 (Politica. Abhandlungen und Texte zur politischen Wissenschaft, 13) 83-95.

[12] Zu diesen Maßnahmen gehörten vor allem der Ewige Landfriede von 1495 und die zahlreichen Reformen im Bereich von Recht und Justiz. Hinzu kamen die Bemühungen um eine einheitliche Münz- und Zollordnung, um wirtschaftspolitische Reformen sowie um eine Reichspolizeiordnung. Vgl. hierzu die Überblicke von Werner Hartz, Die Gesetzgebung des Reiches und der weltlichen Territorien von 1495-1555, Diss. Marburg 1931, 5-19, sowie von Heinz Angermeier, Die Reichsregimenter und ihre Staatsidee, in: HZ 211 (1970) 283-293.

[13] Vgl. über die universale und zugleich dynastische Ausrichtung der kaiserlichen Politik: Karl Brandi, Der Weltreichsgedanke Karls V., in: Ibero-Amerikanisches Archiv 13 (1939/40) 261-268, sowie Peter Rassow, Reich und Reichsidee Karls V., in desselben:

von Anfang an keinen Zweifel daran, daß er im Reich eine Monarchie sah[14].

Diese Offenheit in der Verfassungsfrage fiel zeitlich mit den Anfängen und den politischen Ausweitungen der Reformation zusammen. Mochte es auch einen Augenblick lang möglich scheinen, daß sich der Kaiser hinter die Reformforderungen Luthers stellen würde, so zerstörte der Wormser Reichstag doch gründlich alle Illusionen. Der Gegensatz zwischen dem Bekenntnis des Kaisers[15] und der Lehre Luthers bestimmte von nun an die weitere Entwicklung im Reich: Das Politikum »Luther« weitete sich zum zentralen Konflikt der Epoche.

Auch die Verfassungsfrage wurde davon überlagert und neu formuliert: Der Religionskonflikt verhinderte zwar eine einheitliche Verfassungspolitik der Stände und erweiterte so den Aktionsraum des Kaisers[16]. Aber andererseits verwies er die Reformation in die schützende Enge des Territoriums. Ständische Freiheit und evangelisches Bekenntnis traten damit in eine enge Wechselbeziehung: An der Frage nach dem Widerstandsrecht gegen den Kaiser als Verfolger des Evangeliums klärte sich das ständische Selbstverständnis[17] und gewann zugleich eine neue Legitimation. Eine aristokratisch akzentuierte Lösung der Verfassungsfrage wurde damit Voraussetzung und schließlich auch zu einem guten Teil Folge der Reformation.

Vor diesem Hintergrund setzt sich die vorliegende Arbeit zwei Ziele: Sie will einerseits darstellen, welche Vorstellungen Luther vom Reich

---

Die politische Welt Karls V., München 1942, 9–39. Vgl. auch die umsichtige Argumentation von Heinrich Lutz, Christianitas afflicta. Europa, das Reich und die päpstliche Politik im Niedergang der Hegemonie Kaiser Karls V. (1552–1556), Göttingen 1964, 19–25, der in der Universalitätsidee zu Recht die Folie für das Hegemonieproblem im frühen 16. Jahrhundert sieht.

[14] Vgl. die kaiserliche Antwort auf den Ständeentwurf für ein Reichsregiment auf dem Wormser Reichstag von 1521: *»So steet unser gemuet und will nit dahin, das man viel herren, dann allain ainen, wie das heilig reich herkommen ist, hab«*, RTA JR 2, 189, Nr. 14. Vgl. hierzu Rainer Wohlfeil, Der Wormser Reichstag von 1521, in: Der Reichstag zu Worms von 1521. Reichspolitik und Luthersache, hrsg. von Fritz Reuter, Worms 1971, 124–131.

[15] Vgl. Hans Wolter, Das Bekenntnis des Kaisers, in: Der Reichstag zu Worms, 222–236. Vgl. zum politischen Hintergrund Wilhelm Borth, Die Luthersache (causa Lutheri) 1517–1524, Lübeck/Hamburg 1970 (Historische Studien, 414) 99–129, sowie Heinrich Lutz, Das Reich, Karl V. und der Beginn der Reformation, in: Beiträge zur neueren Geschichte Österreichs, hrsg. von Heinrich Fichtenau und Erich Zöllner, Wien/Köln/Graz 1974 (Veröffentlichungen des Instituts für österreichische Geschichtsforschung, 20) 47–70.

[16] Vgl. Josef Engel, Von der spätmittelalterlichen respublica christiana zum Mächte-Europa der Neuzeit, in: Handbuch der europäischen Geschichte, hrsg. von Theodor Schieder, Bd 3, Stuttgart 1971, 115 f.

[17] Vgl. Hans von Schubert, Bekenntnisbildung und Religionspolitik 1529/30, Gotha 1910, 203.

und seiner Verfassung besaß und wie sich diese im Verlauf des Religionskonfliktes veränderten. Und sie will andererseits das Verhältnis dieser Vorstellungen zu den Entwicklungsmöglichkeiten der Reichsverfassung aufzeigen. Damit soll ein Beitrag zur Verfassungsgeschichte der frühen Neuzeit geleistet und Luthers politisches Verständnis an einem wichtigen Teilaspekt geklärt werden.

Diese Aufgabe stößt auf zwei Schwierigkeiten: Einmal zeigt sich, daß »Luthers Interesse viel zu stark den religiösen Grundfragen zugekehrt war, um auch die weltlichen Dinge mit gleicher Tiefe und Kraft wie diese zu durchdenken.«[18] Nicht daß ihm politische Fragen gleichgültig gewesen wären. Aber ihm lag mehr an der theologischen Deutung des Politischen und weniger an dessen sachimmanenter Problematik. Man findet deshalb bei Luther keinen Traktat über die Reichsverfassung, sondern nurmehr einzelne Äußerungen, die mehr als Antworten auf konkrete Fragen und weniger als Ausschnitte eines geschlossenen Systems zu verstehen sind. Zum andern sind die meisten Publikationen Luthers Gelegenheitsschriften – ein *»rude et indigestum cahos«*[19] – deren Argumente sich gerade dann leicht dem wechselnden Anliegen anpassen, wenn sie keine theologisch relevanten Aussagen enthalten. Die sich hieraus ergebenden Schwierigkeiten setzen dieser Untersuchung ihre Grenzen.

2. Die Problemgeschichte

Luthers Verfassungsvorstellung fand bislang ein erstaunlich geringes Interesse. Dies hat seinen Grund letztlich in der Problemgeschichte der Lutherforschung selbst.

Die politische Geschichtsschreibung orientierte sich weitgehend am Urteil und an der Methode Leopold von Rankes. Ranke sah im Gegensatz zwischen der modernen nationalen Bewegung und dem überkommenen geistlich-weltlichen Imperium die große Frage des 16. Jahrhunderts, deren Lösung über die Zukunft der Nation entscheiden würde[20]. Als dramatischer Ausdruck dieses Gegensatzes erschien ihm die Szene von Worms[21], als der Kaiser[22] mit der Ächtung Luthers nicht nur

[18] Friedrich Meinecke, Luther über christliches Gemeinwesen und über christlichen Staat, in: HZ 121 (1920) 5.

[19] Vorrede zur Gesamtausgabe der lateinischen Werke, 1545, WA 54, 179.

[20] Leopold von Ranke, Deutsche Geschichte im Zeitalter der Reformation, in: Gesamt-Ausgabe der Deutschen Akademie, I/7, hrsg. von Paul Joachimsen, Bd 2, München 1925, 3-6.

[21] Vgl. ebda, Bd 1, München 1925, 239. Vgl. Franz Schnabel, Deutschlands geschichtliche Quellen und Darstellungen in der Neuzeit, Leipzig/Berlin 1931, 297 f.

[22] Vgl. Ranke, Deutsche Geschichte im Zeitalter der Reformation, Bd 1, 354.

den Angriff gegen das Papsttum zurückwies[23], sondern auch die nationale Bewegung verwarf[24].

Rankes Betrachtungsweise orientierte sich methodisch mehr an der Wirkmächtigkeit der geschichtlichen Faktoren und weniger an ihren ideellen Voraussetzungen. Luthers Vorstellung von der Reichsverfassung interessierte im Rahmen dieser Betrachtungsweise deshalb nur, soweit sie den historischen Ablauf selbst beeinflußte. So ist es nicht weiter verwunderlich, wenn gerade Luthers Lehre vom Widerstandsrecht schon recht früh und ausführlich untersucht worden ist[25].

Seit dem monumentalen Werk von Johannes Janssen spielte auch die kultur- und sozialgeschichtliche Fragestellung eine wichtige Rolle bei der Erforschung der Reformationszeit. Sie brachte zwar ein größeres Interesse für Verfassungsprobleme mit, engagierte sich aber zu schnell und ausschließlich in Fragen nach dem Grundcharakter der Reformation und in die Diskussion so gegensätzlicher Lösungsversuche wie dem von Janssen (»Rückschlag gegen das glanzvolle Mittelalter«)[26] oder von Troeltsch (»Erneuerung und Verstärkung des Ideals der kirchlichen Zwangskultur als volle Reaktion mittelalterlichen Denkens«)[27]. Wo immer sich aber die Forschung von dieser letztlich sinnlosen Diskussion[28] befreite, geriet sie alsbald in den Sog der Auseinandersetzung um Luthers Lehre vom *»corpus Christianum«*[29], der - vom heutigen Forschungsstand aus gesehen - ebenfalls das Stigma einer falsch gestellten Frage anhaftet[30].

Die neuere, vor allem an Luthers Theologie interessierte Forschung, die seit Karl Holl so mächtigen Auftrieb erhielt, interessierte sich zwar für die theologischen Probleme von Luthers Staats- und Gesellschafts-

---

[23] Vgl. ebda, Bd 1, 328 f.

[24] Vgl. ebda, Bd 1, 375.

[25] Vgl. Karl Müller, Luthers Äußerungen über das Recht des bewaffeneten Widerstandes gegen den Kaiser, München 1915 (Abh. d. kgl. Bayer. Ak. d. Wiss., Phil.-Hist. Kl., 1915/8).

[26] Schnabel, Deutschlands geschichtliche Quellen, 305. Vgl. z.B. Johannes Janssen, Geschichte des deutschen Volkes seit dem Ausgang des Mittelalters, Bd 7, hrsg. von Ludwig Pastor, Freiburg 1893, 1-10.

[27] Ernst Troeltsch, Die Bedeutung des Protestantismus für die Entstehung der modernen Welt, 3. Aufl., München/Berlin 1924, 44.

[28] Karl Holl, Der Neubau der Sittlichkeit, in desselben: Gesammelte Aufsätze zur Kirchengeschichte, Bd 1, 7. Aufl., Tübingen 1948, 243.

[29] Vgl. hierüber den Forschungsbericht von Kurt Matthes, Das Corpus Christianum bei Luther im Lichte seiner Erforschung, Diss. Berlin 1929.

[30] Vgl. Johannes Heckel, Lex charitatis. Eine juristische Untersuchung über das Recht in der Theologie Martin Luthers, München 1953 (Abh. d. Bayer. Ak. d. Wiss., Phil.-hist. Kl., NF, 36) 167-179; Werner Elert, Morphologie des Luthertums, Bd 2, München 1932, 327-330; Edmund Schlink, Theologie der lutherischen Bekenntnisschriften, München 1940, 317.

lehre. Aber sie verstrickte sich in eine tiefgreifende Kontroverse[31] um deren rechtes Verständnis, wobei die aktuellen innerprotestantischen Auseinandersetzungen um das Verhältnis der Kirche zu Staat und Gesellschaft eine unhistorische Betrachtungsweise und Verzeichnungen zugunsten bestimmter theologischer Lehrmeinungen förderten.

Die Frage nach Luthers Vorstellung von der konkreten obrigkeitlichen Ordnung seiner Zeit trat somit stets hinter anderen Forschungsinteressen zurück: Sie wurde zwar nicht übersehen, aber doch nicht als eigenständiges Problem im Zusammenhang untersucht und gewürdigt.

Unter den wenigen einschlägigen Arbeiten gewann die Untersuchung von Karl Müller zu »Luthers Äußerungen über das Recht des bewaffneten Widerstandes gegen den Kaiser« grundlegende Bedeutung[32]. Sie behandelte zwar nur einen Teilaspekt von Luthers Verfassungsvorstellung, hob aber dafür jenen hervor, der die Entwicklung von Luthers Verfassungsdenken am meisten bestimmt und vorangetrieben hatte.

Karl Müller legte überzeugend dar, daß Luther anfänglich jeden ständischen Widerstand gegen den Kaiser verworfen habe[33]. Erst 1530 sei ihm von kursächsischen Juristen die folgenreiche Konzession abgerungen worden, daß sich die Stände einem ungerechtfertigten Angriff des Kaisers dann widersetzen dürften, wenn das Reichsrecht dies ausdrücklich erlaube[34]. Obwohl Luther auch in der Folgezeit ständischen Widerstand persönlich mißbilligt habe, sei er diesem Standpunkt treu geblieben und habe ihn auch selbst mit reichsrechtlichen Argumenten untermauert[35]. Trotz dieser verfassungsrechtlichen Elemente könne man freilich bei Luther keine »abgerundete und allgemeine staatsrechtliche Theorie«[36] erkennen, sondern finde nurmehr Aussagen über das Verhältnis der Fürsten zum Kaiser: Grundlage der politischen Ordnung sei die Landesherrschaft; der Kaiser stehe an der Spitze des Reichs; seine Herrschaft werde aber durch die Wahlkapitulation und die »alten Gerechtigkeiten des Reiches« eingeschränkt[37].

Die sorgfältige Untersuchung von Karl Müller hat wenig von ihrer grundlegenden Bedeutung eingebüßt. Sie konnte zwar in Einzelheiten korrigiert werden[38], bietet aber einen bis heute gültigen Aufriß von Luthers Verhältnis zur Widerstandsfrage.

Auch seine Bemerkungen zu Luthers Verfassungskonzeption sind im Grundansatz richtig, erweisen sich aber bei näherem Zusehen als unge-

---

31 Vgl. hierzu unten S. 17.
32 München 1915 (Abh. d. kgl. Bayer. Ak. d. Wiss., Phil.-hist. Kl., 1915/8).
33 Ebda, 3–29.
34 Ebda, 30–52.
35 Ebda, 53–79.
36 Ebda, 82.
37 Ebda, 83.
38 Vgl. Fritz Kern, Luther und das Widerstandsrecht, in: ZRG KA 6 (1916) 316.

nau und ergänzungsbedürftig. Verständlicherweise beschränkte sich der Verfasser auf jene Quellen, die Aussagen zur Widerstandsfrage enthalten. Zudem behandelte er Luthers Verfassungsvorstellungen nicht zusammenhängend, sondern nur soweit sie der Klärung des Widerstandsproblems dienten. Und ebenso verzichtete er darauf, die allgemeine Verfassungsentwicklung der Lutherzeit in seine Untersuchungen einzubeziehen[39].

Mochte diese Zurückhaltung auch im Rahmen von Karl Müllers Fragestellung genügen – eine eingehendere Untersuchung blieb weiterhin erforderlich.

Die Autoren, die weiterhin zu nennen sind, behandelten Luthers Vorstellung vom Reich und seiner Verfassung mehr oder minder beiläufig, unter wechselnden Gesichtspunkten und mit unterschiedlicher wissenschaftlicher Qualität.

So vertrat Hartmann Grisar die Auffassung, Luther habe nicht nur »die Bedeutung des römisch-deutschen Kaisertums an der Spitze der christlichen Völker herabgesetzt«, sondern mit dem Kaiser auch »des Reiches Kraft und Einigkeit«[40] angegriffen und damit das Streben der partikularen Gewalten nach Unabhängigkeit unterstützt[41].

Im Anschluß an Karl Müller glaubte Paul Kalkoff feststellen zu können, daß sich Luther »von Jahr zu Jahr entschiedener für die ständischen Rechte der Fürsten einsetzte«, so daß sich für ihn gegen Ende der dreißiger Jahre »die monarchische Gewalt des Kaisers ... bis auf den Titel verflüchtigt« habe[42].

Demgegenüber machte Theodor Pauls geltend, daß der Kaiser trotz seiner geringen Verfassungsrechte für Luther auch noch in dieser Periode Inbegriff irdischer Herrschaft überhaupt geblieben sei[43].

Auch Heinrich Günter setzte bei Luther die Überzeugung voraus, daß der Kaiser die maßgebliche politische Rolle im Reich spiele. Deshalb sei Luther nach dem Wormser Edikt der Auffassung gewesen, daß nunmehr »die Reformation vor ihre schwierigste politische Aufgabe gestellt (werde), die Eroberung des Kaisertums«[44].

Nach Rudolf Stadelmann habe Luther dagegen von Anfang an aus der Wahlkapitulation gefolgert, daß das Reich keine Monarchie mehr

---

[39] Vgl. hierzu bereits die Kritik von Kern, Luther und das Widerstandsrecht, 331.

[40] Hartmann Grisar, Luther, Bd 2, Freiburg 1911, 76.

[41] Ebda, 80.

[42] Paul Kalkoff, Luthers Verhältnis zur Reichsverfassung und die Rezeption des Wormser Edikts, in: HVjschr 18 (1916/18) 286.

[43] Theodor Pauls, Luthers Auffassung von Staat und Volk, Bonn/Leipzig 1925 (Bonner staatswissenschaftliche Untersuchungen, 12) 122 f.

[44] Heinrich Günter, Das evangelische Kaisertum, in: HJb 37 (1916) 378; vgl. ders., Die Reichsidee im Wandel der Zeiten, in: HJb 53 (1933) 425.

sei, sondern das Territorium als »Staat der Deutschen« gelten müsse: »Er hat seinen reformatorischen Aufruf nicht an den König, sondern an den Adel der deutschen Nation gerichtet, weil seit 1519 sichtbar geworden war, daß Deutschland keine Monarchie sei«[45].

Werner Elert entdeckte dagegen bei Luther den Wunsch nach einer starken Zentralgewalt im Reich[46], dessen Einheit durch den Religionskonflikt nicht gesprengt werden sollte[47]. In den dreißiger Jahren habe der Reformator dann allerdings einer genossenschaftlichen Teilung der Reichsherrschaft zwischen Kaiser und Ständen zugeneigt[48].

Gerhard Ritter meinte, Luther habe nicht nur an einem starken nationalen Königtum der Deutschen, sondern auch an der »Führerstellung des Kaisers unter den Potentaten Europas« festgehalten[49].

Walther Köhler betonte, daß Luther zwar auf die Traditionen des mittelalterlichen Imperiums, nicht aber auf das Ideal eines starken, deutsch-nationalen Kaisertums verzichtet habe, das an der Spitze der ständisch gegliederten Verfassung das Reich zu »wirkungskräftiger deutscher Einheit« straffen sollte[50].

Bei Richard Scholz erfährt man hingegen, daß Luther vom »Reichsgedanken in all seiner mittelalterlichen Erhabenheit« erfüllt gewesen sei: »ein protestantisches Kaisertum hätte die Einheit der abendländischen Christenheit unter deutscher Führung erhalten sollen«[51].

In einem Aufsatz, der mehr über seine Entstehungszeit als über sein Thema aussagt, wurde Luther gar zum »Seher einer deutschen Volksordnung«, dem es zutiefst um die »Verwirklichung des Reiches als deutscher Lebensordnung« gegangen sei[52].

Nüchterner meinte Erik Wolf, bei Luther sei der »Gedanke des Nationalreichs« unter Verzicht auf den Weltherrschaftsanspruch zum Durchbruch gelangt. Im übrigen habe sich sein politisches Denken immer am »Ideal einer kräftigen Monarchie ausgerichtet« und sei allen Überspitzungen ständischer »Libertät« abgeneigt gewesen[53]. Trotzdem habe er

---

45 Rudolf Stadelmann, Das Zeitalter der Reformation, in: Handbuch der deutschen Geschichte, hrsg. von Otto Brandt und Arnold Oskar Meyer, 2. Aufl., Bd 2, Potsdam 1936, 254 f.

46 Werner Elert, Morphologie des Luthertums, Bd 2, München 1932, 326.

47 Ebda, 322.

48 Ebda, 326 f.

49 Gerhard Ritter, Luther – Gestalt und Tat, 3. Aufl., München 1943, 121 f.; 226.

50 Walther Köhler, Der deutsche Reichsgedanke bei den Humanisten und Luther, in: Neue Jahrbücher für deutsche Wissenschaft 13 (1937) 114; ders., Die deutsche Kaiseridee am Ausgang des 16. Jahrhunderts, in: HZ 149 (1934) 54.

51 Richard Scholz, Krisis und Wandlungen des Reichsgedankens am Ausgang des Mittelalters, in: Neue Jahrbücher für deutsche Wissenschaft 13 (1937) 39.

52 Walter Grundmann, Luther in der Sicht der Reichsidee, in: Zeitschrift für deutsche Geisteswissenschaft 5 (1942/43) 21.

53 Erik Wolf, Idee und Wirklichkeit des Reiches im deutschen Rechtsdenken des 16. und

in der Widerstandsfrage später auch den Kurfürsten das Recht auf Wahrung der »Reichswürde« zugesprochen[54].

Nach Heinz Kraft bekannte sich Luther dagegen zum »deutschen Kaisertum mit seinen universalen Machtansprüchen«[55]. Während der Kaiser für Luther zuerst »Inbegriff der von Gott bestimmten Obrigkeit« gewesen sei[56], habe sich dann später für ihn die monarchische Gewalt des Kaisers zu einer »Würde mit einem inhaltslosen Titel« verflüchtigt[57].

Hält man diese Urteile gegeneinander, dann zeigt sich in so gut wie allen Einzelfragen ein Dissens unterschiedlicher Auffassungen. Denn sowohl die Frage nach dem Wesen des Reiches und seines Verhältnisses zur deutschen Nation als auch die Fragen nach den Trägern der Reichsherrschaft und nach der Verfassungsform des Reiches führten zu gegensätzlichen Antworten. Freilich: Keine der vorgetragenen Thesen gründet auf einem umfassenden Studium der Quellen. Sie stützen sich entweder nur auf vereinzelte Äußerungen Luthers oder gar auf eine Kombination anderer Forschungsergebnisse[58]. Man würde deshalb diesen Dissens über die Intentionen der Verfasser hinaus belasten, wollte man darin eine echte wissenschaftliche Kontroverse sehen.

Damit soll nicht übersehen werden, daß diese Beiträge vielfach treffende Beobachtungen enthalten. So etwa, wenn Paul Kalkoff„ Werner Elert, Erik Wolf und Heinz Kraft im Anschluß an Karl Müller feststellten, daß sich in Luthers Verfassungsvorstellung das Gewicht zunehmend vom Kaiser auf die Stände verlagert habe. Oder wenn Walther Köhler und Erik Wolf die Auffassung vertraten, Luther habe nur noch das deutsche Reich, nicht aber die universalen Ansprüche des Imperiums anerkannt. Aber weil sie nicht umfassend aus Luthers Gesamtwerk begründet werden, bleiben sie weitgehend unbewiesene Behauptungen. Sie konnten deshalb eine eingehende Untersuchung nicht ersetzen.

Diese Aufgabe stellte sich die Dissertation von Konrad Kraske[59]. Kraske ging von zwei Fragen aus: Er wollte »an einem einzigen aber einzigartigen Beispiel den Fortgang der Reichsidee ins 16. Jahrhundert

---

17. Jahrhunderts, in: Reich und Recht in der deutschen Philosophie, hrsg. von Karl Larenz, Bd 1, Stuttgart/Berlin 1943, 74.

[54] Ebda, 22 f.

[55] Heinz Kraft, Luther und der Reichsgedanke, Göttingen o.J., (Historisch-politische Hefte der Ranke-Gesellschaft, 7) 9.

[56] Ebda, 9.

[57] Ebda, 15.

[58] Dies gilt namentlich für die Arbeit von Heinz Kraft, die gelegentlich bis zum Widerspruch die ganze Variationsbreite bisheriger Thesen zu kombinieren und zu harmonisieren sucht.

[59] Konrad Kraske, Der Einfluß der mittelalterlichen Reichsidee auf Luthers historisches Bewußtsein, Diss. Masch. Freiburg 1951.

... zeigen« und ferner »Luthers Vorstellungen an einem Punkt ... verdeutlichen, in dem die wesentlichen Linien mittelalterlicher Weltanschauung zusammenlaufen«[60]. Er kam zu dem Ergebnis, daß Luther in seinem »Bewußtsein« zwar noch entscheidend von der Reichsidee geprägt worden sei, daß sie aber in seiner »Anschauung« bereits zurückzutreten beginne und gänzlich dort verschwinde, wo ihr seine theologischen Einsichten widersprachen[61]: So habe Luther zwar die Kontinuität des Reiches mit dem römischen Imperium[62] anerkannt und grundsätzlich an der Universalität[63] und Sakralität[64] des Reiches festgehalten. Aber andererseits habe er das Reich von der Kirche gelöst[65] und den kaiserlichen Anspruch auf Kirchenschutz verworfen[66]. In dieser Ambivalenz gewinne Luthers Verhältnis zum Reich »stellvertretende Bedeutung für eine ganze Epoche«[67], in der die prägende Kraft der mittelalterlichen Ordo-Idee der Neuzeit zu weichen beginnt[68].

Die Konzeption Kraskes wirkt geschlossen und einleuchtend. Sie gründet auf einer guten Kenntnis und auf einer selbständigen Analyse der Quellen. Aber ein Überprüfen seiner Argumente zeigt, daß er den Einfluß der mittelalterlichen Reichsidee auf Luther fiel zu hoch eingeschätzt hat: Luther stellte zwar die Kontinuität des Reiches mit dem römischen Imperium nicht in Frage, sprach sich aber gegen die Universalitätsvorstellung aus und unterlegte der Idee vom Sacrum Imperium einen neuen und der Tradition geradezu konträren Sinn.

Die Ergebnisse von Kraske beruhen zu einem guten Teil auf einer eigentümlichen Methode: Wiederholt harmonisierte er widersprüchliche Quellenaussagen dadurch, daß er sie verschiedenen Bewußtseinsschichten Luthers zuwies[69]. Gegen ein solches Verfahren erheben sich allerdings Bedenken: Auch wenn man davon absehen will, daß Kraske das vorausgesetzte psychologische Modell nicht überzeugend begründet[70], so liegt die eigentliche Schwierigkeit darin, daß kaum eine Aussage Luthers einen Hinweis darauf enthält, welcher Bewußtseinsschicht sie entstammt. Kraske selbst empfand deshalb zu Recht, daß sein Verfahren Gefahr laufe, in »einen Bereich außerhalb aller Evidenz zu geraten.«[71]

[60] Ebda, 5.
[61] Ebda, 159 f.
[62] Ebda, 59-73.
[63] Ebda, 124-141.
[64] Ebda, 142-158.
[65] Ebda, 158.
[66] Ebda, 111-121.
[67] Ebda, 159.
[68] Ebda, 161.
[69] Vgl. ebda, 72 f.; 132 f.; 140 f.; 155 f.
[70] Vgl. ebda, 19-26, bes. 24-26. Der Aufweis von Luthers theologischer Denkstruktur genügt jedoch nicht, um auch seine Bewußtseinsstruktur zu erklären.
[71] Ebda, 26.

Kraske widmete auch Luthers Verhältnis zur Reichsverfassung ein eigenes Kapitel. Er kam zu dem Ergebnis, daß Luther den Kaiser vor 1530 als die Obrigkeit schlechthin im Sinne von Römer 13 angesehen habe[72]. Jeder Gedanke an eine Verfassung sei deshalb hinter der Totalität seines theologisch bestimmten Obrigkeitsbegriffes zurückgetreten[73]. Unter dem Eindruck der Widerstandsdebatte habe er sich 1530 juristischen Argumenten[74] und damit der Einsicht geöffnet, daß »das Reich allein auf seiner Verfassung ruhen kann.«[75] Dementsprechend sei für ihn das Reich bis 1530 letztlich »eine absolute Monarchie« gewesen[76], während er danach die Überzeugung gewonnen habe, daß die kaiserliche Gewalt rechtlich beschränkt[77] und das Reich eine Aristokratie sei[78].

Die Untersuchung Kraskes ist in vielem verdienstvoll: Er schloß sich zwar eng an den Aufriß und an die Ergebnisse von Karl Müller an, verstand es aber als erster, einen Entwicklungszusammenhang in Luthers Verfassungsvorstellung aufzuzeigen.

Allerdings behandelte er Luthers Verfassungskonzeption ohne Bezug auf die zeitgenössische Entwicklung und auf die darin implizierte Problematik[79]. Luthers Vorstellung vom Reich und seiner Verfassung erscheint damit als ein abstraktes Rechtsproblem in luftleerem Raum. Zum andern arbeitete Kraske mit einem Begriffsinstrumentarium, das den Ausdrucks- und Verständnisformen der Zeit nicht entsprach. Verfassung ist für ihn – ganz im Sinne des modernen, konstitutionellen Verfassungsbegriffs – die durch positives Recht umschriebene Staatsordnung[80]. Da sich jedoch die Reichsverfassung des 16. Jahrhunderts nur im geringen Maße aus positiven Rechtssätzen erheben läßt[81] und die staatsrechtliche Reflexion und Systematisierung noch in bescheidenen Anfängen steckte[82], kann Verfassung hier nicht nur als Inbegriff oberster

[72] Ebda, 75–82.

[73] Ebda, 76; 78.

[74] Ebda, 82–87.

[75] Ebda, 86.

[76] Ebda, 86; vgl. 93.

[77] Ebda, 86; 90.

[78] Ebda, 95.

[79] Hierin zeigt sich, daß er nur wenig Selbständigkeit gegenüber Karl Müller gewonnen hatte.

[80] Vgl. ebda, 76 f.; 86; 98.

[81] An rechtlichen Normierungen existierte nur die Goldene Bulle, der Ewige Landfriede und die Wahlkapitulation Karls V.. Diese Verfassungsdokumente regelten freilich nur Ausschnitte aus einer größeren Verfassungswirklichkeit.

[82] Peter von Andlaus *»Libellus de Cesarea monarchia«* von 1460, ed. Joseph Hürbin, in: ZRG GA 12 (1891) 40–103; 13 (1892) 163–219, war bis dahin der erste, aber unvollkommene Versuch, das Verfassungsrecht des Reiches systematisch darzustellen, vgl. Friedrich Hermann Schubert, Die deutschen Reichstage in der Staatslehre der frühen Neuzeit, Göttingen 1966, 117. Vgl. auch den Überblick über die Entwicklung der Verfassungstheorie im Deutschen Reich bei Dickmann, Der Westfälische Frieden, 124–142.

Rechtsnormen verstanden, sondern muß viel umfassender als konkreter »Gesamtzustand politischer Einheit und Ordnung«[83] aufgefaßt werden. Sein eingeschränkter Verfassungsbegriff führte Kraske nicht nur zu dem Fehlurteil, daß es für Luther vor 1530 keine Verfassung gegeben habe, sondern verengte seinen Ansatz vor allem auf die »konstitutionellen« Elemente im Verhältnis zwischen Kaiser und Fürsten. Damit vernachlässigte Kraske wichtige Bereiche der damaligen Verfassungswirklichkeit, so daß seine Ergebnisse nicht weit über den bereits von Karl Müller abgesteckten Rahmen hinausführten.

---

[83] Carl Schmitt, Verfassungslehre, 4. Aufl., Berlin 1965, 3.

I. Kapitel
DIE THEOLOGISCHEN GRUNDLAGEN EINER VERFASSUNG

1. Die Lehre von den weltlichen Ständen

Nach dem Konsens der jüngeren Forschung nimmt Luthers Lehre von der Obrigkeit einen hervorragenden Platz innerhalb seiner Lehre von den beiden Reichen, beziehungsweise den beiden Regimenten ein, die seit »zwei bis drei Jahrzehnten ... zu den meist behandelten Stücken der Theologie Luthers gehört«[1].

Trotz dieses gelehrten Engagements herrscht jedoch bis heute in dieser Frage ein Dissens[2], der Luthers Reichs- und Regimenterlehre nach dem vielzitierten Wort von Johannes Heckel als einen »Irrgarten« erscheinen läßt[3], der »nicht nur einen Anfänger in dieser Materie verwirren«[4] kann. Denn nicht nur Hauptinhalte dieser Lehre sind umstritten. Ebensowenig ist geklärt, wie sie sich in den weiteren Rahmen von Luthers Theologie (etwa in das Verhältnis Gesetz-Evangelium) einfügen, welche Traditionselemente sie enthalten und welches ihre Konstanten und Variablen im Verlauf von Luthers Lehrentwicklung sind[5].

---

[1] Heinrich Bornkamm, Luthers Lehre von den beiden Reichen im Zusammenhang seiner Theologie, in: ARG 49 (1958) 26.

[2] Dies bestätigten die letzten einschlägigen Arbeiten: vgl. Ulrich Asendorf, Eschatologie bei Luther, Göttingen 1967, 249; Ulrich Duchrow, Christenheit und Weltverantwortung, Stuttgart 1970, 439 f.; Heinz-Horst Schrey, Einführung zu: Reich Gottes und Welt. Die Lehre Luthers von den zwei Reichen, Darmstadt 1969 (Wege der Forschung, 107) IX-XVII.

[3] Johannes Heckel, Im Irrgarten der Zwei-Reiche-Lehre, München 1957 (Theologische Existenz heute, NF, 55).

[4] Martin Heinze, Reich (regnum) und Regiment (regimen). Die sogenannte Zwei-Reiche-Lehre im Spiegel von Luthers Briefwechsel, in: Fschr. Ernst Barnikol, Berlin 1964, 148.

[5] Vgl. zum Ganzen die Forschungsberichte von Ernst Wolf, Die »lutherische Lehre« von den zwei Reichen in der gegenwärtigen Forschung, in: ZevKR 6 (1958/59) 255-273, und Siegfried Grundmann, Kirche und Staat nach der Zwei-Reiche-Lehre Luthers, Fschr. Franz Arnold, Wien 1963, 38-54. Vgl. ferner die umfangreiche Bibliographie von Heinz-Horst Schrey, in: Reich Gottes und Welt, 557-566, sowie die gute Auswahlbibliographie von Ulrich Asendorf, Eschatologie bei Luther, 249.

Der vorliegenden Arbeit kann es nicht darauf ankommen, in diese noch andauernde Debatte einzugreifen. Sie will deshalb nicht ihre Problemverästelungen erörtern, sondern nur den theologischen Grundriß andeuten, auf dem Luthers Verfassungsdenken aufruht und von dem her es verständlich wird.

Luthers Vorstellung von den weltlichen Ständen spielt für seine Reichs- und Regimenterlehre eine zentrale, wenn auch häufig vernachlässigte Rolle[6].

Die weltlichen Stände[7] – ihrer Herkunft wegen auch als göttliche Stände bezeichnet[8] – sind als »Ordnungsverordnungen Gottes« die institutionellen Konstanten der weltlichen Ordnung und umgrenzen den Geltungsbereich des »natürlichen Rechtes«[9]. Sie gliedern sich in die Trias Oeconomia (Ehe, Familie, Berufs- und Wirtschaftsleben), Politia (Obrigkeit, Rechts- und Friedensordnung) und Ecclesia (äußere Anstaltskirche)[10] und ordnen damit die soziale und politische Wirklichkeit des irdi-

[6] Dies gilt von Johannes Heckel, Lex charitatis. Eine juristische Untersuchung über das Recht in der Theologie Martin Luthers, München 1953 (Abh. d. Bayer. Ak. d. Wiss., Phil.-hist. Kl., NF 36), der auf die Stände nur an untergeordneter Stelle eingeht, vgl. ebda, 110.

[7] Ab 1539 bezeichnete Luther die Stände auch als Hierarchien, ohne daß sich damit der sachliche Gehalt wesentlich geändert hätte. Vgl. über den terminologischen Wandel und seine Hintergründe Wilhelm Maurer, Luthers Lehre von den drei Hierarchien und ihr mittelalterlicher Hintergrund, München 1970 (Sbb. d. Bayer. Ak. d. Wiss., Phil.-hist. Kl., 1970/4) 35–44.

[8] *»Gottes wort heiliget und vergottet alle ding, dazu es gesetzt wird. Darumb heissen solche stende, so mit Gottes wort gestifftet sind, alles heilige, Gottliche stende, ob gleich die personen nicht heilig sind, Als Vater, Mutter, Son, Tochter, Herr, Fraw, Knecht, Magd, Prediger, Pfarher sind alles heilige, Gottliche stende und mochten doch drinnen wol die personen buben und schelcke sein«*. Der 82. Psalm ausgelegt, 1530, WA 31, 1, 217.

[9] *»Diese gottliche stende und ordnung sind dazu von Gott geordent, das jnn der welt ein bestendig, ordenlich, fridlich wesen sey und das recht erhalten werde, darumb nennet ers hie Gottes gerechtigkeit, die bestendig ist und bleibt jmer fur und fur, welchs die Juristen nennen das naturliche recht.«* Der 111. Psalm ausgelegt, 1530, WA 31, 1, 409 f. Vgl. die grundlegende Studie von Ernst Wolf, Zur Frage des Naturrechtes bei Thomas von Aquin und bei Luther, in desselben: Peregrinatio, Bd 1, München 1954, 183–213, (das Zitat findet sich auf S. 200). Vgl. auch Gerhard Gloege, Politia divina, in desselben: Theologische Traktate, Bd 2, Göttingen 1967, 96 ff.

[10] Diese Dreiteilung findet sich ansatzweise bereits im Sermon vom Sakrament der Taufe, 1519, WA 3, 734, um dann im Bekenntnis vom Abendmahl Christi, 1528, breiter entfaltet zu werden: *»Aber die heiligen orden und rechte stiffte von Gott eingesetzt sind diese drey: Das priester ampt, Der Ehestand, Die weltliche oberkeit, Alle die, so ym pfaramt odder dienst des worts funden werden, sind ynn einem heiligen, rechten, guten, Gott angenehmen orden und stand, als die da predigen, sacrament reichen, dem gemeinen kasten furstehen, kuster und boten odder knechte, so solchen personen dienen. Solchs sind eitel heilige werck fur Gott, Also wer Vater und mutter ist, haus wol regirt und kinder zeucht zu Gottes dienst, ist auch eitel heiligthum und heilig werck und heiliger orden, Des gleichen, wo kind odder gesind den Eldern odder herrn gehorsam ist, ist auch eitel heiligkeit, und wer darynn funden wird, der ist ein lebendiger heilige*

schen Lebens. Obwohl sie sich in ihren eigentümlichen Wirkungen gegenseitig bedingen und ergänzen, müssen sie doch in ihren jeweiligen Mitteln und Zuständigkeiten streng voneinander getrennt und unterschieden werden[11].

Im Unterschied zur verborgenen Kirche der wahren Christen, in der Gott unmittelbar selbst sein Werk der Erlösung treibt[12], wirkt er durch diese drei Stände nur uneigentlich und indirekt in die Welt hinein[13]. Er könnte zwar in seiner unvergleichlichen Alleinwirksamkeit die Menschheit auch unmittelbar selbst regieren[14]. Aber er wollte das menschliche Eigenwirken in das äußere Werk der Welterhaltung einbeziehen[15]. Der Cooperatio-Gedanke erschließt damit den theologischen Sinn der weltlichen Stände: Im Unterschied zur Rechtfertigung umschreiben sie die Dimension der Werke. Ihr Leitgedanke ist die mitmenschliche Liebe

---

auff erden. Also auch furst odder oberherr, richter, ampleute, Cantzler, schreiber, knechte, megde und alle, die solchen dienen, dazu alle, die untertheniglich gehorsam sind: alles eitel heiligthum und heilig leben fur Gott, Darumb das solche drey stiffte odder orden ynn Gotts wort und gebot gefasset sind, Was aber ynn Gotts wort gefasset ist, das mus heilig ding sein, denn Gotts wort ist heilig und heiliget alles, das an yhm und ynn yhm ist.« WA 26, 504 f. Vgl. auch: Großer Galaterkommentar, 1535, WA 40, 1, 460; Praelectio in psalmum CXXVII, 1533, WA 40, 3, 210; Michaelspredigt, 1539, WA 47, 853 ff., sowie die Zirkulardisputation über Matthäus 19, 21, 1539, WA 39, 2, 42. Vgl. Ernst Wolf, Politia Christi. Das Problem der Sozialethik im Luthertum, in desselben: Peregrinatio, Bd 1, 232 f.; Johannes Heckel, Lex charitatis, 110; Harald Diehm, Luthers Lehre von den zwei Reichen, München 1938, 56, sowie Ferdinand Kattenbusch, Die Doppelschichtigkeit des lutherischen Kirchenbegriffs, Gotha 1928, 122 ff.

11 Vgl. Wochenpredigten über Matthäus 5–7, 1532, WA 32, 301.

12 Vgl. Das 14. und 15. Kapitel Johannis, 1537, WA 45, 669.

13 Vgl. hierzu vor allem: Martin Seils, Der Gedanke vom Zusammenwirken Gottes und des Menschen in Luthers Theologie, Gütersloh 1962 (Beiträge zur Förderung der christlichen Theologie, 50) 163–189; Asendorf, Eschatologie bei Luther, 246; Hanns Lilje, Luthers Geschichtsanschauung, Diss. Zürich 1932, 74 ff.

14 *»Hie ist zu mercken, das Gott, der alleine alles gemacht hat, auch selbs alles regiret, auch alleine zukunfftigs weis und sagen kan ... Item also kundt er auch wol on konige, fursten, herrn und richter weltlich regiren, fride halten und die bosen straffen. Er wil aber nicht, sondern teilet das schwerd aus und spricht: straffe die bosen, schutze die frumen und handthabe den friden. Wie wol ers doch selbs durch uns thut, und wir nur seine larven sind, unter wilcher er sich verbirget und alles ynn allen wirckt, wie wir Christen das wol wissen ... Also braucht er uns menschen beyde ynn leiblichem und geistlichem regiment, die wellt und alles was drynnen ist zu regiren.«* Vorrede zu Johannes Lichtenbergers Weissagung, 1527, WA 23, 8 f. Vgl. Fastenpostille, 1525, WA 17, 2, 192, sowie den Großen Galaterkommentar, 1535, WA 40, 1, 175.

15 *»nos ministri et cooperatores dei, instrumentalis causa, per nos gubernat deus mundum«*, In XV Psalmos graduum, 1532/33, WA 40, 3, 210. Vgl. hierzu vor allem Wolf, Politia Christi, 232 f.; Gustav Wingren, Luthers Lehre vom Beruf, München 1952, 86–95; Wilhelm Maurer, Von der Freiheit eines Christenmenschen, Göttingen 1949, 89; 126 f.; Hans Vorster, Das Freiheitsverständnis bei Thomas von Aquin und Luther, Göttingen 1965, 392 ff.; Asendorf Eschatologie bei Luther, 277 ff.; Duchrow, Christenheit und Weltverantwortung, 512–522; Seils, Der Gedanke vom Zusammenwirken, 177–189.

(Caritas), die zwar niemals einen Verdienst vor Gott begründet, aber unmittelbar aus dem rechtfertigenden Glauben folgt[16]: Der von Gott ohne jeden persönlichen Verdienst Gerechtfertigte lebt in der Welt seinen Glauben unmittelbar und spontan als selbstlose Liebe zum Nächsten[17]. Die *»stende und empter, die er durch menschen thut«*[18], sind damit Werkzeuge, durch die Gott seine Liebe in die Welt hineinwirkt[19] und durch die er – verborgen hinter menschlichem Tun als seiner verhüllenden Maske[20] – die Welt wider alle zerstörenden Einwirkungen des Teufels[21] erhält und regiert. Damit wird die Cooperatio mit dem verborgenen Gott in den weltlichen Ständen zu einer grundlegenden Forderung der lutherischen Ethik.

Es würde den Rahmen dieser Skizze sprengen, wollte man hier Luthers Ständelehre mit der traditionellen christlichen Sozialethik kontrastieren und Übereinstimmungen und Abweichungen kritisch unterscheiden[22]. Eines ergibt sich aus dem Gesagten sofort: Wenn der Mensch in den Ständen zum Mitarbeiter Gottes berufen ist, so wird damit nicht nur der irdische Lebensbereich und die *»vita activa«* aufgewertet. Ebenso folgt daraus eine grundsätzliche Gleichwertigkeit aller Stände vor Gott, die den überkommenen amtscharismatischen und aszetischen Hierarchien widerspricht[23]. Luther betonte deshalb immer wieder, daß jeder

---

[16] *»Vere autem non credit, si opera Charitatis fidem non sequuntur«*, Großer Galaterkommentar, 1535, WA 40, 2, 37. Vgl. hierzu Peter Manns, Fides absoluta – Fides incarnata. Zur Rechtfertigungslehre Luthers im Großen Galater-Kommentar, in: Fschr. Hubert Jedin, Bd 1, Münster 1965, 265–312.

[17] *»Tu es iustificatus: vade igitur, et exerce fidem in oeconomia, in policia«*, Genesisvorlesung, 1535/45, WA 43, 618; vgl. die Predigt vom 8. 6. 1524: *»omnes status huc tendunt, ut aliis serviant«*. WA 15, 625. Vgl. Wingren, Luthers Lehre vom Beruf, 20.

[18] Der 111. Psalm ausgelegt, 1530, WA 31, 1, 419.

[19] Vgl. hierzu besonders Gustav Törnvall, Geistliches und weltliches Regiment bei Luther, München 1947, 60.

[20] *»Deus larva humana indutus latet sub principe vel iudice. Ultra larvam debeo respicere in deum sive dei officium.«* Predigten über das 2. Buch Mose, 1526, WA 16, 549; vgl. Fastenpostille, 1525, WA 17, 2, 192; Großer Galaterkommentar, 1535, WA 40, 1, 175. Vgl. Lilje, Luthers Geschichtsanschauung, 75–80.

[21] Vgl. Heckel, Lex charitatis, 36, der mit Recht betont, daß für Luther ein wesentliches Merkmal des teuflischen Weltreiches die *»amor sui«* sei (so schon Augustinus, De civitate Dei XIV, 13).

[22] Vgl. Jürgen Küppers, Luthers Dreihierarchienlehre als Kritik an der mittelalterlichen Gesellschaftsauffassung, in: EvTh 19 (1959) 361–374, bes. 361–368; Gloege, Politia divina, 69–108; Duchrow, Christenheit und Weltverantwortung, 505 ff.

[23] *»Hie solt doch einem sein hertz lachen fur freuden, wo er sich funde jnn einem stande, den Gott gestifft odder geordent hette, und mit hupffen und springen dancken fur solch Gottlich werck, weil er hie horet und gewis ist, das sein stand fur Gott ein Lob und schmuck heisst ... Da hastu nu, das ein Knecht, Magd, Son, Tochter, Man, Fraw, Herr, Unterthan und was mehr jnn Gottlichen stifften stenden ist, die sind (wo sie des selbigen standes warten) fur Gott so schon und schmuck als eine Braut zur hochzeit ... Aber solches sihet die tolle blinde welt nicht, sondern veracht solche stende so schendlich, das es mus einem frumen hertzen wehe thun. Nein, Spricht sie, Was sol ich jn dem geringen,*

Mensch, der an seiner Stelle des politischen und sozialen Gefüges seinem Mitmenschen dient, vor Gott völlig gleich sei[24]: Gott sieht nur auf die Dienstfertigkeit des Herzens, aber nicht auf die Größe des Werkes[25].

Dies darf allerdings nicht darüber hinwegtäuschen, daß die Stände durch ihre ordnenden Funktionen notwendig Verhältnisse der Über- und Unterordnung und damit Ungleichheit unter den Menschen schaffen[26]. Politische und soziale Ungleichheit als irdische Folge der göttlich eingerichteten Stände erschien Luther zeitlebens und im Gegensatz zu anderen sozialtheologischen Tendenzen seiner Zeit als das Kriterium der rechten Ordnung schlechthin. An ihrem Bestand mußte gerade dem Christen gelegen sein[27], eben weil dieser an jeder Stelle des sozialen Körpers - ob als Herr oder Knecht - Gott durch Nächstenliebe dienen kann. Jede Verwischung dieser Ordnungsunterschiede, jede daraus folgende Verkehrung der Funktionen erschien ihm dagegen als Merkmal diabolischer Perversion, die als allgegenwärtige Bedrohung darauf hinzielt, diese Welt im anarchischen Chaos aufzulösen[28].

Die Stände sind damit die grundlegenden und unantastbaren Schichtungskonstanten aller Bereiche sozialer und politischer Realität[29]. Zugleich stecken sie das Wirkfeld der Vernunft[30] und des freien Willens

---

weltlichen stande thun? Ich wil Gott dienen und ein Munch, Nonne, Pfaff, Einsidler werden.« Der 111. Psalm ausgelegt, 1530, WA 31, 1, 409; vgl. auch Großer Katechismus, 1529, WA 30, 1, 149.

[24] *»Haussknecht und hausmegd sind eben so wol Christen als ander leutt, ... Darumb sind sie fur Gott gleych so gros und hoch als andere.«* Epistel S. Petri gepredigt und ausgelegt, 1523, WA 12, 336.

[25] *»Die werck sihet Gott nicht an, wie geringe sie sind, sondern das hertz, das yhm mit solchen geringen wercken dienet.«* Epistel S. Petri gepredigt und ausgelegt, 1523, WA 12, 337.

[26] *»Denn welltlich reich kan nicht stehen, wo nicht ungleicheyt ist, ynn personen, das ettliche frey, ettliche gefangen, ettliche herrn, ettliche unterthan,«* Ermahnungen zum Frieden, 1525, WA 18, 327. Vgl. auch: Predigten über das 2. Buch Mose, 1526, WA 16, 587; Predigt über Johannes 20, 3-10, 12. 6. 1529, WA 28, 445. Vgl. zur Problematik Friedrich Lezius, Gleichheit und Ungleichheit. Aphorismen zur Theologie und Staatsanschauung Luthers, in: Fschr. Hermann Cremer, Gütersloh 1895, 285-326.

[27] Deshalb die Mahnung zur Demut: *»lernet von hertzen ynnwendig demutig zu sein, nicht hoher empor zufaren denn wie ich dich ynn einen stand wirffe, so wirstu denn eusserlich auch wol recht wissen ynn demut zu wandeln und dich nicht zu erheben uber deinen nehisten, sondern wirst deinen nehisten alzeit besser achten denn dich selbs,«* Predigt vom 10. 2. 1527, WA 23, 693.

[28] Vgl. dazu aus einer Vielzahl von Stellen: Großer Katechismus, 1529, WA 30, 1, 154; Der 82. Psalm ausgelegt, 1530, WA 31, 1, 207; Der Prophet Sacharja ausgelegt, 1527, WA 23, 514; Predigten über das 2. Buch Mose, 1526, WA 16, 536 f.; In XV Psalmos graduum, 1532/33, WA 40, 3, 268.

[29] Diesen formalen Charakter der Stände betont besonders Gerhard Gloege Thesen zu Luthers Zwei-Reiche-Lehre, in: Fschr. Hermann Kunst, Berlin 1967, 79-90.

[30] *»Deus dedit rationem, ut regamus corporales res, educare liberos, administrare domos etc., ad hoc non opus scripturae, hoc donum deus proiecit inter omnes gentes. Non opus ergo, ut demittat verbum de celo.«* Predigten über das 2. Buch Mose, 1525, WA 16, 353.

ab[31]. Denn der Mensch soll nach Maßgabe der Vernunft und in freier Verantwortung den Geltungsbereich der Stände ordnen und ausformen und zwar stets im Hinblick auf den Nutzen der Mitmenschen als oberster, theologischer Norm. Damit weisen die Stände dem Menschen eine umfassende Verantwortung zu: Die souveräne Gestaltung der Welt im Sinne eines funktionalen Optimums nach den Bedürfnissen und zum Nutzen der Menschen.

2. Die Lehre von der Obrigkeit

Theologische Aussagen über Ursprung, Wesen und Sinn der Obrigkeit durchziehen in Ansätzen und mit wechselnder Klarheit bereits die frühen Schriften des Reformators[32], um schließlich 1523 in der Schrift *»Von weltlicher Oberkeit, wieweit man ihr Gehorsam schuldig sei«* in einem zusammenhängenden Entwurf von großer theologischer Aussagekraft zu kulminieren. Gleich zu Beginn betonte Luther, daß die obrigkeitliche Gewalt nach dem Zeugnis der Schrift von Gott selbst begründet worden sei und als ein Element göttlicher Weltordnung vom Anfang der Geschichte an bestanden habe[33]: Sie ist *»Gottis eygentlich werck,*

»Ratio maximum et inaestimabile est donum Dei, nec ea, quae in rebus humanis sapienter constituit et invenit, contemnenda sunt ... Potest regna et respublicas condere, legibus utilibus ea sepire et stabilire, bonis consiliis, salutaribus praeceptis moderari et gubernare, multa praescribere ad conservationem rerumpublicarum et societatis humanae utilissima.« Enarratio capitis noni Esaiae, 1546, WA 40, 3, 612 f. Vgl. ferner: WA 30, 2, 562; WA 39, 1, 175; WA 40, 1, 292; 305; WA 43, 107; WA 45, 669; WA 51, 242. Vgl. Bernhard Lohse, Ratio und Fides. Eine Untersuchung über die ratio in der Theologie Luthers, Göttingen 1958 (Forschungen zur Kirchen- und Dogmengeschichte, 8) 119–133; Gerta Scharffenorth, Römer 13 in der Geschichte des politischen Denkens, Diss. Heidelberg 1964, 113 f.; 136 ff.; Duchrow, Christenheit und Weltverantwortung, 495–500.

[31] *»Scimus, quod homo dominus est inferioribus se constitutus, in quae habet ius et liberum arbitrium.«* De servo arbitrio, 1525, WA 18, 781; vgl. Glosse auf das vermeinte kaiserliche Edikt, 1531, WA 30, 3, 362 f.; Großer Galaterkommentar, 1535, WA 40, 1, 292 f. Vgl. zum Ganzen Harry J. McSorley, Luthers Lehre vom unfreien Willen, München 1967 (Beiträge zur ökumenischen Theologie, 1) 285–303.

[32] Vgl. Johannes Heckel, Recht und Gesetz, Kirche und Obrigkeit in Luthers Lehre vor dem Thesenanschlag 1517, in: ZRG KA 26 (1937) 285–375; Ferdinand E. Cranz, An Essay on the Development of Luther's Thought on Justice, Law and Society, London/New Haven 1959 (Harvard Theological Studies, 19), sowie neuerdings die interessanten Thesen von Duchrow, Christenheit und Weltverantwortung, 441 ff., über das dramatische Ineinander von augustinischem Dualismus und mittelalterlicher Potestas-Lehre. Die Quellen zur Staatslehre Luthers finden sich bereits sehr übersichtlich zusammengestellt bei Hermann Jordan, Luthers Staatsauffassung, München 1917.

[33] *»Auffs erst mussen wyr das welltlich recht und schwerd wol grunden, das nicht yemand dran zweyffel, es sey von Gottis willen und ordnung ynn der wellt. Die spruch aber, die es grunden, sind diße. Ro. 12.(!) 'Eyn igliche seele sey der gewallt und uberkeyt unterthan, Denn es ist keyn gewallt on von Gott; die gewallt aber, die allenthalben ist, die*

ordnung und Creatur«[34]. Innerhalb der lutherischen Ständelehre nimmt die Obrigkeit[35] eine eigentümliche Mittelstellung ein: einerseits entstammt sie der Oeconomia[36] und verlängert damit die väterliche Gewalt in den politischen Raum hinein[37]. Andererseits ermöglicht und garantiert sie Predigt und Seelsorge und damit den Bestand der Anstaltskirche[38].

Trotz anderer Interpretationsversuche[39] kann es nicht zweifelhaft sein, daß Luther das Wesen der Obrigkeit in ihrem institutionellen Charakter, das heißt im obrigkeitlichen Amt[40], sah.

Das Amt und der darin gefaßte Auftrag[41] wandelt den Menschen zur »Larve« und zum Mitarbeiter Gottes, hebt ihn über die Anonymität der Masse in eine öffentliche Stellung und wandelt ihn zu einer *»gemeinen person«*, als der er *»so viel personen (ist) so viel heubter er unter sich und an sich hangen hat«*[42]. Der Amtsträger ist als Repräsentant einer Ge-

---

ist von Gott verordnet. Wer nu der gewalt widderstehet, der widdersteht gottis ordnung; wer aber gottis ordnung widdersteht, der wirt yhm selb das verdamnis erlangen'. Item 1. Pet.2. 'Seyd unterthan allerley menschlicher ordnung, es sey dem konige als dem furnemisten oder den pflegern, als die von yhm gesand sind zur rach der bosen und zu lob den frumen'. Auch ist des selben schwerds recht von anfang der welt gewest. Denn da Kain seynen bruder Habel erschlug, furcht er sich so fast, man wurde yhn wider todten, das auch Gott eyn besonders verpott draufflegt und das schwerd umb seynen willen aufhub, unnd niemandt sollt yhn todten. Wilche furcht er nicht gehabt hett, wo er nicht gesehen unnd gehort hett von Adam, das man die morder sollte todten.« Von weltlicher Obrigkeit, 1523, WA 11, 247 f.

[34] Von weltlicher Obrigkeit, 1523, WA 11, 257.

[35] Vgl. zur zeitgenössischen Verwendung des Begriffs »Obrigkeit« Erich Maschke, »Obrigkeit« im spätmittelalterlichen Speyer und in anderen Städten, in: ARG 57 (1966) 7–22.

[36] Vgl. besonders die Predigten über das 2. Buch Mose, 1525, WA 15, 500; 505; 543, den Großen Katechismus, 1529, WA 30, 1, 153, und die Vorlesung über die Stufenpsalmen, 1532/33, WA 40, 3, 221; 269. Vgl. Heckel, Lex charitatis, 107 f.; Ernst Kinder, Luthers Ableitung der geistlichen und weltlichen Obrigkeit aus dem 4. Gebot, in: Fschr. Johannes Heckel, Köln/Graz 1959, 270–286; Maurer, Luthers Lehre von den drei Hierarchien, 24.

[37] Daher der »Patriarchalismus« Luthers (vgl. Ernst Troeltsch, Die Soziallehren der christlichen Kirchen und Gruppen, Tübingen 1922, 551 ff.), der freilich auf die gemeinmittelalterliche Vorstellung von der Hausherrschaft als Wurzel aller Herrschaft zurückgeht. Darüber hinaus sind Anklänge an die humanistische Pater-Patriae-Vorstellung (vgl. etwa Erasmus, Institutio Principis Christiani, in: Opera Omnia, ed. Johannes Clericus, Bd 4, Leiden 1703, 567) nicht auszuschließen.

[38] *»Denn wo es nicht friede oder stille ist, da sol das Euangelium wol ungeprediget bleiben«*, Predigten über das 2. Buch Mose, 1525, WA 16, 339.

[39] Vgl. darüber Duchrow, Christenheit und Weltverantwortung, 523 f.

[40] Vgl. Scharffenorth, Römer 13, 113–117, sowie den Exkurs II, 11 f.

[41] Vgl. Wilhelm Hennis, Amtsgedanke und Demokratiebegriff, in: Fschr. Rudolf Smend, Tübingen 1962, 51–70.

[42] Ob Kriegsleute, 1526, WA 19, 652. Die Unterscheidung von *»homo publicus«* und *»homo privatus«* taucht bereits im Sermo de duplici iustitia, 1519, WA 2, auf, vgl. Duchrow, Christenheit und Weltverantwortung, 544. Vgl. zur Begriffsgeschichte die materialreiche Untersuchung von Hans Müllejans, Publicus und Privatus im römischen Recht und im älteren kanonischen Recht, München 1961 (Münchner Theologische Studien, III/14).

samtheit auch deren Organ: Er ist nicht mehr *»eine person fur sich selbst, sondern fur andere, daß er yhn diene«*[43] und das in einer Gemeinschaft notwendige Recht schafft und bewahrt[44]. Ausübung öffentlicher Gewalt ohne legitimierendes Amt verletzt deshalb nicht nur die Rechtsordnung, sondern greift die Obrigkeit selbst an. Luther brandmarkte deshalb eine solche Usurpation obrigkeitlicher Befugnisse durchgehend als Aufruhr[45].

Mit der Überzeugung, daß alle Obrigkeit nur als Amt zu verstehen sei, steht Luther in einer Tradition, die vom römischen Recht und vom politischen Denken der Antike herführt und sich in der spätmittelalterlichen und humanistischen Staatstheorie zu neuer Wirksamkeit verdichtete[46]. Luther übernahm jedoch nicht nur den tradierten Amtsbegriff, sondern erweiterte ihn auch um die theologische Aussage, daß jedes obrigkeitliche Amt ein göttlicher Auftrag sei. Zusammen mit einer konsequenten Trennung von Person und Amt[47] mußte sich dies stabilisierend zugunsten jeder Obrigkeit auswirken: Vor Gott ist zwar jeder Amtsträger eine *»eintzele Person«*[48], die je nach ihrer Bürgerschaft im *»regnum Christi«* oder im *»regnum diaboli«*[49] den im Amt delegierten Auftrag übernimmt oder in tyrannischer Selbstherrlichkeit[50] mißbraucht, um damit dem Gericht zu verfallen. Aber vor der Welt gilt nur das göttlich begründete Amt, das auch dann nichts von seiner Würde einbüßt, wenn der Träger Tyrann oder Heide ist[51]. Das reine Faktum obrigkeitlicher Ge-

43 Ob Kriegsleute, 1526, WA 19, 648.

44 *»Recht und unrecht haben ist yderman gemein. Aber Recht und unrecht geben und austeylen, das ist des, der uber recht und unrecht herr ist, wilcher ist Gott alleine, der es der oberkeit an seine stat befelhet.«* Ob Kriegsleute, 1526, WA 19, 641. Vgl. zur Interpretation dieser Stelle auch Scharffenorth, Römer 13, 120.

45 Vgl. Ob Kriegsleute, 1526, WA 19, 635; Warnung an seine lieben Deutschen, 1531, WA 30, 3, 283.

46 Otto von Gierke, Das deutsche Genossenschaftsrecht, Bd 3, Berlin 1881, 563 ff.; Eberhard von Koerber Die Staatstheorie des Erasmus von Rotterdam, Diss. Berlin 1966, 67–72. Vgl. zur Entwicklung des Amtsbegriffs in der politischen Praxis des Spätmittelalters Robert Scheyhing, Eide, Amtsgewalt und Bannleihe, Köln/Graz 1960 (Forschungen zur deutschen Rechtsgeschichte, 2) 113–127.

47 Vgl. besonders: Ob Kriegsleute, 1526, WA 19, 624; 629 f.; Kinder zur Schule halten, 1530, WA 30, 2, 572 f.; Der 82. Psalm ausgelegt, 1530, WA 31, 1, 191 f.; Wider Hans Worst, 1541, WA 51, 556.

48 Ob Kriegsleute, 1526, WA 19, 653.

49 Vgl. zur Unterscheidung der beiden Reiche besonders Von weltlicher Obrigkeit, 1523, WA 11, 249 ff. Vgl. Heckel, Lex charitatis, 32–41.

50 Was im übrigen eher die Regel als die Ausnahme ist: *»Caro enim nostra infirmior est, quam ut gloriam et potentiam recte ferre possit«*, Genesisvorlesung, 1535/45, WA 42, 524.

51 *»Doch misprauch verstoret das ampt nicht, das ampt ist doch recht, gleich wie die weltliche oberkeit ein recht gut ampt bleibt, obs gleich ein bube hat und missebraucht.«* Der 82. Psalm ausgelegt, 1530, WA 31, 1, 196; vgl. auch: WA 11, 257; WA 27, 418; WA 31, 1, 196.

walt verpflichtet damit die Untertanen zu Gehorsam und verwehrt ihnen jede Frage nach der moralischen Eignung oder nach der rechtlichen Legitimation des Amtsträgers[52]: im konkreten Gesamtzustand der obrigkeitlichen Verhältnisse zeigt sich damit der göttliche Willen. Unverkennbar zeigt sich hier eine Nähe zur *»verità effetuale della cosa«*[53], dem Ausgangspunkt der politischen Theorie Macchiavellis.

Wenn die weltlichen Stände zugleich den Zuständigkeitsbereich der Vernunft abgrenzen, so gilt dies im besonderen Maße für die Obrigkeit: die Vernunft ist die »Quelle«[54], aus der alles Recht, alle Gesetze, alle Institutionen und Ämter der Obrigkeit fließen. Und mit ihrem Entstehen gewinnen sie als konkrete Ausgestaltungen des obrigkeitlichen Standes Anteil am göttlichen Stiftungswort[55]: Die geschichtlichen Erscheinungsformen der Obrigkeit und damit auch ihre konkrete Verfassungsstruktur sind menschliche Schöpfungen. Aber über ihren Wurzelgrund in der Politia sind sie zugleich ganz Gottes Werk.

Wie in den anderen Ständen, so unterliegt auch hier die Vernunft dem Anspruch, den Aufgabenbereich der Obrigkeit optimal im Sinne ihres von Gott verordneten Zieles zu gestalten, das heißt in mitmenschlicher Liebe das Wohl des Nächsten und der Gemeinschaft zu fördern. Die Liebe dringt ja auf den Nutzen der Werke für die Mitmenschen[56]. Dieser Nutzen ist damit die Norm für die Gesetze und Institutionen[57], für die

---

[52] Christus will *»das Oberkait, Fürsten und herren, den wir gehoren, seyne sollen, sie sind, wer sie sind und wie sie wollen, und nicht darnach fragen, ob sie das Regiment und die Oberkait mit recht oder unrecht besitzen und ynne haben. Man mus allein sehen auf die gewalt und Oberkait, die da gut ist, denn sie ist von Got verordnet und eingesetzt«*. Sommerpostille, 1526, WA 10, 1/2, 426; Christus *»Voluit igitur esse principes, quicumque tandem essent, quibus obediremus, non curandum, num iuste an iniuste occupent imperium.«* Predigt vom 23. 11. 1522, WA 10, 3, 431. Vgl. hierzu die prägnanten, wenngleich übertriebenen Bemerkungen von Troeltsch, Die Soziallehren, 532 f.

[53] Niccolò Macchiavelli, Il Principe, in: Opere, ed. Mario Bonfantini, Mailand/Neapel 1954, 49.

[54] Von weltlicher Obrigkeit, 1523, WA 11, 280; vgl. auch: *»humana sapientia seu ratio peperit leges et iura«*, Praelectio in psalmum CXXVII, 1533, WA 40, 3, 221 f. Vgl. hierzu besonders Lohse, Ratio und Fides, 125.

[55] *»alle empter der oberkeit vom geringsten an bis zum hohesten (sind) Gottes ordnung, ... wie Sanct Paulus zum Romern am dreyzehenden leret«*, Der 82. Psalm ausgelegt, 1530, WA 31, 1, 191; vgl. Der Prophet Sacharja ausgelegt, 1527, WA 23, 514; Der 117. Psalm ausgelegt, 1530, WA 31, 1, 233 f.

[56] *»Liebe des nehisten achtet nicht yhr eygens, sihet auch nicht, wie groß oder geringe, ßondern wie nutz und nott die werck dem nehisten oder der gemeyne seyen.«* Von weltlicher Obrigkeit, 1523, WA 11, 261.

[57] *»also sol man alle gesetz lenken, darnachs die liebe auß weyßet, das man sie halte, wo sie dem nechsten dienstbarlichen und nutzlich sind, und faren lasse, wo sie schaden wollen«*. Sommerpostille, 1526, WA 10, 1/2, 394; vgl. Fastenpostille, 1525, WA 17, 2, 94. Alle Ämter und Institutionen der Obrigkeit legitimieren sich nach ihrem Nutzen für die Aufgaben der Obrigkeit, das heißt aus ihrem Nutzen für das gemeine Wohl, vgl. Von weltlicher Obrigkeit, 1523, WA 11, 260. Ausführlich entfaltete Luther im zweiten

Regierungstätigkeit des Regenten[58] wie für die Haltung der Untergebenen[59]. Beredt hält Luther deshalb immer wieder der Obrigkeit vor, daß das Recht keinen Selbstwert darstelle, sondern dem Frieden zu dienen habe[60], daß jede Anwendung obrigkeitlicher Zwangsgewalt nur dann gerechtfertigt sei, wenn daraus kein größeres Unglück entstehe[61], ja, daß alles Recht im Einzelfall nur nach sorgfältigem Abwägen aller Umstände, das heißt nach Maßgabe der Billigkeit (Ἐπιείκεια, Aequitas)[62], anzuwenden sei, aber niemals rigoristisch[63].

Diese umfassende Sorge für das Gemeinwohl gliedert sich in zwei einander ergänzende Aufgaben: Die Obrigkeit hat in dieser der Sünde und dem Teufel verfallenen Welt eine äußere Ordnung und Gerechtigkeit zu erzwingen und damit den Fortbestand menschlichen Lebens gegen die »politischen Folgen der Sünde«[64] zu sichern[65]. Im Symbol des Schwertes findet dieser Zwangscharakter seinen sinnfälligen Ausdruck[66]. Darüber hinaus kommt der Obrigkeit die anspruchsvollere Auf-

Teil der Predigt daß man Kinder zur Schule halten solle, 1530, die Notwendigkeit verschiedener Institutionen, Ämter und Berufe aus dem Leitgedanken des mitmenschlichen Nutzens, WA 30, 2, 554–581. Vgl. Scharffenorth, Römer 13, 138–143.

[58] vgl. Von den guten Werken, 1520, WA 11, 271 f.; Ermahnung zum Frieden, 1525, WA 18, 299; Ob Kriegsleute, 1526, WA 19, 648 f.

[59] Vgl. aus der großen Zahl von Aussagen Von weltlicher Obrigkeit, 1523, WA 11, 253, sowie die Epistel S. Petri gepredigt und ausgelegt, 1523, WA 12, 333.

[60] Zwar ist aller Friede im Gemeinwesen *»jm recht verfasset, bemauret und wol gehegt«* (Kinder zur Schule halten, 1530, WA 30, 2, 560), aber das Recht verliert seine Funktion, wenn es nicht mehr dem Frieden dient: *»Sintemal friede gilt mehr denn alles recht, Und fride ist nicht umbs rechts willen, sondern recht ist umbs frieden willen gemacht«*. Von Ehesachen, 1530, WA 30, 3, 223.

[61] *»Wo er unrecht nitt straffen kan on grosser unrecht, da laß er seyn recht faren, es sey wie billich es wolle.«* Von weltlicher Obrigkeit, 1523, WA 11, 276.

[62] Diese Gedanken sind freilich kein lutherisches Eigengut, sondern entstammen der Tradition der europäischen Aequitas-Lehre, deren antike Vorbilder im Rechtsdenken des zeitgenössischen Humanismus neu wirksam wurden. Vgl. über ideengeschichtliche Herkunft und humanistische Ausprägung Guido Kisch, Erasmus und die Jurisprudenz seiner Zeit, Basel 1960 (Basler Studien zur Rechtswissenschaft, 36) 1–379 (leider hat Kisch gerade Luther ausgeklammert). Vgl. auch Norbert Horn, Aequitas in den Lehren des Baldus, Köln/Graz 1968 (Forschungen zur neueren Privatrechtsgeschichte, 11).

[63] Sermon von den guten Werken, 1520, WA 6, 260; Magnificat, 1521, WA 7, 583; Ob Kriegsleute, 1526, WA 19, 647 ff.

[64] Duchrow, Christenheit und Weltverantwortung, 487.

[65] *»Denn syntemal wenig glewben und das weniger teyl sich hellt nach Christlicher art ... hat Gott ... sie unter das schwerd geworffen, das, ob sie gleych gerne wollten, doch nicht thun kunden yhr boßheyt, und ob sie es thun, das sie es doch nit on furcht noch mit fride unnd gluck thun mugen ... Denn wo das nicht were, Syntemal alle wellt bose und unter tausent kaum eyn recht Christ ist, wurde eyns das ander fressen, das niemant kund weyb und kind zihen, sich neeren und Gotte dienen, damit die welt wuste wurde.«* Von weltlicher Obrigkeit, 1523, WA 11, 251. Vgl. auch Kirchenpostille, 1522, WA 10, 1/1, 454.

[66] *»Das schwert zeigt wol an, was es fur kinder unter sich habe, nemlich eytel verzweifelte buben, wo sie es thun thursten«*, Ob Kriegsleute, 1526, WA 19, 640.

gabe zu, einen allseits begründeten Frieden als Inbegriff irdischer Glückseligkeit zu schaffen[67]. Damit erstreckt sich ihr Zuständigkeitsbereich grundsätzlich auf die ganze soziale und politische Wirklichkeit.

In diesen verschiedenen Elementen zeichnet sich mit hinlänglicher Klarheit der Grundriß der lutherischen Obrigkeitslehre ab: Der obrigkeitliche Stand ist Gottes Werk und Setzung. Aber es obliegt der menschlichen Vernunft, den Geltungsbereich dieses Standes so effizient wie möglich zu ordnen und damit einen wirksamen Schutz und einen allseits begründeten Frieden im Gemeinwesen zu gewährleisten.

Dieser Grundriß findet eine wichtige Ergänzung, die erst nach 1530 deutlicher hervortritt: Der konkrete Ablauf der Geschichte zeigt, daß sie entscheidend vom schöpferischen Genius großer Persönlichkeiten geprägt wird, die als Gottes eigene »Wundermänner« eine besondere und durch den Erfolg bestätigte Sendung erfüllen[68]. Diese Wundermänner sind dazu berufen, den obrigkeitlichen Stand zu gestalten, Recht zu setzen, Institutionen zu schaffen und damit Traditionen zu begründen, die tief in die folgenden Zeiten hineinwirken – bis Gott erneut einen Wundermann sendet, der das Recht ändert und die Obrigkeit reformiert.

Jeder durchschnittliche Regent ist dagegen darauf angewiesen, den Kampf mit den alltäglichen Aufgaben im *»flicken«* und *»pletzen«* zu bestehen und sich an die großen Traditionen der Wundermänner zu halten, die besonders im »gemeinen Buchrecht« ihren normativen Niederschlag gefunden haben[69].

---

[67] *»Der zeitlich fried ... (ist) das grosseste gut auff erden ... darinn auch alle andere zeitliche guter begriffen sind«*, Kinder zur Schule, 1530, WA 30, 2, 538; Vgl. WA 31, 1, 202; WA 31, 1, 346; WA 51, 241. Vgl. Duchrow, Christenheit und Weltverantwortung, 495 ff.

[68] Luther entfaltete die Lehre von den Wundermännern ausführlich in der Auslegung des 101. Psalms: *»Gott hat zweierley leute auff erden jnn allerley stenden. Etliche haben einen sonderlichen sternen fur Gott, welche er selbs leret und erweckt, wie er sie haben will. Die selben haben auch als denn guten wind auff erden und, wie mans nennet, gluck und sieg. Was sie anfahen, das gehet fort, und wenn alle welt da wider streben solt, so mus es hinaus ungehindert. Denn Gott, ders jnen jns Herz gibt, jren sinn und mut treibt, der gibts jnen auch in die hende, das es geschehen und ausgericht werden mus ... Solche leute heisse ich nicht gezogene oder gemachte, sondern geschaffene und von Gott getriebene Fursten oder herrn.«* WA 51, 207. Vgl. auch Genesisvorlesung, 1535/45, WA 43, 641 f.; 653.

[69] *»Nu ist die Welt ein kranck ding und eben ein solcher Peltz, da haut und har nicht gut an ist. Die gesunden Helden sind seltzam und Gott gibt sie theur ... Darumb mus man hie flicken und pletzen, sich behelffen aus den buchstaben oder buchern mit der Helden Recht, Spruche und Exempel, und mussen also der stummen meister (das ist der bucher) schuler sein und bleiben und machens doch nimer mehr so gut, als daselbs geschrieben stehet ... bis die zeit kompt, das Got wider einen gesunden Helden oder Wunderman gibt, unter des hand alles besser gehet oder ja so gut, als jnn keinem buch stehet, der das Recht entweder endert oder also meistert, das es im lande alles grunet und bluet mit fride, zucht, schutz, straffe, das es ein gesund regiment heissen mag«*, Auslegung des 101. Psalms, 1535, WA 51, 214 f.; vgl. Kinder zur Schule halten, 1530, WA 30, 2, 557.

Im Anspruch der Tradition liegt damit ein wirksames Gegengewicht gegen eine allzu experimentierfreudige Entfaltung der Vernunft, die das Gemeinwesen mit ungewissen Risiken belasten würde[70]. Luther schränkte damit das freie Gestaltungsmandat an die Vernunft ein zugunsten einer fruchtbaren Kontinuität der obrigkeitlichen Ordnung. Letztlich stellte er es damit zu einem guten Teil auch in Frage: Gott selbst bestimmt durch seine Wundermänner in besonderer Weise Gestalt und Geschichte aller obrigkeitlichen Ordnungen.

3. Die obrigkeitliche Verfassungsform

Aus Luthers Obrigkeitslehre ergibt sich mit hinlänglicher Sicherheit auch eine Antwort auf die Frage, ob er als Theologe notwendig eine bestimmte Form der Verfassung, das heißt eine bestimmte Struktur der *»rechte, sitten und weise«*[71] obrigkeitlicher Herrschaft, bevorzugte.

Wenn es der Vernunft zukommt, den obrigkeitlichen Stand im Sinne einer optimalen Effizienz zu ordnen, so folgt daraus »eine grundsätzliche Gleichwertigkeit aller Verfassungen«[72], sofern sie geeignet sind, den obrigkeitlichen Schutz- und Friedensauftrag zu erfüllen.

Es ist ein verbreiteter und bis in die neueste Literatur nachwirkender Irrtum, daß Luther seiner persönlichen Neigung oder theologischen Überzeugung nach Monarchist gewesen sei[73].

Wenn Luther in den sozialen und politischen Konflikten seiner Zeit öffentlich für monarchische Obrigkeiten eintrat, so eben deshalb, weil jede Obrigkeit durch das reine Faktum ihrer Existenz Gehorsam im Sinne von Römer 13 zu fordern hat, und weil die Monarchie als vorherrschende Verfassungsform die politische Landschaft seiner Zeit bestimmte.

Sieht man aber von diesem faktischen Junktim ab, so ergibt sich aus dem Ansatz Luthers eine Offenheit für jede Regierungsweise und letzt-

[70] Vgl. Ob Kriegsleute, 1526, WA 19, 649 ff., sowie die Auslegung des 101. Psalms, 1535, WA 51, 215.

[71] *»Land und Stedte aber konnen nicht sein noch bestehen, sie mussen yhr rechte, sitten und weise haben, da mit sie regiern, richten, straffen, schutzen und fride erhalten, Mugen die selbigen wol endern noch gelegenheit, Aber emperen konnen sie der selbigen nicht.«* Der 117. Psalm ausgelegt, 1530, WA 31, 1, 233. Vgl. auch die ausführliche Beschreibung aller Verfassungskomponenten in Der Prophet Sacharja ausgelegt, 1527, WA 23, 514.

[72] Walter Elliger, Luthers politisches Denken und Handeln, Berlin 1952, 111. Vgl. auch Jordan, Luthers Staatsauffassung, 62; Lohse, Ratio und Fides, 121; Scharffenorth, Römer 13, Exkurs II, 11 f.

[73] Vgl. z.B. Heinrich Bornkamm, Luthers geistige Welt, 4. Aufl. Stuttgart 1960, 237 f.; vermittelnd: Kurt Matthes Luther und die Obrigkeit, München 1937 (Aus der Welt christlicher Frömmigkeit, 12) 108 f.

lich auch für jede Verfassungsform: Luther betonte deshalb wiederholt, er sehe sich als Theologe außerstande, etwas Verbindliches über die Art und Weise des Regierens auszusagen, eben weil das Evangelium darüber keine Weisungen erteile. Es obliege vielmehr der Vernunft, die angemessenen Formen zu finden. Die Aufgabe des Theologen beschränke sich darauf, das Gewissen zu unterrichten und die göttlich verordneten Aufgaben der Obrigkeit immer wieder aufzuzeigen[74].

Ebenso anerkannte er die legitime Möglichkeit verschiedenartiger nichtmonarchischer Verfassungen: selbst wenn es nur Monarchien gäbe, könne es niemand einer Gemeinschaft verwehren, sich gegebenenfalls eine andere Verfassungsform zu geben[75].

Man darf freilich eine wachsende konservative Tendenz bei Luther nicht übersehen: die politischen und sozialen Gärungsprozesse seiner Zeit, die bestürzende Erfahrung des Bauernkrieges, das Auftreten der Schwärmer und nicht zuletzt die altgläubige Polemik, die auf einer gefährlichen Wechselwirkung zwischen religiöser und politischer Neuerung insistierte[76], erfüllten Luther mit zunehmender Skepsis gegenüber

[74] *»Ich will nit anzeigen, wie der in allen dingen zu halten sey, Ich wil das der vernunfft lassen und heym geben, Sundern ich wil sagen, Wie darinnen sol die lieb gegen dem nechsten erzeigt werden sol. Was dorff ich dem schneyder sagen und in lernen einen rock zu machen? er weis es vor hin, Darumb sol ich im allein sagen sein hantwerck wol und cristlich zu gebrauchen. Also geburtt mir auch nit einen fursten in dem zu unterweisen, Ich sol im allein sagen, das er cristlich handel. Unnd also sollen die hern und weltlichen Regentten das schwertt gancz Cristlich annemen und haben, damit sie den andern dienen, schuczen und handhaben.«* Predigt vom 25. 10. 1522, WA 10, 3, 380; *»Darumb weyß ich keyn recht eym fursten fur zuschreyben sondernn will nur seyn hertz unterrichten, wie das soll gesynnet und geschickt seyn ynn allen rechten, rethen, urteylen und hendeln«*, Von weltlicher Obrigkeit, 1523, WA 11, 273; *»Zwar so hat Gott das weltlich Regiment der vernunfft unter worffen und befohlen, weil es nicht der seelen heil noch ewiges gut, sondern allein leiblich und zeitlich guter regiren sol, welche dem menschen Got unterwirfft. Gen. 2. Derhalben auch im Euangelio nichts davon geleret wird, wie es zu halten und zu Regirn sey, on das es gepeut, man solle es ehren und nicht da wider sich setzen.«* Auslegung des 101. Psalms, 1534, WA 51, 242. Vgl. auch die Apologie XVI, 3: *»Nec fert evangelium novas leges de statu civili, sed praecipit, ut praesentibus legibus obtemperemus, sive ab ethnicis, sive ab aliis conditae sint, et hac obdientia caritatem iubet exercere.«* Bekenntnisschriften der evangelisch-lutherischen Kirche, 5. Aufl., Göttingen 1963, 308.

[75] *»wievil findt man furstenthum, schlosz, stet, heuszer, da zwen bruder odder hern gleycher gewalt regiren! Hot sich doch das Romisch reych lange zeyt, unnd vil andere reych in der welt, on ein eyniges heubt auffs best regiret! wie regiren itzt die Aydgenossenn? ... Und ob schon keinisz regiment szo were, wer wolt weren, das nit ein gemeyn yhr selb vil überhern unnd nit eynen allein erwelet zu gleycher gewalt?«* Vom Papsttum zu Rom, 1520, WA 6, 292; *»Politiae aut pauci praesunt aut multi, et tamen Deus nisi illi praesit, nec a paucis bene administratur nec a multis.«* WATi 2, 312, Nr. 2072, Kordatus, Sommer 1531.

[76] Vgl. das Problem ansatzweise bei Susanne Ritter, Die kirchenkritische Tendenz in den deutschsprachigen Flugschriften der frühen Reformationszeit, Diss. Tübingen 1970, 334 f.

allen politischen Veränderungen und ließen verstärkt den in seiner Lehre von den Wundermännern grundgelegten konservativen Zug seiner Obrigkeitslehre hervortreten. Dies freilich lief auf ein faktisches Votum für die monarchische Verfassungsform hinaus.

II. Kapitel
DAS »HEILIGE RÖMISCHE REICH DEUTSCHER NATION«

1. Deutsches Reich oder Weltimperium?

Das spätmittelalterliche Reich bezeichnete sich in offiziellen Verlautbarungen zunehmend selber als »Heiliges römisches Reich deutscher Nation« und brachte damit - gewollt oder ungewollt - die weitgehende territoriale Identität von Reich und Deutschland zum Ausdruck[1]. Im Unterschied dazu beharrte die öffentliche Meinung vielfach auf einem universalen Herrschafts- und Führungsanspruch des Reiches[2].

---

[1] Vgl. hierzu vor allem: Karl Zeumer, Heiliges römisches Reich deutscher Nation. Eine Studie über den Reichstitel, Weimar 1910 (Quellen und Studien zur Verfassungsgeschichte des deutschen Reiches in Mittelalter und Neuzeit, IV/2) 17-23; Edmund E. Stengel, Regnum und Imperium. Engeres und weiteres Staatsgebiet im alten Reich, in desselben: Abhandlungen und Untersuchungen zur Geschichte des Kaisergedankens im Mittelalter, Köln/Graz 1965, 200 f.; Adolf Diehl, Heiliges Römisches Reich Deutscher Nation, in: HZ 156 (1937) 471 ff.; Karl Schottenloher, Heiliges römisches Reich deutscher Nation, in: Fschr. Eugen Stollreither, Erlangen 1950, 304-311.

[2] Die Frage nach dem universalen Anspruch des mittelalterlichen Kaisertums fand unterschiedliche Antworten: Konrad Burdach glaubte - wenigstens in der Stauferzeit - eine ausgeprägte Weltherrschaftskonzeption erkennen zu können (Walther von der Vogelweide, Leipzig 1900, 175); Heinrich Triepel sah darin das Streben nach einer universalen Führungshegemonie (Die Hegemonie, Stuttgart 1938, 496-501); Robert Holtzmann erblickte darin zurückhaltender einen Anspruch auf *»Auctoritas«* im altrömischen Sinne (Der Weltherrschaftsgedanke des mittelalterlichen Kaisertums und die Souveränität der europäischen Staaten, in: HZ 159 [1939] 251-264). Vgl. zum Problem Helmut Quaritsch, Staat und Souveränität, Bd 1, Frankfurt 1970, 44-50. Heute kann das Problem wenigstens insoweit als gelöst gelten, als die kaiserliche Politik offiziell auch in der Stauferzeit keine Versuche unternahm, die Eigenständigkeit und Unabhängigkeit der anderen Monarchen einzuschränken, vgl. Hans Joachim Kirfel, Weltherrschaftsidee und Bündnispolitik. Untersuchungen zur auswärtigen Politik der Staufer, Bonn 1959 (Bonner historische Forschungen, 12). Dagegen spielte der Weltherrschaftsgedanke im politischen Denken - und zwar in Verbindung mit der christlichen oder antiken Romidee - immer eine mehr oder minder große Rolle (vgl. den Überblick von Alexander J. Carlyle, A History of Medieval Political Theory in the West, Edinburgh/London 1928, Bd 3, 170-180; Bd 5, 141-149) und erlebte im Spätmittelalter einen neuen Aufschwung, vgl. den Überblick von Friedrich Baethgen, Zur Geschichte der Weltherrschaftsidee im späteren Mittelalter, in: Fschr. Percy Ernst Schramm, Bd 1, Wiesbaden 1964, 189-203. Vgl. ferner: Joseph Knepper, Nationaler Gedanke und Kai-

Luther nahm zur Frage nach dem territorialen Umfang des Reiches keine direkte Stellung. Trotzdem erlauben es Einzelaussagen, seine Vorstellung positiv zu bestimmen und negativ abzugrenzen. Sie zeigen, daß sich die kaiserliche Herrschaft für ihn auf die territorialen Grenzen Deutschlands beschränkte. Mehr oder minder zufällige Bemerkungen wie *»das keyserthum ynn deutschen landen«*[3], beziehungsweise *»Deutschland odder Keyserthum«*[4] erweisen dies ebenso wie ausführlichere Erklärungen: So etwa, wenn er (historisch unrichtig) eine Reichsteilung unter den Söhnen Karls des Großen beschrieb und dabei hervorhob, *»Germanus permansit Imperator«*, um dann auf die Gegenwart gewendet hinzuzufügen: würde der Kaiser heute noch Deutschland, Frankreich und Italien zusammen beherrschen, so hätte er genug Geld und Leute für den Türkenkrieg[5].

Die Herrschaft des Kaisers erstreckt sich auf Deutschland; sein Reich ist das deutsche Reich[6].

Bereits Lupold von Bebenburg hatte in seinem 1340 verfassten *»Tractatus de iuribus regni et imperii«* unterschieden zwischen dem fränkisch-deutschen Reich, das auf Karl den Großen zurückgehe und auf dem »Recht der Eroberung und (dem) Recht der Geschichte« beruhe und dem »Imperium als kaiserliches Weltamt, das der Papst in seiner Kaiserkrönung verleiht«[7]. Nikolaus von Kues war ihm darin später in der Sache

---

seridee bei den elsässischen Humanisten, Freiburg 1898 (Erläuterungen und Ergänzungen zu Janssens Geschichte des deutschen Volkes, I/2,3) 154–186; Friedrich Andrae, Das Kaisertum in der juristischen Staatslehre des 15. Jahrhunderts. Diss. Masch. Göttingen 1951. Vgl. aus den spätmittelalterlichen Autoren vor allem: Peter von Andlau, Libellus de Cesarea Monarchia II, Tit. IX, ed. Joseph Hürbin ZRG GA 13 (1892) 182–186; Hans von Hermannsgrün, Somnium, ed. Heinrich Ulmann, in: Forschungen zur deutschen Geschichte 20 (1880) 83; »Oberrheinischer Revolutionär«, Das Buch der hundert Kapitel und der vierzig Statuten, ed. Annelore Franke, Berlin 1967 (Leipziger Übersetzungen und Abhandlungen zum Mittelalter, A/4) 526. Vgl. über das Fortwirken der Universalitätsidee bei den Juristen: Henning Goede, Consilia, Bautzen 1563, cons. 30, S. 173; Hieronymus Schürff, Consilia seu Responsia iuris, Centuria III, Frankfurt 1594, cons. 37, S. 98.

[3] Von weltlicher Obrigkeit, 1523, WA 11, 247.

[4] Vom Krieg wider die Türken, 1529, WA 30, 2, 33.

[5] *»Carolus tres habuit filios, quibus distribuit imperium: uni Germaniam, alteri Galliam, tertio Italiam, sed Germanus permansit Imperator. Si nunc imperator Germaniam, Galliam, Italiam gubernaret, der het gelt und leutte, köntte den Turcken wol entsetzen.«* WATi 5, 468, Nr. 6062, Lauterbach B (ohne Datierung).

[6] Vgl. auch Auslegung des 101. Psalms, 1535, WA 51, 257 f.; Wider das Papsttum zu Rom, 1545, WA 54, 215. Vgl. zu der im Spätmittelalter weitgehend vollzogenen Identifikation von Imperium und Regnum: Stengel, Regnum und Imperium, 191 ff.

[7] Hermann Heimpel, Das Wesen des deutschen Spätmittelalters, in: AKG 35 (1953) 45. Vgl. Rolf Most, Der Reichsgedanke des Lupold von Bebenburg, in: DA 4 (1941) 444–485, bes. 452–463.

– aber mit anderer Begründung – gefolgt, wenn er den Befehlsbereich des Kaisers als engeres Imperium[8] von den universalen Aufgaben des christlichen Kaisers abgrenzte[9]. Bei dieser traditionellen Unterscheidung zwischen »Reichskaisertum« und »Weltkaisertum«[10] stellt sich sogleich die Frage, ob nicht auch für Luther dem Kaiser ein über Deutschland hinausreichender, universaler Anspruch auf Herrschaft und Führung zukam, zumal er ihn in frühen Äußerungen selbst als das *»weltlich Häupt der heiligen Christenheit«*[11] bezeichnete oder als *»princeps regum terrae«*[12] anredete. Man wird jedoch diese stehenden Wendungen des Formulars nicht überbewerten dürfen[13], zumal gewichtigere Aussagen eine andere Sprache sprechen.

Bereits in der Leipziger Disputation von 1519 war Luther dem Einwand Ecks, die Kirche brauche ein *»commune caput«* und damit den Papst, mit dem Argument begegnet, daß ein gemeinsames Oberhaupt auch in der politischen Welt fehle; vielmehr regierten sich die einzelnen Reiche selber umso besser, je weniger sie ein gemeinsames Oberhaupt besäßen. Denn Frankreich, England und all die unzähligen Reiche der Erde bedürften offenkundig keines gemeinsamen Oberhauptes[14].

Ähnlich zeigte Luther in der Schrift *»Von dem Papsttum zu Rom wider den hochberühmten Romanisten zu Leipzig«*, daß das weltliche

---

[8] *»Est autem considerandum quod virtus praeceptiva non excedit terminos imperii et subiectionis«*; *»non est dominus (sc. imperator) nisi subiectorum actu et oportet intelligere imperatorem dominum illius mundi cui imperat esse.«* De Concordantia Catholica III, 6, ed. Gerhard Kallen, in: Opera Omnia, Bd 14, Hamburg 1939/68, 355; 358 f.

[9] Vgl. De Concordantia Catholica III, 7, ebda, 359–363, bes. 363: *»quia universalis fidei custos ac statutarum universalium conservator ... ita omnes imperio ad ipsas ordinationes conservando statuto subsunt.«* Vgl. Gerhard Kallen, Die politische Theorie im philosophischen System des Nikolaus von Kues, in desselben: Probleme der Rechtsordnung in Geschichte und Theorie, Köln/Graz 1965 (Kölner Historische Abhandlungen, 11) 166.

[10] Rolf Most, Der Reichsgedanke des Lupold von Bebenburg, 462.

[11] Luther an Kurfürst Friedrich, 25. 1. 1521, WABr 2, 254, Nr. 371. Wahrscheinlich ist dieses Schreiben ohnehin von Spalatin aufgesetzt worden, vgl. Heckel, Lex charitatis, 175, Anm. 1396.

[12] Entwurf eines Schreibens an Karl V., August 1520, WABr 2, 177, Nr. 332.

[13] Wie Luther am 13. 3. 1522 in anderem Zusammenhang Spalatin mitteilte, war er durchaus bereit, sich dem sprachlichen *»usus & stilus«* in Titulaturen auch dann anzupassen, wenn die Wirklichkeit evident anders war, vgl. WABr 2, 471, Nr. 458 (Kraske, Der Einfluß der mittelalterlichen Reichsidee, 140, Anm. 1, zitiert diese Stelle zum Erweis seiner gegenteiligen Auffassung unvollständig).

[14] *»eo pulchrius administrantur res publice, quo minus habent commune caput. Nam hoc est ad oculum, quod regnum Francie, Anglie, Brittanie, Gallie et infinitorum in mundo sunt sine communi capite, et tamen non colliduntur, quolibet regno suo rege contento. Quod si in iis temporalibus fluctuantibus tot diversis ingeniis et moribus hominum, non habentibus neque in celo neque in terra commune caput, stat pax et concordia terrarum, quanto magis id fieri potest in spiritualibus rebus constantissimis.«* Leipziger Disputation, 1519, WA 2, 313 f.

Regiment keinen gemeinsamen Oberherrn brauche: Obgleich die Völker Europas *»alle ein volk des weltlichen stands in der Christenheit«* bilden, kommen sie doch ohne ein gemeinsames Oberhaupt aus[15].

Dem gängigen Analogiebeweis für das Papsttum[16] stellte Luther damit das Prinzip entgegen *»eo pulchrius administrantur res publice, quo minus habent commune caput«* und verifizierte es zugleich durch den Hinweis auf das tatsächliche Fehlen einer derartigen Instanz: Ein gemeinsames Oberhaupt aller Obrigkeiten ist weder notwendig noch nützlich[17]. Die Vorstellung von einer »grundsätzlichen Staatenpluralität«[18] bestimmte also das politische Denken Luthers. Es ist deshalb wenig wahrscheinlich, daß er weiterreichende imperiale Ansprüche des Kaisers vertrat, zumal sich für ihn das Politische grundsätzlich an der rationalen Zweckmäßigkeit zu orientieren hatte[19].

Gegen dieses Ergebnis wandte Konrad Kraske allerdings ein, daß es Luther hier in der Hitze des Gefechts lediglich darum gegangen sei, die »naturrechtliche« Legitimation des Papsttums durch den Hinweis zu entkräften, daß auch die politische Welt ohne gemeinsames Oberhaupt auskomme[20]. Das Prinzip *»eo pulchrius administrantur res publice, quo minus habent commune caput«* sei deshalb nur Hilfsargument der theologischen Prämisse *»eo pulchrius ecclesia administratur, quo minus habet commune caput sub uno capite Christo Jesu«*[21]. Frei von derartigen Überlagerungen sei Luther »in der letzten Tiefe« seines »Reichsbewußt-

[15] *»Item in weltlichem regiment ist kein eyniger uberher, szo wir doch alle ein menschlich geschlecht von einem vatter Adam kommen sein. Das kunigreich von Franckreich hot seinen kunig, Ungern seinen, Polen, Denen, und ein iglich seynen eygen, und seyn doch alle ein volck des weltlichen stands in der Christenheit on ein eyniges heubt unnd zurfallen drumb die selben reych nit.«* Von dem Papsttum zu Rom wider den hochberühmten Romanisten zu Leipzig, 1520, WA 6, 292; vgl. auch die Predigt vom 18. 5. 1520, WA 9, 457.

[16] Vgl. John A. Watt, The Theory of Papal Monarchy in the Thirteenth Century, New York 1965, 140 ff.

[17] Möglicherweise hatte Luther dabei die bekannte Stelle aus Augustin, De civitate Dei IV, 15, vor Augen, die für viele kleinere Reiche anstelle eines Großimperiums eintrat, vgl. Werner Suerbaum, Vom antiken zum frühmittelalterlichen Staatsbegriff, Münster 1966 (Orbis Antiquus, 16/17) 212 ff. Auch die von Aristoteles beeinflußte Staatslehre des Spätmittelalters kannte ähnliche Argumente, vgl. Johannes Buridanus, In lib. 8 Pol. Arist., q. 5: *»non expedit universitati mortalium uni soli principi obedire semper scilicet quomodocumque tempora se habent«* (zitiert nach Martin Grabmann, Studien über den Einfluß der aristotelischen Philosophie auf die mittelalterlichen Theorien über das Verhältnis von Kirche und Staat, München 1934 [Abh. d. Bayer. Ak. d. Wiss., Phil.-hist. Kl., 1934/2] 45 f.). Von dieser Tradition her sind Einflüsse auf Luther durchaus möglich, zumal auch der »Aristoteliker« Melanchthon die Weltreichskonzeption ablehnte (vgl. hierzu unten S. 39, Anm. 52).

[18] Kraske, Der Einfluß der mittelalterlichen Reichsidee, 127.

[19] Vgl. oben S. 25.

[20] Kraske, Der Einfluß der mittelalterlichen Reichsidee, 128.

[21] Ebda, 129 f.

seins« noch »ganz entscheidend von der mittelalterlichen Universalitätsvorstellung bestimmt« gewesen[22].

Auch wenn Kraskes Quellenbelege seine These nur unzureichend abstützen können[23], ist sein Einwand durchaus berechtigt, zumal sich bei Luther auch nur in dieser frühen Phase Äußerungen finden, die einer prinzipiellen Staatenpluralität das Wort reden. Es ist deshalb notwendig, an »unverdächtigen« Indizien und Belegen zu überprüfen, ob Luther auch später die Idee einer universalen Herrschaftsordnung abgelehnt hat.

Es empfiehlt sich, von der terminologischen Vorfrage auszugehen, was Luther unter »Kaiser« beziehungsweise »Kaisertum« verstanden hat, zumal sich gerade im unreflektierten Gebrauch von Begriffen ein direkter und von fremden Überlagerungen freier (um das Bedenken Kraskes aufzugreifen) Zugang zur jeweiligen Vorstellungswelt eröffnet. Wäre Luther Anhänger der mittelalterlichen Universalitätsvorstellung gewesen, dann hätte es für ihn grundsätzlich nur einen Kaiser geben dürfen, der als *»Dominus mundi«* die hierarchische Spitze der Weltordnung bildet[24].

In Luthers Schriften ist indessen außer vom deutschen oder römischen Kaiser wiederholt von anderen Kaisern die Rede. Am häufigsten taucht der *»Turkische keyser«* auf[25], der als *»Herr uber viel Königreich«*[26] einem mächtigen *»keyserthum«* vorsteht[27]. Man könnte den türkischen Kaiser als den Rechtsnachfolger des Basileus betrachten und damit das Problem auf die *»Divisio imperii«* abschieben, die auch Luther gekannt hat[28]. Allein – neben dem türkischen Kaiser begegnen auch der tatari-

[22] Ebda, 129 f.

[23] Die von Kraske, ebda, 133–140, angeführten Quellen lassen – wie Kraske, ebda, 131, selbst empfand – je für sich genommen eine derartige Interpretation nicht zu. Vgl. zu seinen am meisten beweiskräftig erscheinenden Belegen unten S. 39 f., Anm. 54; S. 40, Anm. 61.

[24] Vgl. Friedrich Andrae, Das Kaisertum in der juristischen Staatslehre des 15. Jahrhunderts, 73 ff.; 100 ff. Grundlegend für die spätmittelalterliche Diskussion war die These des Bartolus, Comm. ad Dig. 49, 14, 24: *»si quis diceret dominum imperatorem non esse dominum et monarcham totius orbis sit hereticus«* (zitiert nach Quaritsch, Staat und Souveränität, 90), in die ihrerseits eine lange kanonistische Tradition eingegangen war, die sich vor allem auf DecretGrat C VII, 1, 41 (In apibus) gründete, vgl. Wilhelm Kölmel, Regimen Christianum. Weg und Ergebnisse des Gewaltenverhältnisses und des Gewaltenverständnisses (8. bis 14. Jahrhundert), Berlin 1970, 64 f. Ein interessantes zeitgenössisches Beispiel bietet die Empfindlichkeit des Sigismund Freiherr von Herberstein, Rerum Moscoviticarum commentarii, Basel 1571, 15–18, gegen die Übersetzung des *»Car«*-Titels durch *»Imperator.«*

[25] Vgl. Ob Kriegsleute, 1526, WA 19, 645. Vgl. auch: WA 30, 2, 125; 173; 175; 178; 189; 576; WA 30, 3, 366; WA 31, 1, 101; WABr 6, 344, Nr. 1950; WATi 1, 451, Nr. 904.

[26] WATi 1, 455, Nr. 904, Dietrich/Medler (ohne Datierung).

[27] Vom Krieg wider die Türken, 1529, WA 30, 2, 123.

[28] Vgl. unten S. 46 f.

sche[29] und der persische[30] Kaiser und zwar in Zusammenhängen, die diese Potentaten als Träger überdurchschnittlicher Macht ausweisen. So etwa, wenn er in der *»Glosse auf das vermeinte kaiserliche Edikt«* von 1531 betonte, daß den Artikel vom allein-rechtfertigenden Glauben alle Machthaber der Erde nicht ändern könnten: weder der römische noch der türkische, tatarische oder persische Kaiser, weder Papst, Kardinäle und Bischöfe, noch Könige, Fürsten und Herren[31].

Unverkennbar sind die Kaiser als eigene und oberste Gruppe von Herrschaftsträgern von den kirchlichen Machthabern und von den Königen und Fürsten abgegrenzt. Wenn unter den Kaisern auch dem römischen Kaiser die Präzedenz zukommt[32], so unterliegt es doch keinem Zweifel, daß die Kaiser untereinander gleichberechtigt und damit »souveräne« Herrschaftsträger sind.

Konstitutives Merkmal dieser Kaisertümer ist ihre Herrschaft über Königreiche[33]: Der römische Kaiser herrschte über zehn Reiche[34]. Karl

[29] Wen sich Luther unter dem tatarischen Kaiser vorstellte, bleibt unklar. Wahrscheinlich spielte die Erinnerung an Tamerlan (Tīmūr-Lang) eine Rolle, dessen gewaltige Macht Luther gelegentlich erwähnte, vgl. WATi 5, 517, Nr. 6140; 568, Nr. 6273 (beide: Lauterbach B [ohne Datierung] – in beiden Tischreden wird Tamerlan allerdings als *»rex«* bezeichnet). Unklar bleibt auch, ob Luther den Kaisertitel nur aus dieser Machtfülle ableitete, oder ob dahinter eine gewisse Vorstellung vom Selbstverständnis und vom Titel der Groß-Chane (Qa'an, vgl. Berthold Spuler, Die Goldene Horde. Die Mongolen in Rußland, 2. Aufl., Wiesbaden 1965, 260) steht. Von Interesse ist in diesem Zusammenhang, daß in Rußland der *»Chan«*-Titel durch *»Car«* übersetzt und mit weiteren Attributen des Basileus ausgestattet wurde, vgl. Michael Cherniavsky, Khan or Basileus. An Aspect of Russian Mediaeval Political Theory, in: Journal of the History of Ideas 20 (1959) 464–468.

[30] Hinter dieser Bezeichnung steht möglicherweise nicht nur der Eindruck von der großen Macht des persischen Schahs, der sich erfolgreich gegen die Türken zu wehren verstand (vgl. WATi 4, 430, Nr. 4686, Lauterbach, 30. 6. 1539), sondern auch eine Vorstellung vom Titel »König der Könige« (shâhinshâh), den die Herrscher des Iran seit der medischen Frühzeit führten, vgl. Alessandro Bausani, Die Perser, Stuttgart 1965 (Urban-Bücher, 87) 14. Vgl. über das imperiale Selbstverständnis der zeitgenössischen Safaviden-Dynastie Hellmut Braun, Das safavidische Königtum und der Niedergang des Reiches im 17. Jahrhundert, in: Vorträge des XVII. Deutschen Orientalistentages, hrsg. von Wolfgang Voigt, Wiesbaden 1969 (Supplementband der Zeitschrift der Deutschen Morgenländischen Gesellschaft) 942 ff.

[31] *»So sage ich, Doctor Martinus Luther, unsers Herrn Jhesu Christi unwirdiger Euangelist, das diesen artickel (Der glaube allein, on alle werck, macht gerecht fur Gott) sol lassen stehen und bleiben Der Romissche Keiser, der Turckissche Keiser, der Tatterissche Keiser, Der Persen Keiser, der Bapst, alle Cardinal, Bisschove, Pfaffen, Monche, Nonnen, Konige, Fursten, Herrn, alle welt, sampt allen teuffeln, und sollen das hellische feur dazu haben auff jhren kopff, und keinen danck dazu.«* WA 30, 3, 366.

[32] Diese Präzedenz kann zufällig sein, denn an anderer Stelle findet sich eine andere Reihenfolge: *»Turckische, Tatterische, Romische Keiser, Bapst, Konige, Fursten«*, Auslegung des 118. Psalms, 1529/30, WA 31, 1, 101.

[33] *»Denn ein Fürstenthumb ist ein hauffen lender und Graffschafften, ein Konigreich ein hauff furstenthumb, ein Keyserthumb ein hauff konigreich,«* Predigten über das 2. Buch Mose, 1525, WA 16, 500; vgl. auch In XV Psalmos graduum, 1532, WA 40, 3,

der Große besaß Deutschland, Frankreich und Italien[35]. Und das türkische Reich erstreckt sich über Ägypten, Griechenland und Asien[36]. Wenn auch die Herrschaft des deutschen Kaisers faktisch auf Deutschland beschränkt ist[37], so besitzt er doch einen legitimen Anspruch auf Rom und den Kirchenstaat, die die Päpste widerrechtlich vom Reich geraubt haben[38].

Das Kaisertum verleiht damit seinem Träger eine mehr als nur königliche Würde und bedeutet inhaltlich Herrschaft über Königreiche. Hiermit stand Luther zwar im Gegensatz zu den gängigen Weltkaiservorstellungen seiner Zeit, knüpfte aber an ältere Traditionen an, die bereits auf die Verfassungsgeschichte der frühen Kaiserzeit Einfluß gewonnen hatten[39]. Daraus folgt, daß Luther den Kaisertitel weder exklusiv gebrauchte, noch den Anspruch auf universale Herrschaft mit ihm verband: Ein Kaiser ist zwar ein Großherrscher, aber kein Weltherrscher.

Allerdings wußte auch Luther, daß in der Geschichte immer wieder der Wunsch nach einem in Raum und Dauer unbegrenzten Reich aufgetaucht war[40]. Am Anfang dieses imperialen Strebens sah er – genauso wie Augustin[41] – die biblische Gestalt Nimrods, des großen Jägers, der

221.

[34] Heerpredigt wider den Türken, 1529, WA 30, 2, 166.

[35] Vgl. WATi 5, 468, Nr. 6062, Lauterbach B (ohne Datierung), sowie Wider das Papsttum zu Rom, 1545, WA 54, 296.

[36] Heerpredigt wider den Türken, 1529, WA 30, 2, 167.

[37] Der Umstand, daß Karl V. nicht nur deutscher Kaiser, sondern zugleich auch Herrscher über andere Reiche war, klingt zwar gelegentlich bei Luther an (»*Christo fasces tot regnorum sereniss[ima] Maiestas tua debet*«, Luther an Karl V., August 1520, WABr 2, 177, Nr. 332), dringt aber nicht in seine Kaiservorstellung ein: Das Reich bleibt für ihn Deutschland und weitet sich nicht zum Herrschaftsgebiet Karls V. aus.

[38] An den christlichen Adel, 1520, WA 6, 464; Wider das Papsttum zu Rom, 1545, WA 54, 292; vgl. auch unten S. 43.

[39] Vgl. über das Kaisertum als Integrationsebene des deutschen, italienischen und burgundischen Reiches: Edmund E. Stengel, Regnum und Imperium, 175–182; Helmut Beumann, Das Imperium und die Regna bei Wipo, in: Fschr. Franz Steinbach, Bonn 1960, 11–36, sowie Fritz Kern, Die Reichsgewalt des deutschen Königs nach dem Interregnum, in: HZ 106 (1911) 39–95. Vgl. zur Frage des nichtuniversalen Kaisertums ferner: Carl Erdmann, Forschungen zur politischen Ideenwelt des Frühmittelalters, Berlin 1951, 1–51; Helmut Beumann, Das imperiale Königtum im 10. Jahrhundert, in: WaG 10 (1950) 117–130, sowie die Kontroverse: Edmund E. Stengel, Kaisertitel und Souveränitätsidee. Studien zur Vorgeschichte des modernen Staatsbegriffes, in: DA 3 (1939) 1–59; Richard Drögereit, Kaiseridee und Kaisertitel bei den Angelsachsen, in: ZRG GA 69 (1952); Edmund E. Stengel, Imperator und Imperium bei den Angelsachsen, in: DA 16 (1960) 15–72.

[40] »*Der grosse Alexander fieng viel und grosse ding an, das achtet er selbst nichts. Aber sein anschlag und ende war viel grosser, nemlich die gantze welt zu gewynnen. Ich meyne aber, es feylete yhm. Die Romer hattens auch ym synn, ein ewigs reich zu machen, wie Virgilius spricht: ›Imperium sine fine‹. Ich meyne, es feylete auch.*« Vier tröstliche Psalmen an die Königin zu Ungarn, 1526, WA 19, 589.

[41] De civitate Dei XVI, 3; 4.

unter dem Titel eines *»Imperator mundi«* seine Herrschaft tyrannisch über den Orient ausbreitete[42]. Freilich: Keinem Großreich gelang es je, den Traum nach Weltherrschaft zu verwirklichen. Selbst das römische Imperium, das mächtigste Großreich der Geschichte[43], mit dessen Namen sich für alle späteren Zeiten die Weltreichsidee verband, hat niemals das *»dominium totius orbis terrarum«* errungen[44]. Alle vom römischen Erbe abgeleiteten Ansprüche sind deshalb von der Sache her gegenstandslos: Der Kaiser ist weder faktisch noch rechtlich *»dominus mundi«*[45].

Den letzten und damit theologischen Grund für alles Scheitern der Weltreichsidee sah Luther in der biblischen Aussage, daß allein Christus *»Oberherr ynn aller wellt«*[46] sei. Nur ihm gebühre die Herrschaft über die Heiden und damit über alle Welt[47]. Irdische Fürsten und Könige müßten sich mit Teilstücken begnügen, um Gott nicht gleich zu werden[48].

Diese Argumentation markiert einen Wendepunkt in der langen Geschichte der Reichsidee. Denn die analoge Entsprechung von göttlicher und weltlicher Universalherrschaft, die dem Mittelalter – und besonders Dante[49] – als das wirksamste Argument für die Weltreichsidee erschienen war, kehrte sich bei Luther in ihr Gegenteil: Die universale Herrschaft Christi läßt für ein irdisches Weltreich keinen Raum; der Wille zur Weltherrschaft wird damit zum frevelhaften Bemühen um Gleichheit mit Gott.

Weil Luther zudem den universalen päpstlichen Primat preisgab[50], entzog er dem christlichen Weltreichsgedanken eine weitere und für das

---

[42] Vgl. Genesisvorlesung, 1535/45, WA 42, 400–403.

[43] Vgl. Heerpredigt wider den Türken, 1529, WA 30, 2, 166.

[44] Vgl. Exempel, einen rechten christlichen Bischof zu weihen, 1542, WA 53, 239.

[45] *»Romanum imperium potentissimum nunquam habuit dominium totius orbis terrarum, nam Persas, Parthos, Indiam, Germaniam numquam devicerunt. Et Baldus disputat, utrum caesar sit dominus mundi, neque indiget argumentis, quia res ipsa loquitur.«* WATi 4, 344, Nr. 4494, Lauterbach, 1539.

[46] Der 82. Psalm ausgelegt, 1530, WA 31, 1, 218.

[47] Der Ausdruck »Heiden« ist auch bei Luther in der Ambivalenz des hebräischen גוֹיִם gehalten, das die Heiden, aber auch die gesamte außerisraelitische Völkerwelt bezeichnet, vgl. WA 31, 1, 231.

[48] *»Alle Heiden aber sind nicht unter einem Herrn odder Bischove yhe mals gewest, Werden auch unter keinen komen nimmer mehr, Denn solche gantze herrschaft uber alle Heiden gehoret alleine dem zu, von dem diser Psalm singet und spricht: ›Lobet den HErrn alle Heiden‹. Die andern Fursten und Konige werden an etlichen stucken sich mussen gnugen lassen und nicht Gott gleich werden.«* Der 117. Psalm ausgelegt, 1530, WA 31, 1, 231 f. In der Luther bekannten Auslegungstradition (Augustin, Cassiodor, Wallafried Strabo, Hugo Cardinalis, Nikolaus von Lyra, Ludolf von Sachsen, Perez von Valencia) finden sich keinerlei Anklänge an diese Interpretation von Psalm 117, 1.

[49] Vgl. Monarchia I, 8; 9; 10, ed. Antero Meozzi, Mailand 1938, 24–27.

[50] Vgl. unten S. 98; 154 ff.

Mittelalter wichtige Stütze[51]. Die Kraft des analogischen Denkens reichte nicht mehr aus, um die überkommenen Elemente der mittelalterlichen Welt in einem umfassenden Ordnungszusammenhang zu integrieren: Eine weltumgreifende Herrschaft des Kaisers gibt es für Luther weder als historischen Rechtsanspruch noch als metaphysisches oder gar theologisches Postulat[52].

Darüber hinaus zeigen eine Reihe von Einzelaussagen Luthers, daß dem Kaiser auch im eingeschränkteren Bereich des christlichen Abendlandes kein imperialer Führungs- und Ordnungsauftrag zukommt. Über den französischen König etwa besitzt er weder Gebotsgewalt[53] noch faktische Rechtshoheit[54]. Er ist auch nicht das Haupt der Christenheit[55]:

[51] Vgl. z.B. das Einladungsschreiben Friedrich Barbarossas zum Konzil von Pavia: »*Cumque unus Deus, unus papa, unus imperator sufficiat et una ecclesia Dei esse debeat,*« MGH Const. 1, 253, Nr. 182. Diesen Gesichtspunkt anerkennt auch Kraske, Der Einfluß der mittelalterlichen Reichsidee, 132.

[52] Die gleiche Auffassung findet sich in lehrhaft breiter Form und mit einer etwas anderen Argumentation in Melanchthons Kommentar zur aristotelischen Politik von 1530: »*Porro quidam disputaverunt Romanum imperatorem esse monarcham totius orbis terrarum, et citaverunt ex Evangelio (Luc.2,21): Exiit edictum a Caesare Augusto etc. Item (Matth. 22, 21): Date Caesari quae sunt Caesaris. Sed in his verbis praecipitur, ut ii qui tunc parebant Caesari, obediant ei, non praecipitur, ut totus orbis terrarum ubique uni Romano principi obediat. Imo scriptura in aliis locis testatur fore, ut Romani, qui tum magnam partem orbis terrarum tenebant, non semper teneant idem imperium. Sic igitur sentiemus nec Romanum pontificem, nec Caesarem totius orbis terrarum monarcham esse, sed singuli reges apud suos imperant, quemadmodum semper in mundo diversa regna fuerunt.*« CR 16, 438.

[53] Fiktive Rede des Papstes an den Kaiser: »*Du, Keiser Karole, solt schaffen, das friede sey, Nicht allein, das du dein schwert ablegest, Sondern auch schaffest, das Franckreich ablege, welchs er nicht thun kan noch soll.*« Wider das Papsttum zu Rom, 1545, WA 54, 216.

[54] »*Sic etiam civilium legum doctor vult conservare leges cadente imperio, cum tamen leges sint forma imperii. Gebt uns aber zu vor das imperium, tunc stabunt leges. Alioqui sine imperio leges sunt vocabula mera ... Sic etiam est, quod dicunt regem Galliarum debere subesse iure imperii; da sagt er neyn zu.*« WATi 1, 141, Nr. 349, Dietrich 1532. Kraske, Der Einfluß der mittelalterlichen Reichsidee, folgerte aus einem Gutachten, das Luther 1531 zur Frage nach der Nichtigkeit der Ehe Heinrichs VIII. von England verfaßte, daß Luther dem Kaiser eine »umfassende Rechtshoheit« auch gegen den englischen König zuerkannt habe (ebda, 134). In dem Gutachten heißt es: »*Si Caesar et Papa ... ei suas leges remiserunt, nihil omnino peccavit, quia idem Deus, qui approbat legem civilem a Caesare latam, approbat et legem Caesaris a Caesare remissam, quia dedit ei potestatem leges ferendi et remittendi et, ut ita dicam, claves ligandi et solvendi in terra sibi subiecta.*« (WABr 6, 181 f., Nr. 1861). Dabei hat Kraske offenbar übersehen, daß im Zusammenhang des Gutachtens die »*lex Papae vel Caesaris*« nur als Beispiel für gültiges »*ius positivum*« angeführt wird (und zwar im Unterschied zur vergangenen »*lex Mosis*«). Um jeden Zweifel auszuräumen, fügte die Abschrift B (wahrscheinlich von Melanchthon für Philipp von Hessen kopiert und erläutert) hinter »*papa vel caesar*« ergänzend hinzu: »*si Caesaris leges agnoscit*« (WABr 6, 187, Nr. 1861). Aus dieser Stelle ergibt sich demnach nur die bekannte Identifikation von Kaiser und Recht, vgl. hierzu

Entscheidungen, die alle christlichen Völker angehen, wie etwa die Neufestsetzung des Ostertermines[56] oder die Einberufung eines Universalkonziles[57], können nur von den christlichen Monarchen – also vom Kaiser und den Königen – gemeinsam getroffen werden.

Freilich soll nicht übersehen werden – und Konrad Kraske hat diesen Aspekt überzeugend aufgezeigt – daß der Kaiser bei Luther gelegentlich zum Symbol für die weltliche Rechtsordnung[58] und für »das weltliche Regiment schlechthin«[59] wird. Hierin zeigt sich indessen nur die im ausgehenden Mittelalter bis in weite Volksschichten hinein verbreitete Identifikation von Kaiser und Recht[60], aber keinesfalls die fortwirkende Universalitätsidee, zumal die von Kraske zitierten Texte aus ihrem Zusammenhang heraus nicht in diesem Sinne gedeutet werden können[61].
Überdies wurde in der juristischen Diskussion seit der Glossatorenzeit die europäische Geltung des römischen Rechtes mit dem Hilfsargument eines Fortbestandes des Imperiums *»de iure«*[62] untermauert und zwar auch von Autoren, die weit davon entfernt waren, dem Kaiser hierdurch eine Gebotsgewalt oder Rechtshoheit über die europäischen Monarchen einzuräumen[63]. Luther kritisierte zwar diese Konzeption[64], benutzte sie aber doch gelegentlich selbst – allerdings stets in Zusammenhängen, die keinen Zweifel daran lassen, daß er damit nur die allgemeine Geltung des römischen Rechts, aber keinesfalls eine universale Rechtshoheit des

---

den folgenden Abschnitt.

55 Vgl. Vom Krieg wider die Türken, 1529, WA 30, 2, 130.

56 *»Aber das sol niemand thun, denn die hohen Maiesteten, Keiser und Konige, die musten eintrechtiglich zugleich ein gebot lassen in alle welt ausgehen, auff welche zeit man solte den Ostertag hinfurt halten,«* Von den Konziliis und Kirchen, 1539, WA 50, 554 f.

57 Von den Konziliis und Kirchen, 1539, WA 50, 621 f. In der Schrift Wider das Papsttum zu Rom, 1545, spricht Luther allerdings dem Kaiser nach antikem Vorbild das Recht zur Berufung eines Universalkonzils zu, vgl. WA 54, 224.

58 Vgl. Kraske, Konrad, Der Einfluß der mittelalterlichen Reichsidee, 136.

59 Ebda, 138.

60 Vgl. Hermann Krause, Kaiserrecht und Rezeption, Heidelberg 1952 (Abh. d. Heidelberger Ak. d. Wiss., Phil.-hist. Kl., 1952/1) 126–145, bes. 143 ff.

61 Der von Kraske, Der Einfluß der mittelalterlichen Reichsidee, 138, zitierte Text aus Wider Hans Worst, 1541, WA 51, 534: *»Gott hat dem Keiser gnug befolhen, mehr, weder er kan ausrichten, Nemlich das Erdreich ...«*, ließe am ehesten eine solche Interpretation zu; indessen hat ihn Kraske unvollständig zitiert: an Stelle der drei Punkte gehört: *»das ist: Leib und Gut, Da hat sein Ampt ein ende.«* Damit zeigt sich hier die gleiche Auffassung wie in den übrigen Texten: Der Kaiser ist Inbegriff weltlicher Herrschaft, aber kein Weltbeherrscher.

62 So bereits vom Kanonisten Johannes Teutonicus (Glosse zur Compilatio III, IV, 12, 2, s.v. *»recognoscat«*; von der Glossa ordinaria zu X IV, 17, 13 rezipiert) und später in lehrhaft breiter Form von Bartolus, vgl. Francisco Ercole, Da Bartolo all' Althusio, Florenz 1932 (Collana storica, 44) 197 f.

63 Vgl. Paul Koschaker, Europa und das römische Recht, München/Berlin 1947, 70–78.

64 Vgl. WATi 1, 141, Nr. 349.

Kaisers vertrat[65].

2. Das Reich als »Imperium Romanum«

Das Reich ist für Luther nicht nur das deutsche, sondern - im Anschluß an die Tradition[66] und an die offizielle Titulatur[67] - zugleich auch das römische Reich. Freilich wußte auch Luther, daß das antike Caesarenreich längst in den Wirren der Völkerwanderungszeit untergegangen war[68].

Diese Spannung zwischen Anspruch und Wirklichkeit fand ihren traditionellen Ausgleich in der Lehre von der *»Translatio imperii«*, die dem mittelalterlichen Kontinuitätsbedürfnis eine theoretische Grundlage in verschiedenartiger Ausprägung schuf[69]. Luthers Interesse daran wurde durch den Umstand geweckt, daß deren wirksamste Variante, die kuriale Translationslehre[70], dem Papsttum nicht nur wichtige Hoheitsrechte über das Reich einräumte, sondern auch der Kurie zum propagandistischen Vorwand gegen jedwede Reformforderung aus dem Reich dienen mochte. So argwöhnte jedenfalls Luther[71].

---

65 Eine Stelle, die auf den ersten Blick die These von Kraske am ehesten erhärten könnte, die ihm aber offenkundig entgangen ist, findet sich in der Schrift Von Ehesachen von 1530: *»Weil denn das keiserliche recht sich der Ehesachen angenommen als eines weltlichen handels und die selbigen gefasset und geortet, Solte mein lieber Bapst dasselbige haben so lassen bleiben und nicht ynn ein frembd ampt greiffen, das yhm nicht befolhen war, Denn das heisst mit gewalt geraubt und genommen. ... Wenn der Keiser viel vergeben wolte und sich so gar unter den Bapst werffen, bis das er auch uber all mein leib und gut wolt gebieten, mussen wir dem Keiser nicht folgen, Denn damit were das keiserlich regiment nichts uberall, So es doch sol auff erden uber alle Oberkeit schweben. Also hie auch, weil dis stucke ym keiserlichen recht gefasset und geordent ist, solt man sich darnach halten, wie man gethan hat vorzeiten«*, WA 30, 3, 245 f. Luther wendet sich gegen die Unterwerfung des römischen Eherechtes unter die päpstliche Jurisdiktion mit dem Hinweis, daß niemand verpflichtet sei, dem Rechtsverzicht des Kaisers zugunsten des Papstes Folge zu leisten. Denn wenn sich das kaiserliche Recht dem Papst unterwerfen würde, dann wäre das kaiserliche Regiment, das auf Erden über aller Obrigkeit schweben soll, nicht mehr allgegenwärtig. Luther setzte also kaiserliches Recht und universales kaiserliches Regiment gleich. Daraus folgt die bereits erwähnte Identität von Kaiser und Recht, aber keine faktische Rechtshoheit des Kaisers über andere Monarchen.

66 Vgl. hierzu vor allem: Percy Ernst Schramm, Kaiser, Rom und Renovatio, 3. Aufl., Darmstadt 1962; Albert Brackmann, Der »Römische Erneuerungsgedanke« und seine Bedeutung für die Reichspolitik der deutschen Kaiserzeit, in desselben: Gesammelte Aufsätze, 2. Aufl., Köln/Graz 1967, 108-139. Vgl. ferner: Carl Erdmann, Das ottonische Reich als Imperium Romanum, in: DA 6 (1943) 426-441; Werner Ohnsorge, Das Zweikaiserproblem im frühen Mittelalter, Hildesheim 1947, bes. 32-80.

67 Zeumer, Heiliges römisches Reich deutscher Nation, 5-10.

68 Vgl. die Belege bei Kraske, Der Einfluß der mittelalterlichen Reichsidee, 29-33.

69 Vgl. hierzu Werner Goez, Translatio Imperii, Tübingen 1958.

70 Vgl. ebda, 137-237, sowie P.A. van den Baar, Die kirchliche Lehre der Translatio Imperii Romani bis zur Mitte des 13. Jahrhunderts, Rom 1956 (Analecta Gregoriana, 78) bes. 99-143.

71 Vgl. An den christlichen Adel, 1520, WA 6, 462.

Denn er erweiterte die zweite Auflage der Adelsschrift um einen Abschnitt, der außerordentlich scharf mit der kurialen Translationslehre abrechnete: Das *»recht Romisch reych«* der Antike sei, wie die alttestamentliche Prophetie vorausgesagt habe, durch Goten und Türken zerstört worden, so daß in Rom nichts mehr von der früheren Macht geblieben sei[72]. Da sich der Kaiser von Konstantinopel als *»erblich Romischer keyszer«* nicht dem Willen des Papstes bequemen wollte, habe ihm der Papst das römische Reich geraubt und dessen *»nam und titel«* an die streitbaren Deutschen verliehen[73]. Für sich selber habe er aber nicht nur die Herrschaft über Rom behalten[74], sondern auch die Deutschen tyrannisch seinem Willen unterworfen, um sich durch deren Kraft zum Herrn über alle Welt emporzuschwingen[75]. Durch diese widerrechtliche und

---

[72] *»Es ist on zweyffel, das das recht Romisch reych, davon die schrifft der propheten Numeri xxiiij und Daniel vorkundet haben, lengist vorstoret und ein end hat, wie Balaam Numeri xxiiij klar vorkundigt hat, da er sprach ›Es werden die Romer kummen und die Juden vorstoren, und darnach werden sie auch unter gehen‹, und das ist geschehen durch die Gettas, Sonderlich aber, das des Turcken reich ist angangen bey tausend jaren, und ist also mit der zeit abegefallen Asia und Affrica, darnach Francia, Hispania, zuletzt Venedig auff kummen, und nichts mehr zu Rom blieben von der vorigen gewalt.«* An den christlichen Adel, 1520, WA 6, 462. Mit dieser Interpretation der Bileamprophetie (Num. 24, 24) folgte Luther Nikolaus von Lyra (Postilla, Expositio in Lib. Num., c. 24, Froben-Ausgabe, Bd 1, Basel 1498, 309^{v}), der die unrichtige Vulgata-Übersetzung des ersten Verses (*»venient in trieribus de Italia«*) auf die römische Besetzung Palästinas gedeutet hatte. Freilich erkannte Luther bald, daß der erste Vers im hebräischen Original anders lautete: וְצִים מִיַּד כִּתִּים . Der Name כִּתִּים bedeutet Zypern und im weiteren Sinne auch die angrenzenden griechischen Küsten, vgl. Wilhelm Gesenius, Hebräisches und aramäisches Wörterbuch über das Alte Testament, 14. Aufl., Leipzig 1905, 332. In der 1523 erschienenen deutschen Ausgabe des Alten Testamentes übersetzte Luther diese Stelle denn auch vorsichtiger unter Beibehaltung des Namens: *»Und schiff aus Chitim werden zwingen«*, WADB 8, 514; vgl. auch die Vulgata-Revision von 1529, WADB 5, 195. Damit bot diese Stelle für Luther keine Möglichkeit mehr, den Untergang des antiken Römerreiches nach dem Schema Verheißung-Erfüllung als Teil eines umfassenden göttlichen Geschichtsplanes zu erweisen, der dann mit der Neugründung des Römerreiches bei den Deutschen seine Fortsetzung gefunden hätte.

[73] *»Da nu der Bapst die Kriechen unnd den keyszer zu Constantinopel, der erblich Romischer keyszer war, nit mocht nach seinem mutwillen zwingen, hat er ein solchs fundlin erdacht, yhn desselben reychs und namens berauben, und den Deutschen, die zu der zeyt streytbar und guttis geschrey reich waren, zuwenden, damit sie des Romischen reychs gewalt unter sich brechten, und von yhren henden zulehen gienge. Und ist auch alszo geschehen: dem keyszer zu Constantinopel ists genummen, und uns Deutschen der nam und titel desselben zugeschrieben, sein damit des Bapsts knecht wurden, und ist nu ein ander Romisch reich, das der bapst hat auff die Deutschen bawet,«* An den christlichen Adel, 1520, WA 6, 462 f.

[74] *»Alszo hat nu der Romisch stuel seinen mutwillen, Rom eingenummen, den deutschen keyszer erausz trieben, und mit eyden vorpflicht, nit ynnen zu Rom zuwonen. Sal Romischer keyszer sein, und dennoch Rom nit ynnen haben, dartzu alletzeit ynsz bapsts und der seinen mutwillen hangen und weben, das wir den namen haben, und sie das land und stedt,«* An den christlichen Adel, 1520, WA 6, 463,

[75] Der Papst suchte *»yhm zu unterwerffenn all unszer gewalt, freyheit, gut, leyb unnd*

arglistige Titelübertragung sei ein neues römisches Reich bei den Deutschen entstanden. Obgleich der Papst das Reich den Griechen geraubt habe, hätten es die Deutschen nicht unredlich gewonnen. Ja mehr noch: Diese Neugründung sei Teil eines umfassenden göttlichen Planes. Denn Gott, der souveräne Herr der Geschichte, habe die Bosheit des Papstes lediglich dazu gebraucht, der deutschen Nation ein Reich zu geben und nach dem Untergang des alten ein neues Römerreich zu gründen[76]. Gott wolle, daß die Deutschen dieses neue Römerreich auch tatsächlich regierten, gleichgültig, ob es der Papst gestohlen, geraubt oder von neuem begründet habe[77]. Es sei demnach ihre Pflicht, *»dem namen, titel und wapen folge thun«* und *»die Romer ein mal lassen sehen, was wir durch sie von got empfangen haben«*[78]. Der Papst solle deshalb Rom und alles, was er vom Imperium geraubt habe, herausgeben und dem Kaisertum die geschuldete Reverenz erweisen[79].

Dieser Text ist in mehrfacher Hinsicht interessant: Luther anerkannte zwar grundsätzlich eine päpstliche Translatio, die aber schon deshalb nicht mehr sein konnte als eine *»Translatio vocabuli«*, weil das antike Großreich in einem allmählichen Zerfallsprozeß untergegangen war und sich der Papst ausdrücklich die Herrschaft über den römischen Rest gesichert hatte. Aber auch zu einer Übertragung des Reichstitels von den byzantinischen Erben auf die Deutschen fehlte dem Papst jede Legitimation[80], so daß ihm aus diesem Unrecht niemals ein Rechtsanspruch

seele, unnd durch unsz (wo es got nit het gewehret) alle welt,« An den christlichen Adel, 1520, WA 6, 464.

[76] *»Wie wol nu der Bapst mit gewalt und unrecht das Romisch reych odder des Romischen reychs namen hat dem rechten keyszer geraubet unnd uns Deutschenn zugewendet, szo ists doch gewisz, das got die Bapsts boszheit hyrynnenn hat gepraucht, deutscher Nation ein solch reich zugeben, und noch fall des ersten Romischen reychs ein anders, das itzt steht, aufftzurichten.«* An den christlichen Adel, 1520, WA 6, 463.

[77] Gott will *»von den Christen deutschen furstenn diszes reych geregirt habenn, es habs der Bapst gestolen odder geraubt, odder vonn news an gemacht. Es ist alles gottis ordnung, wilch ehe ist geschehen, den wir drumb habenn gewist.«* An den christlichen Adel, 1520, WA 6, 464.

[78] An den christlichen Adel, 1520, WA 6, 464.

[79] *»Rumen sie sich, sie haben uns ein keyszertumb zugewendet, wolan, szo sey es also, lasz ja seinn, szo geb der Bapst her Rom und allis, was er hat vom keysertum, lasz unser land frey von seinen untreglichen schetzen unnd schinden, geb widder unszer freyheit, gewalt, gut, ehre, leyb und seele, und lasz ein keyszertumb sein, wie einem keyszertumb gepurt, auff das seinen wortten und furgeben gnug geschehe.«* An den christlichen Adel, 1520, WA 6, 464.

[80] Hierbei ist zu beachten, daß Luther seit Februar 1520 die von Hutten neu edierte Schrift Lorenzo Vallas (vgl. Gerhard Laehr, Die Konstantinische Schenkung in der abendländischen Literatur des ausgehenden Mittelalters, QFIAB 23 [1930/31] 157–162) über die Konstantinische Schenkung gekannt hat (vgl. Luther an Spalatin, 24. 2. 1520, WABr 2, 48 f., Nr. 257), so daß für ihn auch das Constitutum Constantini – seit Gregor IX. eine wichtige Grundlage der kurialen Translationslehre (vgl. Goez, Translatio Imperii, 168 f.) – wegfiel. Vgl. hierzu auch: An den christlichen Adel, 1520,

auf das Reich erwachsen konnte[81]. Dieses päpstliche Unrecht benutzte aber Gott als Werkzeug, um ein neues römisches Reich bei den Deutschen zu begründen. Gott selbst, der in souveräner Allmacht über die Reiche der Welt verfügt und sie nach freiem Ermessen überträgt, schuf damit die Kontinuität zwischen altem und neuem Römerreich. Für das deutsche Reichsvolk resultiert daraus die Pflicht, sich aus der päpstlichen Knechtschaft zu lösen und die mit dem Titel gegebene Neugründung auch in der Wirklichkeit zu vollenden.

Päpstliche *»Translatio vocabuli«* als faktisches Substrat, der geschichtsmächtige Wille Gottes als Ursache und die Pflicht der Deutschen zur Durchsetzung ihres imperialen Anspruchs gegenüber dem Papst sind damit die Merkmale von Luthers Translationslehre, die – ohne Vorbild in der Ideengeschichte des Mittelalters – auf eine neue und originelle Weise den römischen Charakter des deutschen Imperiums begründete.

Diese Translationslehre ist freilich nur Teil einer größeren geschichtstheologischen Konzeption. Etwa gleichzeitig gewann Luther die Überzeugung, daß die weltbeherrschende Stellung des mittelalterlichen Papsttums nichts anderes sei als der antichristliche Griff nach der Weltherrschaft: Der Papst wurde seiner pastoralen Sendung untreu, um unter dem Eindruck der römischen Weltreichsideologie[82] die Herrschaft des römischen Imperiums zu erneuern und sich selber zum Weltbeherrscher, zum Kaiser über alle Kaiser aufzuschwingen[83]. Die Neugründung des

WA 6, 434, sowie Warum des Papstes und seiner Jünger Bücher von D. Martin Luther verbrannt sind, 1520, WA 7, 173. Bevor Luther um die Fälschung wußte, hatte er schon 1519 das Recht des Kaisers betont, diese Schenkung wieder rückgängig machen zu können, vgl. Resolutio Lutheriana super propositione XIII de potestate papae, 1519, WA 2, 218.

[81] Vgl. auch Goez, Translatio Imperii, 283.

[82] Fiktive Rede des Papstes: *»Also: ich meinet, das ich unter S. Peters namen wolt alle Konige, und alle Welt schrecken, das sie sich unter mich zu weiden, und mir zu dienen ergeben, und ich dadurch ein Herr der Welt wurde, und also das alte Romische Reich zu Rom wider auffrichte, mechtiger und grosser, weder es geweset ist zur zeit Augusti oder Tyberij, Und ich der rechte Romische Keiser hiesse, Herr aller Herrn, Konig aller Konige, Apoc. XIX, wie mir meine Propheten sagten.«* Wider das Papsttum zu Rom, 1545, WA 54, 282. Vgl. auch WA 6, 434 f.

[83] *»Mihi plane illud insigne opus Antichristi videtur, quo operante Satana Imperium Romanum abolitum Papa restituit et sibi subiecit, transferens illud a Graecis (ut ait) ad Germanos ... Nec alia causa ad Germanos transtulit, quam quod homines feroces, sed simplices et fidos hoc ostento sibi subiiceret perque eos sese tutum ac defensum in omnes voluntates suas redderet, non ipsos, sed seipsum Imperatorem Romanum faceret, immo nomen Imperatoris et titulum Imperii barbarae genti (ut dicunt) tribueret, sibi vero et rem et ius retineret, ac iam non Imperator Romanus, sed Imperator imperatoris Romani fieret. Quod ut astutius impleret, curavit, ut clerus suus, nempe tres Episcopi maximi Germaniae immiscerentur et electores imperii censerentur. Itaque pro vestibus Christi nunc Ecclesia induta est gloria imperii, non in verbo et fide, non in scripturis nititur, sed in brachio seculari et cruento imperio confidit,«* Operationes in psalmos,

römischen Reiches bei den Deutschen steht damit zwar in einem engen Zusammenhang mit der Perversion des Papstes zum Antichristen. Aber nach Gottes Plan ist sie Teil eines umfassenden heilsgeschichtlichen Zusammenhangs: Das neue römische Reich birgt in sich den Keim zur Überwindung des päpstlichen Antichristen.

Diese Translationslehre, die sich gelegentlich auch in Luthers späteren Schriften wiederfindet[84], war indessen nicht sein letztes Wort zur Frage nach der Kontinuität zwischen römischem Imperium und deutschem Reich. Durch seine zunehmende Einsicht in die frühmittelalterliche Geschichte erschienen ihm auch die Anfänge des deutschen Kaisertums in einem veränderten Licht. Das Ergebnis war eine neue Kontinuitätsvorstellung, die bereits seiner »*Heerpredigt wider die Türken*« von 1529 zugrunde lag[85], aber erst 1537 deutlicher faßbar wird[86]. Ihren umfassendsten Ausdruck fand sie in seiner letzten Kampfschrift »*Wider das Papsttum zu Rom vom Teufel gestiftet*« von 1545.

Luther polemisierte hierin derb gegen die Absurdität der päpstlichen Translationsbehauptung: Woher hätte denn der Papst, der in Rom vor den Langobarden nicht sicher war, das Reich nehmen sollen, das er angeblich den Deutschen übertragen habe: »*Sie sind warlich recht tol und thoricht, die Romischen Esel, bey gesunder vernunfft, das ist ein monstrum*«[87].

Die Geschichte sei denn auch nachweisbar anders verlaufen, als die römischen Lügen vortäuschten. Nachdem man die Kaiserresidenz nach Konstantinopel verlegt habe, sei die westliche Reichshälfte im Sturm der Völkerwanderung untergegangen: Deutschland, Frankreich und Spa-

---

1519/21, WA 5, 649. »*Cum autem dicat ›post finem quattuor regnorum‹, quorum ultimum est Romanum ferro potens, staturum hinc regem, plane illud tangit, quod Papae tyrannis mox caepit inclinante imperio Romano. Sed et de Romano imperio et in Romano imperio nata est eique in suo loco successit, ut ex omnibus historiis liquet et praesens experientia monstrat, quod Apostolus praedixit ii. ad Thessalonicenses ii . . . Translatum est autem ad Germanos Romani Imperii vocabulum, cum res iam nulla imperii amplius esset, Tamen ea occasio erat qua elevaretur homo ille super omnes reges, super omnes Episcopos, super celum et terram, et sic firmaretur regnum in manu eius,*« WA 7, 723; vgl. auch Vorrede auf die Offenbarung S. Johannis, 1530, WADB 7, 412 f. Luthers Vorstellung vom päpstlichen Kaisertum wurde bislang noch nicht gründlich untersucht. Da dies den Rahmen dieser Arbeit überschreiten würde, muß es einer späteren Untersuchung vorbehalten bleiben. Das Problem wird angedeutet von Lambert Schuurmann, Confusio Regnorum. Studie zu einem Thema aus Luthers Ethik, Diss. Amsterdam 1965, 147-162.

[84] Vgl. etwa die Praelectiones in Haggaeum, 1527, WA 13. 524.

[85] Vgl. unten S. 48.

[86] Vgl. Postfatio zu Joannis Nannis de monarchia papae disputatio, 1537, WA 50, 104; vgl. auch das Tischgespräch vom 16. 5. 1539, WATi 4, 398, Nr. 4601, Lauterbach.

[87] WA 54, 295.

nien lösten sich vom Reich, Rom selbst wurde wiederholt erobert, Italien von den Langobarden besetzt. Der oströmische Kaiser sei zu keiner Hilfe imstande gewesen, so daß sich das Volk an den Papst gewendet, der schließlich gegen die Langobarden den mächtigen Frankenkönig Karl nach Italien gerufen habe[88]. Während des Weihnachtsgottesdienstes habe der Papst den König *»on sein wissen und willen«* mit der Akklamation zum römischen Kaiser überrascht. Karl sei jedoch nicht bereit gewesen, diesen Titel *»aus des Bapsts geschrey«* anzunehmen, sondern habe mit dem oströmischen Kaiser Verbindung aufgenommen. Dieser hätte den Westen längst aufgegeben gehabt und sei deshalb damit einverstanden gewesen, daß Karl den Titel eines weströmischen Kaisers führte[89]. Verfassungsrechtlich sei damit eine *»Divisio imperii«* entstanden, wie sie sich in der Geschichte des römischen Reiches häufig wiederholt habe[90]. In wechselseitigem Einverständnis führten beide Herrscher den Titel eines römischen Kaisers. Da indessen keiner von beiden wirklich in Rom residierte, habe man den Ostkaiser nach seiner Residenz auch Kaiser von Konstantinopel genannt, während man den Herrscher des Westens als deutschen Kaiser bezeichnet habe[91]. Römisch sei jedenfalls auch das Ostreich geblieben – der Papst habe es also gar nicht von

---

[88] WA 54, 296.

[89] *»Da kam Carolus dem Bapst zu hulffe wider der Longobarder Konig (horestu es, liese die Historien), Und Carolus war nu ein fromer andechtiger Christ. da er zu Rom am Christag in der Kirchen ist, rufft der Bapst, Carolus sey Romischer Keiser, on sein wissen und willen. Denn Carolus hernach gesagt, wo er sich des versehen hette, wolte er nicht in die Kirchen komen sein, Wolte auch den Namen »Romischer Keiser« aus des Bapsts geschrey nicht annemen noch furen, bis die zu Constantinopel drumb gefragt, und drein bewilligten. Also ward Carolo der Name gegeben, das er Romischer Keiser solt heissen, gegen abend, wie die zu Constantinopel gegen morgen, Weil doch die zu Constantinopel nu mehr das Reich gegen abend verloren, und nicht erhalten kundten.«* WA 54, 296.

[90] *»Und solche teilung des Romischen Reichs ist dazumal nicht new noch die erste gewest, Denn zuvor Theodosius seine zween Sone, Arcadius und Honorius, Item der grosse Constantinus seine sone Constantius, Constans, Constantinus, auch also in das Reich geteilet hatten, Ja auch Augustus und Antonius, Item Julius und Pompeius, Diocletianus und Maximianus, Und so fort an ist die mehrer zeit das Romisch Reich in zwey oder drey Heubter geteilet gewest, und selten unter ein Heubt komen.«* WA 54, 296. Vgl. zum historischen Hintergrund Ernst Kornemann, Doppelprinzipat und Reichsteilung im Imperium Romanum, Leipzig/Berlin 1930, 1–165.

[91] *»das Romisch Reich gegen morgen ist zu Constantinopel blieben, Und hat sich der selbe Keiser zu Constantinopel jmer fur und fur Romischer Keiser genennet und geschrieben, gleich wie unser Keiser sich Romischer Keiser geschrieben hat, On das man jenen hat Constantinopelisch, Unsern den Deudschen Keiser geheissen, Darumb das jr keiner zu Rom den sitz hatte, Sondern jener zu Constantinopel, dieser in Deutschen landen gesessen ist, Aber es ist beides einerley Romisch Reich gewesen, geteilet (wie gesagt), ein teil gegen morgen, das ander gegen Abend. Und haben sich beider seits des alles vertragen. Denn Carolus hatte seine Bottschafft bey dem zu Constantinopel, und widerumb jener seine Bottschafft bey Carolo zu Ache.«* WA 54, 297.

den Griechen auf die Deutschen übertragen können. Und noch viel weniger habe er das Westreich auf die Deutschen übertragen: Karl hatte nämlich Frankreich und Deutschland bereits geerbt und Italien selbst erobert. Vom Papst habe er nichts als die ungewollte Kaiserakklamation empfangen. Aber dieser Titel sei Deutschland zum Verhängnis geworden. Denn er habe den Päpsten zum Vorwand gedient, sich jenes Reich zu unterwerfen, das die Deutschen geerbt und erobert hatten, um durch das Blut und die Mühe anderer selbst Kaiser zu werden. Aber damit nicht genug, hätten die Päpste später sogar versucht, den Kaisertitel auf die Franzosen zu übertragen, um mit diesen genauso zu verfahren wie mit den Deutschen[92].

Wie vor allem der häufige Bezug auf die Geschichtsschreibung zeigt, ist dieses Kontinuitätsverständnis weniger aus geschichtstheologischen Prämissen deduziert, sondern aus historischen Daten gewonnen: Das römische Kaisertum der Deutschen beruhte faktisch auf der Großmachtstellung Karls im Westen und rechtlich auf dem Teilungsabkommen mit Ostrom. Die päpstliche Akklamation spielte deshalb nurmehr die Rolle eines äußeren Anstoßes, war aber ohne konstitutive Bedeutung. Aufgrund seiner erweiterten historischen Kenntnisse, in die überdies alle gängigen Argumente gegen die kuriale Translationslehre eingegangen waren[93], sah Luther nunmehr in der *»Divisio imperii«* die Kontinuitätsbrücke zwischen altem und neuem Römerreich. Damit wurden die Annahme einer unrechten aber doch tatsächlichen *»Translatio vocabuli«* durch die Päpste sowie der geschichtstheologische Rückgriff auf die göttliche Geschichtsdisposition überflüssig.

Wie immer sich die Begründung im Laufe der Zeit auch veränderte – das deutsche Reich war für Luther jedenfalls das römische Reich und damit vor dem Hintergrund der Danielprophetie Träger einer großen Verheißung: Das römische Reich ist das letzte Großreich der Geschichte; sein Untergang leitet die eschatologische Vollendung der Welt ein[94].

Allerdings ist Deutschland nicht der einzige Nachfolger des Caesarenreiches. Abgesehen von den päpstlichen Usurpationen muß es sich das römische Erbe mit den mächtigen und gefährlichen Türken teilen, die in der alten Kaiserstadt Konstantinopel residieren[95] und drei Länder des Römerreiches beherrschen[96].

---

[92] WA 54, 298.
[93] Vgl. Goez, Translatio Imperii, 286.
[94] Am deutlichsten wird dieser Gedanke in der Heerpredigt wider den Türken, 1529, WA 30, 2, 166, ausgeführt.
[95] Vgl. WA 30, 2, 168.
[96] Nämlich: *»Egyptum, Griechland und Asiam.«* Heerpredigt, 1529, WA 30, 2, 167.

In der *»Heerpredigt wider den Türken«* von 1529 entwickelte Luther bei der Exegese von Daniel 7 ausführlich seine Konzeption vom römischen Charakter des Osmanenreiches[97]: Es sei das kleine Horn, das dem zehnhörnigen Ungeheuer, dem römischen Großreich, aus der Stirn wachse und dabei drei andere Hörner - drei Reiche - abstoße[98]. Das Osmanenreich entstehe zwar aus dem römischen Imperium und setze in einem begrenzten territorialen Rahmen dessen Herrschaft fort, werde aber - und hierin liegt der paränetische Sinn dieser Exegese - niemals so mächtig werden, wie der römische Ursprung selbst[99]. Mit seinem Sturz und Ende beginne die verheißene Heilszeit. Die *»Divisio imperii«* von 800 wiederholte sich also in einem neuen Stadium der Geschichte. Nunmehr teilen sich Türken und Deutsche - ja auch der Papst - in das römische Erbe[100].

Der deutsche Kaiser ist damit allerdings nur noch römischer Kaiser *»per synecdochen«*[101]; er repräsentiert in einem kleinen Teil ein vergangenes Ganzes: Das römische Reich ist *»fast dahin und zu rissen«* und kündet vor dem Hintergrund der Danielsprophetie das nahe Ende der Welt und die Zukunft des wiederkommenden Herrn[102]. Der Kaiser und der Sultan sind nur noch des *»Reichs Hefen«*; keiner von beiden wird es mehr ganz besitzen[103]. Und wenn das römische Kaisertum unter Karl V.

---

[97] WA 30, 2, 166 ff.; vgl. auch Vorrede zum Propheten Daniel, WADB 11, 2, 12.

[98] Vgl. Dan. 7, 7 f., sowie das Deutewort Dan. 7, 24. Bereits Johannes Brenz hatte 1526 die von Hieronymus geprägte exegetische Tradition verlassen (Deutung von Dan. 7, 8 auf den Antichristen) und das Deutewort Dan. 7, 24 (und damit implizit, wenngleich nicht ausdrücklich, auch Dan. 7, 8) auf die Türken bezogen. Vgl. hierzu Stefan Strohm, Die fraglich gewordene Integrität der Homilien zu Daniel von Johannes Brenz, in: Johannes Brenz, Frühschriften, Teil 2, hrsg. von Martin Brecht u.a., Tübingen 1974, 716-721.

[99] WA 30, 2, 170 f.

[100] *»Aber Daniel hat vier Keiserthum nach einander gesetzt bis auff Christum, zu welches zeiten ist das Romisch Reich das Heubt gewest, wie es zum teil auch noch ist, Aber nicht so gros und mechtig wie zuvor, Denn solchs Keiserthumb nu geteilet, das ein teil gegen dem Morgen und fast das grosser der Turckisch Tyran jnne hat, Das ander gegen Abend der Bapst, und was noch ubrig ist vom Romischen Reich bey den Deudschen Keisern.«* Predigt vom 12. 6. 1535, WA 41, 227.

[101] WATi 1, 451, Nr. 904, Dietrich/Medler (ohne Datierung); vgl. auch WATi 5, 516, Nr. 6157, Lauterbach B (ohne Datierung).

[102] *»Denn die welt ist ans ende komen, Das Romisch reich ist fast dahin und zu rissen und stehet gleich wie der Juden Konigreich stund: Da Christus geburt nahe komen war, hatten die Juden schier nichts mehr von yhrem Konigreich, Herodes war die letze. Also dunckt mich itzt auch, weil das Romissch Keyserthum fast dahin ist, sey Christi zukunfft fur der thur,«* Vom Kriege wider die Türken, 1529, WA 30, 2, 143 f.

[103] *»Also hoffe ich nu auch, die Welt sey am Ende. Denn Carolus und Solimannus sind des Reichs Hefen, keiner wird das Reich ganz besitzen. Der Türk hats noch nicht so weit bracht, als das römisch Reich, das in 50 Jahren sehr hoch stieg und zunahm. Es wird bey diesen Hefen wol bleiben.«* WATi 1, 451, Nr. 904, Dietrich/Medler (ohne Datierung); vgl. auch Predigt vom 20. 10. 1532, WA 36, 577.

auch ein wenig zu neuem Glanz aufsteigt, so ist dies nur ein letztes Auflodern vor dem endgültigen Verlöschen[104].

3. Das Reich als »Sacrum Imperium«

Seitdem sich das Reich in den Tagen Barbarossas und offenbar im Anschluß an die antike Kaiserapotheose[105] offiziell als *»Sacrum Imperium«*[106] zu bezeichnen begann, wurde dieser Teil des Reichstitels Anknüpfungspunkt jener verschiedenartigen Vorstellungen, die die heilsgeschichtliche Sendung des Reiches und seine besonderen Aufgaben für Kirche und Christenheit betonten.

Gerade dieser Reichstitel tritt bei Luther auffallend in den Hintergrund. Denn nur an zwei Stellen finden sich hierüber erklärende Aussagen. In den frühen *»Operationes in Psalmos«* bemerkte Luther ironisch, es scheine so, daß man das Reich nicht deswegen heilig nenne, weil es von Gott stamme, sondern vom Papst, der alles nach seiner Willkür heilig mache[107]. Die Heiligkeit des Reiches beruht also allein auf seiner Herkunft von Gott. Wie andere Aussagen Luthers zeigen, schloß dies eine entschiedene Absage an alle Ansprüche der geistlichen Gewalt auf das Reich ein: es gehört seiner Natur nach weder zur Kirche[108], noch besitzt der Papst darauf irgendeinen Rechtsanspruch[109].

[104] *»Denn das ist gewis, Das wir ynn der heiligen schrifft nichts mehr zeitlichs dings zu gewarten haben, Es ist alles aus und erfullet, Das Romisch reich ist am ende, Der Turcke auffs hohest komen, Die pracht des Bapstumbs fellet dahin, und knacket die wellt an allen enden fast, als wolt sie schier brechen und fallen, Denn das itzt dasselbige Romissche Reich unter unserm keiser Carolo ein wenig auffsteiget und mechtiger wird denn es lange Zeit her gewesen ist. Dunckt mich es sey die letze, und fur Gott eben ein ding, als wenn ein liecht odder strohalm, gar ausgebrand, itzt verlesschen wil, so ... gibts eine flamme von sich als wollts aller erst recht anbrennen, und eben mit dem selbigen gehets aus,«* Luthers Widmungsbrief zu seiner Danielübersetzung, 1530, WADB 11, 2, 380.

[105] Vgl. zur Begriffsgeschichte Otto Hiltbrunner, Die Heiligkeit des Kaisers (Zur Geschichte des Begriffs sacer), in: Frühmittelalterliche Studien 2 (1968) 1–30. Adalbert Erler, Artikel: »Heiliges Römisches Reich«, in: HRG Bd 2, 45–48, lehnt neuerdings die Verbindung zum spätantiken *»sacer«* ab, vgl. jedoch Hiltbrunner, ebda, 13 f.; 25. Vgl. ferner die Untersuchung zur salisch-staufischen Herrschaftsbegründung von Gottfried Koch, Auf dem Wege zum Sacrum Imperium, Wien/Köln/Graz 1972 (Forschungen zur mittelalterlichen Geschichte, 20).

[106] Vgl. z.B. MGH Const. 1, 224, Nr. 161; vgl. zur weiteren Entwicklung Zeumer, Heiliges römisches Reich deutscher Nation, 11–14.

[107] *»Quin hoc imperium sacrum appellari visum est, quod non a deo, sed a sanctissimo Vicario dei sit paratum, qui quicquid volet, sacrum est.«* Operationes in Psalmos, 1519/21, WA 5, 650.

[108] *»quidam delyrant, Imperium temporale non esse nisi in Ecclesia,«* De captivitate Babylonica, 1520, WA 6, 551.

[109] So lehnte Luther jeden sich aus der Kaiserkrönung ableitbaren Anspruch des Papstes

In der Spätschrift *»Wider Hans Worst«* von 1541 findet sich die gleiche Auffassung: Das Reich sei heilig, weil es vom heiligen Gott stamme, genauso wie auch alle Fürsten ihren Stand als heilig rühmten[110]. Die Heiligkeit des Reiches wird damit zu einer Heiligkeit nivelliert, die jeder Obrigkeit kraft ihres Amtes zukommt. Denn jede Obrigkeit - auch die des heidnischen Osmanenreiches[111] - gründet im Willen des heiligen Gottes[112]. Das Reich ist damit nicht mehr das Heilige Reich schlechthin, sondern ein beliebiger Herrschaftsverband: jedes Reich ist im Sinne Luthers ein heiliges Reich[113].

Gegen dieses Ergebnis könnte man freilich die heilsgeschichtliche Rolle des Reiches anführen[114], das nach Luthers Überzeugung diese Weltzeit abschließt und als Teil des letzten Großreiches der Danielsvision den heilsgeschichtlichen Äon zwischen der Menschwerdung Christi und seiner Wiederkunft umschließt[115]. Dieser Einwand wäre jedoch wenig stich-

---

auf das Reich ab (An den christlichen Adel, 1520, WA 6, 433; 465; Wider das Papsttum zu Rom, 1545, WA 54, 298). Ebenso wandte er sich gegen Zeremonien, die eine Unterwerfung des Kaisers unter den Papst andeuteten, wie Fußkuss, Stratordienst, Huldigungs- und Treueeid (An den christlichen Adel, 1520, WA 6, 433). Weiterhin verwarf er die im kanonischen Recht fixierten Ansprüche des Papstes auf das Reich; so namentlich die Dekretalen: Solitae: X I, 33, 6 (WA 6, 433); Pastoralis: Clem II, 11, 6 (WA 6, 434; vgl. zum historischen Hintergrund Friedrich Baethgen, Der Anspruch des Papstes auf das Reichsvikariat, in: ZRG KA 10 [1920] 168-268, bes. 241-247); Venerabilem: X I, 6, 34 (WA 54, 298; vgl. zum historischen Hintergrund Friedrich Kempf, Papsttum und Kaisertum bei Innozenz III., Rom 1954 [Miscellanea Historiae Pontificiae, 19] 74-80).

110 *»das keiserliche ampt (ist) von Gott ... und heisst (wie billich) das heilige Romische Reich umb Gottes willen der heilig ist und solchs geordent und alle fursten yhren stand rhumen, von Gottes gnaden, das ist heilig.«* Wider Hans Worst, 1541, WA 51, 555.

111 *»Gladii enim regimen abiicit (sc. Deus) ad Cesarem, ad Turcam, ad regem Gallorum, Et ad leges et consuetudines illorum, sub quibus vivimus.«* Predigten über das 2. Buch Mose, 1526, WA 16, 588.

112 Vgl. oben S. 22 f.

113 Bei dieser Nivellierung kann man wohl kaum eine »Aufgeschlossenheit« gegenüber der »mittelalterlichen Vorstellungswelt« feststellen sowie folgern, daß das Reich für Luther »noch immer das Heilige Reich« gewesen sei. Die grundsätzliche Gleichwertigkeit aller Obrigkeiten ist im übrigen das Charakteristische der lutherischen Konzeption und weniger der Umstand, daß er »das Reich ... seiner Idee und seinem Auftrag nach von der Kirche gelöst« habe (Kraske, Der Einfluß der mittelalterlichen Reichsidee, 158), was bekanntlich schon Ockham getan hatte, vgl. Georges de Lagarde, La naissance de l'esprit laïque au déclin du moyen-âge, 3. Aufl., Bd 4, Paris 1962, 156-189.

114 Dieser Gesichtspunkt spielt in der Argumentation von Kraske, Der Einfluß der mittelalterlichen Reichsidee, 142-156, eine wichtige Rolle.

115 Vgl. z.B. Jesaias-Vorlesung, 1527/30, WA 31, 2, 149. In seiner nach der alten Weltalterlehre gegliederten und für den eigenen Gebrauch bestimmten chronologischen Geschichtsübersicht (*»supputatio annorum mundi«*) beginnt mit dem römischen Reich unter Augustus das fünfte Weltjahrtausend und dauert über das sechste Weltjahrtausend (Degeneration des Papstes zum Antichristen) bis zum Weltende, vgl. WA 53, 123.

haltig. Denn Luther leitete aus diesen Umständen weder eine besondere Sakralität des Reiches ab[116], noch läßt seine Geschichtstheologie einen derartigen Schluß erwarten: Gott lenkt alles historische Geschehen in unvergleichbarer Alleinwirksamkeit. Dasein und Sosein jedes Reiches sind grundsätzlich auf die gleiche Weise Ergebnis des göttlichen Willens[117]. Wenn das römische Reich auch Schauplatz der Inkarnation Christi war und der deutsche Erbe seine Wiederkunft erleben wird, dann zeigt sich darin zwar eine bestimmte Rolle im verschlungenen Gewebe der Weltgeschichte, aber keine besondere Qualität göttlicher Nähe und Führung.

Das Reich ist auch nicht auf eine besondere Weise zum Dienst für Kirche und Christenheit berufen.

Luther appellierte zwar wiederholt an die kaiserliche Pflicht zur Kirchenreform[118]. Aber diese Pflicht wies er grundsätzlich jeder Obrigkeit zu und zwar subsidiär in dem Maße, wie sich die kirchlichen Instanzen dieser Aufgabe versagten[119].

Eine obrigkeitliche Schutzherrschaft über die Kirche lehnte Luther dagegen ausdrücklich als eine Zumutung ab, die ihrem Wesen nicht entspreche. Dies erläuterte er 1522 recht drastisch dem englischen König Heinrich VIII.[120] Und in seinen bissigen Randglossen zum Nürnberger Edikt von 1524 widersprach er dem traditionellen Anspruch des Kaisers, Beschirmer des christlichen Glaubens und Vogt der Kirche zu sein[121]. Im Nachwort wies er überdies recht derb auf das Paradoxon hin, daß sich der Kaiser, der *»arme sterbliche madensack«*, rühme, er sei der oberste Beschützer des unbesiegbaren christlichen Glaubens[122].

---

[116] Die von Kraske angeführten Belege enthalten nirgendwo auch nur andeutungsweise eine derartige Folgerung.

[117] Vgl. hierzu Hanns Lilje, Luthers Geschichtsanschauung, Diss. Zürich 1932, 44–47; Martin Schmidt, Luthers Schau der Geschichte, in: LJb 30 (1963) 54 ff.

[118] Vgl. unten S. 103 f.

[119] Vgl. unten S. 104 f., Anm. 134.

[120] *»Die Christliche kirche leydet solch schmach und gottis lesterung nicht, das sie eyn menschen tzum schutzherrn sollt haben. Sondern sie singt: ›Dominus michi adiutor, non timebo.‹ Et iterum: ›bonum est, confidere in domino, quam confidere in principibus.«* Antwort deutsch auf König Heinrichs Buch, 1522, WA 10, 2, 228.

[121] Vgl. WA 15, 256; 258; 262.

[122] *»Denn hie sihestu, wie der arme sterbliche madensack, der keyser, der seyns lebens nicht eyn augenplick sicher ist, sich unverschampt rhumet, Er sey der ware obrister beschirmer des Christlichen glawbens. Die schrifft sagt, das der Christliche glaube sey eyn Fels, der teuffel, tod und aller macht zu starck ist, Matt. 16., und eyne gottliche krafft, Rom. 1. Und solche krafft soll sich beschirmen lassen von eym kind des tods, den auch eyn grind odder blatter kan zu bette werffen. Hilff Gott, wie unsinnig ist die wellt.«* WA 15, 278.

Luther verwarf schließlich in der Türkenkriegsschrift von 1529 auch die Vorstellung, daß der Kaiser kraft seines Amtes zum Heidenkrieg verpflichtet sei[123]: Der Kaiser ist weder das Haupt der Christenheit noch der Beschirmer des christlichen Glaubens[124]. Sein Schwert gehört kraft göttlicher Ordnung ausschließlich in weltliche Angelegenheiten[125].

---

[123] Gerade dies stand in scharfem Gegensatz zum Selbstverständnis Kaiser Karls V., vgl. über die Rolle des Türkenkrieges in der Kaiserpolitik Karls V. Peter Rassow, Die Kaiser-Idee Karls V. dargestellt an der Politik der Jahre 1528–1540, Berlin 1932 (Historische Studien, 217) 84–104.

[124] *»Darumb sol man auch dis reitzen und hetzen lassen anstehen, da man den Keiser und Fürsten bisher gereitzt hat zum streit widder die Turcken als das heubt der Christenheit, als den beschirmer der kirchen und beschutzer des glaubens, das er solle des Turcken glauben ausrotten, Und haben also das reitzen und vermanung gegrundet auff der Turcken bosheit und untugent. Nicht also, Denn der keiser ist nicht das heubt der Christenheit noch beschirmer des Euangelion odder des glaubens. Die kirche und der glaube mussen einen andern schutzherrn haben denn der Keiser und Konige sind, Sie sind gemeiniglich die ergesten feinde der Christenheit und des glaubens,«* Vom Krieg wider die Türken, 1529, WA 30, 2, 130.

[125] *»Des Keisers schwerd hat nichts zuschaffen mit dem glauben, Es gehort ynn leibliche, weltliche sachen, Auff das nicht Gott auff uns zornig werde, so wir seine ordnung verkeren und verwirren,«* Vom Krieg wider die Türken, 1529, WA 30, 2, 131.

III. Kapitel
DIE REICHSVERFASSUNG BIS 1530

1. Der Aufbau des Reiches

Luther hat sich trotz seines theologischen Interesses an der Obrigkeit vor 1530 nicht im Zusammenhang und systematisch mit der Verfassung des Reiches auseinandergesetzt, das ihn in Worms geächtet und damit aus seiner Rechtsgemeinschaft ausgestoßen hatte. Es ist deshalb notwendig, eine Vielzahl unterschiedlicher Äußerungen auszuwerten. Dabei zeichnen sich immerhin wesentliche Merkmale der Reichsverfassung ab.

Unter diesen Aussagen kommt einem Abschnitt aus der Kriegsleuteschrift von 1526 besondere Bedeutung zu. Luther erörterte darin die Frage, welche Obrigkeit im Reich das Recht besitze, sich gegen den militärischen Angriff einer anderen Obrigkeit zu wehren, das heißt, welche Obrigkeit gegenüber einer anderen gleichberechtigt oder untergeordnet sei[1]. Jeder Fürst – so erläuterte Luther – sei vor dem Kaiser ein einfacher Untertan und gewinne sein obrigkeitliches Amt erst gegenüber seinen Untergebenen, wie umgekehrt der Kaiser vor Gott zur Privatperson werde und jede obrigkeitliche Würde verliere. Denn Gott allein sei Obrigkeit im Vollsinn des Wortes, begründe und verteile sie an jeden irdischen Amtsträger, er sei Kaiser oder einfacher Landrichter[2].

---

[1] Vgl. zur Problematik eines Krieges *»gleicher widder gleichen«*: WA 19, 647 f.

[2] *»Widderumb, die oberperson ist gesetzt, das sie sol eine gemeine person sein und nicht alleine für sich selbs, sol anhang haben der unterthanen und das Schwerd furen. Denn wenn sich ein Fürst zum Keyser keret als zu seinem oberherrn, so ist er nicht mehr Furst, sondern eine eintzele person ym gehorsam des Keysers, wie alle andere, ein iglicher fur sich. Wenn er sich aber zu seinen unterthanen keret als zu seinen unterthanen, so ist er so viel personen, so viel heubter er unter sich und an sich hangen hat. Also auch der Keyser, wenn er sich gegen Gott keret, so ist er nicht Keyser, sondern eine eintzele person, wie alle andere fur Gott; keret er aber sich zu seinen unterthanen, so ist er so viel mal Keiser, so viel er unter yhm hat. Also ist auch von allen andern oberkeiten zu reden, das wenn sie sich zu yhrem oberherrn keren, so haben sie keine oberkeit und sind aller oberkeit ausgezogen. Wenn sie sich herunter keren, so werden sie mit aller oberkeit gezieret. Das also zu letzt alle oberkeit hynauff zu Gott kome, des sie alleine ist. Denn er ist der Keyser, Furst, Grave, Eddel, Richter und alles und teilet sie aus, wie er wil, gegen die unterthanen und hebt sie widderrumb auff gegen sich selbs«*. Ob Kriegsleute, 1526, WA 19, 652 f.

Das Reich erscheint damit als eine hierarchisch gegliederte Pyramide obrigkeitlicher Gewalten, deren absteigende Linie alle obrigkeitlichen Ämter begründet, während die aufsteigende Richtung alle Obrigkeit zu einer allgemeinen Untertanenschaft gegenüber dem Kaiser nivelliert. Offenkundig ist dieses Modell aus dem überkommenen Bild der Lehenspyramide abgeleitet[3]. Der Textzusammenhang zeigt, daß Luther hier eine Antwort auf die Frage sucht, welche Instanzen im Reich Obrigkeiten seien und wie ihr gegenseitiges Verhältnis im Sinne einer Über- oder Unterordnung zu bestimmen sei.

Dies gab zu Mißverständnissen Anlaß: Konrad Kraske hat hieraus gefolgert, daß Luthers Obrigkeitsbegriff in dieser Periode »nicht staatsrechtlich, sondern primär theologisch bestimmt« und daß »ihm jeder Gedanke an einen irgendwie konstitutionellen Charakter des Reiches uninteressant« geblieben sei[4] – eben weil in dieser Pyramide »neben der einseitigen Herrschaftsbeziehung eine Rechtsbeziehung keinen Raum« mehr habe[5]. Daran ist sicher richtig, daß Luther die gegebenen Strukturen des Reiches von seiner Obrigkeitstheologie aus deutete. Dies ist aber weder überraschend, noch markiert es – wie Kraske meint[6] – einen Unterschied zu seiner Auffassung nach 1530. Was aber das fehlende »staatsrechtliche« Bewußtsein anbelangt[7], so widerspricht eine solche These dem Aussagegehalt der Quelle: Gerade weil die Pyramide in Gott kulminiert, der alle Obrigkeit begründet und austeilt, will dieses Modell theologisch nicht mehr aussagen, als daß jede Obrigkeit göttlich begründete Obrigkeit im Sinne von Römer 13 sei. Der konkrete Aufbau dieser Pyramide dagegen, die Rechte der übergeordneten und die Pflichten der untergeordneten Obrigkeiten sind Ausdruck einer – wenn auch undifferenzierten – Einsicht in die Verfassungsstruktur des Reiches.

Diese Verfassungsstruktur tritt in einer fast gleichzeitigen Predigt deutlicher hervor: Luther erörterte hierin das vierte Gebot im Anschluß an Exodus 20 und zeigte, wie alle Gemeinschafts- und Herrschaftsorganisationen im elterlichen Regiment wurzeln: aus Familien entstehen Städte und Länder, die sich wiederum zu Fürstentümern integrieren, aus

---

[3] Vgl. hierzu Julius Ficker, Vom Heerschilde, Innsbruck 1862, sowie die Ergänzungen von Georg Droege, Landrecht und Lehnsrecht im hohen Mittelalter, Bonn 1969, 56–62. Vgl. für das Fortdauern dieser Vorstellung im Spätmittelalter Peter von Andlau, Libellus de Cesarea Monarchia II, Tit. XII, ed. Joseph Hürbin, in: ZRG GA 13 (1892) 194–198.

[4] Konrad Kraske, Der Einfluß der mittelalterlichen Reichsidee auf Luthers historisches Bewußtsein, Diss. Masch. Freiburg 1951, 77.

[5] Ebda, 76. Dabei ist zu überlegen, ob es (und gerade im Mittelalter) überhaupt eine Herrschaftsbeziehung geben könne, die keine wie auch immer geartete Rechtsbeziehung zu ihrer Grundlage hätte.

[6] Ebda, 92 f.

[7] Vgl. zur Kritik an Kraskes eingeengtem Verfassungsbegriff oben S. 15 f.

denen sich Königreiche bilden, bis schließlich das Kaisertum mehrere Königreiche zusammenfaßt[8]. Luther entfaltete hier gleichsam genetisch den strukturellen Aufbau der Pyramide und zwar so, daß jede Herrschaftseinheit bis hinauf zur kaiserlichen Spitze eine Reihe kleinerer Obrigkeiten zu einer höheren Einheit zusammenfaßt, die mehr ist als nur die Summe ihrer Teile. Dieses organische Ordungsgefüge[9] ist als institutionelle Gegebenheit auch für den Oberherrn unantastbar[10]: nicht umsonst warf Luther dem Sultan vor, tyrannisch und *»müntzerissch«* zu sein: *»Denn er rottet alle Oberkeit aus und leidet keine ordnung ynn weltlichem stande (als Fursten, Graven, Herrn, Adel und ander lehenleute) sondern ist alleine herr uber alles ynn seinem lande«*[11].

Wie auch moderne Verfassungshistoriker[12] sah Luther damit im elterlichen Regiment, in der Hausherrschaft (domus), die Wurzel aller Herrschaft, die sich von unten her in immer umfassenderen Organisationsfor-

---

[8] *»Denn ein Furstenthumb ist ein hauffen lender und Graffschafften, ein Konigreich ein hauff furstenthumb, ein Keyserthumb ein hauff konigreich, diese alle spynnen sich aus eintzlichen heusern,«* Predigten über das 2. Buch Mose, 1525, WA 16, 500. Vgl. auch die Vorlesung über die Stufenpsalmen, 1532, WA 40, 3, 221.

[9] Vgl. hierzu grundlegend Otto von Gierke, Das Deutsche Genossenschaftsrecht, Bd 3, Berlin 1881, 546–557, sowie die kritischen Anmerkungen von Ewart Lewis, Organic Tendencies in Medieval Political Thought, in: The American Political Science Review 32 (1938) 849–876.

[10] Hieraus und aus dem folgenden ergibt sich die Hinfälligkeit der weiteren These von Kraske, Der Einfluß der mittelalterlichen Reichsidee, 78, daß das »Reich ... für Luther in der Person des Kaisers die Obrigkeit« sei, während den anderen Gliedern »keine eigentlich konstitutive Bedeutung« zukomme.

[11] Vom Krieg wider die Türken, 1529, WA 30, 2, 128.

[12] Vgl. Walter Schlesinger, Herrschaft und Gefolgschaft in der germanisch-deutschen Verfassungsgeschichte, in: Herrschaft und Staat im Mittelalter, hrsg. von Helmut Kämpf, 2. Aufl., Darmstadt 1964 (Wege der Forschung, 2) 135–190; Heinrich Dannenbauer, Adel, Burg und Herrschaft bei den Germanen, in: Herrschaft und Staat im Mittelalter, 66–134; Otto Brunner, Die Freiheitsrechte in der altständischen Gesellschaft, in: Fschr. Theodor Mayer, Bd 1, Lindau/Konstanz 1954, bes. 299; Karl Bosl, Die alte deutsche Freiheit, in desselben: Frühformen der Gesellschaft, München 1964, 204–219. Vgl. auch: Hans Maier, Die ältere deutsche Staats- und Verwaltungslehre (Polizeiwissenschaft), Neuwied/Berlin 1966 (Politica. Abhandlungen und Texte zur politischen Wissenschaft, 13) 53 f.; Josef Engel, Von der spätmittelalterlichen respublica christiana zum Mächte-Europa der Neuzeit, in: Handbuch der europäischen Geschichte, hrsg. von Theodor Schieder, Bd 3, Stuttgart 1971, 398–403. Grundlegend über das »Haus als Kern aller Herrschaft« handelt Otto Brunner, Land und Herrschaft, 5. Aufl., Wien 1965, 254 ff. Neuerdings übte Karl Kroeschell, Haus und Herrschaft im frühen deutschen Recht, Göttingen 1968 (Göttinger rechtswissenschaftliche Studien, 70) auf der Grundlage begriffsgeschichtlichen Materials und im Interesse methodischer Grundsatzüberlegungen nachhaltige Kritik an der »herrschenden Meinung« über das Verhältnis von Haus und Herrschaft. Indessen reichen die vorgetragenen Argumente zwar aus, kritische Fragen an die bisherige Forschung zu stellen, nicht aber sie zu widerlegen, vgl. die Rezensionen von Horst Fuhrmann, in: DA 25 (1969) 293 f., sowie von Walter Schlesinger, in: ZRG GA 86 (1969) 280 f.

men schließlich zur Königsherrschaft ausbildet[13]. Dies entspricht genau dem, was Otto von Gierke als »germanische Staatsauffassung« charakterisiert hat[14]. Im Unterschied zum Bild von der Herrschaftspyramide zeigt sich hier ein stärker ausgeprägtes institutionelles Element: Der übergeordnete Herrschaftsverband an sich eint die untergeordneten Verbände und weniger die persönliche Herrschaftsbeziehung zwischen den obrigkeitlichen Amtsträgern.

Das Reich erscheint damit als ein organisch gewachsenes und in viele Zwischengewalten gegliedertes Herrschaftsgefüge, dessen innerer Zusammenhalt durch die integrierende Kraft der übergeordneten Einheiten und durch die persönliche Bindung der unteren Amtsträger an den Kaiser gewährleistet wird. In dieser Verbindung von institutioneller und personaler Kohäsion[15] zeigen sich Merkmale des »Ständestaates«[16], der als Vorform des »modernen Staates« weithin die politische Landschaft des Spätmittelalters bestimmte[17].

---

[13] Vgl. als Beispiel für die Gegenwärtigkeit dieser Vorstellung in der zeitgenössischen Publizistik: Eberlin von Günzburg, Die fünfzehn Bundesgenossen, in: Ausgewählte Schriften, Bd 1, ed. Ludwig Enders, Halle 1896 (Flugschriften aus der Reformationszeit, 11) 122 f. Der elfte Bundesgenosse entwickelt das Programm einer Neuorganisation des Reiches, die von den untersten organischen Einheiten ihren Ausgang nimmt und sich in immer weiterräumigeren Herrschaftseinheiten nach oben hin zur Königsherrschaft ausbildet. Dabei soll jede Einheit soweit wie möglich in ihrer Eigenständigkeit belassen bleiben und durch Repräsentanten an der Herrschaftsausübung der oberen Einheiten vertreten sein.

[14] Vgl. Otto von Gierke, Der germanische Staatsgedanke, Berlin 1919, 20 f. Gierke charakterisiert hier das »germanische Wesen des altpreussischen Staatsgedankens«; vgl. zu den zeitgebundenen Voraussetzungen von Gierkes Verfassungsvorstellungen Ernst-Wolfgang Böckenförde, Die deutsche verfassungsgeschichtliche Forschung im 19. Jahrhundert, Berlin 1961, 147–174. Dem einschränkenden Beiwort »germanisch« wird man mit Skepsis gegenüberstehen: Der Gedanke vom Haus als Kern aller Herrschaft ist ebenso grundlegend für die aristotelische Staatslehre (vgl. Pol. I, 2, 1252[b]) und befruchtete seit der Aristoteles-Rezeption die mittelalterliche Staatstheorie, vgl. z.B. Thomas von Aquin, In libros Politicorum Aristotelis Expositio, Comm. in I Pol. Arist., Lect. 1, ed. Raymund Spiazzi, Rom 1951, 6 f.

[15] Vgl. hierzu die grundlegende Unterscheidung »Personenverbandsstaat« und »institutioneller Flächenstaat« von Theodor Mayer, Die Ausbildung der Grundlagen des modernen deutschen Staates im Hohen Mittelalter, in: Herrschaft und Staat im Mittelalter, 290 f; 293 f., sowie die Korrektur von Otto Brunner, Die Freiheitsrechte in der altständischen Gesellschaft, 297 f., der mit Recht darauf hinweist, daß beide Typen nicht nur sukzessiv aufeinander folgen, sondern mit wechselnder Dominanz gleichzeitig nebeneinander bestehen.

[16] Vgl. zu den Grundlagen des Ständestaates: Otto Hintze, Typologie der ständischen Verfassung des Abendlandes, in desselben: Staat und Verfassung, Leipzig 1941, 112 f.; Otto Brunner, Die Freiheitsrechte in der altständischen Gesellschaft, 293 ff.

[17] Vgl. Näf, Frühformen des »Modernen Staates« im Spätmittelalter, 236 ff., sowie die Korrekturen von Helmut Quaritsch, Staat und Souveränität, 198.

2. Die Reichsstände

Unter den einzelnen obrigkeitlichen Gliedern des Reiches treten bei Luther vor allem die Fürsten hervor. Sie üben als Herren ihrer *»Lande«* [18] eigenständig das göttlich verliehene Amt der Obrigkeit aus[19]. In ihre herrschaftlichen Kompetenzen hat sich kein anderer Fürst einzumischen[20]. Zur Wahrung ihrer Interessen besitzen sie das Recht, Bündnisse mit anderen Reichsgliedern zu schließen (Einungsrecht)[21]. Gegen den ungerechtfertigten Angriff einer gleichgestellten Obrigkeit dürfen und müssen sie ihre Untertanen schützen[22]. Und schließlich regieren sie in ihrer Gesamtheit *»das Keyserthum ynn deutschen landen«* [23]: jeder Fürst regiert in seinem Territorium einen Teil des Gesamtreiches, um darüber hinaus an der Reichsregierung Anteil zu nehmen[24]. In diesen Merkmalen spiegelt sich jener spätmittelalterliche Status der Territorialfürsten wider, den Theodor Mayer als »Teilhabe am Reich« und als »Besitz und ... Ausübung der Hoheitsrechte innerhalb des bestimmten Gebietes«[25] charakterisiert hat.

Neben den Fürsten treten die anderen Glieder des Reiches bei Luther auffallend zurück. Man wird auch darin einen Reflex der zeitgenössischen Entwicklung zum fürstlichen Territorialstaat hin sehen dürfen[26]. Die freien Herren und Ritter, die immerhin als erste geschlossene Gruppe ihre Sympathie für seine Lehre bekundet hatten, wurden für Luther nie zum verfassungsrechtlichen Problem. Die freien Städte tauchen nurmehr am Rande und beiläufig auf – jedoch deutlich genug, um zu erkennen, daß Luther ihnen eine quasi-fürstliche Obrigkeit zusprach[27].

---

[18] Luther an Kurfürst Johann, 20. 5. 1530, WABr 5, 325 f. Vgl. Unterricht der Visitatoren, 1528, WA 26, 197.

[19] Ein Brief an die Fürsten zu Sachsen, 1524, WA 15, 213.

[20] Von heimlichen und gestohlenen Briefen, 1529, WA 30, 2, 32.

[21] Luther an Kanzler Brück, 28. 3. 1528, WABr 4, 423 f., Nr. 1246; Luther und Melanchthon an Kurfürst Johann, April 1528, WABr 4, 434 f. Vgl. über die Bedeutung des Einungswesens für den Ständestaat Otto Hintze, Weltgeschichtliche Bestimmungen der Repräsentativverfassung, in desselben: Staat und Verfassung, 165 ff. Vgl. zur geschichtlichen Entwicklung: Otto von Gierke, Das deutsche Genossenschaftsrecht, Bd 1, Berlin 1868, 457–513; Ernst Bock, Monarchie, Einung und Territorium im späteren Mittelalter, in: HVjschr 24 (1929) 557–572, sowie die Ergänzungen von Heinz Angermeier, Die Funktion der Einung im 14. Jahrhundert, in: ZbLG 20 (1957) 475–508.

[22] Luther an Kanzler Brück, 28. 3. 1528, WABr 4, 421 f., Nr. 1246; Ob Kriegsleute, 1526, WA 19, 647 f.

[23] Von weltlicher Obrigkeit, 1523, WA 11, 247. Vgl. Vom Krieg wider die Türken, 1529, WA 30, 2, 133.

[24] Vgl. hierzu unten S. 69–74.

[25] Theodor Mayer, Fürsten und Staat, Weimar 1950, 310, vgl. auch 219 ff.

[26] Hinzu kommt, daß Luther in seinem mitteldeutschen Umkreis gerade die Landesherrschaft als den wichtigsten Typ von Herrschaftsgestaltung erlebte.

3. Der Kaiser

a) Die Funktionen des kaiserlichen Amtes

Der Kaiser übt im Unterschied zu der territorial begrenzten Zuständigkeit der einzelnen Fürsten seine Herrschaft über das ganze Reich aus. Er ist für Luther nicht nur der *»fursten herr und oberkeit«* [28], wie sich dies als Konsequenz der oben beschriebenen Pyramide ergibt, sondern besitzt darüber hinaus ein unmittelbares Herrschaftsrecht über alle Angehöringen des Reiches. Als der Kurfürst 1522 bei Luthers Rückkehr nach Wittenberg wegen möglicher kaiserlicher Pressionen besorgt war[29], forderte ihn der Reformator auf, dem Kaiser als Kurfürst gehorsam zu sein und *»Kaiserl. Maj. lassen walten in E.K.F.G. städten und Ländern an Leib und Gut*[30]*, wie sich's gebührt nach Reichs ordnung«* [31]. Und in seinem Gutachten zur Widerstandsfrage vom 6. März 1530 betonte er nachdrücklich, daß die Untertanen der Fürsten im eigentlichen Sinne Untertanen des Kaisers seien, genauso wie die Bürger Torgaus nicht den Bürgermeister, sondern den Kurfürsten zu ihrem Herrn hätten[32]. Die unmittelbare Herrschaftsgewalt des Kaisers verpflichtet die Untergebenen zu Gehorsam und erweist sich damit als Gebotsgewalt[33]. Ihr ent-

---

[27] Freie Reichsstädte sind gleichberechtigte Bundesgenossen von Fürsten, wenngleich ihr politischer Wert wegen ihrer labilen Führungsstruktur begrenzt ist (WABr 5, 79, Nr. 1424); sie sind Träger der Landeshoheit (WATi 5, 639, Nr. 6392, Lauterbach B) und haben - wie die Fürsten - den Kaiser zu ihrem unmittelbaren Herren (WA 19, 641). Vgl. über Luthers Einstellung zu den Städten auch Werner Elert, Morphologie des Luthertums, Bd 2, München 1932, 324 ff.

[28] Luther an Kurfürst Johann, 24. 12. 1529, WABr 5, 210, Nr. 1511.

[29] Vgl. die kurfürstliche Instruktion an den Eisenacher Amtmann Johann Oswald, 26. 2. 1522, WABr 2, 451, Nr. 454.

[30] Vgl. über *»walten«* als Ausdruck für Herrschaftsausübung Otto Brunner, Land und Herrschaft, 258. Die Wendung *»Leib und Gut«* bezieht sich auf Munt und Gewere als Inbegriff der Landesherrschaft, ebda, 360 f. Damit spricht Luther dem Kaiser das volle Recht auf Herrschaftsausübung im kurfürstlichen Territorium zu.

[31] Luther an Kurfürst Friedrich, 5. 3. 1522, WABr 2, 456, Nr. 455. Beachtenswert ist hier, daß sich Luther ausdrücklich auf die Reichsordnung berief und Widerstand als Empörung vindizierte. Vgl. auch Luthers Gutachten vom 8. 2. 1523, WABr 12, 39, Nr. 4222.

[32] *»So sind ia aller fursten unterthan auch des keisers unterthan, ia mehr denn der fursten, und schickt sich nicht, das yemand mit gewalt wolt des keisers unterthan [wider den] keiser yhren herrn schutzen, gleich wie sichs [nicht ziemet, daß] der Burgermeister zu Torgaw wolt [die Burger wider den] fursten zu Sachsen mit gewalt schutzen, s[olang er furst] zu Sachsen ist.«* WABr 5, 259, Nr. 153 (die mit [ ] bezeichneten Stellen geben Lücken im Original an, die nach einer in Nürnberg befindlichen Abschrift Veit Dietrichs ergänzt wurden). Vgl. zur weiteren Ausdeutung dieser Stelle Kraske, Der Einfluß der mittelalterlichen Reichsidee, 82 (gegen Erik Wolf, Idee und Wirklichkeit des Reiches im deutschen Rechtsdenken des 16. und 17. Jahrhunderts, hrsg. von Karl Larenz, Bd 1, Stuttgart/Berlin 1943, 70).

[33] Vgl. hierzu Otto Brunner, Land und Herrschaft, 359. Kurt Matthes, Luther und die

spricht auf Seiten der Reichsangehörigen eine doppelte Untertanenschaft unter Kaiser und Landesfürst[34].

Diese unmittelbare Herrschaft des Kaisers – die freilich so den tatsächlichen Verhältnissen nicht entsprach[35] – ist nach Luther für den Bestand des Reichs grundlegend: Sie integriert alle Glieder in einer umfassenden, wenngleich in Zwischengewalten gestuften Herrschaftsordnung und gewährleistet damit die Einheit des Reiches. Das auswärtige Bündnis eines Reichsteils gegen den Kaiser[36] erschien Luther infolgedessen als Abfall vom Reich und als »müntzerische« Negation seiner im kaiserlichen Amt begründeten Einheit und Ordnung[37].

Die integrierende Funktion des kaiserlichen Amtes zeigt sich noch in zwei anderen wichtigen Bereichen: Zum einen konstituiert der Kaiser das Reich zu einer Rechtsgemeinschaft. Luther war zwar in der Adelsschrift vehement und in Übereinstimmung mit populären Strömungen[38]

Obrigkeit, München 1937, 105, übersieht diese direkte kaiserliche Herrschaftsgewalt, wenn er unter Bezug auf die hierarchische Pyramide feststellt, daß beim Kaiser die »stärkste Verflüchtigung der direkten Gewalt eingetreten und nur die indirekte übrig geblieben« sei.

[34] Vgl. über diese doppelte Untertanenschaft der Reichsangehörigen: *»Hertzog Johans der Kurfurst ist mein herr und Keiser Karol,«* Von heimlichen und gestohlenen Briefen, 1529, WA 30, 2, 42, sowie WABr 5, 259, Nr. 1536. Vgl. zum Problem der Mehrfachuntertänigkeit im ausgehenden Mittelalter Rolf Grawert, Staat und Staatsangehörigkeit. Verfassungsgeschichtliche Untersuchung zur Entstehung der Staatsangehörigkeit, Berlin 1973 (Schriften zur Verfassungsgeschichte, 17) 28 ff.; 38 ff.

[35] Vgl. Helmut Quaritsch, Staat und Souveränität, Bd 1, Frankfurt 1970, 220–242; Otto Brunner, Land und Herrschaft, 191 f. Oberster Herr aller Reichsangehörigen war der Kaiser unbestritten in seiner Eigenschaft als oberster Richter und Rechtswahrer im Reich, vgl. Winfried Trusen, Anfänge des gelehrten Rechts in Deutschland. Ein Beitrag zur Geschichte der Frührezeption, Wiesbaden 1962 (Recht und Geschichte, 1) 183–187; Eberhard Isenmann, Kaiser und Reich. Untersuchungen zur Reichsregierung unter Kaiser Friedrich III. in den Jahren 1452–1486, Diss. Masch. Tübingen 1974, 20 f.

[36] Während Bündnisse deutscher Fürsten mit ausländischen Herrschern im 15. Jahrhundert an der Tagesordnung waren (vgl. Friedrich von Bezold, Das Bündnisrecht der deutschen Reichsfürsten bis zum Westfälischen Frieden, Bonn 1904, 13 ff.), suchte das Reich gegen Ende des Jahrhunderts die ständische Bündnisfreiheit unter seine Kontrolle zu bringen. So verbot die Handhabung Frieden und Rechts, § 6, von 1495 (in: Quellensammlung zur Geschichte der Deutschen Reichsverfassung in Mittelalter und Neuzeit, ed. Karl Zeumer, 2. Aufl., Tübingen 1913, 282) das Bündnis eines Reichsteiles mit einer auswärtigen Macht ohne Zustimmung des Reichstages. Vgl. zum Verbot auswärtiger Bündnisse und dessen wachsender Bedeutung für die »Staatswerdung« des Reiches Ernst-Wolfgang Böckenförde, Der Westfälische Frieden und das Bündnisrecht der Reichsstände, in: Der Staat 8 (1969) 463 ff.

[37] Vgl. Luthers engagierte Stellungnahme gegen den Eintritt Straßburgs in das eidgenössische Burgrecht vom 12. 1. 1530: *»Strasburgenses defecerunt ab Imperio ad Heluetios, repugnaturi Carolo Cesari. Propheta fui, qui semper dixi, Sacramentariorum spiritum esse seditionis latentis plenum. Is nunc aperit et prodit se. Nisi Deus obsistat, dabunt nobis nouum Muncerum,«* Luther an Nikolaus Hausmann, Anfang Februar 1530, WABr 5, 237, Nr. 1527.

[38] Vgl. zur Problematik Winfried Trusen, Römisches und partikuläres Recht in der Rezeptionszeit, in: Fschr. Heinrich Lange, München 1970, 97–120.

für den Vorrang der Landrechte eingetreten[39]. Aber unter dem Eindruck des Bauernkrieges[40] und in Auseinandersetzung mit den Schwärmern[41] änderte er seine Auffassung zugunsten des römischen als des *»kaiserlichen«* Rechtes, *»unsers regiments Weisheit und vernunfft«*[42]: Die vom Kaiser konstituierte und repräsentierte Rechtsordnung ist für alle Mitglieder des Reiches verbindlich. Und nur der Kaiser kann sie im Einvernehmen mit den Fürsten ändern oder durch eine neue ersetzen[43].

Zum anderen integriert die kaiserliche Herrschaft das Reich zu einer Schutzgemeinschaft[44]. Dies zeigt sich besonders deutlich in Luthers engagierter Stellungnahme zur Türkengefahr im Frühjahr 1529[45]: Der Kaiser ist kraft seines Amtes vor allen anderen zum Schutz seiner Untertanen und zur Verteidigung des Reiches verpflichtet[46].

Aus diesen Beobachtungen ergibt sich trotz der Zufälligkeiten im Quellenbefund ein einigermaßen geschlossenes Bild: Der Kaiser in-

---

[39] WA 6, 459.

[40] Dies vermutet Johannes Heckel, Lex charitatis. Eine juristische Untersuchung über das Recht in der Theologie Martin Luthers, München 1953 (Abh. d. Bayer. Ak. d. Wiss., Phil.-hist. Kl., NF., 36) 86.

[41] Vgl. zu Luthers Auseinandersetzung mit der schwärmerischen Forderung nach dem mosaischen Recht als Reichsrecht Wider die Himmlischen Propheten, 1525. WA 18, 72; vgl. jedoch zu Luthers persönlicher Wertschätzung des mosaischen Rechtes Der 117. Psalm ausgelegt, 1530, WA 31, 1, 238.

[42] *»unser regiment jnn deudschen landen (mus und sol) nach dem Römischen Keiserlichen recht sich richten ... Welchs auch unsers regiments Weisheit und vernunfft ist, von Gott gegeben,«* Kinder zur Schule halten, 1530, WA 30, 2, 557.

[43] *»Wenn aber Keiser und Fürsten zuführen und einträchtiglich Moses Recht annähmen, dann sollten wir auch folgen ... Wenn nun solche Prediger oder Mosestreiber Kaiser werden und die Welt zu eigen kriegen, so laß man sie dann Mosen oder Elias oder Adams Recht wählen und halten. Wir seind schuldig, die Recht zu halten, die unser Oberkeit und Nachbarn halten.«* Luther an Herzog Johann Friedrich von Sachsen, 18. 6. 1524, WABr 3, 306 f., Nr. 753.

[44] Vgl. über Schutz als Herrschaftsaufgabe Otto Brunner, Land und Herrschaft, 363.

[45] Vgl. hierzu: George W. Forell, Luther and the War against the Turks, in: Church History 14 (1945) 256–271; Harvey Buchanan, Luther and the Turks 1519–1529, in: ARG 47 (1956) 145–160. Vgl. auch Hans Pfeffermann, Die Zusammenarbeit der Renaissancepäpste mit den Türken, Winterthur 1946, 173; Ehrenfried Herrmann, Türke und Osmanenreich in der Vorstellung der Zeitgenossen Luthers, Diss. Masch. Freiburg 1961, 10–15.

[46] *»Der ander man so widder den Turcken zu streiten geburt, ist Keyser Karol (odder wer der Keyser ist) Denn der Turcke greifft seine unterthanen und sein Keysertum an, welcher schuldig ist die seinen zuverteydigen als eine ordentliche Oberkeit von Gott gesetzt.« »Deudschland odder Keyserthum ist euch (sc. Kaiser und Fürsten) von Gott gegeben und befolhen, das yhrs schutzen, regiern, raten und helffen solt und nicht allein solt, sondern auch musset bey verlierung ewer seelen seligkeit und göttlicher hulden und gnaden.«* Vom Kriege wider die Türken, 1529, WA 30, 2, 129 und 133. Vgl. die scharfen Invektiven gegen die Fürsten, die sich dem kaiserlichen Türkenkrieg nicht anschließen: WA 30, 2, 145.

tegriert das Reich zur Einheit und konstituiert es zu einem Rechts- und Schutzverband. Recht und Schutz als Ausdrucksformen des Gemeinwohls[47] sind damit Inhalt und Ziel der kaiserlichen Herrschaft[48]. Der Kaiser hält nicht nur durch seine vertikal in das Herrschaftsgefüge eingreifende, alle höheren und niederen Glieder unmittelbar erfassende Gebotsgewalt[49] das Reich zusammen, sondern trägt auch vor allen anderen die Sorge um dessen Wohlergehen. Reich und Kaiser bilden für Luther in dieser Periode eine enge, untrennbare Einheit. Er stellte zwar die Mitregierungsbefugnisse der ständischen Zwischengewalten nicht in Frage. Aber seine Verfassungsvorstellung durchzieht eine unverkennbar monarchische Tendenz[50], die literarischen Äußerungen der Reichsreformpublizistik näher steht als den tatsächlichen Verfassungsverhältnissen.

b) Grundlagen und Grenzen des kaiserlichen Amtes

Trotz der zentralen Bedeutung des Kaisers für das Reich sprach Luther ihm keine absolutistische Gewaltenfülle zu: Seine Herrschaft ist in ihren Grundlagen begrenzt und wird durch das Recht und die ständische Mitregierung weiter eingeschränkt.

In einem Gutachten zur Frage, ob der Kurfürst Luther gewaltsam gegen den Kaiser schützen dürfe, findet sich der Satz *»Cesar est eius (sc. principis) dominus consensu Dei et hominum, licet impiorum«*[51]. Die kaiserliche Herrschaft über den Kurfürsten ruht also auf einem doppelten Rechtsgrund: Dem Konsens Gottes, der alle irdische Obrigkeit begründet und bestätigt[52] und dem Konsens der Menschen. Damit berief sich Luther auf die alte, der Antike entstammenden Konsenslehre, die im Spätmittelalter unter dem Einfluß von Nominalismus und Konzilia-

---

[47] Vgl. hierzu Walther Merk, Der Gedanke des gemeinen Besten in der deutschen Staats- und Rechtsentwicklung, in: Fschr. Alfred Schultze, Weimar 1934, 426 f.; Hans Maier, Die ältere deutsche Staats- und Verwaltungslehre, 77–83, bes. 80.

[48] Vgl. Peter von Andlau, Libellus II, Tit. XVI, ed. Hürbin, in: ZRG GA 13 (1892) 207 f.: *»Imperialis celsitudinis solercia, etsi curie tocius reipublice ex officii debito intendere debeat, potissimum tamen ad colendam justiciam, tuendam religionem et pacem ubicunque per latissimos imperii terminos nutriendam die noctuque debet invigilare. Ad hoc enim solium occupat terrene majestatis, hac ratione temporalem gerit gladium.«* Vgl. über Herrschaft als Dienst für das Gemeinwohl: Walther Merk, Der Gedanke des gemeinen Besten, 13 f.; Wilhelm Berges, Die Fürstenspiegel des hohen und späten Mittelalters, Leipzig 1938 (Schriften der MGH, 2) passim; Heinrich Fichtenau, Arenga. Spätantike und Mittelalter im Spiegel von Urkundenformeln, Wien 1957 (Ergänzungsband der MIÖG, 18) 80 ff.; Eberhard Isenmann, Kaiser und Reich, 170–174.

[49] Vgl. oben S. 58 f.

[50] Vgl. hierzu auch Walter Elliger, Luthers politisches Denken und Handeln, Berlin 1952, 144.

[51] Februar 1523, WABr 12, 40, Nr. 4222.

[52] Vgl. oben S. 22 f.; 25.

rismus einen wachsenden Einfluß auf die Staatstheorie gewonnen hatte[53] und auch dem zeitgenössischen Humanismus geläufig war[54].

Auch Luther war sie vertraut, wie ein wichtiger Grundsatz seiner Ekklesiologie zeigt: Das geistliche Amt und die Bestellung der Amtsträger sind für ihn an den Konsens der Gemeinde gebunden[55].

Die im Gutachten formulierte Konzeption vom göttlich-menschlichen Konsens als Grundlage kaiserlicher Herrschaft knüpft an die *»via media«* an, die die theokratische Maxime von der göttlichen Verleihung aller Herrschaft mit der antiken Lehre vom herrschaftsbegründenden Willen des Volksganzen verband[56]. Der Ausschluß einer kirchlichen Vermittlung rückt diese Auffassung zudem in die Nähe von Gedanken, wie sie erstmals von Ockham formuliert worden sind[57].

---

53 Eine monographische Untersuchung über die Entwicklung der Konsenslehre fehlt bislang. Vgl. aus der reichhaltigen Literatur zu Einzelfragen besonders: Gierke, Das deutsche Genossenschaftsrecht, Bd 3, 569-574; Robert W. und Alexander J. Carlyle, A History of Medieval Political Theory in the West, 2. Aufl., Bd 2, Edinburgh/London 1928, 56-75 (über die Wirkungsgeschichte der Lex Regia); Brian Tierney, Foundations of the Conciliar Theory, Cambridge 1955 (Cambridge Studies in Medieval Life and Thought, NS/4), 108-111; Michael Wilks, The Problem of Sovereignty in the Later Middle Ages, Cambridge 1964 (Cambridge Studies in Medieval Life and Thought, NS/9) 184-229; 241 ff.; Francis Oakley, The Political Thought of Pierre d'Ailly, New Haven/London 1964, 132-154; Antony Black, Monarchy and Community. Political Ideas in the Later Conciliar Controversy 1430-1450, Cambridge 1970 (Cambridge Studies in Medieval Life and Thought, III/2) 34-44. Nützlich - wenngleich primär auf die englischen Verhältnisse bezogen - sind ferner die Studien von Gaines Post, Plena Potestas and Consent in Medieval Assemblies, in: Traditio 1 (1943) 355-408; ders., A Romano Canonical Maxim »quod omnes tangit« in Bracton, in: Traditio 4 (1946) 197-251. Vgl. zur wirkungsvollen legistischen Konsenslehre des Bartolus Walter Ullmann, Principles of Government and Politics in the Middle Ages, London 1961, 283 ff.; über die Konsensgebundenheit des Herrschers nach gemeinmittelalterlichem Rechtsverständnis handelt Fritz Kern, Recht und Verfassung im Mittelalter, 2. Aufl., Darmstadt 1965 (Libelli, 3).

54 Vgl. z.B. Erasmus von Rotterdam, Institutio Principis Christiani, in: Opera Omnia, ed. Johannes Clericus, Bd 4, Leiden 1703, 579: *»consensus facit principem«*. Vgl. Eberhard von Koerber, Die Staatstheorie des Erasmus von Rotterdam, Diss. Berlin 1966, 66 ff.

55 Vgl. besonders Hellmut Lieberg, Amt und Ordination bei Luther und Melanchthon, Göttingen 1962 (Forschungen zur Kirchen- und Dogmengeschichte, 11) 69-76; 82-92.

56 Vgl. zur *»via media«*: Martin Grabmann, Studien über den Einfluß der aristotelischen Philosophie auf die mittelalterlichen Theorien vom Verhältnis von Kirche und Staat, München 1934 (Abh. d. Bayer. Ak. d. Wiss., Phil.-hist. Kl., 1934/2); Wilks, The Problem of Sovereignty, 118-149; 297 f.; Francesco Ercole, Da Bartolo all'Althusio, Florenz 1932 (Collana storica, 44) 53-56.

57 Vgl. Dialog III, 2, 1, c. 24, ed. Melchior Goldast, in: Monarchia S. Romani Imperii, Bd 2, Frankfurt 1614, 893 f.; 898 f., vgl. Wilhelm Kölmel, Regimen Christianum. Weg und Ergebnisse des Gewaltenverhältnisses und des Gewaltenverständnisses (8. bis 14. Jahrhundert), Berlin 1970, 550 f.; ders., »A Deo sed per homines.« Zur Begründung der Staatsgewalt im Ordnungsverständnis des Mittelalters, in: Franziskanische Studien 48 (1966) 308-335, bes. 332 f. Vgl. über das Fortwirken dieser Vorstellung im 16. Jahrhun-

Von ihrem Traditionszusammenhang abgesehen, wirft Luthers Aussage auch inhaltliche Fragen auf, die im Textzusammenhang keine Antwort finden: Sind unter den *»homines«* die Kurfürsten, die Kaiserwähler[58], zu verstehen, so daß es sich um den Wahlkonsens handelt? Hatte Luther die Reichsstände vor Augen, deren spontaner oder institutionalisierter Konsens die kaiserliche Herrschaft trägt und bestätigt? Oder dachte er gar an die Gesamtheit der Reichsangehörigen, so daß er hier auf die Gedanken der später so genannten Volkssouveränitätslehre anspielen würde?[59]

Karl Müller scheidet die letzte Möglichkeit apriorisch deshalb aus, weil »der Gedanke der Volkssouveränität Luther sein ganzes Leben lang fremd geblieben« sei[60]. Die Forschung ist ihm hierin weitgehend gefolgt[61]. Freilich ist diese Frage bislang nicht eingehend untersucht worden[62]. Wie einige Programme der Bauernrevolte zeigen, spielte die sogenannte Volkssouveränitätslehre im politischen Ideengut der Zeit eine virulente Rolle[63]. Und es ist von Interesse, daß auch Melanchthon in einem Parallelgutachten derartige Gedanken benutzt hat, die sich später allerdings nicht mehr im Arsenal seiner politischen Argumente befinden[64]. Luther hat sich zwar seit dem Bauernkrieg nachhaltig gegen die Volkssouveränitätslehre ausgesprochen[65]. Aber einzelne Aussagen

---

dert (Jacques Almain) Josef Klotzner, Kardinal Domenico Jacobazzi und sein Konzilswerk, Rom 1948 (Analecta Gregoriana, B/45) 218 f.

[58] Vgl. Vom Mißbrauch der Messe, 1521, WA 8, 561 f.

[59] Vgl. zur Entwicklung der Volkssouveränitätslehre die Untersuchungen von Otto von Gierke, Johann Althusius und die Entwicklung der naturrechtlichen Staatstheorien, Breslau 1880 (Untersuchungen zur deutschen Staats- und Rechtsgeschichte, 7) 123–142; Friedrich von Bezold, Die Lehre von der Volkssouveränität während des Mittelalters, in desselben: Aus Mittelalter und Renaissance, München/Berlin 1918, 1–48, sowie neuerdings Friedrich Hermann Schubert, Volkssouveränität und Heiliges Römisches Reich, in: HZ 213 (1971) 91–122, der besonders auf das Verhältnis zwischen den genossenschaftlichen Elementen der Reichsverfassung und der Volkssouveränitätslehre hinweist.

[60] Karl Müller, Luthers Äußerungen über das Recht des bewaffneten Widerstandes gegen den Kaiser, München 1915 (Sbb. d. Kgl. Bayer. Ak. d. Wiss., Phil.-hist. Kl., 1915/8) 6 f.

[61] Vgl. z.B. Elert, Morphologie des Luthertums, Bd 2, 318 f.; ähnlich: Heinrich Bornkamm, Luthers geistige Welt, 4. Aufl., Gütersloh 1960, 223.

[62] Vgl. zu dem Versuch von Ludwig Cardauns, Die Lehre vom Widerstandsrecht des Volkes gegen unrechtmäßige Obrigkeit im Luthertum und Calvinismus des 16. Jahrhunderts, Diss. Bonn 1903, die Kritik von Karl Müller, Luthers Äußerungen, 82.

[63] Vgl. z.B. Balthasar Hubmayers Artikel, in: Quellen zur Geschichte des Bauernkrieges, ed. Günther Franz, Darmstadt 1963 (Freiherr vom Stein-Gedächtnisausgabe, 2) 232, Nr. 67.

[64] *»principi nullum liceat suscipere bellum nisi consenciente populo, a quo accipit Imperium«* WABr 12, 41, Nr. 4222. Vgl. hierzu Hans Lüthje, Melanchthons Anschauungen über das Recht des Widerstandes gegen die Staatsgewalt, in: ZKiG 47 (1928) 516; 533. In seinem Kommentar zur aristotelischen Politik von 1530 sprach sich Melanchthon jedoch gegen die Volkssouveränitätslehre aus, vgl. CR 16, 438.

[65] Vgl. etwa seine gereizte Kritik an den Erfurter Artikeln von 1525, WA 18, 534–540. Trotz

zeigen, daß er vorher – ähnlich wie auch Melanchthon – durchaus Argumente benutzte, die in Richtung einer Volkssouveränitätslehre weisen[66]. Da sie später bei ihm keine Rolle mehr spielten, kann diese Frage hier auf sich beruhen bleiben.

Was aber den Konsens von Kurfürsten und Reichsständen anbelangt, so verdeutlichte Luther in dem bereits erwähnten Gutachten vom 6. März 1530 seine Ansicht gleichsam ex negatione: Selbst wenn der Kaiser sein Amt zum Unrecht mißbrauchen würde – wodurch er nach mittelalterlichem Rechtsverständnis seine Herrschaft verwirkt hätte[67] – sei *»seine keiserliche Oberkeit und seiner unterthan gehorsam nicht aufgehebt, weil das reich und die kurfursten yhn fur keiser halten und nicht absetzen«*[68]. Sobald ihn aber Reich und Kurfürsten einträchtig als Strafe, das heißt auf Grund eines gerichtlichen Verfahrens, absetzen, erlischt durch die Strafsentenz auch seine Obrigkeit[69]. Unter Reich verstand Luther hier wahrscheinlich in Übereinstimmung mit dem sich herausbildenden Sprachgebrauch[70] die Reichsstände, also diejenigen, denen ein Anteil an der Reichsherrschaft zukommt[71]. Dabei wäre vor allem an den Reichstag als institutionelles Forum einer derartigen Willensbildung zu denken[72]. Das Kurkolleg ist vor allem deshalb hervorgehoben, weil es seit den Tagen Adolfs von Nassau und Wenzels auch das Recht der Herrscherabsetzung beanspruchte[73], das ihm die politische Theorie be-

Luthers Verdikt lebte der Gedanke der Volkssouveränität im protestantischen Lager weiter, wie ein anonymes Gutachten zur Widerstandsfrage zeigt, das um 1531 entstanden ist, ed. Friedrich Hortleder, Der Römischen Kaiser- und königlichen Majesteten ... Handlungen und Ausschreiben von Rechtmäßigkeit ... des Teutschen Kriegs Kaiser Karls des Fünfften, Gotha 1645, 83–85.

[66] Vgl. etwa *»wer wolt weren, das nit ein gemeyn yhr selb vil uberhern unnd nit eynen allein erwelet zu gleycher gewalt?«* Von dem Papsttum zu Rom, 1520, WA 6, 292.

[67] Vgl. Kern, Recht und Verfassung, 87 f.

[68] WABr 5, 258, Nr. 1536.

[69] *»Sunde hebt oberkeit und gehorsam nicht auff, Aber die straffe hebet sie auff, das ist, wenn das Reich und die kurfursten eintrechtiglich den keiser absetzten, das er nimer keiser were.«* WABr 5, 259, Nr. 1536.

[70] Vgl. Ferdinand Frensdorff, Reich und Reichstag. Ein Beitrag zur Geschichte der deutschen Rechtssprache, in: Hansische Geschichtsblätter 16 (1910) 39 ff. Die Gleichsetzung von Reich und Reichsständen (bzw. Reichstag) ist auch sonst bei Luther belegt, vgl. WA 19, 276; WABr 4, 422, Nr. 1246.

[71] Vgl. oben S. 57.

[72] So Karl Müller, Luthers Äußerungen, 23. Allerdings wäre es auch möglich, das Reich hier als abstrakt-ideale Größe zu verstehen, als dessen Sachwalter die Kurfürsten bei der Kaiserabsetzung handeln. In diesem Falle bezöge sich das *»eintrechtiglich«* auf die Einmütigkeit im korporativen Willen des Kurkollegs.

[73] Vgl. hierzu: Fritz Kern, Gottesgnadentum und Widerstandsrecht, 2. Aufl., Darmstadt 1954, 229 f.; Karl Schnith, Gedanken zu den Königsabsetzungen im Spätmittelalter, in: HJb 91 (1971) 309–326; Winfried Becker, Der Kurfürstenrat. Grundzüge seiner Entwicklung in der Reichsverfassung und seine Stellung auf dem Westfälischen Friedenskongreß, Münster 1973 (Schriftenreihe der Vereinigung zur Erforschung der Neueren

stätigte[74]. Es versteht sich von selbst, daß Luther in diesem Zusammenhang den Papst nicht mehr erwähnte, dem noch die Juristen des 15. Jahrhunderts auf der Grundlage der Sentenz *»Ad apostolice dignitatis«*[75] ausschließlich das Recht auf Kaiserabsetzung zugesprochen hatten[76].

Die hier ausgesprochene Absetzbarkeit des Kaisers ist ein neues Element in Luthers Verfassungsdenken: Denn noch in der Kriegsleuteschrift von 1526 hatte er unter Berufung auf Römer 13 die Absetzung eines Herrschers kategorisch abgelehnt[77] und eine Ausnahme nur bei dessen manifester Geisteskrankheit anerkannt[78]. Wahrscheinlich wurde Luther erst durch ein Gutachten des Nürnberger Ratschreibers Lazarus Spengler vom November 1529 auf diese verfassungsrechtliche Möglichkeit aufmerksam[79].

Geschichte, 5) 61 f. Vgl. zum Absetzungsrecht aufgrund der kurfürstlichen Aufsichtspflicht über die Amtsführung des Königs Isenmann, Kaiser und Reich, 179-186.

[74] Vgl. Lupold von Bebenburg, De jure regni et imperii Romani, c. 12; c. 17, ed. Simon Schardius, in: De jurisdictione, auctoritate et praeeminentia imperiali ac potestate ecclesiastica, Basel 1566, 385; 406; Ockham, Octo questiones de potestate Papae II, c. 9, ed. Jeffroy G. Sikes, in: Opera Politica, Bd 1, Manchester 1940, 87 f.

[75] Die Absetzungssentenz über Friedrich II. wurde auszugsweise vom Liber Sextus übernommen (VI II, 14, 2). Vgl. zur Vorgeschichte Othmar Hageneder, Das päpstliche Recht der Fürstenabsetzung: Seine kanonistische Grundlegung (1150-1250), in: AHP 1 (1963) 53-95; vgl. zur Wirkungsgeschichte Schnith, Königsabsetzungen, 311 ff.

[76] Andrae, Das Kaisertum in der juristischen Staatslehre, 86 f., der als Ausnahme nur Ulrich Zasius anführt.

[77] WA 19, 633.

[78] WA 19, 634.

[79] *»Dann wo hat got die oberkeit mit dieser maß verordent, wann er sich seins gewalts mißprauch, das er kain obverer mer sein und von den undterthanen o n a l l e e r l a u b t e e n t s e t z u n g nit mer fur ain obern und herrn geacht werden ... sollt.«* Lazarus Spenglers Gutachten über das Recht eines bewaffneten Widerstandes gegen den Kaiser, vor dem 15. 11. 1529, ed. Heinz Scheible, in: Das Widerstandsrecht als Problem der deutschen Protestanten 1523-1546, Gütersloh 1969 (Texte zur Kirchen- und Theologiegeschichte, 10) 37, Nr. 8. Nachdem Kursachsen und Brandenburg-Ansbach sich auf dem Schwabacher Konvent (Oktober 1529) für die Erlaubtheit eines Widerstandes gegen den Kaiser ausgesprochen hatten, bezog der Nürnberger Ratschreiber in einem ausführlichen Gutachten dagegen Stellung, vgl. Hans von Schubert, Bekenntnisbildung und Religionspolitik 1529/30, Gotha 1910, 191 f. Der einflußreiche und theologisch hochgebildete Politiker (vgl. Ernst-Wilhelm Kohls, Die Durchdringung von Humanismus und Reformation im Denken des Nürnberger Ratschreibers Lazarus Spengler, in: ZbKG 36 [1967], 13-25) trug darin Argumente vor, die zwar in ihrer theologischen Substanz völlig auf Luther basieren (vgl. Hans von Schubert, Bekenntnisbildung und Religionspolitik, 190, sowie die Quellennachweise von Scheible, in: Das Widerstandsrecht, 39), aber stärker verfassungsrechtliche Gesichtspunkte einbeziehen. Anfang Dezember 1529 ließ er sein Schriftstück anonym Melanchthon zur Begutachtung zukommen (Hans von Schubert, Bekenntnnisbildung und Religionspolitik, 222), der es sicherlich auch Luther vorlegte, zumal dieser sein eigenes Gutachten mit Jonas, Bugenhagen und Melanchthon durchgesprochen hat, vgl. WABr 4, 258, Nr. 1536. Luthers Gutachten zeigt auch sonst Einwirkungen von Spenglers Schrift, vgl. Hans von Schubert, Bekenntnisbildung und Religionspolitik, 224, und unten S. 68 f., Anm. 91.

Mit der Absetzbarkeit des Kaisers gewinnt Luthers Konsensvorstellung deutlichere Konturen: Die Herrschaft des Kaisers ruht solange auf der durch die Wahl ausgesprochenen Konsensbasis, bis Kurfürsten und Reichsstände ihn *»eintrechtiglich«* absetzen. Solange aber diese Absetzungssentenz nicht gefällt ist, besteht seine kaiserliche Herrschaft auch dann fort, wenn er sein Amt gegen den Willen der Reichsstände zum Unrecht mißbraucht. Mit dieser Konzeption verband Luther das Bedürfnis nach einem starken, monarchischen Kaisertum mit dem Grundsatz ständischer Verantwortung für das Reich, die im Grenzfall auch die Absetzung des Kaisers einschließt.

Göttliche Bestätigung und der institutionell gefaßte Konsens der Reichsstände umschreiben die Grundlage der kaiserlichen Herrschaft und setzen ihr zugleich ihre Grenzen: Der Kaiser ist – wie jeder andere Fürst auch – verpflichtet, sein Amt in Übereinstimmung mit den göttlichen Geboten und mit dem geltenden Recht auszuüben[80]. Insbesondere muß er Verträge der Art einhalten, wie Karl V. sie in seiner Wahlkapitulation beschworen hatte[81].

Damit berührte Luther jedoch vor allem eine sittliche Pflicht des Kaisers und weniger eine institutionelle Schranke, deren Überschreiten die Reichsstände zum Widerstand ermächtigen würde. 1528 hatte Luther den Widerstand eines Reichsstandes gegen den Kaiser grundsätzlich als Aufruhr und *»crimen lesae maiestatis«* gebrandmarkt[82]. 1530 zog er allerdings in Betracht, daß sich aus dem kaiserlichen oder weltlichen Recht vielleicht ein Anspruch auf Widerstand gegen kaiserliches Unrecht herleiten lasse. Aber gegen diese juristischen Argumente stehe mit höherem Anspruch die Weisung der Schrift, die dem Christen das duldende Erleiden des Unrechts und den Gehorsam gegen ungerechte Obrigkeiten

---

[80] Ob Kriegsleute, 1526, WA 19, 640.

[81] *»sonderlich weil k.Mt. sich verpflicht und vereidet, niemand mit gewalt anzugreiffen, sondern bey aller vorigen freiheit zu lassen,«* Luther an Kurfürst Johann, 6. 3. 1530, WABr 5, 258, Nr. 1536. Diese erstmalige Erwähnung der kaiserlichen Wahlkapitulation nimmt Bezug auf die Anfrage des Kurfürsten vom 27. 1. 1530, ob ein Widerstand gegen den Kaiser auch dann nicht zulässig sei, wenn dieser durch einen Angriff seine Wahlkapitulation breche (*»sonderlich, weil Ihre Maj. in ihrer Wahl zu Franckfurt bewilligt, sich verpflicht und verschrieben hat, Kurfürsten, Fürsten und Stände in allen Sachen bei ordentlichem Rechten bleiben zu lassen und niemands, der solches leiden möcht, darüber mit der Tat zu beschweren,«* WABr 5, 224, Nr. 1522). In der Kriegsleuteschrift von 1526 hatte er erstmalig die Frage erörtert, was geschehen solle, wenn ein Herrscher gegenüber seinen Untertanen vertragliche Abmachungen breche und dabei Frankreich und Dänemark, aber nicht das viel näherliegende Beispiel der kaiserlichen Wahlkapitulation zitiert, vgl. WA 19, 640. Dies ließe vermuten, daß er sie damals noch nicht gekannt hat.

[82] Luther und Melanchthon an Kurfürst Johann, 1. oder 2. 5. 1528, WABr 4, 449, Nr. 1528.

auftrage[83]. Solange der Kaiser nicht ordnungsgemäß abgesetzt werde, dürfe ihm kein Reichsstand den Gehorsam entziehen, noch viel weniger dürfe er ihm Widerstand leisten: »*Denn das ist rotterey und auffruhr und zwitracht anfahen*«[84]. Wenn schon Unrecht gegen Untergebene zum Widerstand ermächtigen würde, dann erst recht Unrecht gegen Gott. Dieser a fortiori-Schluß aber zeige, weshalb Widerstand gegen den Sinn obrigkeitlicher Ordnung überhaupt verstoße: Jeder Untergebene könnte sich dann unbequemem Gehorsam durch den allfälligen Hinweis entziehen, seine Obrigkeit sündige wider Gott[85].

[83] »*Und befinden, das vielleicht nach kaiserlichen odder weltlichen rechten ettliche mochten schliessen, das man ynn solchem Fall mochte widder k.Mt. sich zur gegenwehre stellen, sonderlich weil k.Mt. sich verpflicht und vereidet, niemand mit gewalt anzugreiffen, sondern bey aller vorigen freiheit zu lassen, wie denn die Juristen handeln von den Repressalien und diffidation. Aber nach der Schrifft wil sichs ynn keinen Weg zimen, das sich iemand [wer ein Christ sein will] widder seine Oberkeit setze, got gebe, sie thu recht oder unrecht, sondern ein Christ sol gewalt und unrecht leiden, sonderlich von seiner Oberkeit. Denn obgleich hierinn k.Mt. unrecht thut und yhre Pflicht und eid ubertritt, ist damit seine keiserliche oberkeit und seiner unterthan gehorsam nicht aufgehebt, weil das reich und die kurfursten yhn fur Keiser halten und nicht absetzen . . . Und soll der spruch Christi fest stehen: ›Gebt dem keiser, was des keisers ist‹, Und 1. Petr. 2: ›Ehret den konig‹, denn wir nicht allein den gutigen und frumen, sondern auch den bosen und unschlachtigen herrn sollen mit aller furcht unterthan sein.*« WABr 5, 258 f., Nr. 1536 (vgl. zu der mit [ ] bezeichneten Stelle oben S. 58, Anm. 32). Der Begriff »Diffidatio« entstammt dem Lehnsrecht und bedeutet legitime Treuaufsage bei einem Verschulden des Partners, vgl. François Louis Ganshof, Was ist das Lehnswesen?, 3. Aufl., Darmstadt 1970, 104 ff. Der Begriff »Repressalie« erhielt seine im Verfassungs- und Völkerrecht des späten Mittelalters verbindliche Fassung als legitime Gewaltausübung gegen Gleichgestelltc bei Bartolus, Tractatus repressaliarum, vgl. Alfred Verdross, Völkerrecht, 3. Aufl., Wien 1955, 47 f. Mit »*ettliche*« bezog sich Luther vielleicht nicht nur auf die kursächsischen Hofjuristen (vgl. Clemen in WABr 5, 261, Anm. 1), sondern auch auf das Schreiben Philipps von Hessen an Markgraf Georg von Brandenburg-Ansbach vom 21. 12. 1529, das der Markgraf sogleich nach Erhalt in verkürzten Fassungen, auf denen der Absender nicht mehr zu erkennen war, an Brenz und Spengler (vgl. Hans von Schubert, Bekenntnisbildung und Religionspolitik, 204–208) und möglicherweise auch nach Kursachsen schickte. Darauf deutet jedenfalls der Umstand, daß Hortleder diese verkürzte Fassung im Weimarer Archiv vorfand, vgl. Von Rechtmäßigkeit des Teutschen Kriegs, 10. In diesem Brief zog der Landgraf unter reichlicher Verwendung der Wahlkapitulation die verfassungsrechtliche Folgerung, daß die Stände mit dem Kaiser »*in eynem verdingten Wege*« stehen: »*Sein key. Mt. solle recht thun, und sover sie das thun, sollen wir ir gehorsam leisten. Wo aber ihre Mt. das und ire pflicht uberschreit, sein wir ime auch nicht zum unpillichen vorpflicht.*« Ed. Hans von Schubert, Bekenntnisbildung und Religionspolitik, 201, sowie Scheible, in: Das Widerstandsrecht, 45, Nr. 10. Möglicherweise handelt es sich somit bei Luthers Gutachten um seine erste Auseinandersetzung mit der Verfassungsinterpretation Philipps von Hessen.

[84] WABr 5, 259, Nr. 1536.

[85] »*Solts nun [gnug] sein, das man sich widder [Kais. Maj. setzet, so sie] unrecht thut, So mocht man ynn allen stucken, so offt [er] widder Gott thut, sich widder yhn setzen, Und bliebe mit der [Weise] wol gar keine oberkeit noch gehorsam ynn der wellt, weil ein iglicher unterthan kund diese ursach furwenden, seine oberkeit thet unrecht widder Gott*«. WABr 5, 258, Nr. 1536 (vgl. zu den mit [ ] bezeichneten Stellen oben S. 58, Anm. 32). Ähnliche Argumentation bereits bei Spengler, vgl. oben S. 65, Anm. 79.

Mit dem Hinweis auf das göttliche Gehorsamsgebot verschärfte Luther den obrigkeitlichen Anspruch des kaiserlichen Amtes und schnitt zugleich die in der Verfassungstradition liegenden Möglichkeiten zum Widerstand gegen obrigkeitliches Unrecht ab[86]: »*Aber weil keiser keiser, furst furst bleibt, wenn er gleich alle gebot Gottes ubertrete, ia ob er gleich ein heide were, so sol ers auch sein, ob er gleich sein eid und Pflicht nicht helt, bis das er abgesetzt oder nimmer keiser sey.*«[87]

Die von Luther vorgetragene und überwiegend theologisch begründete Auffassung steht weder als Einzelfall im politischen Denken der Zeit[88], noch entbehrt sie einer reichen Tradition[89]. Zu ihrem Verständnis muß überdies beachtet werden, daß auch Spengler[90] und Melanchthon[91],

[86] Das mit dem mittelalterlichen Rechtsbewußtsein gegebene, umfassende, aber in seiner jeweiligen Interpretation prekäre Widerstandsrecht (vgl. Kern, Recht und Verfassung, 88; Otto Brunner, Land und Herrschaft, 140 ff.) zeigte im spätmittelalterlichen Ständestaat Tendenzen zu einer institutionellen Verfestigung, vgl. zu dem in zahlreichen landständischen Verfassungen – meist in »Freiheitsbriefen« – institutionalisierten Widerstandsrecht Kurt Wolzendorff, Staatsrecht und Naturrecht in der Lehre vom Widerstandsrecht des Volkes gegen rechtswidrige Ausübung der Staatsgewalt, Breslau 1916 (Untersuchungen zur deutschen Staats- und Rechtsgeschichte, 126) 29–35, sowie Carl Heyland, Das Widerstandsrecht des Volkes, Tübingen 1950, 21–31. Auf Reichsebene hatte die Wahlkapitulation einen Schritt in diese Richtung getan, indem sie eindeutige Verpflichtungstatbestände (und damit gegebenenfalls Unrechtstatbestände) des Kaisers umschrieb, gegen deren Bruch sich das ständische Widerstandsrecht wehren konnte, vgl. die Argumentation Philipps von Hessen und der kursächsischen Hofjuristen S. 66, Anm. 81, und S. 127, Anm. 51. Vgl. zur Ideengeschichte des Widerstandsrechtes den Überblick von Johannes Spörl, Gedanken zum Widerstandsrecht und Tyrannenmord im Mittelalter, in: Widerstandsrecht und Grenzen der Staatsgewalt, hrsg. von Bernhard Pfister und Gerhard Hildmann, Berlin 1956, 11–32.

[87] WABr 5, 258 f., Nr. 1536.

[88] So deckt sich die Auffassung des Erasmus von Rotterdam vom Widerstandsrecht in der Begründung und in den Folgerungen völlig mit der Lehre Luthers, vgl. Koerber, Die Staatstheorie des Erasmus von Rotterdam, 89–95.

[89] Vgl. hierzu Kern, Gottesgnadentum und Widerstandsrecht, 201–212, sowie Gierke, Das deutsche Genossenschaftsrecht, Bd 3, 565.

[90] Spengler hatte in seinem Gutachten vom Dezember 1529 (vgl. oben S. 65, Anm. 79) gezeigt, daß die Stände gegenüber dem Kaiser verfassungsrechtlich unbedingte Untertanen seien: Kaiserliches Unrecht erlaube dem Reichsrecht gemäß keinen Widerstand. Dagegen sei bei einer gravierenden Häufung von Unrechtstaten eine Absetzung des Kaisers möglich, vgl. Scheible, Das Widerstandsrecht, 36 f., Nr. 8, sowie die hier S. 29 f., Anm. 74, angeführte und in Sachsen bekannte »Fürsten-Fassung«. Vgl. zu Spenglers Verfassungskonzeption auch das ausführlichere Gutachten für Markgraf Georg von Brandenburg-Ansbach von Anfang Januar 1530, ed. Scheible, 50–56, Nr. 12.

[91] Melanchthon hatte sich in einem Vorgutachten (vgl. Scheible, Das Widerstandsrecht, 57, Anm. 182) in drei Argumentationsstufen – verfahrensrechtlich, naturrechtlich und reichsrechtlich – mit den vorgetragenen Gründen für ein Widerstandsrecht befaßt. Seine Gegenargumentation läßt besser als Luthers Gutachten das von den Befürwortern eines Widerstandsrechtes Anfang 1530 benutzte Argumentationsrepertoir erkennen: »*Qui sentiunt, quod liceat vi resistere caesari vim iniustam inferenti, haec argumenta afferunt: Jura concedunt resistere potestati in his casibus: quando non vult cognoscere rem nec defert appellationi, item quando praecipit ea quae non sunt officii sui*

die sich intensiver als Luther mit juristischen Argumenten befaßt hatten, ein Widerstandsrecht ablehnten.

Luther konnte deshalb durchaus der Meinung sein, seine Widerstandslehre entspreche dem Reichsrecht. Sie gründet sich zwar auf das Gehorsamsgebot der Schrift und wendet sich an den rechten Christen. Aber sie hat zu ihrer Voraussetzung, daß die Stände gegenüber dem Kaiser grundsätzlich Untertanen seien[92] und nicht das Reichsrecht ihnen unter Umständen Widerstand als eine obrigkeitliche Pflicht - gleichsam als »Verfassungsgarantie« - zuweise.

Neben der Pflicht des Kaisers, sein Amt im Einklang mit dem göttlichen und weltlichen Recht auszuüben, deutet sich in den Quellen eine andere und institutionell schärfer umrissene Schranke seiner Herrschaftsgewalt an. Luther berief sich vor allem dann, wenn Entscheidungen größerer Tragweite angesprochen waren, nicht nur auf den Kaiser, sondern auf *»Kaiser und Fürsten«*[93].

...« (folgt Verweis auf die Glosse des Accursius zu D 50, 17, 167 §1, und auf Bartolus zu C 10, 1, 5). *»Sed ad haec respondendum est, quod iurisconsulti non distinguunt inter non obedire et vi resistere in illis casibus citatis. Licet non obedire, ut cum imperator mandat aliquid manifeste iniusutum fieri. Hic concedunt mihi illa iura, ne obediam, sed non concedunt mihi, ut contra imperatorem arma suscipiam volentem cogere. Et si quis inspexerit illos textus, videbit hoc, quod doctores sentiunt, inde effici non posse. Sed movet doctores ratio naturalis: Vim vi repellere licet. Quoties igitur iura concedunt non obedire potestati, indicant potestatem vim facere ... Et ad illam rationem naturalem: Vim vi depellere licet, dicendum est, quod etiam iura cogunt eam sic interpretari, ne tollat magistratum, quia ius magistratuum etiam est iuris naturalis, et testantur, quod etiam iniustae sententiae iudicis sit obediendum, et quod docent iurisconsulti iniustae sententiae iudicis parendum esse, ut rerum iudicatarum autoritas valeat ... Sed proponitur alia ratio, quod liceat resistere: quia imperator promisit se nullum principem aut populum nisi re ordine cognita proscripturum esse; hac conditione promisimus obedientiam; ergo cessante conditione cessat effectus. Haec ratio est speciosissima et tamen non est satis firma, quia duae sunt causae tolerandi magistratus: altera est nostra promissio, quam allegat argumentum et de qua sola loquuntur iurisconsulti, altera est mandatum dei, quod vetat gladium accipere contra potestatem, sive potestas bene sive male faciat. Peccatum potestatis, donec manet potestas, non liberat nos, ut liceat gladium accipere.«* Scheible, 57 f., Nr. 13. Von Interesse ist der Umstand, daß Melanchthon im dritten Argument gegen das Rechtsmittel der Gehorsamsaufkündigung wegen kaiserlichen Vertragsbruchs nur das Gehorsamsgebot Gottes anführte, während Luther zusätzlich den von Spengler übernommenen Gedanken eines reichsrechtlichen Bestandes kaiserlicher Herrschaft bis zu einer eventuellen Absetzung einführte. Der weitere Vergleich der drei Gutachten zeigt, daß auch die übrigen verfassungsrechtlichen Anklänge in Luthers Gutachten von Spengler und damit aus reichsstädtischem Milieu stammen.

92 Vgl. die von Luther benutzte Analogie, wonach der Kurfürst zum Kaiser im gleichen Verhältnis stehe wie der Bürgermeister von Torgau zum Kurfürsten, WABr 5, 259, Nr. 1536 (zitiert oben S. 58, Anm. 32).

93 Vgl. z.B. Luther an Herzog Johann Friedrich von Sachsen, WABr 3, Nr. 753.

Mit dieser alten Formel befand sich Luther im Einklang mit der gemeinmittelalterlichen Auffassung, daß der Herrscher in wichtigen Angelegenheiten des Rates und der Zustimmung der Großen bedürfe[94]. Dahinter steckt die Überzeugung, daß das Recht über dem Herrscher stehe und Rat und Zustimmung der Großen eine Gewähr dafür bieten, daß die getroffene Entscheidung richtig, gerecht und – gegen mögliche Einreden und gegen Widerruf – auch von Dauer sei[95]. Grundsätzlich war der Konsens der Fürsten jedoch keine Gültigkeitsvoraussetzung für kaiserliche Entscheidungen. Er war zwar üblich und herkömmlich, enthielt aber zunächst keinen verfassungsrechtlich garantierten Mitregierungsanspruch der Fürsten[96]: Bis ins späte Mittelalter hinein nahmen Kaiser das Recht in Anspruch, gegebenenfalls kraft eigener Autorität selbst zu entscheiden und zu regieren[97].

Dies gilt selbstverständlich nicht für das durch Übereinkunft (Einung, Willkür) zwischen Herrscher und Großen neu gesatzte Recht[98]. Dies war überall dort erforderlich, wo eine Verfügung in subjektive Rechte der Betroffenen eingriff[99], wie etwa bei Steuern, Gesetzen oder beim Landfrieden. Hier handelte es sich nicht mehr um den Konsens zu einer vom Herrscher ausgehenden Rechtshandlung, sondern um echte Verträge zwischen Herrscher und Großen[100]. Allerdings trugen der Aufstieg des Reichstages, die immer deutlichere Abgrenzung der Interessensphären von Reich und Territorien sowie das allmähliche Verwischen der Unterschiede zwischen Recht und Satzung[101] dazu bei, die Frage nach der Konsensbedürftigkeit kaiserlicher Herrschaft neu und prinzipiell zu stellen.

Seitdem das Reichsweistum von 1231 *»constituciones vel nova iura«* vom *»meliorum et maiorum terre consensus«* abhängig gemacht hatte[102], verdichtete sich dieses Konsensrecht zu einem institutionell genauer geregelten Zusammenwirken von Herr und Ständen bei der politischen Willensbildung (*»Miteinanderverhandeln«*)[103]. Der grundlegende Dualis-

[94] Vgl. hierzu: Kern, Recht und Verfassung 76–86; Wilhelm Berges, Die Fürstenspiegel des hohen und späten Mittelalters, Leipzig 1938 (Schriften der MGH, 2) 15 f.; Hermann Conrad, Deutsche Rechtsgeschichte, Bd 1, 2. Aufl., Karlsruhe 1962, 241; Götz Landwehr, Die Verpfändung der deutschen Reichsstädte im Mittelalter, Köln/Graz 1967 (Forschungen zur deutschen Rechtsgeschichte, 5) 188–207.

[95] Vgl. Landwehr, Die Verpfändung der deutschen Reichsstädte, 197 ff.

[96] Kern, Gottesgnadentum und Widerstandsrecht, 269 ff.

[97] Vgl. zu Friedrich III. Isenmann, Kaiser und Reich, 279–285.

[98] Vgl. Wilhelm Ebel, Geschichte der Gesetzgebung in Deutschland, Göttingen 1958 (Göttinger rechtswissenschaftliche Studien, 24) 21 ff.

[99] Vgl. Kern, Recht und Verfassung im Mittelalter, 72 ff.

[100] Vgl. zum Ganzen Landwehr, Die Verpfändung der deutschen Reichsstädte, 194 f.

[101] Vgl. Rolf Grawert, Historische Entwicklungslinien des neuzeitlichen Gesetzesrechtes, in: Der Staat 11 (1972) 4.

[102] MGH Const. II, 420, Nr. 305.

[103] Vgl. Otto Brunner, Land und Herrschaft, 426–437, sowie den Überblick von Robert

mus[104] des spätmittelalterlichen Ständestaates hatte sich damit Instrument und Ausdruck geschaffen.

Im Reich fand dieser Dualismus vor allem im Reichstag seine institutionelle Grundlage. Der Reichstag stieg in der Reichsreformepoche zu einer »Institution regelrechter Mitregierung« auf[105]. Zwar wurde die kaiserliche Prärogative – vom Intermezzo des ersten Reichsregimentes abgesehen – von den Ständen grundsätzlich jedenfalls nicht bestritten. Und der wirksame Einspruch Karls V. gegen wirtschaftspolitische Beschlüsse des Reichstages zeigt, daß er sich gegebenenfalls auch gegen ihn durchsetzen konnte[106]. Aber durch die Reformgesetze von 1495[107] und durch die Wahlkapitulation[108] hatte der Kaiser dem Reichstag im Wege der Funktionszuweisung und Kompetenzenaufteilung wichtige Mitregierungsbefugnisse eingeräumt und damit einer weiterwirkenden Tendenz Vorschub geleistet, seine Herrschaftsgewalt grundsätzlich an die Mitwirkung des Reichstages zu binden[109].

Trotz seiner wachsenden Bedeutung war der gewohnheitsrechtliche Geschäftsgang des Reichstages schwerfällig und in grundsätzlichen Fragen noch ungeklärt[110]. Seine Beschlüsse entstanden in mühsamen Verhandlungen innerhalb und zwischen den Ständekurien und erhielten ihre Rechtskraft durch die kaiserliche Konfirmation[111]. Diese satzungsrechtliche Übereinkunft wurde seit dem Reichstag von Lindau als gemeinsamer Reichstagsabschied publiziert[112]. Das Fehlen eines Quorums gab den nicht erschienenen Ständen die Möglichkeit, Reichstagsbeschlüsse abzulehnen. Gegen die betonte Einhelligkeit in der Beschlußfassung zeigten sich zwar Tendenzen, über das Mehrheitsprinzip eine korporative Einheit in der Willensbildung zu statuieren, ohne daß sich diese

---

Folz, Les assemblées d'Etats dans les principautées allemandes, in: SBaG 20 (1962/63) 167–187.

[104] Vgl. Hintze, Typologie der ständischen Verfassungen, 112 f.; Otto Brunner, Land und Herrschaft, 437 ff.; ders., Vom Gottesgnadentum zum monarchischen Prinzip, in desselben: Neue Wege der Verfassungs- und Sozialgeschichte, 2. Aufl., Göttingen 1968, 164 f.; Näf, Frühformen des »Modernen Staates«, 226–236.

[105] Vgl. Friedrich Hermann Schubert, Die deutschen Reichstage in der Staatslehre der frühen Neuzeit, Göttingen 1966, 64 f. Vgl. zum Aufstieg des Reichstages auch Rudolf Bemmann, Beiträge zur Geschichte des deutschen Reichstages im XV. Jahrhundert, Diss. Leipzig 1907.

[106] Gerhard Oestreich, Zur parlamentarischen Arbeitsweise der deutschen Reichstage unter Karl V. (1519–1556), in: Mitteilungen des Österreichischen Staatsarchivs 25 (1972) 227.

[107] Vgl. Friedrich Hermann Schubert, Die deutschen Reichstage, 61 f.

[108] Vgl. unten S. 159 f., Anm. 17.

[109] Vgl. Friedrich Herrmann Schubert, Die deutschen Reichstage, 214.

[110] Vgl. hierzu Oestreich, Zur parlamentarischen Arbeitsweise, 217–243.

[111] Ebel, Geschichte der Gesetzgebung, 45.

[112] Vgl. Conrad, Deutsche Rechtsgeschichte, Bd 1, 243.

Rechtsauffassung allerdings verbindlich durchgesetzt hätte[113].

Merkwürdigerweise erscheint der Reichstag, dem die entstehende protestantische Konfession zu ihrer politischen Konsolidierung Entscheidendes verdankte, bei Luther kaum als verfassungsrechtliches Problem. Das will keineswegs besagen, daß sich Luther nicht über die politische Bedeutung des Reichstages im klaren gewesen wäre: Man braucht nur an seine Schriften zu erinnern, mit denen er Reichstagsentscheidungen zu beeinflussen suchte[114]. Aber nur wenige Aussagen lassen seine Vorstellung von der verfassungsrechtlichen Rolle des Reichstages erkennen: Der Reichstag repräsentiert die Nation[115]. Er ist eine echte obrigkeitliche Instanz[116], der unter Umständen das Recht zukommt, zusammen mit dem Kurkolleg den Kaiser abzusetzen[117]. Seine Beschlußfassung muß einhellig erfolgen. Und zumindest in der Ausübung gewisser Hoheitsrechte ist der Kaiser auf die Mitwirkung des Reichstages angewiesen: So sprach Luther 1526 seiner eigenen Ächtung in Worms deswegen die Gültigkeit ab, weil ihr die wichtigsten Stände des Reiches widersprochen hätten[118] und weil sie unter Mißbrauch der kaiserlichen Autorität von einer Minderheit von Fürsten und Bischöfen erschlichen worden sei[119].

[113] Vgl. hierzu vor allem Isenmann, Kaiser und Reich, 16 f.; 160–165.

[114] Vgl. z.B. Vermahnung an die Geistlichen, versammelt auf dem Reichstag zu Augsburg, 1530, WA 30, 2, 268–356.

[115] *»Dann yhr wist, das die sund zu Wurmbs, da die gotlich warheytt ßo kyndisch verschmacht . . . freylich eyn sund ganzter gemeyner teutscher Nation ist, darumb das die* h e w b t e r s o l l i c h s t h e t t e n *.«* Ein Missive an Hartmut von Cronberg, 1522, WA 10, 2, 57.

[116] *»Den sie (sc. die Pfaffen) mügens nit beweisen, das sie (sc. Luthers Lehre) durch menschlicher oberkeit urteil . . . als durch reichs eintrechtig urteyl verdampt sey. das aber etlich rotten Fursten und rotten bischoffe mich verdampt haben, Da wische ich meine schuch an.«* Wider den Ratschlag der Mainzischen Pfafferei, 1526, WA 19, 277. Da Luther kurz zuvor (ebda, 276) seine Verurteilung durch den Kaiser gesondert behandelt hatte, bezieht sich des *»reichs eintrechtig urteyl«* auf den Reichstag ohne Kaiser, dem damit eine echte obrigkeitliche Rolle zugesprochen wird.

[117] Vgl. oben S. 64.

[118] Hierin zeigt sich ein Anklang an den mittelalterlichen Grundsatz vom rechtlichen Vorrang der *»sanior pars«*, vgl. Ferdinand Elsner, Zur Geschichte des Majoritätsprinzipes (Pars major und Pars sanior), insbesondere nach schweizerischen Quellen, in: ZRG KA 42 (1956) 73–116, sowie die Studie von Léo Moulin, Sanior et major pars. Note sur l'évolution des techniques electorales dans les Ordres religieux du VIe au XIIe siècle, in: RHDFE 36 (1958) 368–397; 491–530.

[119] *»Ich bin zu Wormbs nith verdampt durch reichs urteil als ein keczer. Den es war nicht ein gemein eintrechtig urteil, von allen stenden beschlossen und underschriben, wie sich gepürt, weil die stende nicht drein haben verwilliget, an wilchem am meisten gelegen ist ym ganczen reich, sondern es war eine Fursten und Bischoffs rath da, die Bruchten des keisers zu irem mutwillen. Derhalben gieng auch das selbige gebot nicht starck; den die gewissen waren gefangen, als die do wusten, das es unrecht und ein lautter pfaffen getrib war.«* Wider den Ratschlag der Mainzischen Pfafferei, 1526, WA 19, 276. Damit bezog sich Luther wohl einerseits auf die Haltung Kursachsens und auf den Protest von Kurpfalz (vgl. den Zettel Spalatins RTA JR 2, 640, Anm. 2) sowie andererseits auf den

Zwei Jahre später verschob sich Luthers Argumentation weiter zu Gunsten des Reichstages: Das Wormser Edikt sei nicht von allen Ständen einhellig beschlossen worden, sondern die bedeutendsten Stände hätten dagegen Einspruch erhoben. Deshalb sei es auch nicht *»des Kaisers oder Reichs Mandat«*. Eben deswegen habe es der Nürnberger Reichstag von 1523 aufgehoben[120]. Und der Speyerer Reichstag von 1526 habe den Kaiser ersucht, es seinerseits außer Kraft zu setzen. Da das Edikt somit keine Rechtskraft besitze, sei jeder sich darauf gründende Befehl ungültig und *»soll fur unrecht, und als den Kais. Maj. nicht tue noch tun könnte oder wolle, ohn alles Zweifels gehalten werden«*[121]. Für die Rechtsqualität des Achturteils ist also nicht die noch ausstehende Antwort des Kaisers auf das Ersuchen des Speyerer Reichstages, sondern die ungültige Promulgation in Worms und die Kassation in Nürnberg entscheidend.

Die komplizierte Umschreibung *»soll fur unrecht und als den Kais. Maj. nicht tue noch tun könnte oder wolle, ohn alles Zweifels gehalten werden«*[122] läßt indessen nicht deutlich genug erkennen, ob der Kaiser

---

Umstand, daß das Edikt vom Kaiser erst nach Abschluß des Reichstages vor einem kleinen Kreis von Ständen und in privatem Rahmen veröffentlicht wurde, vgl. Paul Kalkoff, Luther und die Entscheidungsjahre der Reformation von den Ablaßthesen bis zum Wormser Edikt, München/Leipzig 1917, 235–278. Die Rechtslage wurde dadurch verkompliziert, daß man auf altgläubiger Seite die Zustimmung der Anwesenden als Konsens der Stände interpretierte und damit das Achturteil als Reichstagsbeschluß ausgab, vgl. Aleanders Depesche vom 26. 5. 1521: *»et in fine lo elettor Joachim consensu et nomine omnium disse, che a loro piaceva lo editto, et che se mandasse ad exequtione senza mutarli un jota, che così era stata la mente et conclusion di tutti li stati dell'imperio.«* in: RTA JR 2, 653 f., Anm. 1; vgl. auch unten S. 74, Anm. 123.

[120] Vgl. das Regimentsmandat vom 5. 3. 1523, in: RTA JR 3, 447–452, Nr. 84. Vgl. dazu Wilhelm Borth, Die Luthersache (causa Lutheri) 1517–1524, Lübeck/Hamburg 1970 (Historische Studien, 414) 135–143.

[121] *»Aufs dritte ist offentlich im ganzen Reich bekannt, daß das Mandat, zu Worms ausgangen, nicht ist durch gemeine Reichsstände bewilliget, sondern auch von den höhesten und wegersten dawider bedinget, daß kein Zweifel ist, es sei der Pfaffen Rotten und nicht des Kaisers oder Reichs Mandat zu halten, wie es denn auch hernach zu Nürnberg aufgehaben und zu Speier beschlossen, auch durch Kais. Maj. Befehl aufzuheben bitten. Darumb sich die Rottenfürsten aus lauter Bosheit als zum Schein, der doch aller Welt bekannt und nichtig ist, auf dasselbige gründen. Derhalben mit gutem Gewissen fur Gott und der Welt aller Befehl, der auf solch nichtig Mandat mag ausgebracht werden, soll fur unrecht, und als den Kais. Maj. nicht tue noch tun könnte oder wolle, ohn alles Zweifels gehalten werden, und was die Rottenfürsten darauf furnehmen, als ein rechte Aufruhr und Rotterei wider das Reich und Kais. Maj. zu achten sei,«* Luther an Kanzler Brück, 28. 3. 1528, WABr 4, 422 f., Nr. 1246.

[122] Die Formel nimmt Bezug auf die juristische Maxime, daß bei unklaren Tatbeständen das rechtmäßige Handeln des Fürsten zu präsumieren sei, vgl. Hieronymus Schürff, Consilia seu Responsia iuris, Centuria II, Frankfurt 1594, Cons. 53, 142: *»Princeps in dubio non videtur velle causam committere suspecto«*; Centuria II, Cons. 55, 153: *»Princeps non praesumitur velle quae contra ius.«*

für Luther seine Herrschaftsrechte grundsätzlich nur zusammen mit dem Reichstag ausüben darf, ob er aus dem Ersuchen des Speyerer Reichstages einen Exekutionsaufschub ableitete, oder ob sich seine Vorbehalte auf die diffizilen Rechtsverhältnisse des eigenen Falles bezogen[123]. So wenig Klarheit sich also bei dieser interessanten Frage gewinnen läßt, so zeigt sich doch im Ganzen, daß den Fürsten grundsätzlich ein Anteil an der Reichsherrschaft zukommt. Als Forum dieser ständischen Mitregierung erscheint der Reichstag, dessen obrigkeitliche Rolle von Luther zwar kaum tiefer durchdacht wurde, dessen praktische Bedeutung er aber durchaus richtig einschätzte.

4. Die Reichsangehörigen

a) Die allgemeine Verantwortung für das Recht

Wenn bei Luther vor allen anderen Gliedern der Herrschaftspyramide gerade der Kaiser und die Fürsten als Obrigkeiten hervortreten, so spiegelt dies die Entwicklung der Reichsverfassung am Ausgang des Mittelalters wider: Dem entstehenden »institutionellen Flächenstaat« fielen beim Ausbau der Landesherrschaft immer mehr eigenständige Gewalten zum Opfer[124]. Dabei wurde die in der mittelalterlichen Rechtswahrung typische »Konkurrenz von Fehde und Rechtsprechung«[125] allmählich überwunden durch das Eindämmen der Fehde zugunsten der obrigkeitlichen Rechtswahrung.

Auch das Reich suchte während der Reichsreformperiode nach institutionellen Möglichkeiten, um die »Idee des Justizstaates«[126] zu ver-

[123] Gegen die ältere Deutung des Wormser Ediktes als Reichsgesetz (vgl. Paul Kalkoff, Der Wormser Reichstag von 1521, München/Berlin 1922, 371–374) hat Wilhelm Borth, Die Luthersache, 123–129, mit guten Gründen eingewandt, daß das Wormser Edikt nicht als Reichstagsgesetz anzusehen sei, sondern als kaiserlicher Erlaß in einer besonderen Materie (Acht als Folge des Kirchenbanns), in der die »Kompetenzverteilung zwischen Kaiser und Ständen noch offen war« (125), eine Achterklärung also *»via edicti«* oder *»via recessus«* ergehen konnte. Da die Luthersache aber zum Beratungsthema des Reichstages geworden war und der Kaiser in der Wahrnehmung seiner Achthoheit Unsicherheit zeigte (ebda, 110–115), mußte der Eindruck entstehen, sie sei eine ordentliche Beratungs- und Entscheidungsmaterie des Reichstages geworden (ebda, 125), die also nicht mehr einseitig vom Kaiser, sondern nur noch zusammen mit den Ständen entschieden werden konnte. Diesen Irrtum förderte überdies der Umstand, daß sowohl die kaiserliche Seite als auch der päpstliche Legat den Anschein erweckten, das Wormser Edikt sei auf der Rechtsgrundlage eines ständischen Beschlusses ergangen (vgl. oben S. 72 f., Anm. 119).

[124] Vgl. Hartung, Deutsche Verfassungsgeschichte, 58; 63; Willy Andreas, Deutschland vor der Reformation, 6. Aufl., Stuttgart 1959, 237 f.

[125] Otto Brunner, Die Freiheitsrechte in der altständischen Gesellschaft, 190. Vgl. auch Hans Maier, Die ältere deutsche Staats- und Verwaltungslehre, 93 ff.

[126] Heinz Angermeier, Die Reichsregimenter und ihre Staatsidee, in: HZ 211 (1970) 282.

wirklichen. Dieser Prozeß fand seinen Ausdruck in der Landfriedensgesetzgebung[127] und kulminierte im umfassenden Fehdeverbot des Ewigen Landfriedens von 1495, der im ganzen Reich »Rechtsordnung und öffentlichen Frieden identisch« setzte[128]. Dem Ewigen Landfrieden entsprach die Einrichtung des Reichskammergerichtes als oberste rechtswahrende Institution[129] und schließlich die Promulgation eines allgemeinen Reichsstrafrechtes, der *»Carolina«* von 1532[130].

Diese Entwicklung drang freilich nur langsam in das unmittelbare Rechtsempfinden breiterer Bevölkerungskreise ein[131]. Für das Entstehen eines neuen Rechts- und Staatsgefühls war es deshalb bedeutsam, daß sich Luther hinter diese Tendenz der verfassungsrechtlichen Entwicklung stellte und ihr eine religiös-sittliche Grundlage verlieh[132]: Seit seiner

---

[127] Vgl. hierzu Joachim Gernhuber, Die Landfriedensbewegung in Deutschland bis zum Mainzer Reichslandfrieden von 1235, Bonn 1952 (Bonner rechtswissenschaftliche Abhandlungen, 44); Heinz Angermeier, Königtum und Landfriede, passim; Isenmann, Kaiser und Reich, 81–101.

[128] Heinz Angermeier, Artikel: »Ewiger Landfriede«, in: HRG, Bd 1, 1030 f.

[129] Rudolf Smend, Das Reichskammergericht, Weimar 1911 (Quellen und Studien zur Verfassungsgeschichte des Deutschen Reiches in Mittelalter und Neuzeit, 4/3).

[130] Gerhard Schmidt, Sinn und Bedeutung der Constitutio Criminalis Carolina als Ordnung des materiellen und prozessualen Rechts, in: ZRG GA 83 (1966) 239–257. Vgl. über die weiteren Neuordnungen im Bereich von Recht und Gericht seit 1495 die Überblicke bei Werner Hartz, Die Gesetzgebung des Reiches und der weltlichen Territorien in der Zeit von 1495–1555, Diss. Marburg 1931, 5–16, sowie bei Heinz Angermeier, Die Reichsregimenter und ihre Staatsidee, 283–292.

[131] Dies zeigt sich an der Fortdauer des Fehdewesens ebenso wie an den zurückhaltenden Strafbestimmungen der Carolina gegenüber »rechtmäßiger Fehde« (Art. 129), vgl. Gustav Radbruch, Aus Lieb der Gerechtigkeit und um gemeines Nutz willen. Eine Formel des Johann von Schwarzenberg, in: Schweizerische Zeitschrift für Strafrecht 55 (1941) 120 f.

[132] Gerta Scharffenorth hat in ihrer verdienstvollen Dissertation besonders auf diese Zusammenhänge hingewiesen. Freilich geht es zu weit, wenn sie Luthers Stellungnahme gegen gewaltsame Selbsthilfe undifferenziert als »unerhörten Angriff auf das Rechtsbewußtsein seiner Zeit« bezeichnet (Römer 13 in der Geschichte des politischen Denkens, Diss. Heidelberg 1964, 85) und in Luther denjenigen sieht, der durch einen neuen Rechtsunterricht dem Volk erst den Zugang eröffnete »zu dem neuen politischen Ordnungsgefüge des Staates, das sich nach der Verfassungsreform von 1495 herauszubilden begann« (ebda, 87). Wenngleich der Einfluß Luthers auf das politische Bewußtsein breiter Bevölkerungskreise nicht übersehen werden darf (besonders weil er es in seinen populären und auflagestarken Schriften propagierte), so muß doch beachtet werden, daß er nicht der erste und einzige war, der sich uneingeschränkt gegen jedes Recht auf gewaltsame Selbsthilfe ausgesprochen hatte, vgl. etwa Nikolaus von Kues, De Concordantia Catholica III, 34, ed. Gerhard Kallen, in: Opera Omnia, Bd 14, Hamburg 1939/68, 440 ff., sowie die Reformatio Sigismundi, ed. Heinrich Koller, Stuttgart 1966 (MGH Staatsschriften, 6) 310. Zudem wurde im Spätmittelalter die Fehde in breiten Bevölkerungskreisen immer unbeliebter, vgl. Wilhelm Théremin, Beitrag zur öffentlichen Meinung über Kirche und Staat in der städtischen Geschichtsschreibung Deutschlands von 1349–1415, Berlin 1909 (Historische Studien, 67), 76–84. Weiterhin stand die Fehde auch vor 1495 nur bestimmten Kreisen zu (den Reichsständen, dem

1522 erschienenen *»Treuen Vermahnung zu allen Christen, sich zu hüten vor Aufruhr und Empörung«*[133] lehrte er, daß alle Ausübung von Gewalt außerhalb des legitimierenden obrigkeitlichen Amtes Aufruhr sei[134]. So begründet gewaltsame Selbsthilfe auch scheinen möge[135] – sie ist nichts anderes *»dan selbs richten und rächen«* und damit ein Verstoß gegen elementare naturrechtliche Normen und eine tyrannische Usurpation[136] von Befugnissen, die Gott nach dem klaren Zeugnis der Schrift ausschließlich der Obrigkeit und ihrem weltlichen Ordnungsauftrag vorbehalten wissen wollte[137].

Wenn der Ausgangspunkt für Luthers Argumentation auch ausgesprochen theologisch ist, so darf doch nicht übersehen werden, daß er neben der Schrift auch das weltliche Recht bemühte: Ein Aufrührer vergeht sich gegen *»aller wellt recht«*[138], verfällt dem *»Crimen lese majestatis«*[139], ist *»ynn Gotts und Keyserlicher acht«*[140]. Diese Terminologie zeigt, daß Luther die gegebene Rechtslage kannte und möglicherweise den Ewigen Landfrieden selbst vor Augen hatte[141]. Das Verbot gewaltsa-

Adel, den Städten usw., vgl. Otto Brunner, Land und Herrschaft, 52 ff., sowie Gernhuber, Die Landfriedensbewegung, 167–170), nicht aber breiten Bevölkerungsschichten, wie etwa den Bauern, denen lediglich das Recht auf Ausübung hausherrlichen Schutzes zustand. Bäuerliche Fehde galt als Landfriedensbruch (vgl. Otto Brunner, Land und Herrschaft, 64 ff.) und es ist bezeichnend, daß die Rechtmäßigkeit der Bauernerhebung von 1525 im zeitgenössischen Urteil allgemein verneint wurde, vgl. Valentin Lötscher, Der deutsche Bauernkrieg in der Darstellung und im Urteil der zeitgenössischen Schweizer, Basel 1943, (Basler Beiträge zur Geschichtswissenschaft, 11) 11 ff.

133 Vgl. hierzu vor allem Scharffenorth, Römer 13, 85–98.

134 Treue Vermahnung, 1522, WA 8, 679.

135 Treue Vermahnung, 1522, WA 8, 660.

136 Vgl. über Aufruhr als Tyrannis Ob Kriegsleute, 1526, WA 19, 635.

137 *»Denn die bosheyt zu straffen, das geburt nicht eym iglichen, sondern der welltlichen oberkeyt, die das schwerd furet. Wie Paulus Ro. 13 und Petrus 1. Pet. 3 sagt, das sie zur straff der bosen von Gott verordnet sind. So gibts auch das naturliche und aller wellt recht, das niemand solle noch muge seyn eygen richter seyn, noch sich selbs rechen.« »lieben freunde ... wenn ewer furnehmen sollt recht seyn, So wurde eyn iglicher widder den andern richter werden und keyne gewallt noch oberkeyt, ordnung noch recht bleyben ynn der wellt, sondern eytel mord und blutvergiessen,«* Ermahnung zum Frieden, 1525, WA 18, 303 f; 306. Ausdrücklich betonte Luther, daß dieser Grundsatz auch für Einungen gilt: *»Ist nu das unbillich und nicht zu leyden von eyner eyntzelen personen, so ists auch von keyner rotten noch hauffen zu leyden.«* Ermahnung zum Frieden, 1525, WA 18, 306.

138 Ermahnung zum Frieden, 1525, WA 18, 303. Vgl. über das Verbot des Richtens in eigener Sache: D 2, 1, 10.

139 Ob Kriegsleute, 1526, WA 19, 631. Vgl. zur Qualifizierung des Landfriedensbruchs als Majestätsverbrechen Ingeborg Most, Der Reichslandfriede vom 20. August 1467. Zur Geschichte des Crimen laesae maiestatis und der Reichsreform unter Kaiser Friedrich III., in: Fschr. Hermann Aubin, Lindau/Konstanz 1956 (Schriften des Kopernikuskreises, 1) 116–153.

140 Wider die räuberischen und mörderischen Rotten der Bauern, 1525, WA 18, 358.

141 Der Ewige Landfriede, § 3, verhängte gegen Friedbrecher die Reichsacht, vgl. Zeumer, Quellensammlung, 282, Nr. 173.

mer Selbsthilfe sollte jedoch nicht nur die unteren Schichten der Bevölkerung einschränken: es gilt für Fürsten und Ritter genauso wie für die Bauern und reguliert damit das Verhältnis jedes Standes zum Oberherrn[142].

Mit dieser Absage an jede Form von gewaltsamer Selbsthilfe stellte Luther keineswegs den gemeinmittelalterlichen Grundsatz von der Verantwortung jedes einzelnen für Recht und Unrecht und damit den Sinn des mittelalterlichen Fehdewesens in Frage[143]. Aber er reduzierte ihn auf die Pflicht des »öffentlichen Einspruchs gegen jedes Unrecht«[144]: Wie sein eigenes Schicksal zeigt, ist das öffentliche Bekenntnis der Wahrheit wirksamer als jede Gewaltanwendung[145] und kommt als spezielle »Amtsverpflichtung« - als Dienst am Nächsten[146] und als Leiden um der Wahrheit willen[147] - gerade dem Christen zu.

Diese Pflicht verweist auf das Gericht der Obrigkeit, das ein Christ zwar nicht in eigener Sache, wohl aber im Interesse seines Nächsten anruft und vor dem er das Recht oder Unrecht zu bezeugen hat, über das dieser allein Urteil und Strafe zusteht[148].

---

142 *»Sondern was ich von der unter person sage, das sol treffen beyde Baur, Burger, Eddel, Herrn, Graven und Fursten. Denn diese alle haben auch oberherrn und sind unterperson eines andern. Und wie man eym auffrurisschen baurn den kopff abschlegt, so sol man eym auffrurisschen Edelmann, Graven, Fursten auch den kopff abschlahen,«* Ob Kriegsleute, 1526, WA 19, 643.

143 Vgl. Kern, Recht und Verfassung, 78; Otto Brunner, Land und Herrschaft, 48 f.

144 Scharffenorth, Römer 13, 91.

145 *»Hab ich nit dem Bapst, Bisschoffen, Pfaffen unnd munchen alleyn mitt dem mund, on allen schwerd schlag, mehr abbrochen, denn yhm biszher alle Keyszer unnd Konige unnd Fursten mit alle yhr gewalt haben abbrochen?«* Treue Vermahnung, 1522, WA 8, 638. Vgl. auch Ermahnung zum Frieden, 1525, WA 18, 313.

146 Vgl. oben S. 19 f. Diese Pflicht gilt insbesondere gegenüber den in ihrem Recht ohnehin geschwächten Armen und Geringen: *»Hie mussen wir widder strebenn zum ersten allem unrecht, wo die warheit odder gerechtickeit gewalt und not leydet, unnd mussen in dem selben kein unterscheid der personen haben, wie etlich thun, die gar fleissig und emsig fechten fur das unrecht, das den reichen, gewaltigen, freunden geschicht, aber wo es dem armen odder vorachten odder feynden geschicht, sein sie wol stil und gedultig.«* Von den guten Werken, 1520, WA 6, 226.

147 *»Magnum discrimen unrecht gewalt leiden und schweigen, ferendum malum sed non schweigen, quia debeo veritati testimonium dare. Si debeo propter veritatem mori, oportet fatear et ore mendacium straff. Oportet moriamur propter veritatem und rechts willen.«* Predigt vom 13. 3. 1529, WA 28, 361; vgl. Predigt vom 28. 3. 1520, WA 9, 469.

148 *»das solt alßo geschehen, das niemant selb klager were, ßundernn die andern in bruderlicher trew und sorgfeltickeit fur eynander ansagten der ubirkeyt dißer unschuld und yhener unrecht, das alßo die gewalt mit fug und rechter ordenung durch der andernn bezeugen zur straffe griffe.«* Großer Sermon vom Wucher, 1520, WA 6, 39. Vgl. auch: Treue Vermahnung, 1522, WA 8, 680; Von weltlicher Obrigkeit, 1523, WA 11, 259; Ob Kriegsleute, 1526, WA 19, 641 f.

Diese Pflicht reguliert auch das Verhältnis der Untergebenen zur Obrigkeit. Denn jede Herrschaft trägt selbst bei bestem Wollen tyrannische Züge[149]. Deshalb sind alle Untergebenen - besonders aber die Prediger[150] - verpflichtet, sie *»mit bekenntnis der wahrheyt«* zu korrigieren[151] und ihr bei schwerwiegender Ungerechtigkeit den Gehorsam zu verweigern[152].

Wo freilich eine tyrannische Obrigkeit keinen Einspruch duldet und keine höhere irdische Obrigkeit mehr über Anklagen urteilen kann[153], stößt diese Pflicht zum öffentlichen Eintreten für Wahrheit und Gerechtigkeit an ihre Grenze. Den Betroffenen bleibt dann nur das Vertrauen auf das Gericht Gottes, des Oberherrn aller irdischen Obrigkeiten[154].

Mit diesen Forderungen, die das obrigkeitliche Monopol zur Rechts- und Friedenswahrung betonen und die allgemeine Verantwortung für das Recht an die Obrigkeit und ihre Gerichtsinstanzen verweisen, unterstrich Luther die Rechtslage seit dem Ewigen Landfrieden und half mit, ein neues Rechtsbewußtsein zu prägen. Bei dem öffentlichen An-

---

[149] *»nullum regnum tam est constitutum bene, quin habeat aliquid Tyrannicum,«* Genesisvorlesung, 1535/45, WA 42, 481.

[150] *»Wolan so gibt dieser erste vers, das nicht auffrhurissch ist die oberkeit straffen, wo es geschicht nach der weise, die hie berurt stehet, nemlich das es durch Gottlich befolhen ampt und durch Gotts wort geschehe offentlich frey und redlich, Sondern es ist eine lobliche, edle, seltzame tugent und ein sonderlicher grosser Gottes dienst, wie hie der Psalm beweiset. Das were viel mehr auffrhurissch, wo ein prediger die laster der oberkeit nicht straffet,«* Der 82. Psalm ausgelegt, 1530, WA 31, 1, 197.

[151] *»Denn der uberkeyt soll man nicht widderstehen mit gewallt, ßondern nur mit bekentnis der warheyt; keret sie sich dran, ist gut, wo nicht, so bistu entschuldiget unnd leydest unrecht umb Gottis willen.«* Von weltlicher Obrigkeit, 1523, WA 11, 277. In diesem Sinne forderte Luther im Februar 1530 die Ritterschaft der Mark Brandenburg auf, ihrem Kurfürsten sein illegitimes Verhältnis zu Katharina Hornung vorzuhalten, vgl. WABr 5, 229 f., Nr. 1525.

[152] So etwa dürfen Untergebene nicht gehorchen, wenn die Obrigkeit befiehlt, gegen Gottes Gebote zu handeln, vgl. Von den guten Werken 1520, WA 6, 265; Von weltlicher Obrigkeit, 1523, WA 11, 266 ff.; Ob Kriegsleute, 1526, WA 19, 656 (Gehorsamsverweigerung bei ungerechten Kriegen der Obrigkeit).

[153] *»Wolan, wenn nu solcher Konig der keins helt, widder Gotts recht noch sein landrecht? Soltestu yhn drumb angreiffen, solchs richten und rechen? Wer hat dirs befolhen? Es muste ja hie zwisschen euch ein ander oberkeit komen, der euch beyde verhorete und den schuldigen verurteilt. Sonst wirstu dem urteil Gotts nicht entlauffen, da er spricht: ›Die Rache ist mein‹, Item: ›Richtet nicht‹, Matth. 7.«* Ob Kriegsleute, 1526, WA 19, 640 f. Es geht allerdings zu weit, wenn Scharffenorth, Römer 13, 312, aus dieser Stelle folgert, von Luther sei »die Notwendigkeit einer besonderen gerichtlichen Instanz erfaßt worden, um bei schwerwiegenden Verstößen gegen die Rechtsordnung institutionell geregelte Wege zu ihrer Erhaltung zu haben«. Luthers Argumentation beruht ja gerade darauf, daß einem Oberherrn keine weitere Obrigkeit als Gerichtsinstanz vorgeordnet ist, so daß bei dessen Rechtsbruch die legitimen Möglichkeiten irdischer Rechtswahrung erschöpft sind.

[154] Ob Kriegsleute, 1526, WA 19, 637 ff.

sehen, das Luther genoß, ist es sicher nicht übertrieben, darin eine wichtige Hilfe für den sich entwickelnden »neuzeitlichen Justizstaat«[155] zu sehen.

Überdies deutete sich in diesen Äußerungen ein Instanzenzug rechtswahrender Obrigkeiten an, der auf den Oberherrn, den Kaiser, zuläuft. Damit implizieren sie die gleiche zentralistische Tendenz, die sich bereits in der umfassenden kaiserlichen Gebotsgewalt über das ganze Reich abgezeichnet hat.

b) Die allgemeine Verantwortung für das gemeine Wohl

Der Gedanke, daß alle Mitglieder einer Gemeinschaft für deren Wohlergehen verantwortlich seien, ist eine der grundlegenden Überzeugungen des mittelalterlichen Rechts- und Sozialbewußtseins[156]. Er spielte auch bei Luther eine große Rolle und zeigt sich vor allem in seiner Lehre, daß es die Pflicht aller sei, für eine gediegene Ausbildung der Jugend zu sorgen[157].

In seiner *»Predigt, daß man Kinder zur Schule halten solle«*, die er im Frühjahr 1530 als lang gehegtes Anliegen auf der Coburg verfaßte, wies er beredt auf die Bedeutung qualifizierter Fachleute für den Bestand des geistlichen und weltlichen Regimentes hin: Die Kirche könne weder ihre Theologen noch die Obrigkeit ihre Juristen entbehren. Denn diese erhielten als *»Engel im Reich«*, als *»Apostel des Keisers«* – ja als *»eckstein und grundfesten des zeitlichen frides auff erden«*[158] die Obrigkeit und rüsteten sie durch *»weisheit und recht«*[159] für ihre vielfältigen Aufgaben. Daraus folge die strenge Pflicht eines jeden Einzelnen, seinen Teil zur Verbesserung der allgemeinen Bildung beizutragen: Wer sich und seine Kinder diesem Dienst versage, schädige die Obrigkeit und mache sich an ihrem Niedergang mitschuldig[160].

---

[155] Angermeier, Die Reichsregimenter, 300.

[156] Vgl. hierzu mit reichem Quellenmaterial Merk, Der Gedanke des gemeinen Besten, 451–520, bes. 486–489.

[157] Vgl. zur mittelalterlichen Vorstellung vom Beruf als Dienst für die Allgemeinheit Georg von Below, Der deutsche Staat des Mittelalters, Bd 1, 2. Aufl., Leipzig 1925, 234.

[158] WA 30, 2, 560.

[159] WA 30, 2, 559.

[160] *»Du mustest ja ein grober, undanckbarer klotz und billich von den menschen unter die thiere zu jagen sein, wenn du sehest, das dein son kundte ein man werden, der dem Keiser sein Reich, schwert und kronen erhalten hulffe, dem Fursten sein land regieren, Stedten und landen raten und helffen, So manchem man seinen leib, sein weib, kind, gut und ehre helffen schutzen, und nicht woltest so viel dran wogen, das er lernen und hie zu komen mocht ... Hastu nu ein kind, das zur lare tuchtig, und kanst jhn da zu halten, Thusts aber nicht, gehest hin und fragest nicht dar nach, wo welltlich Reich bleibe, beide mit recht und friede, So thustu so viel an dir ist, widder welltliche oberkeit, wie der Turcke ia wie der teuffel selbs, Denn du entzeuchst dem Reich, fürstenthüm, land, Stad einen heiland, trost, eckstein, helffer und retter, Und deinethalben verleuret*

Darüber hinaus verpflichtet das Gemeinwohl jeden Einzelnen, je nach Eignung und Ausbildung öffentliche Ämter zu übernehmen und damit an der Obrigkeit zu partizipieren[161]. Gegenüber einer sich abzeichnenden Erstarrung der Standesgrenzen[162] vertrat Luther das Ideal einer mobilen, nach Dienst und Verdienst gegliederten Gesellschaft. In ihr sollten auch die »Armen« und »Mittelmäßigen« dem Gemeinwohl dienen können und damit eine Chance zu sozialem Aufstieg erhalten[163]. Luthers Konzeption hat zwar ihre Parallelen in der zeitgenössischen Kritik an den Adelsprivilegien[164], gründet aber im Unterschied dazu ausschließlich in der theologischen Prämisse, daß Gott allein - und nicht etwa adelige Geburt - jede obrigkeitliche Gewalt verleiht und begründet[165].

Wie die allgemeine Verantwortung für das Recht leitete Luther damit auch die allgemeine Verantwortung für das Gemeinwohl auf die bestehende obrigkeitliche Ordnung hin, deren Basis durch die Teilnahme breiterer Volksschichten erweitert, gefestigt und schließlich auch durch eine neue Leistungsaristokratie evolutionär verändert werden sollte.

---

der keiser, beide schwert und kronen, das land verleuret schutz und Friden.« Kinder zur Schule, 1530, WA 30, 2, 561 ff.

[161] *»Denn Cantzeler, Stadschreiber, Juristen und das volck ynn seinen ampten mus mit oben an sitzen, helffen raten und regieren ... und sie sind mit der that die herrn auff erden, obs sie es wol der Person geburt und stands halben nicht sind ... Und ist auch war, Ein Cantzler mus keiserlich, konigliche, furstliche werck odder geschefft ausrichten, Ein Stadschreiber mus des Rats und der Stad werck thun, Und das alles mit Gott und mit ehren, da zu Gott segen, gluck und heil gibt,«* Kinder zur Schule, 1530, WA 30, 2, 567.

[162] Vgl. Zeeden, Deutsche Kultur in der frühen Neuzeit, 43-50; Engel, Von der spätmittelalterlichen res publica christiana zum Mächte-Europa der Neuzeit, 423 f.

[163] *»Es wird doch da bey bleiben, das dein und mein son, das ist: gemeiner leute kinder werden die welt mussen regiern, beide jnn geistlichem und weltlichem stande ... Denn die reichen geitz wanste konnens und wollens nicht thun ... So vermugens die geborne Fursten und Herrn alleine nicht ... Also mus wol beide regiment auff erden bleiben bey den armen mittelmessigen und gemeinen leuten und bey jhren kindern.«* Kinder zur Schule, 1530, WA 30, 2, 577. Es ist freilich in der Terminologie übertrieben, wenn Scharffenorth, Römer 13, 139, hierin »sogar deutlich ein demokratisches Element« zu sehen vermeint. Denn gerade ein egalitäres Denken, das hierfür Voraussetzung wäre, fehlt bei Luther (vgl. oben S. 21). Luthers Ideal war - wie bereits Hermann Jordan, Luthers Staatsauffassung, München 1917, 140 f., erkannt hat - »eine organisch auf geschichtlichem Boden sich aufbauende Herrschaft der gottgeordneten Gewalten, in der möglichst die Tüchtigen herangezogen werden sollen ... Das ist schließlich ein aristokratisches Prinzip im verfeinerten Sinne.«

[164] Hierher gehört sowohl die rationale humanistische Kritik am Prinzip des geburtsständischen Adels (vgl. z.B. Erasmus, Institutio Principis Christiani, ed. Clericus, Bd 4, 566) als auch die populäre Unzufriedenheit mit dem Adel, vgl. Will-Erich Peuckert, Die große Wende. Das apokalyptische Saeculum und Luther, Hamburg 1948, 350-355.

[165] *»Gott wills nicht haben, das geborne konige, Fursten, Herrn und Adel sollen allein regieren und herrn sein, Er wil auch seine Betler da bey haben, Sie dechten sonst, die Eddel geburt macht alleine Herrn und regenten und nicht Gott alleine.«* Kinder zur Schule, 1530, WA 30, 2, 576.

Darüber hinaus zeigen sich hier die Wandlungen im obrigkeitlichen Regierungsstil der Zeit: Durch eine sich intensivierende Zentralregierung mit fest umrissenen Behördenorganisationen, einer neuen Aktentechnik und vor allem juristisch geschulten Kräften[166] gewannen die Landesfürsten den Machtapparat für die wachsenden Ordnungsaufgaben, die ihnen die »Krise der altständischen Gesellschaft« zuwies[167]. Luthers theologisch begründete Stellungnahme unterstützte damit diese Entwicklungstendenz.

---

166 Vgl. Heinrich Otto Meisner, Staats- und Regierungsform in Deutschland seit dem 16. Jahrhundert, in: Die Entstehung des modernen souveränen Staates, hrsg. von Hanns Hubert Hofmann, Köln/Berlin 1967, 323.

167 Vgl. hierzu Hans Maier, Die ältere deutsche Staats- und Verwaltungslehre, 83–95.

IV. Kapitel
PROBLEME EINER REICHSREFORM

In engem Zusammenhang mit Luthers Verfassungsvorstellung stehen zahlreiche Reformforderungen. Sie zielen grundsätzlich auf den ganzen Geltungsbereich und auf die institutionellen Ausprägungen der göttlich begründeten Stände und intendieren damit eine Reform der Herrschaftsordnung im Reich (Politia), eine Reform seiner Sozial- und Wirtschaftsordnung (Oeconomia) sowie eine Reform der Reichskirche (Ecclesia). Wenn diese Forderungen auch zum Teil nicht unmittelbar dem religiösen Anliegen Luthers entsprangen, so stehen sie damit doch in einem engen Zusammenhang: Sie folgen aus der Pflicht zum öffentlichen Einspruch gegen Unordnung und Mißstände, die seiner Überzeugung nach jedem Glied des Reiches und besonders dem Theologen zukommt[1]. Freilich ließ er keinen Zweifel daran, daß derartige Reformen nicht in das freie Belieben aller, sondern ausschließlich in die Zuständigkeit der Obrigkeiten fallen[2].

Der Umstand, daß sie grundsätzlich das ganze Reich erfassen sollten, berechtigt, von einer Reichsreform zu sprechen, zumal sie in wichtigen Punkten mit den Anliegen und Zielen der Reichsreformperiode übereinstimmen. Denn auch hier ging es letztlich nicht nur um die Verfassungsform des Reiches, sondern auch darum, ob sich der »moderne Staat« mit seiner »ungemein gesteigerten staatlichen Intensität« und seinem »ungemein gesteigerten staatlichen Bewußtsein«[3] auch auf der Ebene des Reiches durchsetzen würde.

---

[1] Vgl. oben S. 78. Daß Luther seine Reformforderungen tatsächlich in diesem Sinne auffaßte, zeigt sich an mehreren nachträglichen Äußerungen über die Adelsschrift, vgl. Von weltlicher Obrigkeit, 1523, WA 11, 246; Wider den Ratschlag der Mainzischen Pfafferei, 1526, WA 19, 278.

[2] Vgl. z.B. Ob Kriegsleute, 1526, WA 19, 639.

[3] Werner Näf, Frühformen des »Modernen Staates« im Spätmittelalter, in: HZ 171 (1951) 239.

1. Die Reform der Herrschaftsordnung (Politia) im Reich

a) Die Reformbedürftigkeit des Reiches

Die Tendenz zu einer zentralistischen Stärkung der Reichsgewalt, die Luthers Äußerungen zur Reichsverfassung durchzieht, unterscheidet seine Verfassungsvorstellung am meisten von der Verfassungswirklichkeit seiner Zeit. Daß Luther um diese Diskrepanz wußte, spricht aus einer Reihe von Aussagen, die die Realität kritisch beleuchten und als schuldhafte Verkehrung der rechten Ordnung interpretieren: Kein Glied des Reiches gibt sich mit seiner Stellung und seinem Amt zufrieden, sondern sprengt selbstherrlich jede Pflicht zu Gehorsam und Dienst[4]. Die dadurch entstandene Unordnung zerstört Frieden und Sicherheit[5].

Dies hat seinen Grund darin, daß der Kaiser nicht tatkräftig genug seine Herrschaftsrechte ausübt, die Fürsten uneins sind, dem Kaiser den Gehorsam verweigern[6] und damit Empörung und Aufruhr fördern[7].

Wenn diese Äußerungen auch letztlich in seiner theologischen Anthropologie wurzeln[8], so liegen sie doch auf einer Ebene mit den stereotypen Klagen der zeitgenössischen, insbesondere humanistischen Literatur über fürstlichen Ungehorsam und ständischen Eigennutz[9]. Sie bilden

---

[4] *»Und sonderlich gehets yn Deudschen landen fein zu, das ein Furst den andern, ein Eddelman den andern, eine Stad die ander und alle sampt einer den andern hindert, das, ob gleich ein teil gern wolt rechtschaffen sein, so kan es fur dem andern nicht dazu komen und mus unrecht lassen gehen und geschehen, das eitel trotz und mutwillen unter menschen kindern herrschen, gerade als sey Deudsch land Populus sine lege, Ein volck on gesetze, Und schier kein unterscheid unter den stenden und emptern ist. Ein Furst ist Keiser, Er ist auch wol ein Kauffman und hendler. Des gleichen ein Grave ist Furst, Eddelman ist Grave, Burger ist Eddel, Baur ist Burger, Knecht ist Herr, Magd ist Fraw, Junger ist Meister. jderman ist, was er wil, und thut, was yhn gelust, hellt sich, wie es yhm gefellt, was daraus dem armen hauffen fur gut und recht geschicht, das findet man wol.«* Der 82. Psalm ausgelegt, 1530, WA 31, 1, 207; vgl. auch: Predigten über das 2. Buch Mose, 1525, WA 16, 536 f.; Auslegung des 118. Psalms, 1529/30, WA 31, 1, 82 f.

[5] *»Warumb meinestu, das itzt die welt so vol untrewe, schande iammer und mord ist, denn das yderman sein eigen herr und Keiserfrey wil sein, auff niemand nichts geben und alles thuen was yhn gelustet?«* Großer Katechismus, 1529, WA 30, 1, 154.

[6] Vgl. Vom Krieg wider die Türken, 1529, WA 30, 2, 134; Ob Kriegsleute, 1526, WA 19, 643.

[7] *»wir haben weder künig noch kayser, die oberkayt ist jetz laß und faul, die obern straffen nit die underherren, kain herschaft, kain fürst ist mit dem andern ains, darauß erwachsen so vil emporung, ist auch zusorgen, got werd ons ain mal in ainander mengen und ain kuchen auß uns machen, das wir im blut schwimmen werden.«* Predigt vom 24. 3. 1525, WA 17, 1, 149 f.

[8] Vgl. oben S. 21.

[9] Vgl. Peter von Andlau, Libellus de Cesarea Monarchia II, Tit. XVIII, ed. Joseph Hürbin, in: ZRG GA 13 (1892) 215 f.; Hans von Hermannsgrün, Somnium, ed. Heinrich Ulmann, in: Forschungen zur deutschen Geschichte 20 (1880) 82 f.; 85; Sebastian Brant, Narrenschiff, c. 99, ed. Friedrich Zarncke, Leipzig 1854, 95 f.; Heinrich Bebel, Oratio

den kritischen Reflex auf die schwindende Herrschaftsgewalt des Kaisers und die Verselbständigung der Territorialherrschaften. Damit spricht sich in ihnen ein normatives Ordnungsverständnis aus, dessen Reformforderungen gleichsam die Gegenprobe zu dem oben dargestellten Aufriß der Reichsverfassung bilden und ihre neuralgischen Punkte herausheben.

b) Die Reform des Herrschaftsverbandes

Luthers Einsicht, daß die politische Ordnung zum Schaden aller in Unordnung geraten sei, entspringt die Forderung nach einer intensiveren Herrschaft im obrigkeitlichen Gefüge des Reiches. Angefangen mit dem Kaiser soll jeder Oberherr die ihm untergebenen Herrschaftsträger energisch führen und durch strenge Visitationen in ihrer Amtsführung überwachen[10]. Nur so kann der Frieden im Land erhalten und das Reich wirksam gegen äußere Feinde geschützt werden[11]. Dem entspricht, daß Luther von den Fürsten auch dann Gehorsam gegenüber dem Kaiser forderte, wenn dadurch die Interessen seiner Botschaft gefährdet schienen[12]: Keine größere Schande könnte nämlich dem Evangelium widerfahren, als daß es zum Anlaß einer Fürstenrevolte würde[13].

Eng mit der Forderung nach einer intensiveren Herrschaft ist ein weiterer Reformappell verbunden: Jeder obrigkeitliche Amtsträger soll sich eine kritische Distanz zu den *»grossen hanßen«*, seinen Räten, bewahren[14]. Er ist zwar verpflichtet, auf ihre Sachkenntnis zu hören und seinen Amtsleuten auf dem Lande die notwendige Selbständigkeit einzuräu-

---

ad regem Maximilianum de laudibus atque amplitudine Germanie, Innsbruck 1504, fol. 3^{v}–4^{r}; Ulrich von Hutten, Ad Principes Germanos ut bellum in Turcas concorditer suscipiant exhortatoria, in: Ulrich von Huttens Schriften, ed. Eduard Böcking, Bd 5, Leipzig 1861, 128 ff.

[10] *»Darumb solten wir bitten, das der fryd erhalten wurd, das Got dem kayser so vil genad geb, das er die fürsten im zaum hielt, die fürsten den adel und die stet und also fort die oberherren den underherren auff die kopff gryffen und visitierten, das jn die schwart krachte, also mit den amtleüten damit wurd fryd überal erhalten,«* Predigt vom 24. 3. 1525, WA 17, 1, 150.

[11] Vgl. Vom Krieg wider die Türken, 1529, WA 30, 2, 134 ff.; 144 f.

[12] Vgl. Luther und Melanchthon an Kurfürst Johann, 1. oder 2. 5. 1528, WABr 4, 448 f., Nr. 1258; Luther und Melanchthon an Herzog Johann Friedrich, 6. 5. 1528, WABr 4, 452, Nr. 1260.

[13] *»Kein größer Schande könnte dem Evangelio geschehen; denn hieraus würde nicht ein Bauraufruhr, sondern ein Fürstenaufruhr, die Deutschland zu Boden verderben wurde,«* Luther an Kanzler Brück, 28. 3. 1528, WABr 4,423, Nr. 1246. *»Denn wir uns trefflich besorgen, Der Satan versuche uns mit dieser anfechtung, ob er mocht aus uns newe und erger Muntzer und pfeyffer machen«*. Luther und Melanchthon an Kurfürst Johann, 28. 4. 1528(?), WABr 4, 432, Nr. 1246.

[14] Vgl. Predigt vom 25. 10. 1522, WA 10, 3, 383; Von weltlicher Obrigkeit, 1523, WA 11, 274.

men. Aber er darf sich nie die Prärogative aus der Hand nehmen lassen. Durch Inspektionsreisen soll er die Tätigkeit seiner Amtsleute und Landrichter überwachen[15] oder zumindest durch Visitationskommissionen überprüfen lassen[16].

Diese Reformforderungen ergänzen Luthers Einstellung zur bürokratischen Intensivierung der Herrschaft[17]. Denn gerade das Anwachsen des Behörden- und Verwaltungsapparates verpflichtet den Herrscher, Entscheidungshoheit und Exekutionskontrolle zu bewahren und sich in persönlichem Diensteinsatz voll und ganz an die Spitze der Bürokratie zu stellen. Diese Forderungen treffen sich mit der zeitgenössischen Entwicklung, die noch zu Luthers Lebzeiten zum Ausbau der fürstlichen Kammerregierung - der Vorform der absolutistischen Kabinettsregierung[18] - führte[19].

In der Kriegsleuteschrift betonte Luther, daß *»sonderlich der Adel und die lehenguter haben von der oberkeit«* zum Kriegsdienst im Verteidigungsfalle verpflichtet seien. Denn ihre Güter seien ihnen vor Zeiten von den Kaisern als Sold und mit der Auflage verliehen worden, *»ynn stettiger rustung und bereitschafft (zu) sitzen«*[20]. Deshalb besäßen sie ihre Lehen auch nicht zu ihrem persönlichen Genuß, sondern um sich für den Schutz der Gemeinschaft in steter Rüstung bereit zu halten[21].

---

[15] *»Darumb soll eyn furst alßo seynen gewalltigen vertrawen unnd sie lassen schaffen, das er dennoch den zaum ynn der fausst behallte und nicht sicher sey noch schlaffe, ßondernn zu sehe unnd das landt (wie Josaphat thett) bereytte und allenthalben besehe, wie man regirt unnd richtet. Szo wirtt er selbs erfaren, wie man keynem menschen gantz vertrawen soll. Denn du darffist nicht dencken, das sich eyn ander deyn unnd deyns lands ßo hartt annehme als du, er sey denn voll geysts unnd eyn gutter Christ.«* Von weltlicher Obrigkeit, 1523, WA 11, 274.

[16] *»Das ander stuck, das E. C. f. g., wie ich mit E. C. f. g. eyn mal zü Wittemberg geredt, auch das welltliche regiment visitirn liesse und wie Rethe ynn stedten und all ander amptleute regierten und dem gemeynen nütz furstunden. Denn es ist grosse klage allenthalben uber bose regiment, beyde ynn stedten und auff dem lande. Dareyn E. C. f. g. als eym heubt und landsfursten zu sehen geburt. Und villeicht vieler zeddeln, sachen und klagen zu hoffe weniger weren, wo solche visitation und gut ordnung stattlich wurde ganghafftig seyn.«* Luther an Kurfürst Johann, 31. 10. 1525, WABr 3, 595, Nr. 937.

[17] Vgl. oben S. 80 f.

[18] Heinrich Otto Meisner, Staats- und Regierungsformen in Deutschland seit dem 16. Jahrhundert, in: Die Entstehung des modernen souveränen Staates, hrsg. von Hanns Hubert Hofmann, Köln/Berlin 1967, 325 ff.

[19] Vgl. Gerhard Oestreich, Das persönliche Regiment der deutschen Fürsten am Beginn der Neuzeit, in desselben: Geist und Gestalt des frühmodernen Staates, Berlin 1969, 201-234.

[20] Ob Kriegsleute, 1526, WA 19, 653.

[21] *»Denn die guter, so graven, Herrn und die Edlen haben, sind verzeiten durch die Romer und Romissche Keyser also ausgeteilet und gelieent, das die ienigen, so sie ynnen haben, solten ynn stettiger rustung und bereitschafft sitzen, einer mit so viel pferde und man, der ander so viel, nach dem die guter vermochten. Und waren solche guter yhr sold, damit sie bestellet waren. Darumb heyssens auch lehen guter und sind auch noch solche*

Der Lehensadel ist damit kein privilegierter Stand, sondern eine besondere Gruppe, die unter Führung des Oberherrn das *»wehere ampt«* im Dienste der Allgemeinheit und des Gemeinwohls ausübt[22].

Dieses starke Betonen der im »Lehensamt« implizierten Dienstpflicht kreuzt sich mit einer anderen Argumentationskette, die an den geburtsständischen Privilegien des Adels überhaupt rüttelt und sich als solche mit zahlreichen Äußerungen zeitgenössischer Kritik deckt[23]. Denn Luther befürwortete nicht nur den durch Leistung und Verdienst begründeten Aufstieg unterer sozialer Schichten[24]. Er stellte auch umgekehrt die Frage, warum denn Söhne und Töchter aus fürstlichem und adeligem Geblüt, die selber kein obrigkeitliches Amt bekleideten, nicht mit dem übrigen Volk den gleichen Rang und das Konnubium haben sollten, wie dies in Israel üblich gewesen sei[25]. Und ungleich vorsichtiger und nur im

---

beschwerunge drauff. Solche guter lest der Keyser erben. Das ist auch alles billich und fein ym Romischen reich. Aber der Turck, als man sagt, lest keine erben und leydet kein erblich Furstenthum, Graveschafft odder Rittergut odder Lehengut, Setzt und gibt wie, wenn und wem ers wil. Darumb hat er so uberalle mas viel golds und guts und ist kurtz umb Herr ym lande odder viel mehr ein Tyrann. Darumb durffen die vom Adel nicht dencken, das sie yhr gut umbsonst haben, als hetten sie es funden odder auffm spiel gewunnen. Die beschwerung drauff und die lehen pflicht zeygen wol an, wo er und warumb sie es haben, nemlich vom Keyser odder vom Fursten geliehen, nicht das sie drauff brassen und brangen sondern rustig bereit sein sollen zum streit, das land zu schutzen und fride zu handhaben. Wenn sie nu sich rhumen, wie sie mussen roshalten und Fursten und Herrn dienen, wenn andere ruge und fride haben, Sage ich: Ey lieber, da last euch fur dancken, yhr hab ewern sold und lehengut und seyt da mit zu solchem ampt gestifft und nemets wol bezalt. Haben aber andere nicht auch erbeit gnug umb yhr gutlin, odder seyt yhrs allein, die yhr arbeit habt, so doch ewr ampt selten kompt ynn brauch, ander aber mussen teglich sich uben? Wiltu aber nicht odder dunckt dich zu schweer und ungleich, so las dein gut faren; man findet wol, die es gerne annehmen und thun dafur, was es foddert.« Ob Kriegsleute, 1526, WA 19, 653 f.; vgl. auch Von den Konziliis und Kirchen, 1539, WA 50, 534.

22 Vgl. WA 19, 654 f. Vgl. zur Bindung der Leihe an das Gemeinwohl Isenmann, Kaiser und Reich, 127 ff.

23 Vgl. oben S. 80. Die Dienstfunktionen des Adels betonen besonders: Reformatio Sigismundi, ed. Heinrich Koller, Stuttgart 1964 (MGH Staatsschriften, 6) 252 f.; 254 f.; 261; Eberlin von Günzburg, Die fünfzehn Bundesgenossen, in desselben: Ausgewählte Schriften, ed. Ludwig Enders, Bd 1, Halle 1896 (Flugschriften aus der Reformationszeit, 11) 13; 123. Vgl. auch: Weigandts Reichsreformentwurf für die fränkische Bauernschaft, 1525, in: Quellen zur Geschichte des Bauernkrieges, ed. Günther Franz, Darmstadt 1963 (Freiherr vom Stein-Gedächtnisausgabe, 2) 375, Nr. 124; Feldordnung der fränkischen Bauern, 1525, ed. Franz, 352, Nr. 111; Artikel der Bauernversammlung von Ichtershausen für Johann von Sachsen, 1525, ed. Franz, 534, Nr. 191. Vgl. zu den Mißständen beim zeitgenössischen Adel Ernst Walter Zeeden, Deutsche Kultur in der frühen Neuzeit, Frankfurt 1968 (Handbuch der Kulturgeschichte, I/5) 38–43.

24 Vgl. oben S. 80.

25 *»Warumb thut man nicht, wie ym volck Israel geschach, da nur eyner ymer konig bleyb? Seynen brudern gab man ettwas und ließ sie den andern ym volck gleich seyn. Mussens denn alle fursten unnd eddel bleyben, die fursten unnd edle geporn sind? Was schattes, eyn furst nehme eyn burgerynn unnd ließ yhm benugen an eyns tzymlichen*

geschlossenen Rahmen akademischer Vorlesungen klangen bisweilen Töne an, die nicht nur die geburtsständische Gesellschaftsordnung, sondern auch die dynastische Herrschaftslegitimation der Fürsten in Frage stellten zugunsten einer vernunftgemäßeren Wahl des Herrschers durch das *»suffragium populi«*[26]. Ähnlich kritische Fragen warf auch der zeitgenössische Humanismus auf[27].

Überblickt man diese verschiedenartigen, bald engagierter, bald zurückhaltender formulierten Forderungen nach einer Reform der politischen Ordnung, so treten zwei Grundzüge hervor: Zum einen zeigt sich die Tendenz, alle gegebenen Institutionen des Reiches rational auf ihren Dienstsinn zu überprüfen: Vom Kaiser bis hin zum Lehensadel tritt damit das Amt und die darin gegebenen Pflichten für das Gemeinwohl in den Vordergrund und verlangt das Beseitigen entgegenstehender Privilegien. Dieser Reformansatz gründet zwar in dem gemeinmittelalterlichen Grundsatz von der Pflichtgebundenheit subjektiver Rechte, die sich im Dienst für das Gemeinwohl zu legitimieren haben[28]. Darüber hinaus entfaltete hierin der von Luther theologisch neu durchdachte Amtsgedanke seine konkrete Wirkung[29].

Zum anderen intendierte Luther eine wirksamere und intensivere Herrschaftsausübung im ganzen Reich, die durch das straffe Führen der Zwischengewalten durch den Oberherrn sowie durch Ausbau und Kontrolle der obrigkeitlichen Verwaltung verwirklicht werden sollte. Ohne daß Luther die überkommene Verfassungsstruktur ändern wollte[30],

---

burgers gutt? Widderumb eyn edle magd nehme auch eynen burger. Es wirts doch die lenge nicht tragen, eyttel adel mit adel heyratten. Ob wyr fur der wellt ungleich sind, ßo sind wyr doch fur gott alle gleich Adams kinder, gottis Creatur, unnd ist yhe eyn mensch des andern werd.« Wider den falsch genannten geistlichen Stand, 1522, WA 10, 2, 157.

[26] *»Nobis nascuntur principes, ideo male nos vocamus . . . hic vides magistratum suffragiis populi debere eligi, quod et ipsum ratio dictat.«* Vorlesung über das Deuteronomium, 1523/24, WA 14, 552; vgl. hierzu Johannes Heckel, Lex charitatis. Eine juristische Untersuchung über das Recht in der Theologie Martin Luthers, München 1953 (Abh. d. Bayer. Ak. d. Wiss, Phil.-hist. Kl. NF, 36) 162.

[27] Vgl. Erasmus von Rotterdam, Institutio Principis Christiani, in: Opera Omnia, ed. Johannes Clericus, Bd 4, Leiden 1703, 561; Zwingli, 67 Schlußreden, Artikel 42, 1523, CR 89, 342 ff.; Balthasar Hubmayers Artikel, ed. Franz, 232, Nr. 67 (die wahrscheinlich von Zwingli abhängen, vgl. Günther Franz, Der deutsche Bauernkrieg, 3. Aufl., Darmstadt 1962, 137).

[28] Vgl. Otto von Gierke, Das deutsche Genossenschaftsrecht, Bd 2, 130, 474; 636; Hans Thieme, Die Funktion der Regalien im Mittelalter, in: ZRG GA 62 (1942) 68; Gaines Post, Ratio publicae utilitatis, ratio status and »reason of state« 1100–1300, in desselben: Studies in Medieval Legal Thought. Public Law and the State 1100–1322, Princeton 1964, 241–309; Isenmann, Kaiser und Reich, 124–129.

[29] Vgl. oben S. 23 ff.

[30] Dies muß deshalb besonders hervorgehoben werden, weil Reformforderungen radikaler Bauernkreise auf eine Beseitigung der Zwischengewalten im Reich abzielten, vgl. Programm des Lehener Bundschuhs, 1513, ed. Franz, 77, Nr. 17; Eidformel der Oberschwä-

zeigt sich darin der gleiche »Zug nach Zentralisierung der Macht und straff vereinheitlichter Verwaltung«[31], wie er im Bauernkrieg als politische Forderung breiter Volksschichten auf revolutionäre Verwirklichung drängte. Während sich diese »modernen« Tendenzen in Deutschland schließlich auf der Ebene des Territoriums durchsetzten, sollten sie nach Luther das ganze Reich erfassen. Sie zielten damit letztlich auf eine starke kaiserliche Zentralregierung und damit auf eine Reform des Reiches genau an jener Stelle, wo dessen eigentümliche Schwäche lag.

2. Die Reform der Lebensordnungen (Oeconomia) im Reich

Die Zeit des ausgehenden Mittelalters war bekanntlich eine Periode tiefgreifender Spannungen und umfassender Krisen[32]. Neuartige Ordnungsprobleme entstanden im politischen, wirtschaftlichen und sozialen Leben, ohne daß sie im Rahmen der alten und im Umbruch begriffenen Ständeordnung noch gelöst werden konnten. Sie verlangten das reglementierende Eingreifen der Obrigkeit. Dadurch entglitten in einem langwierigen Prozeß eine Reihe autonomer Lebensbereiche dem Wurzelgrund der altständischen Gesellschaft, um als Objekte der sich entfaltenden obrigkeitlichen »guten Polizei« neu und artifiziell geregelt zu werden[33]. Im Folgenden soll Luthers Verhältnis zu diesen neuartigen Ordnungsproblemen zwar an nur einigen besonders prägnanten Beispielen (die im übrigen schon alle Gegenstände von Einzeluntersuchungen waren), aber unter dem umgreifenden Gesichtspunkt untersucht werden, welches Verständnis von der obrigkeitlichen Ordnung und von der Herrschaftsverteilung im Reich sich in ihnen spiegelt.

Neue Ordnungsprobleme warfen vor allem die Wandlungen im Wirtschaftsleben auf[34]. Sie waren für weite Teile der Bevölkerung nicht nur

---

bischen Bauern, 1525, ed. Franz, 198, Nr. 52. Vgl. hierzu Horst Buszello, Der deutsche Bauernkrieg von 1525 als politische Bewegung, Berlin 1969 (Studien zur europäischen Geschichte, 8) 67–91.

[31] Heinz Angermeier, Die Vorstellung des »gemeinen Mannes« von Staat und Reich im Bauernkrieg, in: VSWG 53 (1966) 334.

[32] Vgl. hierzu vor allem die umfassende Darstellung von Willy Andreas, Deutschland vor der Reformation, 6. Aufl., Stuttgart 1959.

[33] Vgl. hierzu besonders Hans Maier, Die ältere deutsche Staats- und Verwaltungslehre (Polizeiwissenschaft), Neuwied/Berlin 1966 (Politica. Abhandlungen und Texte zur politischen Wissenschaft, 13) 83–95.

[34] Vgl. hierzu die Beiträge von Wilhelm Abel und Hermann Kellenbenz über die Verhältnisse in Landwirtschaft, Gewerbe und Handel in der frühen Neuzeit, in: Handbuch der deutschen Wirtschafts- und Sozialgeschichte, hrsg. von Hermann Aubin und Wolfgang Zorn, Bd 1, Stuttgart 1971, 386–413. Vgl. ebenfalls: Friedrich Lütge, Das 14./15. Jahrhundert in der Sozial- und Wirtschaftsgeschichte, in desselben: Studien zur Sozial- und Wirtschaftsgeschichte, Stuttgart 1963 (Forschungen zur Sozial- und Wirtschaftsgeschichte, 5) 281–335; Clemens Bauer, Unternehmung und Unternehmungsformen im

von unmittelbar bedrückender Konsequenz, sondern stellten auch neuartige wirtschaftsethische Fragen[35]. Luther setzte sich seit seinen frühen Reformschriften mit den wirtschaftspolitischen und wirtschaftsethischen Problemen seiner Zeit auseinander[36]. So etwa, wenn er wiederholt gegen den unmäßigen Konsum importierter Waren des gehobenen Bedarfs und gegen den Kleiderluxus polemisierte[37], die er – wie viele Zeitgenossen – für die fortschreitende Teuerung verantwortlich machte[38]. Oder wenn er nachdrücklich gegen den Zinskauf[39], gegen das Geschäftsgebaren der großen Handelsgesellschaften[40], gegen die eigennützige Preisgestaltung durch die Kaufleute[41] – ja überhaupt gegen den Waren-

---

Spätmittelalter und in der beginnenden Neuzeit, Jena 1936 (Münchener Volkswirtschaftliche Studien, NF 23); Wilhelm Abel, Agrarkrisen und Agrarkonjunktur, 2. Aufl., Hamburg/Berlin 1966, bes. 113 ff.; Fritz Blaich, Die Reichsmonopolgesetzgebung im Zeitalter Karls V., Stuttgart 1967 (Schriften zum Vergleich von Wirtschaftsordnungen, 8).

[35] Vgl. hierzu besonders: Joseph Höffner, Wirtschaftsethik und Monopole im 15. und 16. Jahrhundert, Jena 1941 (Freiburger Staatswissenschaftliche Schriften, 3); Clemens Bauer, Conrad Peutingers Gutachten zur Monopolfrage, in: ARG 45 (1954) 1–43; 145–195; Heinrich Lutz, Conrat Peutinger, Augsburg 1961 (Abhandlungen zur Geschichte der Stadt Augsburg, 9) 136 ff.; Hugo Ott, Zur Wirtschaftsethik des Konrad Summenhart, in: VSWG 53 (1966) 1–27.

[36] Vgl. aus der Literatur: Frank G. Ward, Darstellung und Würdigung der Ansichten Luthers vom Staat und seinen wirtschaftlichen Aufgaben, Jena 1898; Ernst Troeltsch, Die Soziallehren der christlichen Kirchen und Gruppen, Tübingen 1922; Irmgard von Schubert, Wirtschaftsethische Entscheidungen Luthers (Kauf und Darlehen), in: ARG 21 (1924) 49–77; Hans Wangemann, Luther als Sprecher und Lenker der öffentlichen Meinung in der Zinsfrage, Diss. Leipzig 1948; Hermann Barge, Luther und der Frühkapitalismus, Gütersloh 1951 (Schriften des Vereins für Reformationsgeschichte, 168); Günter Fabiunke, Martin Luther als Nationalökonom, Berlin 1963 (Schriften des Instituts für Wirtschaftswissenschaften, 15).

[37] Von den guten Werken 1520, WA 6, 261; An den christlichen Adel, 1520, WA 6, 465 f.; Von Kaufshandlung und Wucher, 1524, WA 15, 233.

[38] Von den guten Werken, 1520, WA 6, 261; An den christlichen Adel, 1520, WA 6, 465 f.; Von Kaufshandlung und Wucher, 1524, WA 15, 294. Die Teuerung des 16. Jahrhunderts resultierte jedoch nicht aus der Importzunahme und auch nicht nur aus einem Überangebot an Edelmetallen aus europäischer und später südamerikanischer Förderung, wie die ältere Forschung annahm, sondern vor allem aus einer Versorgungskrise, entstanden aus der starken Bevölkerungszunahme, der trotz intensiveren und extensiveren Produktionsweisen keine ausreichende Steigerung der Nahrungsmittelerzeugung entsprach, vgl. Abel, Agrarkrisen und Agrarkonjunktur, 113 ff.; ders., Landwirtschaft 1500–1648, in: Handbuch der deutschen Sozial- und Wirtschaftsgeschichte, Bd 1, 405–413.

[39] Von den guten Werken, 1520, WA 6, 262; An den christlichen Adel, 1520, WA 6, 466; Großer Sermon vom Wucher, 1520, WA 6, 52; Von Kaufshandlung und Wucher, 1524, WA 15, 322. Vgl. zu Geschichte und Begriff des Zinskaufes (Rentenkaufvertrages) Winfried Trusen, Spätmittelalterliche Jurisprudenz und Wirtschaftsethik, Wiesbaden 1961 (VSWG Beiheft, 43) 111–137.

[40] An den christlichen Adel, 1520, WA 6, 466 f.; Von Kaufshandlung und Wucher, 1524, WA 15, 312 ff.

[41] Von Kaufshandlung und Wucher, 1524, WA 15, 295 f.

und Geldwucher als Inbegriff des auf »privatem Bereicherungsstreben beruhende(n) wirtschaftliche(n) Verhalten(s)«[42] Stellung bezog. So sehr aber auch diese Probleme das Gemeinwohl beeinträchtigen – Abhilfe kann und darf nur die Obrigkeit schaffen: Jede spontane Selbsthilfe sei dagegen unerlaubt, wie Luther dem Eisenacher Prediger Jakob Strauß[43] vorhielt, der in der Zinskauffrage den Betroffenen unter Bezug auf Luthers *»Großen Sermon vom Wucher«* empfohlen hatte, die Zinszahlungen einzustellen[44].

Wenn Luther auch häufig undifferenziert die *»weltlich gewalt«*[45], die *»welltliche oberkeyt«*[46] oder *»keyszer, fursten, hern und stedt«*[47] als legitime Instanzen wirtschaftlicher Reformen benannte, zeigen andere Äußerungen eine genauere Vorstellung von den wirtschaftspolitischen Möglichkeiten im Rahmen der Reichsverfassung: So wenn er in der Adelsschrift *»ein gemeyn gebot und bewilligung deutscher Nation«*[48] – also einen Reichstagsbeschluß – gegen den Kleiderluxus forderte. Oder wenn er wegen der komplexen Problematik des Zinskaufes davon abriet, daß ein einzelner Fürst Abhilfe schaffe, sondern ein gemeinsames Vorgehen aller Fürsten empfahl[49]. In der Schrift *»Von Kaufshandlung und Wucher«* von 1524 führte er dann namentlich den Reichstag als jene obrigkeitliche Instanz an, die sich des Wuchers *»als der aller nottigesten sachen eyne«*[50] annehmen solle. Diese Reformforderungen zeigen nicht nur die obrigkeitliche Struktur der Reichsverfassung, die hier – der Natur der Sache entsprechend – im Reichstag, der obersten, Kaiser und Stände umfassenden Reichsinstitution kulminiert[51], sondern heben auch das Reich als jene Ebene hervor, auf der die Lösung gemeinsamer Probleme zu erfolgen hat. Zudem enthalten sie eine beträchtliche Kompe-

[42] Fabiunke, Martin Luther als Nationalökonom, 119.

[43] Vgl. über den Wucherstreit Hermann Barge, Jakob Strauß. Ein Kämpfer für das Evangelium in Tirol, Thüringen und Süddeutschland, Leipzig 1937 (Schriften des Vereins für Reformationsgeschichte, 162) 80–92.

[44] *»Nos sic cum Euangelio sentimus, quod census ille sit illicitus, sed qui non sit in manu vulgi ad tollendum et evacuandum. Hoc enim principum est opus, qui gladium gerunt.«* Luther an Jakob Strauß, 18. 10. 1523, WABr 3, 179, Nr. 674. Vgl. Luther an Kanzler Brück, 17. 10. 1523, WABr 3, 176 f., Nr. 673; Luther an den Rat zu Danzig, 5. (7?) 5. 1525, WABr 3, 484, Nr. 861. Vgl. auch Ernst Ramp, Die Stellung Luthers, Zwinglis und Calvins zur Zinsfrage, Diss. Zürich 1949, 32.

[45] Von den guten Werken, 1520, WA 6, 261.

[46] Von Kaufhandlung und Wucher, 1524, WA 15, 296.

[47] An den christlichen Adel, 1520, WA 6, 466; ähnlich: Großer Sermon vom Wucher, 1520, WA 6, 52; Von Kaufshandlung und Wucher, 1524, WA 15, 322.

[48] WA 6, 465. Vgl. zu entsprechenden Maßnahmen des Reichstages Fritz Blaich, Die Wirtschaftspolitik des Reichstags im Heiligen Römischen Reich, Stuttgart 1970 (Schriften zum Vergleich von Wirtschaftsordnungen, 16) 208 f.

[49] Luther an Kurprinz Johann Friedrich, 18. 6. 1524, WABr 3, 307, Nr. 753.

[50] WA 15, 322. Vgl. Blaich, Die Wirtschaftspolitik des Reichstags, 159–171.

[51] Vgl. oben .S. 72 ff.

tenzenerweiterung der Obrigkeit, der Luther die Verantwortung für eine zwar punktuell angreifende, aber umfassend am Gemeinwohl orientierte Wirtschaftspolitik zusprach. Dies war allerdings nicht neu: Bereits im Spätmittelalter finden sich Ansätze zu einer am Gemeinwohl orientierten und damit in der Tendenz konstruktiven Wirtschaftspolitik[52]. Seit dem 15. Jahrhundert kamen Stimmen nicht zur Ruhe, die von Reichs wegen ordnungspolitische Maßnahmen gegen wirtschaftliche Mißstände forderten[53]. Und mehr als einmal befaßte sich der Reichstag mit wirtschaftspolitischen Fragen[54]. Neu an Luther ist die Stringenz, mit der er die obrigkeitliche Pflicht zu einer am Gemeinwohl orientierten Wirtschaftspolitik aus seiner theologischen Einsicht in die Amtspflichten der Obrigkeit ableitete[55]. Damit gab er diesen Forderungen eine religiöse Grundlage, die sich auf die gegebenen Tendenzen staatlicher Wirtschaftspolitik und Kompetenzenerweiterung nur verstärkend auswirken konnte. Bemerkenswert ist ferner, daß diese Ausweitung seiner Überzeugung nach das ganze Reich erfassen und nicht auf das Territorium beschränkt bleiben sollte.

---

[52] Vgl. Ulf Dirlmeier, Mittelalterliche Hoheitsträger im wirtschaftlichen Wettbewerb, Wiesbaden 1966 (VSWG Beiheft, 51) 180–228, gegen Merk, Der Gedanke des gemeinen Besten, 17 f., der den »Rechts- und Friedensbewahrungsstaat« des Mittelalters zu einseitig gegen die umfassende Tendenz zur »Wohlfahrts- und Wirtschaftspflege« des modernen Staates abgegrenzt hatte. Nach Herbert Hassinger, Politische Kräfte und Wirtschaft 500–1350, in: Handbuch der deutschen Sozial- und Wirtschaftsgeschichte, Bd 1, 275, hat die spätmittelalterliche Wirtschaftspolitik die erste Stufe auf dem Weg zum Wohlfahrtsstaat erreicht. Sie geht zwar noch nicht von einer Gesamteinsicht in die Interdependenz wirtschaftlicher Prozesse aus und ist noch nicht umfassend an Wachstum und Strukturverbesserung orientiert, verfügt aber bereits über ein Repertoir von Maßnahmen, die »nicht der Erhaltung einer Ordnung dienen, sondern in die Wirtschaft irgendwie eingreifen«.

[53] Vgl. Reformatio Sigismundi, ed. Koller, 277 ff.; »Oberrheinischer Revolutionär«, Das Buch der hundert Kapitel und der vierzig Statuten, ed. Annelore Franke, Berlin 1967 (Leipziger Übersetzungen und Abhandlungen zum Mittelalter, A/4) 247; 522 f.; Eberlin von Günzburg, Die fünfzehn Bundesgenossen, ed. Enders, 124 f.; Weigandts Reichsreformentwurf, 1525, ed. Franz, 375, Nr. 124. Vgl. über die öffentliche Meinung gegen die neuen Unternehmungsformen Bauer, Unternehmung und Unternehmungsformen im Spätmittelalter, 75 ff.; ders., Conrad Peutingers Gutachten, 148; Andreas, Deutschland vor der Reformation, 368 ff.

[54] Vgl.Blaich, Die Reichsmonopolgesetzgebung im Zeitalter Karls V.; ders., Die Wirtschaftspolitik des Reichstags, passim. Nach Herbert Hassinger, Politische Kräfte und Wirtschaft 1350–1800, 609, schuf die »Reichswirtschaftspolitik« Rahmenbedingungen. Sie war – nach Euckens Terminologie – »Ordnungspolitik«, nicht »Prozeßpolitik«.

[55] Unter unmittelbarem Bezug auf wirtschaftliche Reformforderungen: *»Ich wil aber damit und andern oben angetzeygten stucken angesagt haben, wie viel gutter werck die weltlich ubirkeit thun mocht, und was aller ubirkeit ampt sein solt, dadurch ein yglicher lerne, wie schrecklich es sey, zuregieren, und oben an sitzenn. Was hulffs, das ein ubirher szo heylig were fur sich selbs ... dan ubirkeit ist schuldig, der untertanen bestes zu suchen.«* An den christlichen Adel, 1520, WA 6, 467.

Mit den Wandlungen im Wirtschaftsleben hing das Verarmen breiter Bevölkerungsschichten zusammen. Die Folge davon war eine Zunahme des Bettelwesens, wobei vor allem die landfahrenden Bettler mit ihrer gefährlichen Nähe zur kriminellen Verwahrlosung die Obrigkeit vor ein neues Ordnungsproblem stellten. Am Ausgang des Mittelalters hatten besonders die Städte begonnen, die Armenfürsorge auf eine neue Grundlage zu stellen: Die Spendenfreudigkeit des Bürgertums erreichte ein bislang unbekanntes Ausmaß[56]. Zahlreiche Bruderschaften widmeten sich karitativen Aufgaben[57]. Überdies schufen sich viele Magistrate mit Bettelordnungen und sozialen Institutionen ein differenziertes Instrumentarium obrigkeitlicher Armenfürsorge[58]. So wirkungsvoll diese Maßnahmen im Einzelfall auch sein mochten, ihr Nachteil war, daß sie jeweils nur den stadteigenen Bereich erfaßten[59] und damit das übergreifende und für das ganze Reich gleichermaßen relevante Problem nicht lösten.

An diesem Punkt setzten Luthers Reformforderungen ein: Er überwies die Armenfürsorge samt detaillierten Organisationsvorschlägen an die städtischen Obrigkeiten[60] und respektierte damit deren bisherige Rolle in der Wohlfahrtspflege: Ihre genaue Kenntnis der jeweiligen Verhältnisse gab ihnen die beste Möglichkeit, ihre sozialen Probleme so zu lösen, daß Bettelei unter Christen überflüssig werden würde[61]. Die Armenfürsorge sollte indessen nicht vom Belieben der Magistrate abhängen, sondern in allen Städten des Reiches einheitlich durchgeführt[62] und

[56] Wilhelm Maurer, Die christliche Diakonie im Mittelalter, in: Das diakonische Amt der Kirche, hrsg. von Herbert Krimm, 2. Aufl., Stuttgart 1965, 154 f. Vgl. zum Ganzen auch Zeeden, Deutsche Kultur in der frühen Neuzeit, 108–116.

[57] Vgl. Maurer, Die christliche Diakonie im Mittelalter, 155; Hermann Hoberg, Das Bruderschaftswesen am Oberrhein im Spätmittelalter, in: HJb 72 (1953) 238–252.

[58] Vgl. hierzu: Ludwig Feuchtwanger, Geschichte der sozialen Politik und des Armenwesens im Zeitalter der Reformation, in: Schmollers Jahrbuch für Gesetzgebung, Verwaltung und Volkswirtschaft im Deutschen Reich, NF 32 (1908) 1423–1460, bes. 1438–1443; Wilhelm Liese, Geschichte der Caritas, Bd 1, Freiburg 1922, 302–305; Wolfgang Müller, Die Maßnahmen des Rates auf dem Gebiet der offenen Wohlfahrtspflege in den oberrheinischen Stadtrechten des 16. und beginnenden 17. Jahrhunderts, Diss. Heidelberg 1963, 7–29.

[59] Vgl. .Maurer, Die christliche Diakonie im Mittelater, 151 f.

[60] Großer Sermon vom Wucher, 1520, WA 6, 45 f.; An den christlichen Adel, 1520, WA 6, 450 f.; Vorrede zu Von der falschen Bettler Büberei, 1528, WA 26, 639; Organisationsanweisungen in der Ordnung eines gemeinen Kastens, 1523, WA 12, 23; vgl. auch die Predigt vom 26. 12. 1523, WA 12, 693. Die obrigkeitliche Pflicht zu sozialen Reformen hatte vor Luther bereits der Straßburger Prediger Geiler von Kaysersberg betont, vgl. Otto Winckelmann, Über die ältesten Armenordnungen der Reformationszeit (1522–1525), HVjschr 17 (1914) 197–202; möglicherweise wurde Luther von ihm beeinflußt, vgl. Liese, Geschichte der Caritas, 289. Vgl. zum Ganzen Harold J. Grimm, Luther's Contributions to Sixteenth-Century Organization of Poor Relief, in: ARG 61 (1970) 222–233, der die bisherige Literatur über Luthers Einstellung zu sozialen Fragen auswertet.

[61] An den christlichen Adel, 1520, WA 6, 450 f.

[62] Anfänglich dachte Luther sogar an eine einheitliche Regelung für die ganze Christen-

durch ein Verbot landfahrender Bettler ergänzt werden[63]. Dem Reich kam damit für Luther eine selbstverständliche Organisationskompetenz für Aufgaben der Allgemeinheit und des Gemeinwohls zu.

In die gleiche Richtung weist Luthers Engagement für eine obrigkeitliche Reform des Bildungswesens. Bereits in der Adelsschrift war er temperamentvoll für eine Reform der Universitäten eingetreten, an der *»furwar viel... gelegen ist, dan hie sol die christlich jugent und unszer edlist volck... geleret und bereitet werden«*[64]. Luther erteilte deshalb nicht nur detaillierte Anweisungen für eine Reform des juristischen und theologischen Unterrichts, sondern benannte auch Kaiser und Papst - die traditionellen Universitätsträger - als zuständige Instanzen einer derartigen Reform[65]. Fürsten und städtische Magistrate sollten überdies dafür sorgen, daß nur die *»allergeschicktisten«*[66] Zugang zur Hochschule fänden.

Der allgemeine Niedergang der unteren Schulen - bedingt durch den Ausfall bisheriger Schulträger, wie Klöster und Stifte, sowie durch die populäre Welle schwärmerischer Kulturverachtung[67] - veranlaßte Luther in der Folgezeit, sich auch mit diesen Institutionen zu befassen und insbesondere die Einrichtung neuer Schulen zu fordern[68]: Hierfür seien vor allem die *»Fürsten und Herrn«* zuständig[69]. Aber weil sie diese Aufgabe weithin nicht erfüllten, falle sie den städtischen Obrigkeiten zu[70],

---

heit: *»Solche untregliche leßt unnd auff setz abtzuthun, solten Bapst, bischoffe, konig, fursten und hernn erbeyten, das entweder durch yre eygen befelh, odder yn eynem gemeynenn Concilio gesetzt wurd und verordent, das eyn iglich statt und fleck... yhre arme leut selb vorsorgeten, das der bettell gar abe ging,«* Großer Sermon vom Wucher, 1520, WA 6, 45.

[63] Von den guten Werken, 1520, WA 6, 273; Vorrede zu Von der falschen Bettler Büberei, 1528, WA 26, 639.

[64] WA 6, 458.

[65] WA 6, 458. Vgl. zu Luthers Universitätsideal Hanns Rückert, Die Stellung der Reformation zur mittelalterlichen Universität, in desselben: Vorträge und Aufsätze zur historischen Theologie, Tübingen 1972, 77-91. Vgl. zu Luthers persönlichem Beitrag bei der Reform der Wittenberger Universität Walter Friedensburg, Geschichte der Universität Wittenberg, Halle 1917, 90-249.

[66] WA 6, 461.

[67] Vgl. Werner Reininghaus, Elternstand, Obrigkeit und Schule bei Luther, Heidelberg 1969 (Pädagogische Forschungen, 38) 9 f.

[68] Vgl. hierzu Friedrich Hermann Löscher, Schule, Kirche und Obrigkeit im Reformationsjahrhundert, Leipzig 1925 (Schriften des Vereins für Reformationsgeschichte, 138); Otto Scheel, Luther und die Schule seiner Zeit, LJb 7 (1925) 141-175.

[69] Vgl. über das gescheiterte Experiment einer genossenschaftlichen Schulverwaltung in Leisnig, das Luther verstärkt auf die obrigkeitliche Hilfe verwies, Reininghaus, Elternstand, Obrigkeit und Schule bei Luther, 23-28.

[70] Schulen sollen eingerichtet werden: *»Fursten und herrn solltens thun, aber sie haben auffm schlitten zufaren, zu trincken und ynn der mumerey zu lauffen und sind beladen mit hohen mercklichen gescheffte des kellers, der kuchen und der kamer. Und obs ettliche gern thetten, mussen sie die andern schewen, das sie nicht fur narren odder*

die überdies im Interesse einer verbesserten Allgemeinbildung öffentliche Büchereien einrichten sollten[71]. Trotzdem bleibe es weiterhin Recht und Pflicht der Fürsten. sich um die Schulen zu kümmern, Gemeinden und Städte zu deren Einrichtung[72] sowie die Untergebenen zu deren Besuch zu zwingen[73]. Eine Äußerung Luthers zeigt, daß er die Neuordnung des Schulwesens weniger als eine Aufgabe einzelner Fürsten als vielmehr des ganzen Reiches betrachtete[74]: Aber weil das Reich versagt und die Aufgabe drängt, fällt sie den einzelnen Herrschaften zu.

Damit zeichnet sich ein Instanzenzug obrigkeitlicher Befugnisse ab: Beim Versagen des Reiches sind die Fürsten und bei deren Versagen schließlich die Städte subsidiär und im Rahmen ihres Zuständigkeitsbereiches zu den Aufgaben berufen, die das Gemeinwohl stellte.

Diese Ergebnisse zeigen viele Gemeinsamkeiten: Luther bejahte nicht nur die obrigkeitliche Übernahme neuer und dringender Ordnungsaufgaben, sondern forderte sie ausdrücklich auf Grund seiner theologischen Einsicht in Wesen und Sinn der Obrigkeit. Obwohl er dies häufig abstrakt und allgemein von der *»oberkeyt«* an sich verlangte, zeigen andere Aussagen – auf die es hier besonders ankam – daß Luther bei der Frage nach der konkreten Durchführung an das Reich dachte und grundsätzlich an dessen Zuständigkeit für die Lösung übergreifender Ordnungsaufgaben festhielt. Der mit dieser Funktionserweiterung verbundene Gewinn an Macht und »staatlicher« Konsolidierung sollte damit vor allem dem Reich zugute kommen. Dabei handelt es sich allerdings nur um eine Tendenz und nicht um ein grundsätzliches Programm: Luther war durchaus bereit, wichtige Reformaufgaben zur subsidiären Lösung auf die landesfürstliche Ebene zu übertragen und zwar in dem Maße, wie das Reich unfähig war, drängende Probleme wirksam zu lösen.

---

ketzer gehallten werden. Darumb wills euch lieben Radherrn alleyne ynn der hand bleyben, yhr habt auch raum und fug dazu, besser denn Fursten und herrn.« An die Ratsherren aller Städte deutschen Landes, 1524, WA 15, 44 f. Vgl. hierzu besonders Friedrich Falk, Luthers Schrift an die Ratsherren aller Städte deutschen Landes und ihre geschichtliche Wirkung auf die deutsche Schule, in: LJb 19 (1937) 55–114.

[71] Vgl. WA 15, 49.

[72] Luther an Kurfürst Johann, 25. 11. 1526, WABr 4, 134, Nr. 1052.

[73] Kinder zur Schule, 1530, WA 30, 2, 586 f., wo Luther allerdings das Schulzwangrecht der Obrigkeit an sich (und nicht das der Fürsten) begründete.

[74] *»dan wo die schul nit wol stehen, do man die personen zeugen und zihen sol, wirt keinem gots dinst gerathen sein; aber der wirdt sich vileicht das reych nit an nemen sonder eyner itzlichen herrschafft lassen in irem land zuversorgen; es ist aber nott und der hochsten Artickel einer.«* Bedenken, wie jetziger Zeit Aufruhr zu stillen wäre, 1526, WA 19, 445.

3. Die Reform der Reichskirche (Ecclesia)

a) Reformtendenzen und Reformbedürfnisse in der Reichskirche

Die Frage nach einer Reform der Reichskirche führt nicht nur näher an Luthers religiöses Anliegen heran, sondern auch in ein spannungsgeladenes Feld verschiedenartiger Entwicklungen und Interessen.

Während sich die Kirche in den aufstrebenden Monarchien des Westens zunehmend in staatlich beherrschte Nationalkirchen aufzugliedern begann[75], gestaltete sich das Verhältnis der deutschen Kirche zu Rom weiterhin auf der Grundlage der Konkordate von 1447/48[76]. Dieses Vertragswerk, entstanden als Kompromiß zwischen den auseinanderstrebenden Interessen von kurialem Zentralismus, territorialstaatlicher Kirchenhoheit und bischöflichem Autonomiebewußtsein[77], unterlag in der Folgezeit einer wachsenden Belastung: Der intensiver gewordene römische Zentralismus traf auf das verstärkte Bemühen der weltlichen Gewalten, ihre Positionen in der Kirche auszubauen: Nicht nur der Kaiser – bekannt sind einschlägige Pläne Maximilians[78] – versuchte sein politisches Gewicht durch das Projekt einer Nationalkirche zu vergrößern. Auch die Fürsten arbeiteten zäh daran, den Ausbau der Landesherrschaft durch mehr Kirchenhoheit zu arrondieren[79]. Diese unterschiedli-

[75] Vgl. Wilhelm Bertrams, Der neuzeitliche Staatsgedanke und die Konkordate des ausgehenden Mittelalters, Rom 1950 (Analecta Gregoriana, B/30) 142–150, sowie Josef Engel, Von der spätmittelalterlichen res publica christiana zum Mächte-Europa der Neuzeit, in: Handbuch der europäischen Geschichte, hrsg. von Theodor Schieder, Bd 3, Stuttgart 1971, 29–37. Vgl. für Spanien: Clemens Bauer, Studien zur spanischen Konkordatsgeschichte des Spätmittelalters. Das spanische Konkordat von 1482, Münster 1956 (Spanische Forschungen der Görres-Gesellschaft, I/11), sowie Antonio M. Rouco-Varela, Staat und Kirche im Spanien des 16. Jahrhunderts, München 1965 (Münchener Theologische Studien, III/23) 150–324; für England: Philip Hughes, The Reformation in England, Bd 1, 2. Aufl., London 1952, 72–83; 109–115; für Frankreich Victor Martin, Le Gallicanisme politique et le clergé de France, Paris 1929; Guy Mollat, Le roi de France et la Collation plénière (pleno iure) des bénéfices ecclésiastiques, Paris 1951.

[76] Vgl. Bertrams, Der neuzeitliche Staatsgedanke, 127–139.

[77] Vgl. Heribert Raab, Die Concordata Nationis Germanicae in der kanonistischen Diskussion des 17. bis 19. Jahrunderts, Wiesbaden 1956 (Beiträge zur Geschichte der Reichskirche in der Neuzeit, 1) 50; vgl. auch John B. Toews, Pope Eugenius IV and the Concordat of Vienna (1448), in: Church History 34 (1965) 178–194.

[78] Vgl. Albert Werminghoff, Nationalkirchliche Bestrebungen im deutschen Mittelalter, Stuttgart 1910 (Kirchenrechtliche Abhandlungen, 61) 121 ff. Vgl. auch Hermann Wiesflecker, Beiträge zur Frage des Kaiser-Papstplanes Maximilians I. im Jahre 1511, in: MIÖG 71 (1963) 311–332, bes. 324 f.

[79] Justus Hashagen, Staat und Kirche vor der Reformation, Essen 1931, 305–430. Vgl. als Beispiel die sächsische Kirchenpolitik: Rudolf Zieschang, Die Anfänge eines landesherrlichen Kirchenregiments in Sachsen am Ausgange des Mittelalters, in: Beiträge zur sächsischen Kirchengeschichte, 23 (1909) 1–156; Paul Kirn, Friedrich der Weise und die Kirche, Leipzig/Berlin 1926 (Beiträge zur Kirchengeschichte des Mittelalters und der Renaissance, 30) 29–127.

chen Tendenzen zur National- oder zur Landeskirche spiegelten sich in umfangreichen Katalogen von Gravamina, die seit der zweiten Hälfte des 15. Jahrhunderts regelmäßig über den politischen Einfluß der Kurie und über die finanzielle Ausbeutung der deutschen Kirche durch Rom Klage führten[80]. Sie fanden in den Streitschriften humanistischer Literaten – allen voran Ulrichs von Hutten – ihr patriotisch gefärbtes Echo[81].

Auch in ihrem Innern warf die deutsche Kirche Probleme auf: Hier stand an erster Stelle das für Deutschland charakteristische geistliche Fürstentum[82], in dem sich als fortdauerndes Ergebnis des mittelalterlichen Einheitsgedankens geistliche und weltliche Gewalt zu einer engen, aber spannungsgeladenen Einheit verbunden hatten. Die so verfaßte Kirche geriet nicht nur wegen der Verflechtung ihrer Prälaten in die Territorial- und Reichspolitik, sondern auch wegen des Vorrangs des Adels im höheren Klerus[83] immer mehr in das Feuer der Kritik[84]. Sie erweckte überdies die Begehrlichkeit benachbarter Fürsten und Herren auf ihren weltlichen Besitz[85].

---

[80] Vgl. hierüber (noch immer grundlegend) Bruno Gebhardt, Die Gravamina der deutschen Nation gegen den römischen Hof, Diss. Breslau 1884, sowie Wilhelm Borth, Die Luthersache (causa Lutheri), Lübeck/Hamburg 1970 (Historische Studien, 414) 168–171.

[81] Hajo Holborn, Ulrich von Hutten, 2. Aufl., Göttingen 1968, 106–121.

[82] Vgl. zum Problem Heinz Hürten, Die Verbindung von geistlicher und weltlicher Gewalt als Problem in der Amtsführung des mittelalterlichen deutschen Bischofs, in: ZKiG 82 (1971) 16–28.

[83] Vgl. August Franzen, Bischof und Reformation. Erzbischof Hermann von Wied in Köln vor der Entscheidung zwischen Reform und Reformation, Münster 1971 (Katholisches Leben und Kirchenreform, 31) 8 ff.; Paul Hinschius, Das Kirchenrecht der Katholiken und Protestanten in Deutschland, Bd 2, Graz 1959 (Nachdruck der Ausgabe von 1879) 67 f.

[84] Vgl. z.B. Nikolaus von Kues, De Concordantia Catholica II, 29; III, 29; 39, ed. Gerhard Kallen, in: Opera Omnia, Bd 14, Hamburg 1939/68, 264–268; 433 f.; 454 ff.; Reformatio Sigismundi, ed. Koller, 126–130; 147; »Oberrheinischer Revolutionär«, ed. Franke, 322 ff.; 512 f.; Bundschuh zu Untergrombach, 1502, ed. Franz, 74, Nr. 16; Bundschuh zu Lehen, 1513, ed. Franz, 77, Nr. 17; Weigandts Reichsreformentwurf, 1525, ed. Franz, 376 f., Nr. 124; Satiren und Pasquillen aus der Reformationszeit, ed. Oskar Schade, Bd 2, 2. Aufl., Hannover 1863, 46 f.; 86 f. Vgl. auch Kurt Kaser, Zur politischen und sozialen Bewegung im deutschen Bürgertum des 15. und 16. Jahrhunderts, in: Deutsche Geschichtsblätter 3 (1901) 1–18; 49–60; Ignaz Rohr, Die Prophetie im letzten Jahrhundert vor der Reformation als Geschichtsquelle und Geschichtsfaktor, in: HJb 19 (1898) 35; 44; 49 ff.; Anton Störmann, Die städtischen Gravamina gegen den Klerus, Münster 1916 (Reformationsgeschichtliche Studien und Texte, 24/26) 286–324. Noch immer grundlegend ist die ideengeschichtliche Untersuchung von Johann Baptist Sägmüller, Die Idee der Säkularisierung des Kirchengutes im ausgehenden Mittelalter, in: ThQ 99 (1917/18) 253–310.

[85] Vgl. Justus Hashagen, Laieneinfluß auf das Kirchengut vor der Reformation, in: HZ 126 (1922) 377–409.

b) Luther und die Nationalkirche

Seit der Publikation seiner Ablaßthesen wurde Luther zunehmend mit Fragen zur Kirchenverfassung konfrontiert[86]. Bedrängt durch die Argumente seiner theologischen Gegner – insbesondere Ecks – vom göttlichen Recht des Papsttums, hatte Luther den hierarchischen Vorrang des Papstes als Ergebnis historischer Entwicklungen beschrieben[87] und als eine Institution *»iure hominum«* gedeutet[88], der freilich als faktisch bestehender Obrigkeit der durch Römer 13 geforderte Gehorsam zu leisten sei[89]. Aber nicht nur das Papsttum, sondern auch der ganze hierarchische Aufbau der Kirche, ihre Gliederung in Bischöfe, Erzbischöfe, Primaten und Patriarchen ist ausschließlich ein Ergebnis historischer Entwicklungen[90] und beruht damit auf menschlichem Recht mit bindender, aber nicht absolut verbindlicher Kraft. Durch göttliche Einsetzung gibt es in der Kirche nur das *»ministerium verbi«*, an dem alle Glieder der Hierarchie auf gleiche Weise teilhaben[91], obwohl *»ausz menschlicher ordenung einer uber dem andern ist in der euszerlichen kirchen«*[92]. Deshalb kann auch die Verfassung der Kirche geändert werden, wenn die Umstände es verlangen[93].

Die im ekklesiologischen Grundansatz Luthers gegebene Möglichkeit, die Kirchenverfassung zu ändern[94], sollte schon bald in ein Programm

---

86 Vgl. über die Zuspitzung der Ablaßfrage zu einem ekklesiologischen Problem Remigius Bäumer, Luther und der Papst, Münster 1970 (Katholisches Leben und Kirchenreform, 30) 15–20.

87 So bereits in den Resolutiones disputationum de indulgentiarum virtute, 1518, WA 1, 571.

88 *»Sequitur ergo, quod non verbis euangelicis et iure divino iste primatus stet, Sed iure hominum et usu.«* Resolutio Lutheriana super propositione XIII. de potestate papae, 1519, WA 2, 201; vgl. auch WA 2, 225 f. Vgl. dazu Ernst Bizer, Luther und der Papst, München 1968 (Theologische Existenz heute, 69) 17–30.

89 Vgl. Acta Augustana, 1518, WA 2, 20.

90 *»Sequitur ... Episcopos, patriarchas, primates, qui hodie sunt, esse iuris humani tantum,«* Resolutiones Lutherianae super propositionibus suis Lipsiae disputatis, 1519, WA 2, 433.

91 *»Ministerium verbi facit sacerdotem et Episcopum.«* De captivitate Babylonica, 1520, WA 6, 566; *»Den ein Bischoff und pfar ist ein ding bey sanct Paul, wie das auch sanct Hieronymus beweret. Aber die Bischoff die itzt sein, weysz die schrifft nichts vonn, szondern sein vonn Christlicher gemeyn ordnung gesetzt, das einer ubir viel pfarr regiere.«* An den christlichen Adel, 1520, WA 6, 440.

92 Vom Papsttum zu Rom, 1520, WA 6, 300.

93 Vgl. Ferdinand E. Cranz, An Essay on the Development of Luther's Thought on Justice, Law and Society, Cambridge/Mass. 1959 (Harvard Theological Studies, 19) 123 ff.

94 Auf die Grundlagen von Luthers früher Ekklesiologie, die in letzter Zeit wiederholt behandelt worden sind, kann hier nicht näher eingegangen werden, vgl. den Forschungsüberblick von Remigius Bäumer, Der junge Luther und der Papst, in: Catholica 23 (1969) 392–420.

von großer Tragweite umschlagen[95]: Im Anschluß an die alten Gravamina[96] zeigte Luther im zweiten Teil der Adelsschrift[97], wie der päpstliche Zentralismus die Kirche allgegenwärtig korrumpiert habe[98]. Vor diesem düsteren Hintergrund forderte er sodann eine Verfassungsreform der deutschen Kirche mit dem Ziel, *»deutscher Nation zuhelffen, widderumb Christen und frey werden noch dem elenden, heydnischen und unchristlichem regiment des Bapsts«*[99].

Diese reformierte Kirche sollte ein in die nationalen Verhältnisse Deutschlands übersetztes Abbild des päpstlichen Kirchenregimentes sein: Ihr Mittelpunkt ist der *»primat in Germanien«*, der die oberste Jurisdiktion über die deutsche Kirche mit Hilfe einer der römischen Kurie nachgebildeten Verwaltungsbehörde ausübt[100]. Um simonistische Praktiken zu verhindern, soll sie von den eingesparten Annatengeldern ordentlich besoldet werden[101].

Die Konzeption einer deutschen Nationalkirche, die autokephal um einen Primas[102] gegliedert und von der unmittelbaren Jurisdiktion der Kurie frei sein sollte, war der Zeit durchaus geläufig. Hans von Hermansgrün hatte auf mögliche politische Vorteile eines deutschen Patriarchen aufmerksam gemacht[103]. Und Jakob Wimpfeling beantwor-

[95] Luthers Vorstellung von einer Nationalkirche wurde von der Forschung noch nicht eingehend genug behandelt, vgl. aus der Literatur: Werminghoff, Nationalkirchliche Bestrebungen, 139–146; Alfred Adam, Die Nationalkirche bei Luther, in: ARG 35 (1938) 39–62, sowie den guten Überblick von Karl Eger, Luther und der nationalkirchliche Gedanke, in: Wartburg 37 (1938) 179–190 (leider ohne wissenschaftlichen Apparat).

[96] Vgl. die Nachweise bei Walther Köhler, Die Quellen zu Luthers Schrift ›An den christlichen Adel deutscher Nation‹, Diss Heidelberg 1895, 111–129. Vgl. auch Gebhardt, Die Gravamina, 108–114; Borth, Die Luthersache, 76 f.

[97] WA 6, 415 ff.

[98] Vgl. den Brief an Spalatin vom 7. 6. 1520: *»Est animus publicam schedam edere ad Carolum et totius germanie nobilitatem adversus Ro[manae] Curie tyrannidem et nequitiam.«* WABr 2, 120, Nr. 297. Vgl. hierzu Ernst Kohlmeyer, Die Entstehung der Schrift Luthers ›An den christlichen Adel deutscher Nation‹, Gütersloh 1922, 70 ff. Vgl. zu den Anfängen von Luthers Romkritik Gerhard Müller, Ekklesiologie und Kirchenkritik beim jungen Luther, in: Neue Zeitschrift für systematische Theologie und Religionsphilosophie 7 (1965) 116.

[99] WA 6, 431.

[100] *»Drumb wo es sein mocht, zuscheyden die hedder und krieg, das der primat in Germanien ein gemeyn Consistorium hielte mit auditoribus, Cantzelern, der, wie zu Rom, signaturas gratiae unnd iustitiae regiret, zu wilchem durch Appellation die sachen in deutschen landen wurden ordenlich bracht und trieben.«* WA 6, 431.

[101] Vgl. WA 6, 431.

[102] Bei gleicher inhaltlicher Bedeutung wechseln die Bezeichnungen bei den einzelnen Autoren von Legatus natus über Primas bis hin zu Patriarch.

[103] Hans von Hermannsgrün hatte empfohlen, eine päpstliche Übertragung des Imperiums an die Franzosen mit dem Schisma der deutschen Kirche unter einem nationalen Patriarchen zu beantworten: *»Si hoc clare perspicietis, videte, ne ob iniquitatem facti obedientia ad tempus e medio tollenda atque in locum pape patriarcha vobis consti-*

tete eine entsprechende Anfrage Maximilians mit dem Hinweis auf den historischen Titel eines Legatus natus der Erzbischöfe von Salzburg und des Primas- oder Patriarchentitels, den die Erzbischöfe von Magdeburg führten[104]. Die Vorstellung eines deutschen Primas oder Nationallegaten durchwitterte die populäre Weissagungsliteratur der Zeit[105], stimulierte die politische Phantasie ehrgeiziger Prälaten wie Matthäus Lang[106] oder Albrecht von Brandenburg[107] und begeisterte den patriotischen Humanismus eines Ulrichs von Hutten[108].

Ob Luther den Gedanken an einen deutschen Primas dem Gutachten Wimpfelings entnommen[109] oder ob er ihn als Gemeingut kirchenpolitisch interessierter Kreise anderweitig kennengelernt hatte[110], läßt sich nicht entscheiden[111]. Wahrscheinlich dachte er dabei an den Erzbischof von Magdeburg. Darauf deutet nicht nur der Umstand, daß die öffentliche Meinung Deutschlands eher in Magdeburg als in Salzburg den Sitz des deutschen Primas sah[112], sondern auch ein Indiz in der Adelsschrift: Bei der Erörterung der Hussitenfrage empfahl Luther den Böhmen, sich auf der Rechtsgrundlage des Kanons 4 des Konzils von Nikaia einen

---

tuendus erit.« Somnium, ed. Heinrich Ulmann, in: Forschungen zur deutschen Geschichte 20 (1880) 87.

104 Vgl. Werminghoff, Nationalkirchliche Bestrebungen, 122–130, sowie Joseph Knepper, Jakob Wimpfeling (1450–1528), Freiburg 1902 (Erläuterungen und Ergänzungen zu Janssens Geschichte des deutschen Volkes, III/2–4) 253–267, bes. 264 ff. Vgl. zu dem historischen Hintergrund dieser Titel Hinschius, Das Kirchenrecht der Katholiken und Protestanten, Bd 1, 2. Aufl., Graz 1959 (Nachdruck der Ausgabe von 1869), 610 ff.; Hubert Becher, Der deutsche Primas, Kolmar o.J., 17–20.

105 Vgl. Ignaz von Döllinger, Der Weissagungsglaube und das Prophetentum in der christlichen Zeit, in desselben: Kleinere Schriften, hrsg. von F.H.Reusch, Stuttgart 1890, 546 ff.; 555; Werminghoff, Nationalkirchliche Bestrebungen, 135 f.

106 Vgl. Werminghoff, Nationalkirchliche Bestrebungen, 130 ff.

107 Vgl. Aloys Schulte, Zwei Aktenstücke zum Leben des Kardinals Albrecht von Brandenburg, in: Fschr. Friedrich Schneider, Freiburg 1906, 204–216.

108 Vgl. über Huttens Ansicht den Brief des Erasmus von Nettesheim an Johannes Brennonius vom 16. 6. 1520, in: Ulrich von Huttens Schriften, ed. Eduard Böcking, Bd 1, Leipzig 1859, 359 f., Nr. 175. Vgl. Theodor Kolde, Luther's Stellung zu Concil und Kirche bis zum Wormser Reichstag 1521, Gütersloh 1876, 75 f.; Köhler, Die Quellen zu Luthers Schrift ›An den christlichen Adel‹, 165.

109 Ein Druckexemplar des Gutachtens Wimpfelings fand sich im Nachlaß Spalatins, vgl. Heinrich Ulmann, Studie über Maximilian's I. Plan einer deutschen Kirchenreform im Jahre 1510, in: ZKiG 3 (1879) 218.

110 So vermutet Köhler, Die Quellen zu Luthers Schrift ›An den christlichen Adel‹, 169, eine mündliche Quelle.

111 So auch Werminghoff, Nationalkirchliche Bestrebungen, 139 f.

112 So jedenfalls vermutet Köhler, Die Quellen zu Luthers Schrift ›An den christlichen Adel‹, 166, Anm. 4, unter Bezug auf Aeneas Sylvius Piccolominis Germania: *»Nationis vero Germanicae primatem Magdeburgensem archiepiscopum esse tradunt«* (zitiert ebda). Vgl. über den Rangstreit zwischen Magdeburg und Salzburg im 15. und 16. Jahrhundert Becher, Der deutsche Primas, 18 f.

Prager Erzbischof zu wählen, der dann von den Oberhäuptern der benachbarten Nationalkirchen zu bestätigen sei und zwar in Deutschland vom Erzbischof von Magdeburg[113].

Die um den *»Primat in Germanien«* gegliederte Kirche solle künftig frei von Rom ihre Angelegenheiten selbst regeln. Der Papst als oberste Aufsichts- und Appellationsinstanz sei nur in schwerwiegenden Fällen und auch dann nur um eine Entscheidung zu bemühen, wenn die betreffende Angelegenheit entweder in Deutschland nicht gelöst werden könne oder wegen interner Schwierigkeiten nicht gelöst werde[114].

Dieser Grundkonzeption entsprechen eine Reihe von Einzelforderungen: Niemand solle in Zukunft den Papst noch um eine Bischofsbestätigung ersuchen, denn die deutsche Kirche könne diese auf der Rechtsgrundlage des nizänischen Kanons 4 selbst erteilen[115]. Weiterhin müsse der Papst an der Ausübung von Rechten gehindert werden, die die bischöfliche Jurisdiktion einschränkten. Insbesondere solle er nicht mehr über deutsche Benefizien verfügen oder Exemptionen aussprechen dürfen[116]. Unverkennbar zeigt sich somit in der Adelsschrift die Tendenz zur Wiederherstellung *»bischofflicher ordenlicher gewalt«*[117], in der auch die

[113] *»Hie sol sich der Bapst umb der seelen willen ein zeyt lang seiner ubirkeit euszern, und nach dem statut des allerchristlichsten Concili Niceni den Behemen zulassen, einen Ertzbischoff zu Prag ausz yhnen selbs zurwelen, wilchen bestetige der Bischoff zu Olmutz in Mehren, odder der Bischoff zu Gran in Ungern, odder der Bischoff vonn Gnezen in Polen, odder der Bischoff zu Magdeburg in deutschenn. Ist gnug, wen er von diszen, einen odder zween, bestetiget wirt, wie zu den zeytten sanct Cypriani geschach, und der bapst hat solchs keinis zuwerenn.«* An den christlichen Adel, 1520, WA 6, 455.

[114] *»Doch das chr nit klag (sc. der Papst), er werde seiner ubirkeit beraubt, solt verordnet werden, das wo die primaten odder Ertzbischoff nit muchten ein sach auszrichten, odder unter yhnen sich ein hadder erhub, das als dan die selb dem Bapst wurd furtragenn, unnd nit ein ygliche kleyne sach, wie vortzeytten geschah und das hochberumpt Concily Nicenum gesetzt hat,«* ... *»Denn des Bapst ampt sol sein, das er der allergelertist in der schrifft unnd warhafftig, nit mit namen, der allerheyligist regiere die sachen, die den glauben und heyliges leben der Christen betreffen, die Primaten und Ertzbischoff datzu halten, und mit yhn drynnen handeln und sorg tragen,«* An den christlichen Adel, 1520, WA 6, 429 f.

[115] WA 6, 429; vgl. auch: Von dem Papsttum zu Rom, 1520, WA 6, 429. Vgl. zu Luthers Interpretation der nizänischen Kanones: Köhler, Die Quellen zu Luthers Schrift ›An den christlichen Adel‹, 54–70; ders., Luther und die Kirchengeschichte, Erlangen 1900, 139 ff.; Christa Tecklenburg-Johns, Luthers Konzilsidee in ihrer historischen Bedingtheit und ihrem reformatorischen Neuansatz, Berlin 1966 (Theologische Bibliothek Töpelmann, 10) 43–50.

[116] Vgl. WA 6, 428 ff. Vgl. August Franzen, Kirchliches Benefizialrecht, kuriales Pfründenwesen und Reformation in Deutschland, in: Fschr. Bernhard Panzram, Freiburg 1972, 423–438.

[117] WA 6, 433; vgl. WA 6, 422; 428; 429. Diesen häufig übersehenen Gesichtspunkt betonte bereits Friedrich Haupt, Der Episcopat der deutschen Reformation, Bd 2, Frankfurt 1866, 71. Ein später Reflex der wohl anfänglich in diesem Punkt positiven Resonanz des Episkopats findet sich in der Schrift Vermahnung an die Geistlichkeit, 1530: *»Item, habt jhr auch vergessen, wie zum ersten meine lere fast bey euch allen so ein kostlich*

katholische Kirchenreform eines ihrer Schlüsselprobleme sah[118].

In diesen Forderungen zeichnen sich somit die Umrisse einer neuen Kirchenverfassung ab[119]: Die auf einem reformierten Episkopat beruhende[120] und durch einen Primas in den nationalen Grenzen des Reiches geeinte Kirche sollte ihre Verhältnisse autonom nach Maßgabe der Seelsorgsbedürfnisse regeln und in einer nur lockeren Beziehung zum Papst als oberster Appellations-, Entscheidungs- und Aufsichtsinstanz stehen.

Dieses Modell sollte jedoch keinesfalls auf Deutschland beschränkt bleiben, sondern auch für Böhmen gelten[121]. Und in Frankreich, das seine Kirche erfolgreich gegen den römischen Zentralismus verteidigt hat, ist es bereits verwirklicht[122]. Hinter Luthers Reformforderungen steht damit eine Konzeption von der Verfassung der Universalkirche: Alle Kirchen sollten in ihrem nationalen Rahmen zur Einheit integriert und durch die lockere gemeinsame Bindung an den Papst zu einer Art ökumenischer Föderation verbunden werden.

Die Emanzipation der deutschen Kirche von Rom wies Luther als politische Aufgabe den deutschen Obrigkeiten und insbesondere dem Kaiser zu[123]: Wenn die Kirche auch grundsätzlich ihre inneren Angele-

ding war? da alle Bisschoff gar gerne sahen, das dem Bapst (der die stifft zu hart antastet) seiner tyranney ein wenig gesteuret wurde, Da kundten sie mir fein zu sehen, horchen, stille sitzen und lauren, wie sie jhr Bisschoffliche oberkeit widder gantz kriegen mochten,« WA 30, 2, 278 f.

118 Vgl. z.B. das Consilium de emendanda Ecclesia von 1537, in: Concilium Tridentinum, hrsg. von der Görres-Gesellschaft, Bd 12/1, ed. Vinzenz Schweitzer, Freiburg 1930, 139 f., Nr. 14. Vgl. auch Hubert Jedin, Geschichte des Konzils von Trient, Bd 1, 2. Aufl., Freiburg 1951, 340; 352 ff.

119 Die – von Rudolph Sohm beeinflußte – These von Werminghoff, Nationalkirchliche Bestrebungen, 142, es sei falsch »in Luthers Ausführungen das System für das Verfassungsrecht einer neuen Kirche« zu suchen, weil es ihm nicht auf das »Recht der Kirche«, sondern allein auf den Glauben ihrer Glieder angekommen sei, widerspricht den Quellen und läuft auf eine für Luther falsch gestellte Alternative hinaus.

120 Vgl. unten S. 106–115.

121 Vgl. De instituendis ministris Ecclesiae, 1523, WA 12, 194. Vgl. Karl Müller, Kirche, Gemeinde und Obrigkeit nach Luther, Tübingen 1910, 43–49.

122 An den christlichen Adel, 1520, WA 6, 417. Vgl. zum Investiturrecht der französischen Könige: WA 6, 433.

123 Vgl. Karl Holl, Luther und das landsherrliche Kirchenregiment, in desselben: Gesammelte Aufsätze zur Kirchengeschichte, 7. Aufl., Bd 1, Tübingen 1948, 326–350. Möglicherweise wurde Luther in seiner Auffassung durch ein Schreiben des Erasmus an Johannes Lang vom 17. 10. 1518 bestärkt: *»Video τῆν τοῦ Ῥομάνου Ἀρχιερεύς (ut nunc est ea sedes) μοναρχίαν pestem esse Christianismi; cui per omnia adulantur Praedicatores facie prorsus perfricta. Sed tamen haud scio an expediat hoc ulcus aperte tangere. Principum hoc erat negocium; sed vereor ne hi cum Pontifice colludant, in praedae partem venturi.«* in: Opus Epistolarum Des. Erasmi Roterodami, ed. Percy S. Allen, Bd 3, Oxford 1913, 409 f., Nr. 872. Vgl. zur erasmianischen Kritik am »hierarchischen Imperium« des Papstes Otto Schottenloher, Erasmus und die Respublica Chri-

genheiten selbst und ohne Eingriffe der weltlichen Gewalt regeln solle, so sei doch die Obrigkeit in diesem Falle dringender Not gehalten, entweder ein papstfreies Konzil zur Reform der Kirche einzuberufen[124] oder aber selbst die äußeren Mißstände zu beheben[125].

Ein *»keyszerlich gesetz«* solle verhindern, daß künftighin der Papst um eine Bischofsbestätigung oder um die Bestätigung irgendeiner anderen Würde ersucht werde[126]. Ebenso sei die Dekretale *»Significasti«*[127] aufzuheben und zu verhindern, daß in Zukunft noch ein Bischof dem Papst den Gehorsamseid leiste[128]. Weiterhin solle dem Papst keine Verfügung mehr über deutsche Pfründen gestattet, die Reservationen, Kommenden, Expektanzen und andere Praktiken simonistischer Ämterbesetzungen abgeschafft[129] und vor allem keine Annaten mehr nach Rom gezahlt werden[130]. Außerdem sei die Gerichtsbarkeit des Papstes im *»forum mixtum«* abzuschaffen[131] und seine geistliche Jurisdiktion durch Aufheben der *»casus reservati«* einzuschränken[132]. Und schließlich solle auch die innere Verbundenheit des deutschen Kirchenvolkes mit Rom durch ein radikales Einschränken der Romwallfahrten gelöst werden[133].

In diesem Programm zählte Luther ausführlich jene Maßnahmen der weltlichen Gewalt auf, die erforderlich gewesen wären, um die deutsche

---

stiana, in: HZ 210 (1970) 301–307. Vgl. über die Bedeutung dieses Schreibens für den Erfurter Humanistenkreis, der enge Beziehungen zu Luther unterhielt, Erich Kleineidam, Universitas Studii Erffordensis, Bd 2, Leipzig 1969 (Erfurter Theologische Studien, 22) 236 ff.

[124] Vgl. zu Luthers Ablehnung eines Konzils mit päpstlicher Superiorität: Von den guten Werken, 1520, WA 6, 258; An den christlichen Adel, 1520, WA 6, 413. Vgl. hierzu Bäumer, Luther und der Papst, 47.

[125] Vgl. Von den guten Werken, 1520, WA 6, 258; Nachwort auf die Epitoma des Prierias, 1520, WA 6, 347; An den christlichen Adel, 1520, WA 6, 415. Vgl. zur Kontroverse über das Verhältnis von Konzil und weltlicher Gewalt bei der Kirchenreform besonders: Karl Müller, Gemeinde, Kirche und Obrigkeit nach Luther, 19 ff.; Holl, Luther und das landesherrliche Kirchenregiment, 326–329; Kohlmeyer, Die Entstehung von Luthers Schrift ›An den christlichen Adel‹, 17–33; Walther Köhler, Zu Luthers Schrift ›An den christlichen Adel deutscher Nation‹, in: ZRG KA 14 (1925) 1–38; Kohlmeyer, Noch ein Wort zu Luthers Schrift an den christlichen Adel, in: ZKiG 44 (1925) 582–594. Die These Kohlmeyers, daß die Reformpflicht der Obrigkeit im Verlauf der Schrift in den Vordergrund trete und das Konzil – an das Luther nicht mehr ernsthaft geglaubt habe – verdränge, scheint den Quellen auch dann am besten gerecht zu werden, wenn man sich seiner in der Tat etwas künstlichen Unterscheidung der einzelnen Entstehungsschichten der Adelsschrift nicht recht anzuschließen vermag.

[126] WA 6, 429.

[127] X I, 6, 4. Freilich regelte die Dekretale nur den Gehorsamseid der Pallienempfänger.

[128] Vgl. WA 6, 433.

[129] WA 6, 428; 431.

[130] WA 6, 419; 427 f.

[131] WA 6, 430.

[132] WA 6, 431.

[133] WA 6, 437 f.

Kirche gegen eine direkte päpstliche Jurisdiktionsausübung abzuschirmen. Trotz des offenbar wahllosen Appells an die verschiedenen hohen und niedrigen Obrigkeiten im Reich[134] besteht kein Zweifel, daß Luther grundsätzlich das ganze Reich, beziehungsweise die ganze Reichskirche als Träger und Objekt dieser Reformen vor Augen hatte.

Luthers Forderung nach einer deutschen Nationalkirche verlor freilich mit seiner Ächtung in Worms und mit dem Scheitern des nach Speyer angesetzten Nationalkonzils[135] ihre politischen Voraussetzungen: Der Kaiser bekannte sich mit der Verwerfung Luthers zur katholischen Universalkirche[136]. Und der Versuch der Reichsstände, durch die Speyerer Nationalversammlung eine »ständische Reichskirche«[137] zu etablieren, scheiterte nicht nur am Widerstand des Kaisers[138], sondern auch an der Uneinigkeit der Stände selbst[139].

Freilich wird man festhalten müssen, daß die von Luther erstrebte Nationalkirche weniger den Ständen als vielmehr dem Kaiser politischen Gewinn eingebracht hätte: Als neue einheitsstiftende Klammer

---

[134] Die Deutung und Einordnung der verschiedenen in der Schrift genannten Obrigkeiten bereitet einige Schwierigkeiten. Luther wendet sich a) allgemein an die Obrigkeit (WA 6, 446), bzw. an den *»Christlich adel«* (WA 6, 428); b) an den Kaiser, bzw. ein kaiserliches Gesetz (WA 6, 419; 420; 424; 429), das einem *»gemeyner Nation gesetz«* (WA 6, 419) gleichgestellt ist; c) an den Kaiser mit dem Adel (WA 6, 433; 466); d) an Fürsten und Adel (WA 6, 420; 421; 419; 427). Diese Unterscheidungen sind von der jeweiligen Reformmaterie nicht immer begründet, sondern gelegentlich willkürlich vorgenommen (z.B. forderte er, daß die Annaten durch ein *»keyszerlich odder gemeyner Nation gesetz«*, [WA 6, 419] verboten werden sollen, während er an anderer Stelle *»Furst, Adel, Stat«*, [WA 6, 427] hierfür verantwortlich machte und den Kaiser gar nicht erwähnte). Kohlmeyer, Die Entstehung der Schrift Luthers ›An den christlichen Adel deutscher Nation‹, 19 ff., versucht diesen Befund mit dem Hinweis zu erklären, daß Luther offenbar den Reichstag vor Augen gehabt habe, auf dem ja Kaiser und Stände vertreten gewesen seien. Indessen läßt sich dies nur für einige Stellen mit Sicherheit annehmen (WA 6, 419; 465); die Herren und der niedere Adel, an den sich Luthers Reformappell ebenfalls wendete, waren im übrigen auf dem Reichstag entweder nur durch Kuriatstimme oder gar nicht vertreten. Freilich wird man aber auch nicht so weit gehen dürfen wie Walther Köhler, Die Quellen zu Luthers Schrift ›An den christlichen Adel deutscher Nation‹, 109, und Luther volle Unklarheit über die politischen Möglichkeiten einer Reform unterstellen. Wenn Luther ohne feine Nuancierung alle Obrigkeiten ansprach, so steckt dahinter offenbar die Überzeugung, daß eine so grundlegende Reform vom Konsens aller Obrigkeiten im Reich getragen sein müsse.

[135] Vgl. hierzu Borth, Die Luthersache, 158 ff.

[136] Vgl. Hans Wolter, Das Bekenntnis des Kaisers, in: Der Reichstag zu Worms von 1521, hrsg. von Fritz Reutter, Worms 1971, 222–236.

[137] Borth, Die Luthersache, 156; vgl. zum Ganzen 154–157.

[138] Der Kaiser befürchtete durch die ständische Initiative zu Recht eine Beeinträchtigung seiner monarchischen Obrigkeit, vgl. das Mandat von Burgos, ed. Carl Eduard Förstemann, Neues Urkundenbuch zur Geschichte der evangelischen Kirchenreform, Bd 1, Hamburg 1842, 204 ff., Nr. 81. Vgl. auch Jedin, Das Konzil von Trient, Bd 1, 173 f.

[139] Vgl. Borth, Die Luthersache, 158 ff.

des Reiches hätte sie nicht nur die Position des Kaisers gestärkt, sondern auch die seit den Fürstenkonkordaten bestehenden unmittelbaren Beziehungen der Reichsstände zum Papst unterbrochen. Sie hätte überdies verhindert, daß die Landesfürsten ihre Kirchenhoheit – »wichtigstes Stück bei der Erringung der Souveränität«[140] – weiter ausbauten[141].

Weil sich der Weg zur Nationalkirche als ungangbar erwies, sah sich Luther im Interesse einer reformierten und geordneten Seelsorge auf die Hilfe der Territorialfürsten[142] und damit auf die landeskirchliche Lösung der Kirchenfrage verwiesen. Dies war für ihn – wie er ausdrücklich betonte – weniger ein Programm oder *»strenge gebot«*[143], sondern ein faktisches Erfordernis[144].

Wenn Luther auch hoffen mochte, durch den sukzessiven Aufbau reformierter Landeskirchen allmählich das ganze Reich zu erfassen[145] und damit indirekt eine deutsche Nationalkirche zu gründen, so sollte dies an der Lebenskraft der alten, universalen Kirche scheitern.

---

[140] Engel, Von der spätmittelalterlichen respublica christiana zum Mächte-Europa der Neuzeit, 414.

[141] Dieses Ergebnis widerlegt die von Borth, Die Luthersache, 76 f., vertretene These, daß die Adelsschrift eine »Solidaritätserklärung« mit der Gravaminapolitik der Reichsstände darstelle: Der Umstand, daß Luther eine deutsche Nationalkirche und nicht deutsche Landeskirchen forderte und ebenso für eine Restauration der freien bischöflichen Jurisdiktion eintrat, konnte gewiß nicht im Interesse der Reichsstände liegen.

[142] Vgl. zu Luthers Initiativen die Schreiben an Kurfürst Johann vom 31. 10. 1525, WABr 3, 595, Nr. 937; vom 30. 11. 1525, WABr 3, 628, Nr. 950, und vom 22. 11. 1526, WABr 4, 133 f., Nr. 1052.

[143] Vorwort zum Unterricht der Visitatoren an die Pfarrherren, 1527, WA 26, 200.

[144] Luther rechtfertigte die landesherrliche Kirchenvisitation damit, daß sie nicht auf Grund eines Gebotes – ähnlich den päpstlichen Dekretalen – sondern als eine *»historien oder geschicht«* (WA 26, 200), d.h. durch den faktischen Verlauf der Dinge, zustande gekommen sei. Vgl. zu den Anfängen des landesherrlichen Kirchenregimentes vor allem Karl Müller, Kirche, Gemeinde und Obrigkeit bei Luther, 62–84, und Holl, Luther und das landesherrliche Kirchenregiment, 360–380; vgl. ferner Lewis W. Spitz, Luther's Ecclesiology and his Concept of the Prince as Notbischof, in: Church History 22 (1953) 113–141; Norbert Stein, Luthers Gutachten und Weisungen an die weltlichen Obrigkeiten zum Aufbau eines evangelischen Kirchenwesens, Diss. Masch. Freiburg 1960, 20–44; Hans-Walter Krumwiede, Zur Entstehung des landesherrlichen Kirchenregiments in Kursachsen und Braunschweig-Wolfenbüttel, Göttingen 1967 (Studien zur Kirchengeschichte Niedersachsens, 16) bes. 48–56; 109–119; Karl Trüdinger, Luthers Briefe und Gutachten an weltliche Obrigkeiten zur Durchführung der Reformation, Münster 1975 (Reformationsgeschichtliche Studien und Texte, 111), 68–92.

[145] Vgl. Vorrede zum Unterricht der Visitatoren, WA 26, 198 f.

c) Innere Reform der Reichskirche

Der Aufbau einer deutschen Nationalkirche und ihre Freiheit von Rom waren für Luther freilich kein Selbstzweck, sondern Voraussetzung für eine am göttlichen Wort geläuterte Seelsorge. Dieses pastorale Interesse führte ihn auch zum Angriff auf die weltliche Herrschaft, die die deutsche Kirche ausübte[146]. Denn dies belastete nicht nur die Seelsorge, sondern widersprach auch seiner theologischen Konzeption von der strikten Trennung des geistlichen und weltlichen Regiments.

Anfangs zeigte er hierbei allerdings eine auffallende und wohl durch politische Rücksichten bedingte Zurückhaltung: Während er dem Papst in der Adelsschrift seinen Griff nach dem Imperium[147], seine Lehenshoheit über Neapel-Sizilien sowie die Eroberungen in der Mark Ancona und in der Romagna vorhielt[148], erwähnte er die landesfürstliche Stellung deutscher Bischöfe mit keinem Wort, sondern beschränkte sich – wie auch schon früher[149] – auf einen zweifellos populären Angriff auf die weltliche Gerichtsbarkeit der Offiziale[150]. Und in der Schrift über die babylonische Gefangenschaft der Kirche polemisierte er zwar gegen den hierarchischen Mißbrauch des Kirchenamtes, das den Dienstsinn des Ministeriums zu einem *»ius imperii«* pervertiert habe[151], ohne dabei auf

[146] Luthers Einstellung zu den geistlichen Herrschaften wurde zwar wiederholt in den Untersuchungen über die Kirchengüterfrage gestreift, aber noch nicht zusammenhängend untersucht. Vgl. aus der Literatur: Dietrich Köhler, Reformationspläne für die geistlichen Fürstentümer bei den Schmalkaldenern, Diss. Greifswald 1912, 13–40; Kurt Körber, Kirchengüterfrage und Schmalkaldischer Bund, Leipzig 1913 (Schriften des Vereins für Reformationsgeschichte, 111/112) 43–51; Georg Buchwald, Martin Luther und die Einziehung und Verwaltung des Kirchengutes, Dresden 1919, 5 ff.; Johannes Heckel, Die evangelischen Dom- und Kollegiatsstifter Preußens, Stuttgart 1924 (Kirchenrechtliche Abhandlungen, 100/101), 6–13; Hans Lehnert, Kirchengut und Reformation, Erlangen 1935 (Erlanger Abhandlungen zur mittleren und neueren Geschichte, 20) 61 ff.

[147] WA 6, 434 f.

[148] WA 6, 435. Luther folgte mit dieser Aufzählung offenbar Lorenzo Vallas Schrift über die Konstantinische Schenkung, vgl. Köhler, Die Quellen zu Luthers Schrift ›An den christlichen Adel‹, 304.

[149] Vgl. Luther an Link, 10. 7. 1518, WABr 1, 185, Nr. 83; Sermon vom Bann, 1520, WA 6, 75; Von den guten Werken, 1520, WA 6, 262.

[150] *»Dabey must man auch vorpieten in allen stifftenn die grewlich schinderey der Officiel, das sie nit mehr, dan des glaubens sach und gutter sitten sich annemen, was gelt, gut und leyp odder ehre antrifft, den weltlichen richtern lassen. Darumb sol die weltliche gewalt des bannen und treyben nit gestatten, wo es nit glawben odder guttis lebenn antrifft. Geystlich gewalt sol geystlich gut regieren, wie das die vornunfft leret,«* WA 6, 430 f. Vgl. zur zeitgenössischen Kritik an der geistlichen Gerichtsbarkeit in weltlichen Angelegenheiten Kirn, Friedrich der Weise und die Kirche, 46 ff., sowie Justus Hashagen, Zur Charakteristik der geistlichen Gerichtsbarkeit vornehmlich im späteren Mittelalter, in: ZRG KA 6 (1916) 205–292, bes. 261–280.

[151] WA 6, 464. Vgl. hierzu auch Hellmut Lieberg, Amt und Ordination bei Luther und Melanchthon, Göttingen 1962 (Forschungen zur Kirchen- und Dogmengeschichte, 11) 34–39.

die weltliche Herrschaft der Prälaten einzugehen, wozu das Thema reichlich Ansatzpunkte geboten hätte.

Dies sollte sich freilich bald ändern: Nach dem Wormser Reichstag von 1521 begannen sich in seine Publikationen polemische Töne gegen die Reichsbischöfe zu mischen, deren fürstliches Leben und Wesen sich in keiner Weise mit ihrem bischöflichen Amt vereinbaren lasse[152]. In der Schrift »*Wider den falsch genannten geistlichen Stand des Papstes und der Bischöfe*« von 1522 gewann diese Polemik Präzision und programmatische Schärfe: Ausschließliche Aufgabe eines Bischofs sei die Verkündigung des Evangeliums. Bischöfe mit weltlicher Herrschaft seien dagegen keine christlichen Bischöfe, sondern »*des teuffels botten unnd statt halter*«, deren Ordnung zerstört oder zumindest gemieden werden müsse[153]. Andererseits sei ein Christ verpflichtet, auf das fürstliche Bischofsamt zu verzichten, wenn er keine Möglichkeit sehe, darin als ein rechter Bischof, das heißt ausschließlich als Seelsorger, zu wirken[154].

Diese Sätze gingen nicht nur die Kirche an, sondern stellten auch das Reich vor ein Verfassungsproblem: Was sollte mit den geistlichen Territorien geschehen? Wie sollten die reichs- und landständischen Hoheitsrechte der Prälaten behandelt, wie ihre Aufgaben im Rahmen der Reichsverfassung ersetzt werden? Der von Luther geforderte Verzicht auf das Bischofsamt verschob indessen nur das Problem, zeigte aber keine Lösung. Und überdies wurde er auch dem Standesbewußtsein der adeligen Prälaten nicht gerecht. Je mehr sich Luther deshalb mit diesen Fragen beschäftigte, umso klarer fand er zu politisch praktikableren Lösungen,

---

[152] »*Das wyr solchs von euch hallten unnd glawben, tzwingt uns der heylige geyst, wilcher yn Paulo die bisschoff ordent und eynsetzt: datzu, das yn disser wellt eynem bisschofflichen standt nichts ungleycher ist, jha mehr entkegen unnd widderstrebt, denn ewr welltlicher standt, furstlich leben und weßen.*« Vom Mißbrauch der Messe, 1521, WA 8, 502.

[153] »*Unnd das ichs erauß schutte, ßo soll yderman wissen, das die Bischoff, die itzt ubir viel stett regirn, nicht Christliche bischoff nach gotlicher ordnung sind ßondern auß teuffelischer ordnung und menschlichem frevel, Sind auch gewißlich des teuffels botten unnd statt halter. ... Und teuffels ordnung soll man verstoren oder meyden fur allen dingen. Nu horet tzu, yhr bisschoffs, ia teuffells larven, D. Luther will euch auch eyne Bulle und reformation leßen, die euch nit wol lautten wirtt.*« Wider den falsch genannten geistlichen Stand des Papsts und der Bischöfe, 1522, WA 10, 2, 138; 139; vgl. auch WA 10, 2, 140. Daß Luther diese mißverständlichen Invektiven nicht als Aufruf zur revolutionären Zerstörung der geistlichen Herrschaften verstanden haben wollte (wie es dann im Bauernkrieg geschah), hatte er bereits 1521 mit der Ablehnung des mit Huttens Namen verbundenen »Pfaffenkrieges« zum Ausdruck gebracht: »*Quid Huttenus petat, vides. Nollem vi & cede pro Euangelio certari; ita scripsi ad hominem. Verbo victus est mundus, seruata est Ecclesia, etiam verbo reparabitur. Sed & Antichristus, vt sine manu cepit, ita sine manu conteretur per verbum.*« Luther an Spalatin, 16. 1. 1521, WABr 2, 249, Nr. 368.

[154] »*Laß du bistum und furstenthum faren, kanstu nicht Bischofflich drynnen faren. Warumb wiltu deyn seele ewiglich verderben umb tzeytlicher ehre willen?*« WA 10, 2, 154.

die bei allen Unterschieden doch allesamt auf eine Entflechtung von bischöflichem und fürstlichem Amt hinzielten.

Die weitere Frage, ob und wie das geistliche Bischofsamt und die überkommene Diözesanordnung reformiert werden sollten, hat Luther zwar immer wieder beschäftigt, ohne daß er jedoch über Ansätze hinaus eine grundsätzliche Neukonzeption entwickelt und vertreten hätte[155].

---

[155] Luthers Vorliebe galt einer Bischofsverfassung aus vielen kleinen und überschaubaren Amtsbezirken, wobei er zumindest in dieser Phase für die freie Wahl des Amtsträgers durch die Gemeinde eingetreten war (vgl. De instituendis ministris Ecclesiae, 1523, WA 12, 191). Diese Kirchenordnung, die er aus den paulinischen Pastoralbriefen und aus den Quellen der antiken Kirche erschlossen hatte (vgl. An den christlichen Adel, 1520, WA 6, 340; Wider den falsch genannten geistlichen Stand, 1522, WA 38, 237 f.), war für ihn indessen kein starres doktrinäres Postulat, sondern eine pragmatische Frage, die letztlich von der Haltung des Episkopats zu seiner Lehre abhing. Grundsätzlich war Luther bereit, die überkommene Kirchenordnung zu respektieren. Nur in der recht gereizten Schrift Wider den falsch genannten geistlichen Stand von 1522 zog er aus der Feststellung, daß die antike Kirchenordnung *»gottis ordnung und wille unnd meynung on allen tzweyffell«* sei, die Forderung, *»das alle welt schuldig ist, euch (sc. die Bischöfe) mit ewrem regiment tzuvortilgen«* (WA 10, 2. 140). Die faktische Neuorganisation der Kirche seit 1527 im Rahmen des Landesfürstentums, die zunächst in Kursachsen das Amt des Superintendenten als Quasi-Bischof im kleinen Bereich der kurfürstlichen Amtsdistrikte hervorbrachte (vgl. zur Entwicklung Heinrich Nobbe, Das Superintendentenamt, seine Stellung und Aufgabe nach den Evangelischen Kirchenordnungen des 16. Jahrhunderts, in: ZKiG 14 [1894] 429; 556–572; 15 [1895] 44–93, sowie Werner Elert, Der bischöfliche Charakter der Superintendenturverfassung, in: Luthertum 46 [1935] 353 ff.), war von Luther zunächst als Provisorium gedacht. Dahinter stand noch immer die Hoffnung auf ein Arrangement mit dem alten Episkopat (vgl. Karl Eger, Grundsätze evangelischer Kirchenverfassung bei Luther, in: Theologische Studien und Kritiken 106 [1934/35] 114). Gegen die Bistumsgröße und -verfassung von evangelisch gewordenen Bischöfen wie Georg von Polentz, Bischof von Samland (vgl. Die Preussische Kirchenordnung von 1525, in: Die Evangelischen Kirchenordnungen des XVI. Jahrhunderts, ed. Emil Sehling, Bd 4, Leipzig 1911, 30–38), sowie der schwedischen und später dänischen Bischöfe erhob Luther keine Einwände. Luthers Konzeption vom Bischofsamt und ihr historischer Rahmen verdienen noch eine eingehendere monographische Untersuchung. Die bisherigen Äußerungen zu diesem Thema neigen vielfach dazu, kirchenpolitische Interessen der Gegenwart in die Lutherzeit zu projizieren. Vgl. aus der Literatur besonders: Haupt, Der Episcopat der deutschen Reformation, Bd 2; Holl, Luther und das landesherrliche Kirchenregiment, 375–380; Alfred Reuter, Luthers und Melanchthons Stellung zur iurisdictio episcoporum, in: Neue kirchliche Zeitschrift 36 (1925) 549–575; Eger, Grundsätze evangelischer Kirchenverfassung bei Luther, 77–123, bes. 108–116; Peter Brunner, Vom Amt des Bischofs, Berlin 1955 (Schriften des theologischen Konvents Augsburgischen Bekenntnisses, 9); Holsten Fagerberg, Die Theologie der lutherischen Bekenntnisschriften von 1529–1537, Göttingen 1965, 238–263; Klaus Wolny, Das Bischofsamt als leitendes geistliches Amt und seine verfassungsmäßige Gestaltung in den Gliedkirchen der evangelischen Kirche in Deutschland, Diss. Erlangen/Nürnberg 1967, 6–21; Bernhard Lohse, Das Verständnis des leitenden Amtes der lutherischen Kirchen in Deutschland von 1517–1918, in: Kirchenpräsident oder Bischof?, hrsg. von Ivar Asheim, Göttingen 1968, bes. 55–63.

In der kleinen Schrift *»Ordnung eines gemeinen Kastens«*, die Mitte 1523 als empfehlende Einleitung zur Kirchenordnung der kleinen kursächsischen Gemeinde Leisnig erschienen ist, entwickelte Luther erstmals Richtlinien für die Behandlung des Ordens- und Klostervermögens. Die dabei gewonnenen Grundsätze sollten analog auf die geistlichen Herrschaften übertragen werden: Bischöfe und Stiftsherren mit weltlicher Herrschaft seien in Wahrheit weltliche Herren mit geistlichem Namen[156]. Deshalb solle man sie entweder ganz zu weltlichen Herren machen, oder ihre Güter den verarmten Erben der Stifter oder dem gemeinen Kasten übereignen[157].

Wohl mit Absicht verwendete Luther hier den ambivalenten Ausdruck *»gutter«*, der sowohl den einfachen Besitz als auch die damit verbundenen Herrschaftsrechte beinhalten konnte[158]. Und überdies erläuterte er nicht näher, wer diese Umwandlung oder Übereignung vornehmen sollte. Aber trotz dieser Unklarheiten wird hier die Tendenz zur Säkularisation der geistlichen Herrschaften sichtbar. Sie sollte sich durch die weitere Entwicklung bestätigen.

Noch im gleichen Jahr ermahnte Luther die *»hern Deutsches Ordens«*, das *»gutt«* des Ordens unter sich aufzuteilen und als neue weltliche *»landsessen«* oder *»amptleut«* das Ordensland in eine *»recht ordenliche hirschafft«* umzuwandeln[159]. Hier kann nun kein Zweifel mehr darüber

---

[156] Luther knüpfte hier an frühere Polemik gegen geistlich-weltliche Begriffsverwirrung an, vgl. Von dem Papsttum zu Rom, 1520, WA 6, 297.

[157] *»Auffs dritte, solche weyße gehoret auch auff die Bisthum, stiffte und capitel, die land und stedte und ander gutter unter sich haben, denn solche bischoffe und stiffte sind widder Bischoffe noch stiffte. Es sind ym grund der warheyt welltliche herrn mit eym geystlichen namen, darumb sollt man sie welltliche herrn machen, odder die gutter den armen erben und freunden und dem gemeynen kasten austeylen.«* Ordnung eines gemeinen Kastens, 1523, WA 12, 14.

[158] Vgl. hierzu die Beispiele in: DRWB, Bd 4, 1289 ff.

[159] *»Denn auffs erste, ist das forteyl ynn ewrem orden, das er mit zeytlicher narung versorgt ist, das man das gutt kan unter die herrn aus teylen und landsessen, amptleut odder sonst nutze leutt draus machen, und nicht die elende nott da ist ... Und kund dennoch eyn solcher deutscher herr zum streyt und bas denn itzt geschickt seyn, und wo zu man seyn bedurfft, und wurde also mit der zeyt eyn recht ordenliche hirschafft draus, die on gleyssen und falschen namen fur Gott und der wellt angeneme were.«* An die Herren deutschen Ordens, 1523, WA 12, 232. Dieser Schrift waren Verhandlungen Luthers mit dem Hochmeister Albrecht von Brandenburg vorausgegangen, über deren Verlauf er allerdings erst am 4. 7. 1524 an Johann Brießmann berichtete: *»Ceterum cum primo loquerer principi Alberto Magistro & ille me de sui ordinis regula consuleret, Suasi, ut contempta ista stulta confusaque regula uxorem duceret & prussiam redigeret in politicam formam, siue principatum siue ducatum.«* WABr 3, 315, Nr. 756. Vgl. zum Hintergrund Walter Hubatsch, Albrecht von Brandenburg-Ansbach, Heidelberg 1960 (Studien zur Geschichte Preußens, 8) 118–123. Peter Meier, Die Ursache der Säkularisation Preußens und ihre Beziehung zur lutherischen Reformation, in: 450 Jahre Reformation, hrsg. von Leo Stern und Max Steinmetz, Berlin 1967, 182, stellt ohne Beweise die These auf, daß es Luther nicht um die Abschaffung, sondern gerade um die Er-

bestehen, daß Luthers Reform auf eine Säkularisation der Ordensherrschaft im Interesse einer verbalen und sachlichen Entwirrung von geistlichem und weltlichem Regiment hinzielte. Als adäquaten Ausdruck dieser Bereinigung forderte er die Heirat der Ordensherren, weil nur die Ehe die in der Schrift gegründete und göttlich gewollte irdische Lebensordnung des Christen sei[160]. Nachdrücklich verwies er auf die zu erwartenden Folgen des preußischen Beispiels: Der Verzicht der Deutschherren auf ihren falschen geistlichen Stand und ihre Integration in der Oeconomia und Politia als der von Gott gesetzten Ordnungsstrukturen der Welt sollte über die Grenzen Preußens hinaus auch im Reich zum großen, bahnbrechenden Vorbild für Bischöfe und geistliche Herren werden[161].

Die Selbstumwandlung der geistlichen Herrschaften in weltliche Fürstentümer als optimale Lösung des durch die Reformation aufgeworfenen Verfassungsproblems vertrat Luther auch in den kommenden Jahren mit unterschiedlichen Akzenten und einem erheblichen Spielraum für Kompromisse. In seine gewöhnlich unverhohlene Polemik gegen den verweltlichten Episkopat[162] mischten sich deshalb gelegentlich auch verlockendere Töne. So etwa, wenn er 1525 den bedeutendsten deutschen Prälaten, Kardinal Albrecht von Brandenburg, Erzbischof von Mainz und Magdeburg, in einem offenen Brief aufforderte, zu heiraten und das Kurstift in ein weltliches Fürstentum umzuwandeln[163].

Die Vorteile dieser Lösung lagen auf der Hand: Eine Säkularisation der Hochstifte durch ihre Prälaten hätte diese Territorien nicht nur der neuen Lehre geöffnet und die Vermischung des geistlichen und weltlichen Regimentes beendet, sondern auch die deutschen Bischofsthrone

---

haltung des Ordens gegangen sei. Dagegen spricht nicht nur die klare Aussage der Quellen, sondern auch Luthers radikaler Widerspruch gegen die Idee eines geistlichen Ritterordens von der Grundlage seiner Zwei-Regimenter-Lehre her, vgl. WA 12, 232.

160 Vgl. WA 12, 234.

161 *»Myr ist schier keyn zweyffel, Es sollte auch manch Bisschoff, Apt und andere geystliche herrn zur ehe greyffen, wenn sie nur die ersten nicht weren, und die ban zuvor wol gebenet, und solch freyen gemeyn were worden, das es nymmer schand oder fahr hette, sondern loblich und ehrlich fur der wellt were.«* An die Herren deutschen Ordens, 1523, WA 12, 242.

162 Vgl. etwa Von weltlicher Obrigkeit, 1523, WA 11, 265.

163 *»und ist kurtzlich das die meynung, das sich Ewer Churfurstlich gnad in den Eehlichen standt begeben und das Bistumb zu weltlichem furstenthum macheten und den falschen namen und scheyn geystlichs standts fallen und faren lassen«* ; ausdrücklich weist ihn Luther auf das Vorbild des preußischen Hochmeisters hin, um fortzufahren: *»Aber eyn vil grosser exempel were Ewer Churf.G., als die gleych mitten in Teutschen landen, der grosten haubter eyns ist, das wurde vil leut stillen und eingewinnen und andere Bischoff hernach ziehen,«* Sendschreiben an den Erzbischof von Mainz und Magdeburg, 1525, WA 18, 408; 410.

für eine neue Generation reformierter Bischöfe freigemacht. Indessen verhallte Luthers Aufruf ohne Wirkung.

Beginnende Abwehrmaßnahmen der Bischöfe gegen seine Anhänger[164] und wohl auch der populäre Antiklerikalismus am Ausgang des Bauernkrieges[165] provozierten Luther kurz darauf zu einer neuen Variante seiner Säkularisationsforderung: Die geistlichen Herrschaften sollten von Reichs wegen wie erledigte Lehen behandelt und denjenigen verliehen werden, *»die des wirdig erfunden«* – also nicht mehr von ihren Prälaten selbst säkularisiert werden dürfen[166]. Ein solcher Vorschlag konnte freilich solange nicht im eigentlichen Interesse Luthers liegen, wie die Haltung des Reiches zu seiner Botschaft ungeklärt war. Denn während der Übertritt eines Prälaten in den weltlichen Fürstenstand zugleich auch dessen Bekenntnis zur neuen Lehre einschloß[167], hätte eine generelle Säkularisation von Reichs wegen dieses faktische Junktim beseitigt.

Man wird deshalb hinter diesem Vorschlag weniger ein durchdachtes Reformprogramm vermuten dürfen, sondern eher einen Reflex auf Pläne, wie sie in der damaligen Situation auch anderswo im Reich diskutiert worden sind[168]. Es ist deshalb verständlich, wenn Luther später den Ge-

---

[164] Vgl. Franz Schrader, Kardinal Albrecht von Brandenburg, Erzbischof von Magdeburg, im Spannungsfeld zwischen alter und neuer Kirche, in: Fschr. August Franzen, Paderborn 1972, 426 f.

[165] Luther lastete den Bauernkrieg genauso wie viele Zeitgenossen der weltlichen Tyrannei der geistlichen Herren an, vgl. Wider den Ratschlag der Mainzischen Pfafferei, 1526, WA 19, 280 f.; Bedenken wie jetziger Zeit Aufruhr zu stillen wäre, 1526, WA 19, 440.

[166] *»Das ist aber zu bedencken, das, weil sie den namen und stand der Bischoffe, abt, dechant furen und doch nit außrichten sonder weltliche Herrn sind, das sie auch zu grosser schmach unnd unehren gotts in dem stand sind und Tausentmal besser wer, das sie sich in weltlichen stand wandeln liessen und das solche gutter vom reych zu lehen genommen und den gegeben wurden, die des wirdig erfunden, wie es sonst geschicht, wen eyn Herrschafft lose stirbt; dan es doch nicht anders ist, den das durch das Euangelion die bischoffe alle lose sterben und den Stifftern oder dem reyche heym fallen;«* Bedenken wie jetziger Zeit Aufruhr zu stillen wäre, 1526, WA 19, 446.

[167] Dies hatte Luther Albrecht von Mainz gegenüber auch recht deutlich zum Ausdruck gebracht, vgl. oben. S. 110, Anm. 163.

[168] Luthers Forderung hat seine Parallele in einem Reformentwurf, der wahrscheinlich vom fränkischen Landhofmeister Johann von Schwarzenberg für den Augsburger Reichstag von 1525 verfaßt wurde (vgl. Körber, Kirchengüterfrage und Schmalkaldischer Bund, 37–42). Dieser Reformentwurf geht insofern über die Forderung Luthers hinaus, als er die Säkularisation der geistlichen Güter zur Grundlage einer allgemeinen Reichsreform machte. Ob Luther den Entwurf gekannt hat, ist allerdings fragwürdig. Das im Weimarer Archiv gefundene Schriftstück ist referiert und interpretiert von Leopold von Ranke, Deutsche Geschichte im Zeitalter der Reformation, Gesamt-Ausgabe der Deutschen Akademie I/7, ed. Paul Joachimsen, Bd 2, München 1925, 188 ff. Ähnliche Forderungen finden sich auch im »Aufruf zur Reichs- und Adelsreform« des kaiserlichen Feldherrn Michel Ott von Echterdingen, ed. August Jegel, Ein früher Vorläufer des Lazarus Schwendi. Ideen des kaiserlichen Artilleriegenerals Michel Ott von Echterdingen zur Reichs- und Adelsreform, in: ARG 40 (1943) 124–137.

danken an eine allgemeine Säkularisation von Reichs wegen nicht mehr aufgriff.

In den folgenden Jahren verloren Luthers Säkularisationsforderungen ohnehin ihren Elan. In dem Maße, wie nunmehr in den neugläubigen Territorien Reform und Organisation der Kirche in die Hände der Landesherren übergingen und damit der bischöflichen Jurisdiktion entglitten[169], verlor auch die Reform des Reichsepiskopats an Dringlichkeit. Aber gerade weil damit die Frage nach der weltlichen Herrschaft der Reichsbischöfe zu einem Nebenproblem herabrückte, ergaben sich neue Möglichkeiten zu einer pragmatischen Lösung. Dies zeichnete sich erstmals in der Türkenkriegsschrift von 1529 ab.

Luther wandte sich hierin zwar gegen politische und militärische Aktionen von Bischöfen. Aber im gleichen Zusammenhang forderte er ohne näheres Erläutern und als sei dies in Anbetracht seiner früheren Aussagen selbstverständlich, daß die geistlichen Herren mit weltlicher Herrschaft ihre gebotenen Pflichten gegenüber dem Oberherren erfüllten: Denn die Kirchengüter seien vor allen anderen dazu bestimmt, dem Schutz der Bedürftigen und dem Heil aller Stände zu dienen[170]. Offenbar hatte Luther inzwischen seine Säkularisationsforderung fallen gelassen.

Hierauf deutet ein weiterer Umstand: Dem Fürstabt von Fulda, Johann von Henneberg, der seiner Lehre zuneigte und das Kloster verlassen wollte, empfahl er 1529 dringend, im Amt zu bleiben und im Rahmen seiner Möglichkeiten die Klostergreuel allmählich von innen her zu überwinden[171]. Diese Empfehlung schloß natürlich auch ein, daß der Prälat weiterhin die landesherrlichen Pflichten eines Fürstabtes erfüllte.

Diese veränderte Einstellung artikulierte sich in der Zeit des Augsburger Reichstages in zwei unterschiedlichen Vorschlägen. In ihnen steckte Luther bei klarer Wahrung seines Anliegens die Grenzen seiner Kompromißbereitschaft ab.

In der *»Vermahnung an die Geistlichen«*, die er 1530 von der Coburg herab an die in Augsburg versammelten Prälaten Deutschlands richtete,

---

[169] Vgl. oben S. 105.

[170] *»War ists: weil sie weltliche heerschafft und guter haben, sollen sie daselbst von dem Keyser und konigen odder Fursten thun und geben, was sich geburt von andern weltlichen gutern zu thun und zu geben. Ja solche guter der kirchen (wie sie es nennen) sollen sonderlich fur allen andern gutern dienen und helffen zum schutz der durfftigen und zu heyl gemeiner stende, denn da zu sind sie gegeben und nicht dazu, das ein Bisschoff seins Ampts vergesse und damit kriege odder streite.«* Vom Kriege wider die Türken, 1529, WA 30, 2, 115. Dieser Gedanke ähnelt der Forderung des Cusanus, daß besonders die geistlichen Besitzungen dem öffentlichen Wohl zu dienen haben, vgl. De Concordantia Catholica III, c. 39, ed. Kallen, 454 ff.

[171] Vgl. Luther an Kurfürst Johann, 25. 5. 1529, WABr 5, 84, Nr. 1425.

unterbreitete er einen Vorschlag, der trotz seiner grobianistischen Form einen ernstgemeinten Kern enthielt[172]: Die Bischöfe sollten ihren Titel, ihre fürstliche Stellung, ja auch einen Restbestand bischöflicher Jurisdiktion (*»Bischofflicher zwanck«*) behalten, wenn sie die evangelische Verkündigung freigäben und die pastoralen Aufgaben ihres Amtes den evangelischen Predigern überließen[173]. Denn diese übten es ja ohnehin schon vielfach aus[174]. So überraschend dieser Vorschlag auch scheinen mag – in der Sache intendierte er wie früher die strikte Trennung von geistlicher und weltlicher Sphäre im überkommenen Bischofsamt, wobei nur die letztere um den Preis »der Freiheit der evangelischen Verkündigung«[175] den alten Bischöfen belassen bleiben sollte.

Der Vorschlag enthielt einen Kompromiß in mehrfacher Hinsicht: Zum einen trug er der allmählich gewachsenen Einsicht Rechnung, daß vom alten Episkopat als Ganzem weder eine Bekehrung noch gar ein Reformeifer für die neue Lehre zu erwarten sei. Gleichwohl hätte er aber die Diözesen und Stifte der freien evangelischen Predigt geöffnet. Zum anderen gab er die Möglichkeit, die neue evangelische Kirchenorganisation wieder mit der überkommenen Ordnung der Reichskirche zu verbinden. Und schließlich hätte er auch den Fortbestand der geistlichen

---

[172] Vgl. zu den Hintergründen Wilhelm Maurer, Erwägungen und Verhandlungen über die geistliche Jurisdiktion der Bischöfe vor und während des Augsburger Reichstages von 1530, in: ZRG KA 55 (1969) 348–394, bes. 356–360.

[173] *»Erstlich, weil jhr doch Bisschoffliche ampt und werck nicht kund noch wollet verhegen, als die jhr zu predigen und gewissen zu trosten und richten doch warlich, warlich nicht tuget sampt alle ewren gelerten, So last uns doch ewr ampt, das jhr schuldig seid, aus richten, Gebt uns das Euangelion frey zu leren, und last uns dem armen volck (das frum zu sein begert) dienen,«* Punkt 2: Die Prediger werden selbst für ihren Lebensunterhalt aufkommen. *»Zum dritten, wollen wir euch lassen bleiben, was jhr seid, und leren (wie wir denn bis her gethan), das man euch solle Fursten und Herren sein, umb friedes willen, und ewer guter lassen, Welchs doch die Hussiten und Viglephisten nicht gethan, auch noch jtzt kein schwermer noch rotten geister thun wollen, Damit jhr doch sehet, das jhr nicht feinde, sondern grosse freunde, ja auch schutz herrn an uns habt, Denn was schadet uns das, ob jhr Herrn und Fursten seid?... Zum vierden, Kund jhr den Bisschofflichen zwanck widder anrichten (so ferne jhr uns das Euangelion frey lasset), da wil ich fur mein teil, auch getrost zu helffen und raten, auff das jhr doch etwas Bisschofflichs ampts auch haben muget. Und also hettet jhr denn zwey stuck Bisschofliches ampts, Eines, das wir und die Prediger, an ewer stat, das Euangelion lereten, Das ander, das jhr hulffet solches handhaben mit Bisschoflichem zwangk. Ewr person leben und Furstlich wesen liessen wir ewrem gewissen und Gottes urteil,«* Vermahnung an die Geistlichen, 1530, WA 30, 2, 340 ff. Vgl. über die Säkularisationsforderungen von Wyclif und Hus Sägmüller, Die Idee der Säkularisierung, 268–278.

[174] Unter Bezug auf das Bischofsideal von 1 Tim 3 führte Luther aus: *»Er meinet (sc. Paulus) aber nicht Fürsten bisschove, noch Schlos bisschove, sondern Kirchen bisschove, die das werck treiben, wie (Gott lob) jtzt viel feiner Pfarher thun, ob sie wol nicht spitze hute tragen, welche konnen die klotze und Niclas bisschove auch tragen.«* Vermahnung an die Geistlichen, 1530, WA 30, 2, 335 f.

[175] Maurer, Erwägungen und Verhandlungen über die geistliche Jurisdiktion, 360.

Herrschaften gewährleistet und damit das dem Reich erwachsene Verfassungsproblem von der Sache her gegenstandslos gemacht. Bei voller Wahrung der evangelischen Interessen erstrebte dieser Vorschlag also eine möglichst umfassende Erhaltung des status quo im Reich. Er wäre durchaus diskutabel gewesen, wenn die etwas zynische Voraussetzung zugetroffen hätte, daß es den Bischöfen nur um die Erhaltung ihrer fürstlichen Privilegien gegangen wäre[176].

Während des Augsburger Reichstages nahm Luther eine Anfrage Melanchthons[177] zum Anlaß, eine weitere Lösung anzudeuten. Auch hier ging er von der Voraussetzung aus, daß das kirchliche und politische Amt, die das Papsttum vermischt habe, getrennt und unterschieden werden müßten: Eine Person (*»persona«*) könne daher nicht zugleich Bischof und Fürst sein, wenngleich es bei einer klaren Trennung der Amtsführung (*»administratio«*) durchaus denkbar sei, daß ein und derselbe Mensch (*»homo«*) beide Ämter zugleich ausübe. So sei es zwar möglich – wie Luther an einem zeitgenössischen Beispiel demonstrierte – daß der Mensch Konrad von Thüngen zugleich Herzog von Franken und Bischof von Würzburg sei, während der Herzog von Franken als solcher nicht zugleich auch Bischof von Würzburg sein könne[178]. Unbedingte Voraussetzung für eine derartige doppelte Amtsführung sei freilich die strikte Trennung der jedem Bereich angemessenen Mittel und Zuständigkeiten[179]. Damit lief dieser Vorschlag mehr oder minder auf die bereits früher entwickelte Konzeption vom neugläubigen Landesfürsten als »Notbischof« hinaus.

Die vorausgesetzte Unterscheidung der Regimenter war jedoch nach Lage der Dinge zu kompliziert, um die Grundlage für eine generelle Neuordnung abzugeben. Luthers Vorschlag war vielmehr als Ausnah-

---

[176] Vgl. auch den offenen Brief an Albrecht von Mainz vom Juni 1530, WA 30, 2, 402 f., in dem er den Bischöfen zwar empfahl, sich den Rat des Gamaliel zu eigen zu machen und aus der künftigen Entwicklung der evangelischen Sache das Urteil Gottes zu entnehmen, um aber gleich darauf zu betonen, daß die neue Lehre keineswegs darauf abziele, den Bischöfen ihre Privilegien zu rauben.

[177] Vgl. Melanchthon an Luther, 14. 7. 1530, WABr 5, 476, Nr. 1646.

[178] *»Primum cum sit certum, duas istas administrationes esse distinctas et diversas, nempe ecclesiasticam et politicam, quas mire confudit et miscuit Satan per papatum, nobis hic acriter vigilandum est, nec committendum, ut denuo confundantur, nec ulli cedendum aut consentiendum, ut confundat... Secundo, ex hoc sequitur, quod eadem persona non possit esse episcopus et princeps, nec simul pastor et paterfamilias. Intelligis hic satis quid vellim. Personas impermixtas, sicut et administrationes volo, etiamsi idem homo utramque personam gerere possit, et idem Pomeranus possit esse parochus et oeconomus. Nolo enim episcopos turbare, si qui boni inter eos sunt. Sic Conradus a Thungen idem homo est Dux Franciae et Episcopus Herbipolensis, cum tamen Dux Franciae non possit esse Episcopus Herbipolensis.«* Luther an Melanchthon, 21. 7. 1530, WABr 5, 492, Nr. 1656.

[179] Vgl. über die funktionelle Verschiedenheit beider Ämter WABr 5, 492 f., Nr. 1656.

meregelung für die *»boni«* unter den Bischöfen gedacht, das heißt für überzeugte Anhänger seiner Lehre, bei denen er einen wachen Sinn für den rechten Unterschied der Regimenter voraussetzen durfte.

Damit hatte Luther zwei unterschiedliche Lösungsmodelle entwickelt, die beide das äußere Gefüge der Reichsverfassung gewahrt hätten und deren Anwendung offenbar von der persönlichen Qualität des betreffenden Prälaten abhängen sollte. Diese Alternative steckte zugleich die Leitlinien für die weitere Problementwicklung ab.

V. Kapitel
DER AUGSBURGER REICHSTAG ALS WENDE

Seit der Speyerer Protestation hatte sich das religiöse Anliegen Luthers zunehmend zu einem zentralen reichspolitischen Problem entwikkelt. »Bekenntnisbildung und Religionspolitik«[1] führten nicht nur zu neuartigen Mächtegruppierungen im Reich, sondern verschärften auch den Gegensatz zwischen neugläubigen Ständen und Kaiser. Das Scheitern des Augsburger Reichstages und die Gründung des Schmalkaldischen Bundes spitzten diesen Gegensatz zum offenen Verfassungskonflikt zu. Sein Ausgang mußte über die künftige Verfassungsform des Reiches mitentscheiden. Eine Lösung schien nach Lage der Dinge nur noch mit militärischen Mitteln möglich.

Diese Lage konfrontierte Luther zunehmend mit Problemen, die ihn zu einem Durchdenken und Klären seiner Verfassungsvorstellung zwangen. Besonders die Frage nach dem Widerstandsrecht, die durch den Verlauf des Augsburger Reichstages und durch die Bündnisverhandlungen der neugläubigen Stände an theologischer und rechtlicher Brisanz gewonnen hatte, zwang ihn, sich grundätzlicher als bisher mit der verfassungsrechtlichen Stellung von Kaiser und Fürsten zu befassen.

1. Die Führungskrise im Reich

Am 5. August 1530 sandte Luther von der Coburg ein Schreiben an den kursächsischen Altkanzler Brück, in dem er die Hoffnung äußerte, der Kaiser möge in dem bevorstehenden Reichstagsabschied nichts festlegen, was gegen göttliches und kaiserliches Recht verstoße. Sollte dies dennoch geschehen, so müsse man darin die Machenschaften von Tyrannen sehen, die den kaiserlichen Namen wider alles göttliche und kaiserliche Recht mißbrauchten. In dieser Situation sei es dann Pflicht eines Untertanen, die Majestät des kaiserlichen Namens vor fremdem Mißbrauch zu schützen[2]. Der in Andeutungen und Umschreibungen ver-

---

[1] Vgl. hierzu die exemplarische Darstellung von Hans von Schubert, Bekenntnisbildung und Religionspolitik 1529/30, Gotha 1910, 183–229.

[2] *»Nicht daß wir hiemit K.M. verachten; sondern bitten und wündschen, daß K.M. nichts wider Gott und Kaiserliche Recht furnehme. Wo sie aber das täte (da Gott für sei), so*

hüllte Sinn dieses Schreibens bereitet der Interpretation einige Schwierigkeiten. Ekkehard Fabian vertritt die Auffassung, daß unter den Tyrannen der Kaiser selbst verstanden werden müsse[3], so daß nunmehr unter dem ernüchternden Eindruck des Augsburger Reichstages »Luthers frühere kritiklose Anerkennung (des) Kaisers«[4] verflogen sei.

Überblickt man jedoch Luthers umfangreichen Briefwechsel während des Augsburger Reichstages, so findet sich nirgendwo ein Anhaltspunkt dafür, daß Luther in Karl V. den eigentlichen Widersacher der evangelischen Lehre gesehen hätte. Im Gegenteil: Wenn Luther die Gläubigen noch vor Beginn des Reichstags zum Gebet aufgerufen hatte für *»den frummen, guten Keyser Carol, Der wie ein unschuldigs Lemlein zwischen viel solchen Sewen und Hunden, Ja zwischen viel Teuffeln sitzt«*[5], so bestärkten ihn die Informationen vom Reichstag in dieser Einschätzung des Kaisers: *»Neque quicquam in tota aula mitius est ipso Caesare«*, teilte ihm etwa Melanchthon am 19. Juni 1530 mit und schob alle Schuld an den schwierigen Religionsverhandlungen auf den päpstlichen Legaten und auf mißgünstige Fürsten[6]. Und einige Tage später bestätigte ihm der Kurfürst persönlich, daß die Feindschaft gegen das Evangelium nicht vom Kaiser, sondern von anderen Urhebern ausgehe[7]. Die

wollen dennoch wir, als die treuen Untertanen, nicht glauben, daß S.K.M. tue, sondern denken, daß es ander Tyrannen unter dem Namen K.M. tun, und also K.M. Namen und der Tyrannen Werk unterscheiden, gleichwie wir Gottes Namen, so die Ketzer und Lügner führen, auch unterscheiden und Gottes Namen ehren und die Lügen meiden. Also sollen und können wir der Tyrannen Fürnehmen gar nicht billigen noch annehmen, das sie unter K.M. Namen treiben, sondern seind schuldig, K.M. Namen beizustehen, helfen bei Ehren halten und nicht gestatten noch bewilligen in solichen Mißbrauch wider Gott und kaiserlich Recht, auf daß wir nit auch mit teilhaftig werden und auf unser Gewissen laden, soliche frembde Sund, Mißbrauch und Schand K.M. Namens. Denn man soll die Majestäten ehren und nicht schänden lassen.« WABr 5, 532, Nr. 1675.

[3] Ekkehard Fabian, Die Entstehung des Schmalkaldischen Bundes und seiner Verfassung 1524/29–1531/35, 2. Aufl., Tübingen 1962 (Schriften zur Kirchen- und Rechtsgeschichte, 1) 116.

[4] Ebda, 122 f.

[5] Auf das Schreien etlicher Papisten, 1530, WA 30, 3, 196.

[6] *»Nam Campegius tantum est auctor, ut vi opprimamur. Neque quicquam in tota aula mitius est ipso Caesare. Nam ipse mitigavit acerbissimas sententias Principum, ut mihi narravit Dux Henricus Brunsvicensis.«* Melanchthon an Luther, 19. 6. 1530, WABr 5, 371, Nr. 1591.

[7] *»Also muß unser Herr Gott auf diesem Reichstag still schweigen. Wissen gleichwohl dem frommen Kaiser darinnen nicht gar Schuld zu geben, sondern mehr unsern Feinden und den Geistlichen, des Euangelii Abgünstigen.«* Kurfürst Johann an Luther, 25. 6. 1530, WABr 5, 395, Nr. 1603. Die Klage bezieht sich auf das generelle Predigtverbot in Augsburg, das der Kaiser für die Dauer des Reichstages ausgesprochen hatte, vgl. Gerhard Müller, Die römische Kurie und die Reformation 1523–1534, Gütersloh 1969 (Quellen und Forschungen zur Reformationsgeschichte, 33) 93 ff. Vgl. über die Sonderverhandlungen Kursachsens mit dem Kaiser unmittelbar vor dem Reichstag, denen dieselbe Einschätzung des Kaisers zugrundelag, Hans von Schubert, Bekenntnisbildung und Religionspolitik, 237–273.

Quellen enthalten keinerlei Hinweise darauf, daß Luther solchen Nachrichten keinen Glauben schenkte. Im Gegenteil: In beinahe jedem Brief finden sich Bemerkungen darüber, daß der gutwillige, aber persönlich schwache Kaiser das Werkzeug seiner gottlosen Umgebung sei[8]: *»Cesarem enim ipsum hic nihil agere, Sed ferri et agitari, Quis non videt?«*[9] Eine geheime Verschwörung von Widersachern hat sich der kaiserlichen Gewalt bemächtigt; selbst wenn der Kaiser dem Evangelium noch so gewogen wäre, vermöchte er nichts gegen den Willen seiner Umgebung[10].

Die Quellen lassen auch erkennen, wen Luther als Rädelsführer dieses Komplotts ansprach. Neben dem päpstlichen Legaten Campeggio und später auch König Ferdinand[11] sah er vor allem in Herzog Georg von Sachsen denjenigen, der den kaiserlichen Namen zur widerrechtlichen Unterdrückung der evangelischen Lehre mißbrauchte. Im Blick auf ihn betonte er deshalb nachdrücklich die Grenzen des geschuldeten Gehorsams: *»Cesarem ut Caesarem audiemus, nec amplius, nec ultra. Quid ad nos larvatus iste Caesar rusticus (sc. Herzog Georg)?«*[12]

Dieser Hintergrund macht nun auch das Schreiben vom 5. August 1530 an den Kanzler Brück verständlich: Nicht etwa gegen den Kaiser, die »mißleitete Einfalt in den Händen von Widersachern«[13], sondern gegen eine widerrechtliche und tyrannische Verschwörung gilt es, die Würde der kaiserlichen Majestät zu schützen.

Welche verfassungsrechtliche Bedeutung derartigen Überlegungen zukommen konnte, zeigt einc Quelle, die aus der Zeit unmittelbar nach dem Augsburger Reichstag stammt. Es handelt sich um Konzeptblätter, auf denen sich Luther die Leitgedanken der Schrift *»Warnung an seine lieben Deutschen«* von 1531 erarbeitete und die in Abschriften erhalten geblieben sind[14]. In ihnen entfaltete Luther die gleichen Gedanken, um

[8] Vgl. WABr 5, 416, Nr. 1613; WABr 5, 422, Nr. 1615; WABr 5, 454, Nr. 1633; WABr 5, 458, Nr. 1635; WABr 5, 471, Nr. 1643; WABr 5, 480, Nr. 1648; WABr 5, 622, Nr. 1719; WABr 5, 632, Nr. 1723. Vgl. hierzu auch Johann von Walter, Luther und Melanchthon während des Augsburger Reichstages, Gütersloh 1931, 39–43.

[9] Luther an Justus Jonas, 13. 7. 1530, WABr 5, 471, Nr. 1643.

[10] *»Et ego credo, mi charissime Spalatine, clementiam Caesaris esse magnam, qualem omnes iudicatis. Sed nullam spem habeo, quod nostrae causae sit propitius futurus, etiamsi magnopere velit. Quid enim unus homo contra tot daemones posset?«* Luther an Spalatin, 13. 7. 1530, WABr 5, 472, Nr. 1644.

[11] Vgl. Warnung an seine lieben Deutschen, 1531, WA 30, 3, 295 ff.

[12] Luther an Jonas, Spalatin, Melanchthon und Agricola, 15. 7. 1530, WABr 5, 480, Nr. 1648. Vgl. auch den Brief an Kurfürst Johann, 9. 7. 1530, WABr 5, 454, Nr. 1633.

[13] Hans von Schubert, Bekenntnisbildung und Religionspolitik, 271.

[14] Die Notizzettel sind in Abschriften von Veit Dietrich (WA 30, 3, 392–398) und Christoph Obenander (WATi 1, 323–327, Nr. 679) erhalten und wurden von Johann Aurifaber übersetzt (WA 30, 3, 393–399). Die Frage nach ihrer Entstehungszeit ist eng mit der Datierung der »Warnung an seine lieben Deutschen« verbunden, deren Abfassung Otto Clemen (WA 30, 3, 253 f.) in den Oktober 1530 verlegt. Diese Annahme ist aller-

zugleich ihre verfassungsrechtlichen Konsequenzen anzudeuten: Nicht der Kaiser, sondern Herzog Georg und Markgraf Joachim I. von Brandenburg stünden hinter der versuchten Unterdrückung des Evangeliums. Wer ihnen folge, gehorche dem Teufel, aber nicht Gott oder dem Kaiser. Wie das Verhalten der Stände gezeigt habe, sei der Abschied nicht als einhelliger und damit rechtmäßiger Reichstagsbeschluß zustande gekommen[15]. Einer Unterdrückung des Evangeliums fehle damit jede Rechtsgrundlage: Ein möglicher Widerstand würde sich nicht gegen den Kaiser, sondern gegen die fürstlichen Verschwörer richten[16]. Damit aber werde die Angelegenheit unter Ranggleichen ausgetragen, gegen die im Falle eines ungerechtfertigten Angriffs ohnehin Widerstand erlaubt sei[17]. In der *»Warnung an seine lieben Deutschen«* finden sich dann die gleichen Argumente in breiterer Form und farbigerer Sprache wieder[18].

---

dings recht fragwürdig. Denn in dem Schreiben Luthers an Landgraf Philipp von Hessen vom 28. 10. 1530, auf das Clemen sich als Terminus ad quem stützt, bekundete Luther nur seine Absicht *»ein büchlin ynn kurtz auszulassen«* (WABr 5, 660, Nr. 1740). Von diesem Buch – es handelt sich um die »Warnung« – brauchte er zu diesem Zeitpunkt noch keine Zeile geschrieben zu haben (so auch Karl Müller, Luthers Äußerungen über das Recht des bewaffneten Widerstandes gegen den Kaiser, München 1915, [Abh. d. Kgl. Bayer. Ak. d. Wiss., Phil.-hist. Kl. 1915/8] 53 Anm. 1). Der Umstand, daß Luther in den Konzepten Argumente aus dem Brief Philipps von Hessen vom 21. 10. 1530 benutzte, die er vorher nicht kannte, läßt eher vermuten, daß er sie erst nach diesem Zeitpunkt verfaßt hat. Vgl. zu den Notizzetteln Albert Freitag, Über die Entwürfe Luthers zu der Schrift »Warnung an seine lieben Deutschen«, in: Die handschriftliche Überlieferung von Werken D. Martin Luthers, hrsg. von Gustav Koffmane, Bd 1, Liegnitz 1907, 54–67.

[15] *»1. Non est caesar, sed odium ducis Georgii et margraffi. 2. Non est eis oboediendum, sed magis Deo. 3. Qui oboedit, oboedit Diabolo, non caesari nec Deo; ratio: 1. Quia non est universale imperii mandatum; sicut enim multi«* (Dietrichs Abschrift, WA 30, 3, 396: *»Sunt enim multi.«*) *»2. marchio plus dixit, quam debuit. 3. Alii revocarunt. 4. Dux Ludovicus aliter interpretatus est.«* WATi 1, 327, Nr. 679,6. Vgl. über den Kurfürsten von Brandenburg die Warnung an seine lieben Deutschen, 1531, WA 30, 3, 288 f.

[16] *»resistentia ista fieret non contra caesarem, sed contra ducem Georgium.«* WATi 1, 324; WA 30, 3, 394; *»seditio illa liga principium nunc prodit.«* WATi 1, 325; WA 30, 3, 394.

[17] *»Res agitur inter pares, quia caesar agitur, non agit, ac si sub praetextu literarum in Hispania esset.«* WATi 1, 325; WA 30, 3, 394. Für die 2. Satzhälfte hat auch Aurifaber in seiner sonst recht geschickten und paraphrasierenden Übersetzung keine rechte Erklärung gefunden (vgl. WA 30, 3, 397). Luther will offenbar zum Ausdruck bringen, daß der Kaiser mit der Sache so wenig zu tun hat, wie mit einem Schreiben, das die spanische Kanzlei während seiner Abwesenheit, aber unter seinem Namen ausfertigt.

[18] Der Hauptteil der Schrift gliedert sich in drei Abschnitte: Im ersten (WA 30, 3, 284–290) zeigt Luther, wie sich die papistischen Verschwörer während des Reichstages durch Unterdrückung des Evangeliums offen *»widder Keiserlich und naturlich recht«* (WA 30, 3, 284) vergangen haben. Im zweiten Abschnitt (WA 30, 3, 294–298) versucht Luther den Nachweis, daß der Kaiser diese Rechtsbrüche gern verhindert und der evangelischen Wahrheit zum Sieg verholfen hätte, aber der Tücke der Gegner nicht gewachsen war. Und schließlich begründet Luther im dritten Abschnitt (WA 30, 3, 299–311), daß deshalb einer »kaiserlichen« Unterdrückung des Evangeliums keine Folge zu leisten sei.

Für Luther befand sich somit das Reich in einer Führungskrise. Eine Gruppe von Verschwörern hatte das kaiserliche Amt usurpiert, um für den päpstlichen Antichristen das Evangelium zu unterdrücken. In dieser Situation mußte das kaiserliche Amt und der damit gegebene Umfang an Rechten und Pflichten, mußte die Reichsverfassung als eine letzte objektive Norm gegenüber den Verschwörern und dem versagenden Amtsträger in den Vordergrund treten. In der Tat zog Luther diese Konsequenz: Recht und Gesetz stünden höher als tyrannischer Mißbrauch[19]. Deshalb sei jeder verpflichtet, dem Recht und nicht den Tyrannen zu folgen und die politische Ordnung und die Gesetze zu schützen[20].

Diese Gedanken schlagen die Brücke zu den neuen Elementen, die wenig später in Luthers Verfassungsvorstellung auftauchten. Ihr Merkmal ist, daß Luther nunmehr zwischen Person und Amt des Kaisers zu unterscheiden beginnt. Die Rechtsnormen, die das Amt bestimmen, treten dabei an die Stelle des Amtsträgers. Damit gewann die Frage nach dem Inhalt dieser Rechte und damit nach der Reichsverfassung an Aktualität, die durch die Bündnisvorbereitungen der neugläubigen Stände noch weiter zunehmen sollte.

2. Widerstand und Reichsverfassung

Vom 26. bis 28. Oktober 1530 tagte in der kursächsischen Residenz Torgau eine gemischte Kommission von Theologen und Juristen. Sie sollte im Hinblick auf den zu erwartenden Reichstagsabschied die theologischen und rechtlichen Probleme eines Widerstandes gegen den Kaiser beraten. Denn bevor Bündnisverhandlungen, zu denen Hessen drängte und Kursachsen grundsätzlich bereit war[21], festere Formen annehmen konnten, mußten jene theologischen Bedenken Luthers und seiner Kollegen[22] ausgeräumt werden, die man von früher her zur Genüge kannte. Der kursächsiche Kanzler Brück leitete die juristische Delegation[23] und traf diesmal auf einen Luther, den seine vorausgegangenen Einsichten in anderer Weise als früher für verfassungsrechtliche Argumente zugänglich gemacht hatten.

---

[19] *»Leges sunt supra tyrannum ergo magis legi quam tyrannis debetur.«* WA 30, 3, 396; WATi 1, 326.

[20] *»Ac praeceptum est cuique manu tenere politiam & leges.«* WA 30, 3, 396 (vgl. dagegen die offenbar verderbte Version Obenanders: *»At praeceptum est eumque* [sc. Tyrannen] *manu tenere politiam et leges.«* WATi 1, 326.).

[21] Fabian, Die Entstehung des Schmalkaldischen Bundes, 114 f.

[22] Melanchthon und Spalatin hatten noch im Juli 1530 ein Recht auf bewaffneten Widerstand abgelehnt, vgl. Irmgard Höß, Georg Spalatin auf dem Reichstag zu Augsburg 1530 und seine Stellungnahme zur Frage des Widerstandsrechts, in: ARG 44 (1953) 77 f.

[23] Vgl. Fabian, Die Entstehung des Schmalkaldischen Bundes, 118.

Die Torgauer Verhandlungen endeten mit einer Erklärung, die Luther im Namen der anwesenden Theologen eigenhändig aufsetzte[24]. Darin bezog er sich auf ein vorgetragenes juristisches Gutachten[25], wonach das weltliche Recht in gewissen Fällen ein Widerstandsrecht einräume. Da sie – die Theologen – stets betont hätten, man müsse dem Recht gehorchen, und da das Evangelium dem weltlichen Recht nicht widerspreche, könnten sie in diesen Fällen auch nicht dem erlaubten Widerstand wehren. Wenn sie bisher auch stets gelehrt hätten, man dürfe der Obrigkeit nicht widerstehen, dann nur aus Unkenntnis darüber, daß die Gesetze der Obrigkeit selbst ein Widerstandsrecht einräumten[26].

Dies ist eine andere Argumentation als noch im Gutachten vom 6. März 1530, in der Luther weltliches Recht und Evangelium gegeneinander ausgespielt hatte[27]. In der Forschung wurde dieser Umschwung gewöhnlich dahingehend interpretiert, Luther habe nunmehr – aus welchen Beweggründen auch immer – seine theologische Position zugunsten einer juristisch-politischen Betrachtungsweise preisgegeben[28]. Allein – hier ist ein schärferes Differenzieren angebracht! Denn Luthers Zeugnis, er habe bislang nicht gewußt, *»das solchs der oberkeit rechte*

---

[24] Vgl. dazu Fabian, Die Entstehung des Schmalkaldischen Bundes, 121 (gegen Clemen, in: WABr 5, 661).

[25] Dieses Gutachten bekam Luther – wie sich aus seinem Schreiben an Lazarus Spengler vom 15. 2. 1531 ergibt (vgl. WABr 6, 37, Nr. 1781) – während der Verhandlungen nicht selbst zu Gesicht.

[26] *»Uns ist ein zetel fürgetragen, daraus wir befinden, was die Doctores der rechte schliessen auff die frage, ynn welchen fellen man muge der oberkeit widder stehen. Wo nu des also bey den selbigen Rechts Doctoren oder verstendigen gegrundet ist, Und wir gewislich ynn solchen fellen stehen, jnn welchen (wie sie anzeigen) man müge der oberkeit widderstehen, Und wir allzeit gelert haben, das man welltliche recht solle lassen gehen, gelten und halten, was sie vermugen, weil das Euangelion nicht widder die welltliche recht leret. So konnen wirs mit der schrifft nicht anfechten, wo man sich des falls wehren musste, es sey gleich der keiser ynn eigener person oder wer es thut unter seinem namen ... Denn das wir bisher geleret, stracks nicht widder zustehen der oberkeit, haben wir nicht gewust, das solchs der oberkeit rechte selbs geben, Wilchen wir doch allenthalben zu gehorchen vleissig geleret haben.«* WABr 5, 662, Nr. 1740. Vgl. jedoch auch die weiteren Voten der Theologen im Protokoll der kursächsischen Kanzlei, die darauf abzielten, im Interesse des Friedens auf Widerstand zu verzichten und den Kaiser notfalls die alte Religion wieder einführen zu lassen, die dann nach ein, zwei Jahren *»von ime selbst wider fallen«* würde, WABr 5, 662 f., Nr. 1740, sowie Heinz Scheible, in: Das Widerstandsrecht als Problem der deutschen Protestanten 1523–1546, Gütersloh 1969 (Texte zur Kirchen- und Theologiegeschichte, 10) 67 f. Nr. 16.

[27] Vgl. oben S. 66 f.

[28] Vgl. Karl Müller, Luthers Äußerungen, 45; Konrad Kraske, Der Einfluß der mittelalterlichen Reichsidee auf Luthers historisches Bewußtsein, Diss. Masch. Freiburg 1951, 83; Fabian, Die Entstehung des Schmalkaldischen Bundes, 122 ff.; Norbert Stein, Luthers Gutachten und Weisungen an die weltlichen Obrigkeiten zum Aufbau eines evangelischen Kirchenwesens, Diss. Masch. Freiburg 1960, 160. Vgl. dagegen jedoch Fritz Kern, Luther und das Widerstandsrecht, in: ZRG KA 6 (1916) 334.

selbs geben«, deutet weniger auf eine Änderung als vielmehr auf eine Ergänzung hin.

Wie diese Ergänzung zu verstehen ist, zeigt ein Briefwechsel mit den führenden Köpfen der Nürnberger Reformation, die Luther den gleichen Gesinnungswechsel vorwarfen[29] wie moderne Historiker. In einem Schreiben an Wenzel Link vom 15. Januar 1531 betonte Luther, er habe in Torgau vergebens das Vertrauen auf Gott gepredigt, der auch in Zukunft helfen werde, so daß jeder Widerstand überflüssig und der fehlende Glaube schuldhaft sei[30]. Da man aber seine Weisung nicht habe hören wollen, sei ihm nichts anderes übrig geblieben, als das Problem nach rechtlichen Gesichtspunkten lösen zu lassen. Denn auch er müsse zugeben, daß ein Fürst sich als Amtsträger und nicht als Christ zu verhalten habe. Ob nun einem Fürsten kraft seines Amtes ein Widerstandsrecht zukomme, obliege dem Urteil und dem Gewissen der Juristen – nicht der Theologen. Einem Christen außerhalb des obrigkeitlichen Amtes komme freilich kein Widerstandsrecht zu[31]. Unverkennbar treffen sich in diesem Schreiben die alten Argumente Luthers: Das Vertrauen auf Gottes Allwirksamkeit und die Lehre, daß ein Christ der Welt tot sei und sein Recht nicht nutze oder verteidige[32]. Neu ist aber der Satz, daß ein Fürst nicht nach der Weisung der Bergpredigt, sondern nach dem weltlichen Recht zu amtieren habe[33]. Diesen Unterschied zwischen Christ-

[29] In deren Haltung zeigt sich die schwierige Lage Nürnbergs nach dem Augsburger Reichstag: Die Reichsstadt war wegen ihrer lebenswichtigen Fernhandelsverbindungen – besonders in die Niederlande – auf ein gutes Verhältnis zum Kaiser angewiesen (vgl. Eduard Fueter, Die Geschichte des europäischen Staatensystems von 1492–1559, München/Berlin 1919 [Handbuch der Mittelalterlichen und Neueren Gesichte, II/1] 125), wollte und konnte sich aber auch nicht vor seinen Bekenntnisgenossen diskreditieren. Vgl. zur schwankenden Diplomatie der Reichsstadt in dieser Periode Eugen Franz, Nürnberg, Kaiser und Reich, München 1930, 113–121.

[30] *»eos sic firmasse animum, ut resistere velint ac fugari nolint, frustra me predicante Deum nobis affuturum esse, ut resistere non sit opus . . . Sed non omnium est fides. Solor tamen meipsum, quod, sie omnino nostrum consilium non admittunt, minus eos peccare aut tutius agere, si ciuili Jure egerint, quam si prorsus contra Conscientiam et certa voluntate contra scripturas egerint.«* WABr 6, 17, Nr. 1772.

[31] *»Ego non consulo ut theologus, Sed si iuriste possent docere legibus suis id licere, Ego permitterem eos legibus suis uti. Ipsi viderint. Nam si Cesar hoc statuit in suis legibus, ut in hoc casu liceat sibi resisti, patiatur legem, quam tulerit, modo ego non consulam, aut iudicem de ista ipsa lege, sed maneam in theologia mea. Hoc sane verum esse libenter concessi, Quod princeps ut princeps sit politica persona et sic agens non agat ut Christianus . . . Si igitur principi ut principi liceat resistere Cesari, illorum sit et iudicii et conscientie. Christiano certe nihil licet, ut qui mundo sit mortuus.«* WABr 6, 16 f., Nr. 1772.

[32] In Bezug auf diese theologische Grundhaltung, die Luther auch gern bei seinen Anhängern gesehen hätte, ist der These von Karl Müller, Luthers Äußerungen, 38, von Luthers »ausgesprochenem Widerwillen gegen jeden Widerstand« zuzustimmen. Da freilich Luther selber genau seine Weisung an Christen und an Christen im obrigkeitlichen Amt unterschieden hat, genügt es nicht, bei dieser Feststellung stehen zu bleiben.

[33] So bereits in Von weltlicher Obrigkeit, 1523, WA 11, 269 ff. Diesen wichtigen Gesichts-

und Weltperson hatte Luther gerade um diese Zeit theologisch eindeutiger als zuvor herausgearbeitet[34]: Dem Christen ist durch das Evangelium grundsätzlich jedes »Recht-Haben«, und das heißt in diesem Falle: jeder Widerstand, untersagt. Aber ein Fürst ist als *»politica persona«*, das heißt im Dienste der anderen, zur Wahrung des Rechtes verpflichtet[35].

Dies vorausgesetzt, fügt sich die »Ergänzung« von Torgau als einfacher Syllogismus in seine frühere Konzeption ein. Luther hat es in seinem Schreiben an Lazarus Spengler vom 15. Februar 1531 selbst so formuliert: *»Quicquid statuit Caesar seu lex Caesaris, est servandum; sed lex statuit resistere sibi in tali casu; ergo resistendum est etc.«*[36]. Freilich unterschied Luther zugleich auch die fachliche Verantwortung für Ober- und Untersatz: Die Theologen lehrten nur den Gehorsam gegenüber der Obrigkeit, also den Obersatz. Aber ausschließlich den Juristen komme ein Urteil über die einzelnen Gesetze der Obrigkeit, das heißt über den Untersatz zu. Da nach dem Urteil der Juristen die Fürsten ein Widerstandsrecht gegenüber dem Kaiser besäßen, eröffne sich damit eine Möglichkeit zu legitimem Widerstand - nicht kraft göttlichen oder natürlichen Rechtes, sondern auf der Grundlage eines positiven kaiserlichen Gesetzes (*»ius imperiale«*), das ein Theologe nicht außer Kraft setzen dürfe[37].

---

punkt übersieht Karl Müller, Luthers Äußerungen, 35, bei seiner Interpretation des Briefes an Link.

[34] Vgl. Wochenpredigten über Matthäus 5-7, 1530/32, WA 32, 389-395.

[35] Dieser Gesichtspunkt tritt besonders in dem Schreiben an Lazarus Spengler vom 18. März 1531 hervor, in dem er dem Christen als *»membrum corporis politici«* den Widerstand als ein Recht zugebilligt hat, das auf der gleichen Ebene liege wie das Recht auf Übernahme obrigkeitlicher Ämter: *»wir müssen als Theologi lehren, daß ein Christ nicht soll widerstehen, sondern alles leiden, auch den Behelf nicht fürwenden: Vim vi repellere licet. Haben daher die Juristen Recht, daß ein Christ, nicht als ein Christ, sondern als ein Bürger oder membrum corporis politici muge widerstehen, das lassen wir geschehen. Wir reden die membris Christi et corporis ecclesiastici; wissen sonst wohl, daß ein Christ als ein Bürger oder membrum corporis politici müge das Schwert und weltlich Ampt führen; davon wir oft geschrieben.«* WABr 6, 56, Nr. 1796.

[36] WABr 6, 37, Nr. 1781.

[37] *»Nunc maiorem nos hactenus docuimus: quod sit obediendum gladio in rebus politicis. Sed minorem nos neque asserimus neque scimus. Quare nec concludam, sed ad iuristas hoc totum reiecimus, ut ipsi videant; nos neque statuere neque consulere neque impellere aut urgere volumus nisi maiorem hanc: Caesari est obediendum. Quod si ipsi minorem probaverint, de quo nihil ad nos, non possumus conclusionem negare, qui docuimus maiorem. Et sic non illo textu naturalis et divini iuris: ›Vim vi repellere licet‹ et aliis, quae consuluimus, resisteretur Caesari, sed novo iure, ultra naturale, sed politico et imperiali, quo suo iuri Caesar renuntiasset. At nos politico et imperiali iuri non possumus detrahere usum et opus suum. Sic nos theologi in nostra sententia mansimus.«* WABr 6, 37, Nr. 1781.

Im Unterschied zum Märzgutachten von 1530[38] hatte Luther diesmal positive Rechtssetzungsakte des Gesetzgebers vor Augen, durch die dieser den Ständen als Obrigkeiten ein Widerstandsrecht gegen sich eingeräumt hat. Weltliches Recht und göttliche Weisung treten nicht mehr alternativ auseinander: Das göttliche Gehorsamsgebot wird wie durch einen Filter vom Recht gebrochen, mit dem sich die Obrigkeit umkleidet hat. Die paradoxe Situation entsteht, daß »Widerstand gegen den Kaiser dann in Wahrheit Gehorsam gegen den Kaiser« ist[39].

Darin äußert sich ein neues Verständnis für das *»ius politicum et imperiale«*: Luther hatte am Beispiel des Widerstandsrechtes Wert und Bedeutung des positiven Rechtes für die Reichsverfassung zu schätzen gelernt und überdies unter dem Druck juristischer Argumente recht drastisch erfahren, daß sein Bild von der Reichsverfassung korrekturbedürftig war. Dies sollte nicht ohne Folgen bleiben.

3. Neue Einflüsse auf Luthers Verfassungsvorstellung

Im Anschluß an frühere Äußerungen[40] legte sich Luther in dieser kritischen Phase darauf fest, daß ihm als Theologen kein Urteil über Rechtsfragen zustehe. Folgenreich wurde diese Selbstbeschränkung deshalb, weil er damit jetzt und in Zukunft darauf verzichtete, eine bestimmte Verfassungskonzeption zum Credo des politischen Protestantismus zu erheben. Daran hat sich Luther – zumal in seinen Publikationen – streng gehalten.

Dies darf indessen nicht als Desinteresse an der Reichsverfassung mißdeutet werden. Denn gerade jetzt öffnete sich Luther Einflüssen, die seine Verfassungsvorstellung umprägten. Wie Karl Müller vermutete[41], basierte der in der Torgauer Erklärung erwähnte *»zetel«* auf einem »prozessualistischen«[42], beziehungsweise »verfahrensrechtlichen«[43] Gutachten, das wahrscheinlich vom Kanzler Brück und anderen kursächsischen Juristen verfaßt worden war[44]. Dieses weitgehend dem kanonischen Recht entlehnte Gutachten[45] bewegte sich jedoch in einer zu engen verfahrensrechtlichen Argumentation, um verfassungsrechtlich ergiebig zu sein[46].

---

[38] Vgl. oben S. 69.

[39] Kern, Luther und das Widerstandsrecht, 334.

[40] Vgl. z.B. Ermahnung zum Frieden, 1525, WA 18, 327 f.

[41] Karl Müller, Luthers Äußerungen, 48 ff.

[42] Vgl. ebda, 48. Das Gutachten ist ediert von Karl Müller, ebda, 89–92, sowie von Scheible, in: Das Widerstandsrecht als Problem der deutschen Protestanten, 63–66, Nr. 15.

[43] Vgl. Fabian, Die Entstehung des Schmalkaldischen Bundes, 117 f.

[44] Vgl. ebda, 117 f.

[45] Vgl. Karl Müller, Luthers Äußerungen, 49.

[46] Der Gedankengang des Gutachtens verläuft folgendermaßen: Der Kaiser ist in Glau-

Nachhaltigeren Einfluß auf Luther gewann jedoch ein Schreiben des Landgrafen Philipp von Hessen vom 21. Oktober 1530, das noch während der Torgauer Verhandlungen bei ihm eingetroffen sein mußte[47]. Darin erteilte der selbstbewußte Reichsfürst, für den auch der Wink mit der römischen Königskrone keine Versuchung darstellte[48], dem Reformator eine nachhaltige Lektion über die Reichsverfassung[49]. Die Argumentationsbasis ist – echt mittelalterlich – die Tradition, das *»Herkommen«*.

Einleitend wies der Landgraf Luther darauf hin, daß sich die Verfassung des Reiches gründlich von den Verhältnissen unterscheide, die der Obrigkeitslehre des Neuen Testaments zugrunde lägen: Deutsche Fürsten seien nicht etwa *»schlecht Landpfleger«*, sondern *»Erbherrn«* und genössen kraft alten Rechts eine größere *»Freiheit«*[50] als welsche Fürsten: Denn kein Kaiser habe je Gebotsgewalt über Fürstenuntertanen besessen oder ein Besteuerungsrecht, das nicht von der *»Bewilligung gemeiner Stände«* abhängig gewesen wäre. Und überdies ruhe die kaiser-

---

bensangelegenheiten kein Richter, sondern bestenfalls Exekutor der zuständigen kirchlichen Instanz. Selbst wenn er zuständiger Richter wäre, hätte die erfolgte Appellation an das Konzil seine Jurisdiktion suspendiert. Gegen einen Richter, der sich außerhalb seiner Zuständigkeit die Rechtswahrung anmaßt, ist Widerstand erlaubt (unter Bezug auf D 2, 1, 20), besonders dann, wenn ein *»gravamen irreparabile«* beim Betroffenen die Folge wäre. Die Ungerechtigkeit des Kaisers und seiner Ratgeber in dieser Angelegenheit ist überdies bereits notorisch. – Offenbar um den Einwand Melanchthons zu entkräften, die Juristen beachteten nicht den Unterschied zwischen *»non obedire«* und *»vi resistere«* bei den Rechts-Autoritäten (vgl. oben S. 68 f., Anm. 91), bemüht sich das Gutachten um den Nachweis eines positiven Widerstandsrechtes. Es schließt sich beim Aufweis der Entscheidungsgründe allerdings weitgehend – und ohne der komplexen kanonistischen Kontroverse gerecht zu werden – den vom Dekretalisten Felinus Sandaeus (zu X I, 29, 8) aufgeführten vier Fällen eines erlaubten Widerstandes gegen ungerechte richterliche Entscheidungen an, vgl. Scheible, Das Widerstandsrecht als Problem der deutschen Protestanten, 64, Anm. 266.

[47] Luthers Antwort ist datiert auf den 28. 10. 1530, vgl. WABr 5, 660, Nr. 1740.

[48] Vgl. Herbert Grundmann, Landgraf Philipp von Hessen auf dem Augsburger Reichstag, Göttingen 1959 (Schriften des Vereins für Reformationsgeschichte, 176) 36.

[49] Eine Untersuchung über die Verfassungskonzeption des mit politischer Phantasie und Tatkraft so reich begabten Landgrafen fehlt bislang ebenso, wie eine umfassende, das reiche Quellenmaterial berücksichtigende Gesamtwürdigung seiner politischen Zielsetzungen. Vgl. aus der neueren Literatur über die landgräfliche Politik: Kurt Dülfer, Die Packschen Händel im Lichte der hessischen Politik, 2. Aufl., Marburg 1958 (Veröffentlichungen der Historischen Kommission für Hessen und Waldeck, XXIV/3); Grundmann, Landgraf Philipp von Hessen; Gerhard Müller, Karl V. und Philipp der Großmütige, in: Jahrbuch der Hessischen Kirchengeschichlichen Vereinigung 12 (1961) 1–34; Friedrich Knöpp, Landgraf Philipps weltgeschichtliche Bedeutung, in: Jahrbuch der Hessischen Kirchengeschichtlichen Vereinigung 14 (1963) 457–485, bes. 460–464; René Hauswirth, Landgraf Philipp von Hessen und Zwingli, in: Zwingliana 11 (1959/63) 499–551.

[50] Vgl. über Freiheit als Inbegriff der subjektiven Rechte Gerd Tellenbach, Libertas, Stuttgart 1936 (Forschungen zur Kirchen- und Geistesgeschichte, 7) 26 f.

liche Herrschaft auf einem Vertrag mit den Fürsten, die *»ihme nit allein geschworen, sondern ihm und dem Reich zugleich«*. Die Fürsten besitzen damit ein Aufsichtsrecht über den Kaiser: Verstoße er gegen die Konditionen des Vertrages, so verliere er als *»Friedbrecher«* sein Amt, *»dweil er kein Erbkaiser, sondern ein gewählter Kaiser ist«*[51].

Für den hessischen Landgrafen ist das Reich damit eine auf ständischer Grundlage geeinte Föderation eigenständiger Fürsten, an deren Spitze ein gewählter Kaiser gemeinsame Belange dieser Föderation in einem genau umschriebenen Vertragsverhältnis wahrnimmt[52]. Der Unterschied zwischen der unmittelbar dynastischen Legitimation der Fürsten und der mittelbaren Legitimation des »Wahlkaisers« ist damit für Philipp eine der Grundlagen der Reichsverfassung. Ebenso grundlegend ist die Verpflichtung der Stände gegenüber dem Reich[53], das hier als transpersonaler Inbegriff der alle umgreifenden Rechtsordnung erscheint. Sie macht die Stände zu den Sachwaltern des Reiches und begründet ihr Aufsichtsrecht über den Kaiser.

---

[51] *»Zum ersten, ist der Fall im Neuen Testament nit beschrieben, auch bei der Apostel Zeit, nach meinem Wissen, nit vorhanden gewest, als nämlich, daß ein Oberkeit, die ein Land erblich innhab, den Glauben angenommen und nachmals von einer großern Oberkeit verfolgt. Zum andern, ist's mit den deutschen Fursten viel ein ander Ding, dann mit den vorzeiten, die schlecht Landpfleger gewest sein und nit Erbherrn. Die wälschen Fursten haben auch soliche Freiheit nit, darzu auch das Herkommen dermaßen nit herbracht, wie wir Deutschen. Und daß solchs wahr sei, so hat nie kein Kaiser Macht gehabt, einigen Untertan eins Fursten mit Gewalt zu fahen nach hinweg zu nehmen, so anders der Untertan solchs Fursten Recht hat leiden mogen, und ob er schon gegen Kais. Maj. eigen Person, Land und Leut getan hätt ... Es ist nach weiter offenbar wahr, daß kein Kaiser je in deutschen Landen Macht gehabt hat, einigem Fursten mit Gewalt 1 Gulden abzufordern, und ob er sie schon gefordert hätt, wär es in der Gestalt nit geben worden. So aber ein Kaiser etwas mit Bewilligung gemeiner Stände erlangt, das ist man ihme schuldig zu geben gewest. Zum dritten ist wahr, daß der Kaiser uns so wohl gelobt und geschworen ist, als wir ihme, und wir seind ihme nit allein geschworen, sondern ihm und dem Reich zugleich. So nu der Kaiser uns nit hält, so hat er sich selbst zu einer gemeinen Person gemacht und kann nit mehr vor ein rechten Kaiser angesehen werden, sondern vor ein Friedbrecher, zuvoran dweil er kein Erbkaiser, sondern ein gewählter Kaiser ist.«* Philipp von Hessen an Luther, 21. 10. 1530, WABr 5, 653 f., Nr. 1737. Dem Schreiben liegen handschriftliche Aufzeichnungen des Landgrafen zugrunde, vgl. Urkundliche Quellen zur hessischen Reformationsgeschichte, Bd 2, ed. Günther Franz, Marburg 1954 (Veröffentlichungen der Historischen Kommission für Hessen und Waldeck, XI/2) 121 f., Nr. 186. Sinngemäß findet sich die gleiche Argumentation bereits im Brief Philipps an Markgraf Georg von Brandenburg-Ansbach vom 21. 12. 1529, den Luther möglicherweise gekannt (vgl. oben S. 67, Anm. 83), aber damals nicht rezipiert hat.

[52] Vgl. über die zeitgenössische Lehre vom Herrschaftsvertrag Werner Näf, Herrschaftsverträge und Lehre vom Herrschaftsvertrag, in: SBaG 7 (1949) 26–52.

[53] Vgl. zu den reichsrechtlichen Wurzeln dieser Verfassungsinterpretation (Lehnseide und Verpflichtung gegenüber dem Gemeinwohl) Eberhard Isenmann, Kaiser und Reich. Untersuchungen zur Reichsregierung unter Kaiser Friedrich III. in den Jahren 1452–1486, Diss. Masch. Tübingen 1974, 21; 172 ff.

Oberster Herrschaftsträger im Reich ist die Versammlung der Stände, der Reichstag. Er reguliert durch seine Beschlüsse die kaiserliche Herrschaftsausübung gegenüber Fürsten und Territorien und bindet damit den Kaiser und seine Amtsführung. Die Stimmen der einzelnen Stände besitzen allerdings ein unterschiedliches Gewicht, so daß den *»furnehmbsten Kurfursten und Ständ«*[54] ein größerer Einfluß auf die Reichsregierung zukommt als den übrigen. Die *»sanior pars«* gibt den Ausschlag gegenüber der unqualifizierten numerischen Mehrheit[55].

Der Dualismus des Ständestaates hatte sich damit bei Philipp gründlich zugunsten der Stände verschoben: Sie bilden die Grundlage des Reiches und bestimmen seine Politik entsprechend ihrem überkommenen Rang. Diese Gedanken stehen in gewisser Parallele zur ständischen Reichskonzeption Bertholds von Henneberg[56], um aber durch eine eigenwillige Interpretation der kaiserlichen Wahlkapitulation verschärfend darüber hinauszugreifen.

Bekanntlich hatte sich der Kaiser in seiner Wahlkapitulation mit den Kurfürsten über die Grundlagen seiner Regierung *»gedings und pactsweise verainigt«*[57]. Wie die Vorgeschichte zeigt, sollte dem Kaiser in der Wahl grundsätzlich der volle Umfang kaiserlicher Herrschaftsrechte übertragen werden, auf die er dann durch vertragliche Übereinkunft und in freiwilliger Selbstbeschränkung zum Teil wieder verzichtete[58]. Im Unterschied dazu verschob der Landgraf die Grundlage kaiserlicher Herrschaft von der Wahl auf die Kapitulation. Das vertragskonforme Verhalten des Kaisers wird damit Bedingung für seine Herrschaft.

Vergleicht man diese Konzeption mit der früheren Auffassung Luthers, so zeigt sich die gleiche Einsicht in die föderative, »ständestaatliche« Struktur des Reiches: Auch für Luther war ja das Reich ein Verband eigenständiger Obrigkeiten, denen außer ihrer Gebietsherrschaft auch noch eine Teilhabe an der Reichsherrschaft zukommt.

Schwerer aber wiegen die Unterschiede: So nimmt sich die Stellung des Kaisers bei Luther ungleich stärker aus als beim Landgrafen. Für Luther integriert die kaiserliche Herrschaft nicht nur das Reich, sondern erfaßt durch unmittelbare Gebotsgewalt auch alle seine Glieder. Obwohl

---

[54] WABr 5, 655, Nr. 1737.

[55] Vgl. oben S. 72, Anm. 118.

[56] Vgl. hierzu: Fritz Hartung, Berthold von Henneberg, Kurfürst von Mainz, in: HZ 103 (1909) 527–551; Adolf Laufs, Artikel »Berthold von Henneberg«, in: HRG Bd 2, 79; Alfred Schröcker, Unio atque concordia. Reichspolitik Bertholds von Henneberg 1484–1504, Diss. Würzburg 1970, 392–399. Vgl. auch die kritische Analyse der Politik Bertholds von Henneberg bei Heinz Angermeier, Königtum und Landfriede, München 1966, 544 f.

[57] RTA JR 1, 865, Nr. 387.

[58] Vgl. Gerd Kleinheyer, Die kaiserliche Wahlkapitulation, Karlsruhe 1968 (Studien und Quellen zur Geschichte des deutschen Verfassungsrechtes, A/1) 101 f.

die Stände an der Reichsregierung mitwirken, bleibt der Kaiser für Luther das politisch maßgebliche Oberhaupt des Reiches, während ihn der Landgraf zu einem Beamten der Fürstenföderation degradiert.

Luther hatte früher die ständische Interessenpolitik des Landgrafen, die sich um die »Reputation«[59] des Kaisers wenig scherte, unverhohlen mißbilligt[60]. Dies hinderte ihn aber jetzt nicht mehr daran, wichtige Elemente von dessen Verfassungskonzeption zu übernehmen. In den bereits erwähnten Konzepten zur *»Warnung an seine lieben Deutschen«*, die Luther wahrscheinlich bald nach den Torgauer Verhandlungen niederschrieb, zeigen sich erstmals diese neuen Einflüsse: Ein Fürst sei kein Knecht und der Kaiser nur im Rahmen vertraglicher Abmachungen (*»pactis certis«*) Herr. Eidliche Verpflichtungen bänden ihn gegenüber den Fürsten und verpflichteten ihn auf die *»forma imperii«*, deren Bruch nicht geduldet werden dürfe. Zwar nehme ein Christ kein Recht in Anspruch. Aber ein Fürst sei als geschworener Amtsträger des Reiches verpflichtet, dessen Rechte zu wahren[61].

Die Herrschaft des Kaisers beruht also auf einem Vertrag, der ihn an die *»forma imperii«* bindet und die Fürsten zu Hütern der Reichsverfassung beruft. Die *»forma imperii«* als Inbegriff der alle umgreifenden Rechtsordnung sichert und gewährleistet die allen Gliedern des Reiches - besonders aber den Ständen - zukommenden Rechte und Freiheiten: Wer sie zerstört, überführt das Reich in Sklaverei. Auf Grund dieses Vertragsverhältnisses ist es ein obrigkeitliches Recht der Fürsten, die *»forma imperii«* sowohl im Interesse des Reiches als auch ihrer Nachfolger zu wahren[62].

Luther hatte sich also die Argumente des Landgrafen zu eigen gemacht. Allerdings müssen auch die Grenzen dieser Rezeption beachtet werden: Während Philipp beredt darauf hingewiesen hatte, daß der Kaiser bei Vertragsbruch sein Amt ipso facto verliere, zog Luther einen ständischen Widerstand nur für den Fall in Betracht, daß der Kaiser die

[59] Vgl. zur Bedeutung der Reputation in der Politik Karls V. Lutz Hatzfeld, Staatsräson und Reputation bei Karl V., in: Zeitschrift für Religions- und Geistesgeschichte 11 (1959) 32-58, bes. 43-53.

[60] Luther an Kurfürst Johann, 22. 5. 1529, WABr 5, 77; 79, Nr. 1424. Bezeichnend ist auch, daß Luther seine Türkenkriegsschrift von 1529, in der er bitter über ständischen Ungehorsam klagte, ausgerechnet dem Landgrafen gewidmet hat, vgl. WA 30, 2, 107 f.

[61] *»1. Princeps non est servus. 2. Imperator est pactis certis dominus ... 4. Iuratus est principibus ad retinendam imperii formam, nec ferendum, ut solvatur in servitudinem. 5. Remediis iuris uti licet. 6. Christianus iuri cedit. 7. Sed princeps astrictus iuramentis imperii tenetur ut politicus non cedere.«* WATi 1, 325, Nr. 679,4; WA 30, 3, 394. Mit Karl Müller, Luthers Äußerungen, 59, muß wohl in Satz 6 *»iuri cedit«* in *»iure cedit«* emendiert werden.

[62] Vgl. Satz 8: *»An velis consulere, ut princeps statim tradat duci Georgio electoratum, cum constet iam ereptum sic spoliare haeredes immeritos?«* WATi 1, 325, Nr. 679,4; WA 30, 3, 394.

Verfassung als solche angreift. Ebenso bleibt der Unterschied zwischen Erbfürst und Wahlkaiser – die Grundlage der Reichskonzeption Philipps – auffallend im Hintergrund[63]. Es ist wohl kaum ein Zufall, wenn Luther diese beiden Argumente nicht aufgriff, deren Kombination den Kaiser zum Spielball einer Fürstenaristokratie gemacht hätte. Und es ist wohl ebenfalls kein Zufall, wenn er darauf verzichtete, diese verfassungsrechtliche Argumentationsreihe in die *»Warnung an seine lieben Deutschen«* aufzunehmen und damit publizistisch zu verbreiten, wie der Landgraf gehofft haben mochte.

4. Die Verfassungsform des Reiches

Wie wenig Luther zunächst seine neue Einsicht in die Reichsverfassung behagte, zeigt ein Tischgespräch aus dem Herbst 1531. Ein englischer Gast wiederholte dabei die inzwischen sicher zum politischen Schlagwort trivialisierte These, daß den Fürsten als Obrigkeiten ein Widerstandsrecht gegen den Kaiser zukomme. Luther verneinte dies zunächst barsch: Ein Fürst sei gegenüber dem Kaiser Privatperson – keinesfalls Obrigkeit. Aber dann fügte er vorsichtig und versöhnlich hinzu, man solle das Problem der juristischen Diskussion überlassen[64]. Das unsichere und affektgeladene Schwanken Luthers, das psychologisch eine Lage kennzeichnet, in der eine neue Einsicht gegen eine alte Überzeugung kämpft, fand immer erneut seine Grenze und Stütze an der fachlichen Autorität der Juristen. Aus dem gleichen Zeitraum ist eine Tischrede überliefert, in der Luther ebenso deutlich wie in dem Brief an Lazarus Spengler seinen theologischen Beruf gegen Sachkenntnis und Verantwortung der Juristen abgrenzte und schroff betonte, daß er das kaiserliche Recht nicht kenne, aber auch nicht kennenlernen wolle[65].

---

[63] Die von Paul Kalkoff, Luthers Verhältnis zur Reichsverfassung und die Rezeption des Wormser Edikts, in: HVjschr 18 (1916/18) 266, sowie Heinz Kraft, Luther und der Reichsgedanke, Göttingen o.J. (Historisch-Politische Hefte der Ranke-Gesellschaft, 7) 14 f., vertretene gegenteilige Ansicht läßt sich in den Quellen nicht belegen.

[64] *»Interrogatus Anglus: Si concilium papae processerit, tunc nos certissime damnabunt, caesarique executio mandabitur; utrum liceat nobis illi resistere? respondit: Quia principes Germaniae sunt publicae personae, ideo pro defendendis suis liceret illis. Contra Lutherus: Nequaquam, inquit, quia princeps erga imperatorem est privata persona. Sed nos haec relinquimus iuristis discutienda.«* WATi 2, 405, Nr. 2285b, Kordatus, Herbst 1531. Diese Tischrede wurde wahrscheinlich erst nachträglich redaktionell mit dem auf der folgenden Seite, Anm. 67, zitierten Redestück verbunden, vgl. Karl Müller, Luthers Äußerungen, 63.

[65] *»Cum diceret se reiecisse ad iureconsultos quaestionem, utrum caesari liceret resistere, ibi cum interrogaremus, an non etiam sui officii sit iudicare de illis legibus? respondit: Non. Theologus tantum docet credendum Christo, deinde generaliter adhortatur unumquemque, ut suum officium faciat in fide; ut: Sutor suat calceum etc.; alioqui quomodo autem calceus suendus, quomodo vendendus sit, hoc non est mei officii praescri-*

Dies blieb freilich nicht Luthers letztes Wort. Denn ein weiteres Tischgespräch aus der gleichen Periode zeigt, daß er die Vorstellung von der vertraglichen Grundlage der kaiserlichen Herrschaft nicht nur voll rezipiert, sondern auch zur weiterführenden Frage nach der Verfassungsform des Reiches verschärft hatte.

In lockerem Anschluß an Aristoteles unterschied er drei Arten königlicher Herrschaft[66]. Die erste, das *»regnum despoticum«*, zeichne sich durch die völlige Freiheit des Herrschers von rechtlichen Bindungen aus. Die zweite Herrschaftsform, das *»regnum civile«*, sei die Verfassungsform des Reiches: alle Herrschaft bestehe nur durch die vorgegebenen Normen des Rechtes. Und genauso wie die Bürger dem Kaiser nach Maßgabe der Gesetze (*»certis legibus«*) unterworfen seien, sei der Kaiser ihnen gegenüber an das Recht gebunden. Breche er das Recht, dann entarte seine Herrschaft zum *»regnum tyrannicum«*, das ein Recht auf Widerstand eröffne[67]. Das positive Recht (*»ius civile«*) bestimmt damit verbindlich das Maß von Herrschaft und Unterwerfung und wird durch das Widerstandsrecht der Untergebenen gesichert.

Damit zeichnete Luther das Reich als eine rechtlich beschränkte Monarchie, wie sie in der staatsrechtlichen Diskussion des Spätmittelalters – im Anschluß an gemeinmittelalterliche Überzeugungen[68] – eine große Rolle gespielt hat[69]. Ob Luther diese Diskussionen direkt kannte, läßt

---

bere. Ibi habet leges civiles etc. Alioqui oporteret theologum omnes res scire et exacte nosse, et esset infinita professio. Sic etiam cum de civilibus docet theologus, tantum generaliter docet. Dicit: Non furare! Sed iuristae postea docent, quomodo fiat furtum. Sic monet medicum generaliter, ut faciat suum officium; ea deinde ei cura incumbit, non mihi, ut videat, quanta debeat esse δοσις. *Sic ego generaliter doceo in hac qaestione de caesare, quod sint sequendae leges; quae autem illae leges sint et quales, hoc neque scio neque scire volo, quia non est officii mei.«* WATi 1, 40 f., Nr. 109, Dietrich, November 1531.

[66] Vgl. hierzu die wichtige aristotelische Unterscheidung zwischen der »βασιλεία κατὰ τὴν αὑτοῦ βούλησιν« und des »κατὰ νόμον λεγόμενος βασιλεὺς«, Politik III, 16, 1287[a]. Luther kannte die Staatslehre des Aristoteles. Denn vor seiner Promotion zum Magister Artium im Jahre 1506 hörte er gemäß der Erfurter Studienordnung sechs Monate lang die Aristotelische Politik, vgl. Erich Kleineidam, Universitas Studii Erffordensis, Bd 1, Leipzig 1964 (Erfurter Theologische Studien, 14) 229.

[67] *»Est enim triplex regnum: Despoticum, id est herile, civile, tyrannicum. Despoticum ius est, sicut ego habeo super gallinas, anseres, vaccas meas occidendi, quia sum dominus illorum. Sum quoque dominus meae uxoris, liberorum et familiae; sed si occidere vellem, non liceret, quia non sunt mihi subiecti despotice, sed civili iure. Ita nos quoque caesari subiecti certis legibus, sicut ipse contra nobis certis legibus est constrictus; si illas transcenderit, iure resistere possumus. Est enim tyrannus.«* WATi 2, 405 f., Nr. 2285b, Kordatus, Herbst 1531. Vgl. zur Redaktion dieses Redestücks die vorhergehende Seite, Anm. 64.

[68] Vgl. Fritz Kern, Recht und Verfassung im Mittelalter, 2. Aufl., Darmstadt 1965 (Libelli, 3) 67–75; Otto Brunner, Land und Herrschaft, 5. Aufl., Wien 1965, 423 f.

[69] Vgl. Otto von Gierke, Das deutsche Genossenschaftsrecht, Bd 3, Berlin 1881, 615 f.;

sich den Quellen nicht entnehmen. Wahrscheinlicher ist allerdings ein indirekter Einfluß. Denn in Luthers nächster Umgebung vertrat ein Rechtstheoretiker von hohem Rang Argumente aus dem Arsenal der spätmittelalterlichen und humanistischen Verfassungsdiskussion. Gemeint ist Philipp Melanchthon[70]. Bereits in der *»Oratio de legibus«* von 1523 hatte er im Anschluß an Aristoteles[71] gefordert, daß ein Gemeinwesen in geschriebenem Recht verfaßt sein müsse[72]. Und in seinem einflußreichen Kommentar zur aristotelischen Politik von 1530 erörterte er ausführlich und mit spürbarem persönlichem Engagement die gemeinschaftssichernde Funktion des Rechtes, das dem Herrscher seine Grenzen setze und das als *»ius certum«* ein *»ius scriptum«* zu sein habe[73]. Wenn sich auch ein Einfluß Melanchthons auf Luthers Verfassungsvorstellung nicht nachweisen läßt, so ist es doch recht wahrscheinlich, daß die Konzeption seines Freundes auf ihn abfärbte, zumal in einer Phase, in der das Verfassungsproblem für Luther selber an Aktualität gewonnen hatte.

Im weiteren Verlauf der Tischrede verzahnte sich die Frage nach der Verfassungsform des Reiches mit einem neuen Gedanken: Der Kaiser übe über Deutschland nicht die gleiche Herrschaft (*»dominium«*) aus[74], wie jeder andere Monarch über sein Reich. Denn die Fürsten und Städte besäßen das Münz-, Zoll- und Bergrecht – aber nicht der Kaiser: *»Ideo non adeo illi subiecti sumus.«*[75]

Ernst H. Kantorowicz, The King's Two Bodies. A Study in Medieval Political Theology, Princeton 1957, 87–192; Michael Wilks, The Problem of Sovereignty in the Later Middle Ages, Cambridge 1964 (Cambridge Studies in Medieval Life and Thought, NS/9) 200–209. Vgl. als wichtigste Vertreter: Marsilius von Padua, Defensor Pacis I, c.7 – c.11; c.14; c.15, ed. Richard Scholz, Hannover 1932 (MGH Fontes iuris Germanici in usum scholarum) 34–62; 78–94; Wilhelm von Ockham, Dialogus III, 1, 2, c. 6, ed. Melchior Goldast, in: Monarchia S. Romani Imperii, Bd 2, Frankfurt 1614, 795 f.; Nikolaus von Kues, De Concordantia Catholica III, 41, ed. Gerhard Kallen, in: Opera Omnia, Bd 14, Hamburg 1939/68, 70 f. Vgl. über Segovia Antony Black, Monarchy and Community. Political Ideas in the Later Conciliar Controversy 1430–1450, Cambridge 1970 (Cambridge Studies in Medieval Life and Thought, III/2) 44 f.; vgl. über Erasmus von Rotterdam Eberhard von Körber, Die Staatstheorie des Erasmus von Rotterdam, Diss. Berlin 1966, 45 f.

[70] Vgl. über Melanchthons Bedeutung als Rechtstheoretiker vor allem Guido Kisch, Melanchthons Rechts- und Soziallehre, Berlin 1967.

[71] Politik III, 16, 1287ª.

[72] Zuletzt ediert von Kisch, in: Melanchthons Rechts- und Soziallehre, 198.

[73] CR 16, 440; 443–449.

[74] Vgl. über *»Dominium«* als allgemeiner Ausdruck für Herrschaft und als Terminus Technicus für die Landesherrschaft Hans K. Schulze, Artikel »Dominium«, in: HRG Bd 1, 754 f.

[75] *»Praeterea caesar non tantum dominii habet in Germania, quantum quilibet rex in suo regno, quia neque monetam neque vectigal neque mineralia habet ut alii reges, et principes et civitates haec omnia habent. Ideo non adeo illi subiecti sumus.«* WATi 2, 406, Nr. 2285b, Kordatus, Herbst 1531.

Der Besitz wichtiger Regalien war eine der Voraussetzungen für den faktischen und theoretischen Ausbau der Landeshoheit[76]. Denn er stellte den Fürsten nicht nur unentbehrliche Hilfsmittel für eine wirksame Herrschaft zur Verfügung[77], sondern bot ihnen darüber hinaus auch Argumente, um ihre Landeshoheit als quasi-imperiale Herrschaft zu rechtfertigen[78]. Ob Luther diese staatsrechtlichen Diskussionen gekannt hat oder nicht - seine Ansicht steht jedenfalls in auffälligem Gegensatz zu früheren Äußerungen, deren Tendenz - vor allem in Reformforderungen - auf eine Stärkung der kaiserlichen Herrschaft abgezielt hatte. Nunmehr wendete er das Faktum ständischen Regalienbesitzes zu einem Argument gegen den Kaiser: Durch den Mangel wichtiger Hoheitsrechte ist seine Herrschaft nicht mit der anderer Könige vergleichbar und damit - überspitzt formuliert - auch nicht im eigentlichen Sinne monarchisch. Dagegen erscheinen die Stände als Träger dieser Hoheitsrechte in einer recht unabhängigen, ja quasi-kaiserlichen Stellung.

Für Luther hatten sich damit die Akzente im ständestaatlichen Dualismus des Reiches vom Kaiser auf die Stände verschoben: Wenn Hans von Schubert eines der wichtigsten Ergebnisse des Augsburger Reichstages darin sah, daß »die Auffassung des deutschen Kaisertums als einer Monarchie einen weiteren tödlichen Stoß erlitten«[79] habe, so gilt dies besonders für Luther.

Diese Einsicht ist das Ergebnis eines weitgespannten Entwicklungsbogens, dessen einzelne Etappen sich im Verlauf der Untersuchung gezeigt haben: Am Anfang stand Luthers Bedürfnis, die im Recht verfaßte Majestät des kaiserlichen Amtes vor fremdem Mißbrauch zu schützen. Die Diskussionen in Torgau zeigten ihm, daß das verfassungsrechtliche

---

[76] Vgl. zu Begriff und Einteilung der Regalien Peter Badura, Das Verwaltungsmonopol, Berlin 1963, 45-51.

[77] Vgl. Hans Thieme, Die Funktion der Regalien im Mittelalter, in: ZRG GA 62 (1942) 75-79.

[78] Vgl. Gierke, Das deutsche Genossenschaftsrecht, Bd 3, 693; 695; Bd 4, Berlin 1913, 224. Wenngleich der Regalienbesitz erst in der zweiten Hälfte des 16. Jahrhunderts seine zentrale Rolle in der staatsrechtlichen Diskussion gewann, erschien er auch in Luthers zeitgenössischer juristischer Literatur als Attribut monarchischer Herrschaft schlechthin, vgl. Henning Goede, Consilia, Bautzen 1563, cons. 2, S. 19: *»Dicuntur autem Regalia, quia sunt res specialiter pertinentes ad Regem et non solum ad Regem seu Imperatorem Ro. sed etiam ad quemlibet alium Regem in cuius regno talia Regalia reperiuntur, cum quilibet Rex dicatur monarcha in suo regno.«* Von hier aus war es nur noch ein kleiner Schritt, die Landeshoheit als quasi-monarchische Herrschaft zu interpretieren, zumal seit dem 14. Jahrhundert auch in Deutschland der Satz bekannt war, daß ein Fürst *»imperator in territorio suo«* sei, vgl. Otto Brunner, Land und Herrschaft, 390 ff.; Helmut Quaritsch, Staat und Souveränität, Bd 1, Frankfurt 1970, 79-83.

[79] Hans von Schubert, Der Reichstag von Augsburg im Zusammenhang der Reformationsgeschichte, Leipzig 1930 (Schriften des Vereins für Reformationsgeschichte, 150) 34.

Verhältnis zwischen Kaiser und Ständen differenzierter war, als er bislang geglaubt hatte. Und weiterhin belehrte ihn der hessische Landgraf, daß die kaiserliche Herrschaft auf einem Vertrag mit den Ständen beruhe, der den Umfang gegenseitiger Rechte und Pflichten genau umschreibe. Und schließlich folgerte er, daß die Herrschaft des Kaisers nicht nur durch Vertragsrecht, sondern durch positives Recht überhaupt begründet und begrenzt sei. In dieser Entwicklung zeigt sich ein Wandel im Verhältnis zwischen Recht und Herrschaft. Während Luther vordem die sittliche Selbstbeschränkung des Herrschers unter das Recht gefordert, aber – vom extremen Fall der Absetzung abgesehen – eine ständische Kontrolle über sein rechtmäßiges Verhalten verworfen hatte, gewann er nunmehr die Überzeugung daß die kaiserliche Herrschaft durch positives Recht verbindlich normiert sei und daß den Ständen ein wirkungsvolles Kontrollrecht darüber zustehe: Die kaiserliche Regierung hatte damit ihre Rechtmäßigkeit in einem strikteren und umfassenderen Sinn als vorher gegenüber den Ständen zu legitimieren. Die *»forma imperii«* als Inbegriff aller vorgegebenen Rechte reguliert verbindlich und aufweisbar die Herrschaftsordnung im Reich, weist jedem Teil des Herrschaftsgefüges seine Stelle zu und verleiht dem Ganzen seine unverkennbare Individualität[80].

---

[80] Dieses »konstitutionelle« Element in Luthers Verfassungsvorstellung ab 1530 ist von Kraske, Der Einfluß der mittelalterlichen Reichsidee, 86, richtig beobachtet, aber falsch eingeordnet worden. Zudem ist es im Interesse begrifflicher Genauigkeit bedenklich, hier von einer »konstitutionellen Monarchie« zu sprechen. Eine konstitutionelle Monarchie setzt die rechtlich unbeschränkte und umfassende, das heißt die souveräne Staatsgewalt voraus, die der Monarch nur nach Maßgabe der Konstitution und unter Mitwirkung der darin vorgesehenen Organe ausübt. Eine konstitutionelle Monarchie in diesem Sinne gab es trotz vielfältiger Ansätze im spätmittelalterlichen Ständestaat bekanntlich noch nicht, vgl. Quaritsch, Staat und Souveränität, 178–188, bes. 183 f.

VI. Kapitel
DIE REICHSVERFASSUNG BIS 1539

1. Verfassungspolitik und Bekenntnis

Es es ist erstaunlich, daß Luther die mit seiner neuen Verfassungseinsicht gegebenen politischen Möglichkeiten nicht ergriff und nutzte, wie dies später für Calvin so charakteristisch werden sollte[1]. Dies zeigt sich besonders darin, daß er die vierte, verfassungsrechtliche Argumentationsreihe der Konzepte für die *»Warnung an seine lieben Deutschen«* nicht in der Schrift selbst näher ausführte[2] und damit darauf verzichtete, dieses Verfassungsmodell als Grundlage für ein Recht auf Gegenwehr oder gar einer Religionspolitik auf ständischer Grundlage publizistisch zu verbreiten[3]. Die Gründe dafür liegen in Luthers Selbstbeschränkung auf die Kompetenzen seines theologischen Amtes[4] und in einem tiefen Widerwillen gegen jede Politisierung des evangelischen Bekenntnisses: *»Wir haben eine göttliche Sache, die will und muß Gott allein erhalten, wie er bisher redlich getan; Menschengedanken tun es wahrlich nicht.«*[5].

Seitdem der drohende Augsburger Abschied, die undurchsichtige Haltung des Kaisers und die Bündnispolitik der neugläubigen Stände das Reich in eine latente Krise versetzt hatten[6], kam eine wachsende Sorge um den Frieden im Reich hinzu. Sie zeigt sich in seiner scharfen Kritik

---

[1] Vgl. Institutio Religionis Christianae, Ausgabe von 1559, IV, 20, 31, CR 30, 1116 f. Vgl. Ernst Walter Zeeden, Das Zeitalter der Gegenreformation, Freiburg 1967 (Herder-Bücherei, 281), 114–117.

[2] Vgl. oben S. 130.

[3] Die verfassungsrechtliche Konsequenz der Wahlkapitulation wird darin nur an einer Stelle mehr angedeutet als ausgeführt, vgl. WA 30, 3, 291. In seinem Schreiben an Philipp von Hessen vom 28. 10. 1530 hatte Luther im übrigen betont, daß die Warnung so *»verwaret sein«* soll, *»das mans nicht muge auffrurisch schelten.«* WABr 5, 660, Nr. 1740.

[4] Vgl. oben S. 124.

[5] Luther an Kurfürst Johann 10. 2.(?) 1532, WABr 6, 261, Nr. 1903.

[6] Vgl. über das politische Vakuum im Reich nach dem Scheitern des Augsburger Reichstages Gerhard Müller, Die römische Kurie und die Reformation von 1523–1534, Gütersloh 1969 (Quellen und Forschungen zur Reformationsgeschichte, 38) 113–146.

an der Bündnispolitik des hessischen Landgrafen, der am 16. November 1530 seinen Beitritt zum eidgenössischen Burgrechtsverband ratifiziert hatte[7]. Diese Kritik entsprang nicht nur seinem theologischen Bedenken, daß sich das Streben nach menschlicher Hilfe schlecht mit dem festen Vertrauen auf Gott vertrage, der allein sein Wort schütze und seine Kirche reformiere, wie er dies oft betont hatte[8]. Und sie erklärt sich nicht allein aus der mangelnden Orthodoxie der Eidgenossen in der Sakramentenfrage[9], sondern vor allem auch aus der Sorge, daß damit die Gefahr eines großen Krieges heraufbeschworen würde[10].

Die Kritik an einer sich ausweitenden Bündnispolitik bedeutete allerdings noch keine grundsätzliche Absage an Verteidigungsbündnisse als solche. Zwar scheint sein persönliches Unbehagen daran so bekannt gewesen zu sein, daß er weder zu den Bundesverhandlungen der Neugläubigen hinzugezogen, noch vor Vertragsabschluß konsultiert wurde[11]. Aber da er in Torgau eine Defensiveinung grundsätzlich gebilligt hatte, erhob er jetzt auch keine Einwände gegen den Schmalkaldischen Bund. Allerdings ließ er in der Öffentlichkeit aber auch keine Zweifel daran aufkommen, daß er sich nicht gerade mit ihm identifizierte[12]. Und überdies bemühte er sich im Rahmen seiner Möglichkeiten, die krisenverschärfenden Folgen dieses Bundesschlusses abzumildern und zu verhindern, daß sich weitere ständische Interessen mit dem Religionskonflikt mischten.

---

[7] Vgl. Otto Winckelmann, Der Schmalkaldische Bund 1530–1532 und der Nürnberger Religionsfriede, Straßburg 1892, 45, sowie die Korrektur von Herbert Grundmann, Landgraf Philipp von Hessen auf dem Augsburger Reichstag, Göttingen 1959 (Schriften des Vereins für Reformationsgeschichte, 176) 65–73.

[8] Luther an Kurfürst Johann, 22. 5. 1529, WABr 5, 76 f., Nr. 1424. Vgl. auch die Schreiben an Link vom 15. 1. 1531, WABr 6, 17, Nr. 1772, sowie an den Kurfürsten vom 12. 5.(?) 1531, WABr 6, 261, Nr. 1903.

[9] *»Denn die Schweitzer haben noch nicht widderruffen, fechten auch nicht aus not, sondern den yrthüm zu erhalten.«* Luther an Kurfürst Johann, 12. 12. 1530, WABr 5, 699, Nr. 1761.

[10] *»So wissen E.k.f.g., das der Landgraff one das erfur wil und sich Burger zu Zurch lassen einschreiben hat, Des ich warlich nicht seer erfrewet, und, Wo Gott nicht hilfft und weret, muß daraus ein grosser krieg werden.«* WABr 5, 699, Nr. 1761. Vgl. zu Luthers früherer Einstellung zu dem krisenverschärfenden Effekt von Bündnissen: Luther an Kurfürst Johann, 22. 5. 1529, WABr 5, 76 f., Nr. 1424.

[11] So beklagte sich Melanchthon am 15. 2. 1531 bei Camerarius: *»Nunc de foedere nemo nec Lutherum nec me consuluit.«* CR 2, 471, Nr. 957.

[12] *»Das aber die Lutherischen sich rusten und samlen sollen, das gehet micht nichts an. Ich habs sie widder geheissen noch geraten, Weis auch dazu nichts, was sie machen odder lassen.«* Wider den Meuchler zu Dresden, 1531, WA 30, 3, 448. Allerdings schätzte er durchaus den möglichen Verwirrungsfeffekt des Bundes auf die ständischen Widersacher des Evangeliums, vgl. Wider den Meuchler zu Dresden, 1531, WA 30, 3, 448 f.

Bereits in seinem erwähnten Schreiben vom 12. Dezember 1530 riet er dem Kurfürsten deshalb dringend aber vergeblich, sich nicht gegen eine Wahl Ferdinands zum römischen König zu stellen[13], damit Einheit und Frieden im Reich gewahrt blieben[14]. Als 1532 ein Ausgleich mit dem Kaiser möglich schien[15], schaltete er sich erneut in die Reichspolitik ein: Mit Schreiben vom Februar und Mai 1532 beschwor er seinen Landesherrn, sich auf keine Politik des Alles oder Nichts einzulassen[16], sondern die Friedensvorschläge des Kaisers – vermittelt durch die Kurfürsten von Mainz und von der Pfalz – anzunehmen[17]. Besonders solle man die geforderte Beschränkung des Schmalkaldischen Bundes auf seinen gegenwärtigen Mitgliederstand akzeptieren, damit nicht der Eindruck entstehe, man versuche dem Kaiser das Reich abspenstig zu machen[18]. Und insbesondere sei Ferdinand als römischer König anzuerkennen, *»denn*

---

[13] Vgl. hierzu besonders Winckelmann, Der Schmalkaldische Bund, 10–21; 58–66, sowie die Ergänzung von Gerhard Müller, Die römische Kurie und die Reformation, 128 f.; 135 f.

[14] *»Wo Ekfg der wal sich wegert, so ist das Reich schon zurissen und deudsch land getrennet, daraus denn krieg und aller iamer folgen mus, Denn kein teil dem andern weichen wird, und doch on krieg keins das ander bezwingen kan. Weil nu solchs die not nicht foddert, So wills Ekfg schwer sein, on not sich hierum beladen ym gewissen als ein anfengliche ursache solches trennens und allerley iamers.«* WABr 5, 699, Nr. 1761.

[15] Vgl. zu Vorgeschichte und Bedeutung des Nürnberger Anstandes: Winckelmann, Der Schmalkaldische Bund, 175–256; Stephen A. Fischer-Galati, Ottoman Imperialism and the Religious Peace of Nürnberg, in: ARG 47 (1956) 160–180; Konrad Repgen, Die römische Kurie und der Westfälische Friede, Bd I/1, Tübingen 1962 (Bibliothek des Deutschen Historischen Instituts in Rom, 24) 40–55; Peter Fraenkel, Utraquism or Co-Existence: Some Notes on the Earliest Negotiations before the Pacification of Nuernberg, in: Studia Theologica 18 (1964) 119–158; Gerhard Müller, Die römische Kurie und die Reformation, 185–222.

[16] *»Und weil ich in aller Handlung finde, daß der Unsern etliche allzuklug und gewiß sein wöllen und, wie ihre Wort lauten, einen undisputierlichen Frieden haben wollen, kann ich fürwahr nicht anders denken, denn daß dieselbigen kein Lust zum Friede haben, oder aber (das gleich so viel ist) nach einem unmüglichen Frieden streben.«* Luther an Kurfürst Johann, 29. 6. 1532, WABr 6, 325 f., Nr. 1943.

[17] *»Denn es liegt mehr am Frieden denn am Recht, ja die Rechte sind umb Friedes willen gestellet.«* Die Folgen mangelnder Friedensbereitschaft malte Luther in düsteren Farben: *»Und sollte wohl geschehen, daß darüber das Reich zurissen und dem Türken eingeräumt würde und damit beide Evangelium und alles zu Grund ginge.«* Luther an Kurfürst Johann, 12. 2.(?) 1532, WABr 6, 261, Nr. 1903; ähnlich der Brief an den Kurprinzen vom 12. 2. 1532, WABr 6, 262 ff., Nr. 1904.

[18] *»denn man mag es dafur ansehen, als arbeiten wir darauf, daß andern Potentaten die Jhren abfielen, und hängten sich an uns, dadurch das ganze Reich vom Kaiser auf uns zu bringen.«* Luther an Kurfürst Johann, vor dem 16. 5. 1532, WABr 6, 309, Nr. 1933. Luther bezieht sich hier offenbar auf den Vorwurf Herzog Georgs von Sachsen in der Schrift Wider des Luthers Warnung an die Deutschen, 1531: *»Denn er sucht ye im grund nichts anders dorinn, denn das er uns Teutschen dem Kaiser abfellig und aller Obirkeit widersetzig machen will.«* WA 30, 3, 416.

ich's nicht kann begreifen, wie man umb solcher Sachen willen sollt ganz Deutschland in einander werfen, so man's wohl kann meiden durch Nachlassen eines geringen Artikels der gulden Bullen.«[19] Diesmal hatte Luther mehr Erfolg: Denn seiner Intervention war es vor allem zu verdanken, daß auf protestantischer Seite der Weg zum Nürnberger Anstand und damit zum Frieden frei wurde[20].

Diese wenigen Äußerungen heben sich als wichtige Markierungen aus dem politischen Orientierungsprozeß nach dem Scheitern des Augsburger Reichstags ab. Sie zeigen, daß Luther den Frieden im Reich höher stellte als das Verfechten verfassungsrechtlicher Grundsätze oder gar eine offensive Religionspolitik zugunsten der neuen Lehre: Denn Krieg würde nicht nur das Reich zerstören, sondern auch dem Evangelium seine Lebensgrundlage entziehen[21]. Damit sprach sich Luther definitiv gegen eine Verbindung von ständischer Verfassungspolitik und neuer Lehre aus. Mehr noch: Er bemühte sich nach Kräften darum, den Religionskonflikt zu isolieren und den seit Augsburg manifesten Verfassungskonflikt zwischen neugläubigen Ständen und Kaiser soweit abzuschwächen, wie dies ohne Preisgabe seiner Botschaft möglich war.

2. Die Reichsverfassung

Nachdem der Kaiser 1532 das Reich verlassen hatte, um sich von den Zentren seiner Macht aus weltweit mit Bourbonen und Osmanen auseinanderzusetzen, wich der akute Druck von den neugläubigen Ständen im Reich. Nach dem Zerfall des Schwäbischen Bundes, für den die habsburgische Politik vergebens Ersatz zu schaffen suchte[22], stieg der Schmalkaldische Bund zum bedeutendsten machtpolitischen Faktor im Reich auf. Der spektakuläre Erfolg Philipps von Hessen bei der Restitution Ulrichs von Württemberg hatte überdies gezeigt, daß das Haus Habsburg unfähig war, die Verhältnisse im Reich wirksam zu kontrollieren. Die neue Lehre war jedenfalls vorläufig nicht bedroht.

Dies erklärt, weshalb sich in dieser Periode bei Luther nur wenige verfassungsrechtlich bedeutsame Aussagen finden. In einer Predigt vom 21. November 1537 zeichnete er mehr beiläufig ein Bild der Reichsverfassung: An der Spitze des Reiches steht der Kaiser. Er übt seine Herrschaft durch untergeordnete Herren und Stände aus. In dem so *»geord-*

[19] Luther an Kurfürst Johann, vor dem 16. 5. 1532, WABr 6, 310, Nr. 1933.

[20] Vgl.Winckelmann, Der Schmalkaldische Bund, 236.

[21] Vgl. Luther und Bugenhagen an Kurfürst Johann, nach dem 21. 5. 1532, WABr 6, 314, Nr. 1935.

[22] Vgl. Martti Salomies, Die Pläne Kaiser Karls V. für eine Reichsreform mit Hilfe eines allgemeinen Bundes, Diss. Helsinki 1953, 81 f.

neten und gefasseten Regiment« steht der Kaiser über Fürsten, die Fürsten über Grafen und Edelleuten, die wiederum ihren Rang über Bauern und Bürgern einnehmen[23].

Das Reich erscheint also wie vordem als eine Pyramide obrigkeitlicher Gewalten[24]. Die Stände bilden die Organe der kaiserlichen Herrschaft. Ihre Stellung bestimmt sich nach ihrem jeweiligen Rang im Gefüge der Pyramide. Das Verhältnis des landsässigen Adels zu den Fürsten entspricht dabei allerdings dem Verhältnis der Fürsten zum Kaiser. Aber man wird sich vor einer zu engen Ausdeutung hüten und berücksichtigen müssen, daß Luther hier vor allem am strukturellen Aufbau des Reiches interessiert war und damit den hierarchischen Rang der einzelnen Obrigkeiten zueinander, aber nicht die zugrunde liegenden Rechtsverhältnisse beschreiben wollte.

Diese Rechtsverhältnisse gewinnen in anderen Aussagen aus dieser Zeit etwas schärfere Konturen: Der Kaiser ist die von *»Gott geordente oberkeit«* des Reiches[25], der *»Oberherr«* der Fürsten[26]. Ihm kommt das Recht zu, einzelne Reichsstände besonders zu schützen und zu privilegieren. So etwa haben die Schmalkaldener kein Recht, vom Kaiser die Sicherung aller künftig zur neuen Lehre übertretenden Reichsstände zu verlangen[27]: *»Denn daß der Kaiser uns sichert, geschiehet aus Gnaden, und ist personale privilegium. Daß nu der Kaiser diese Gnad Andern auch erzeige, dazu konnen und sollen wir ihn nicht zwingen«*[28]. Das *»keiserlich Recht, nach welchem das Romisch reich noch heutiges tages geregirt und bis an den Jungsten tag bleiben wird«*[29], schafft im Reich eine einheitliche Rechtsordnung. Das *»keiserlich Camergericht«* übt im Namen des Kaisers die Gerichtshoheit aus[30].

---

[23] *»Da es also getan ist, das die Oberste Herrschaft als Romischer Keyser im Reich unter jm hat andere Herrn und Stende, durch welche er sein Regiment ausbreitet und fuhret, Das es alles ordentlich gehet, wie es in einem geordneten und gefasseten Regiment gehen sol, Keyser uber Fursten, Fursten uber Graven und Edelleute, Graven und Edelleute uber Bawer und Burger.«* Predigt vom 21. 11. 1537, WA 45, 267.

[24] Vgl. oben S. 53 f.

[25] Luther an Kurprinz Johann Friedrich, 12. 2. 1532, WABr 6, 263, Nr. 1904.

[26] Luther und Jonas an Kurfürst Johann, 29. 6. 1532, WABr 6, 329, Nr. 1944. Vgl. Wider den Bischof zu Magdeburg, Albrecht Kardinal, 1539, WA 50, 403.

[27] Diese Briefstelle bezieht sich auf die Schweinfurter Verhandlungen, vgl. hierzu Winckelmann, Der Schmalkaldische Bund, 206 ff.

[28] Luther an Kurfürst Johann, vor dem 16. 5. 1532, WABr 6, 309, Nr. 1933. Vgl. auch Luther und Bugenhagen an Kurfürst Johann, nach dem 21. 5. 1532, WABr 6, 314, Nr. 1935.

[29] Auslegung des 101. Psalms, 1534/35, WA 51, 242.

[30] Wider den Bischof zu Magdeburg, Albrecht Kardinal, 1539, WA 50, 414; 426. Vgl. jedoch zu Luthers späterer Polemik gegen das Kammergericht Vermahnung zum Gebet, 1541, WA 51, 588 f.

Die Fürsten des Reiches[31] oder Landesfürsten[32], wie sie nunmehr häufiger genannt werden, bekleiden innerhalb ihres Territoriums, ihren *»landen«*[33], das obrigkeitliche Amt[34]. In ihre Herrschaft darf sich kein *»Nebenfurst«* einmischen[35]. Und gegenüber ihren *»unterthanen«* üben sie in voller Eigenständigkeit den herrschaftlichen Schutz[36] und das Gericht[37] aus. Unter den Fürsten ragen die Kurfürsten hervor[38], denen ein königsgleicher Rang zukommt[39]. Zu den Aufgaben des Fürsten tritt nunmehr - und im Gegensatz zu früher[40] - die Pflicht hinzu, *»Gottslesterung und Abgotterey«*[41] zu strafen, das heißt mit obrigkeitlicher Zwangsgewalt gegen Gruppen vorzugehen, die - wie etwa die Wiedertäufer[42] - einen Artikel des Apostolischen Glaubensbekenntnisses in Abrede stellten[43]. Damit knüpfte Luther an das Mandat des Speyerer Reichstages von 1529 an, das den Ständen den Vollzug der Todesstrafe an den Wiedertäufern aufgetragen hatte[44].

---

[31] Verantwortung der aufgelegten Aufruhr, 1533, WA 38, 99.

[32] Vgl. Predigt vom 29. 9. 1531, WA 34, 2, 281; Verantwortung der aufgelegten Aufruhr, 1533, WA 38, 97; Kleine Antwort auf Herzog Georgs nächstes Buch, 1533, WA 38, 169.

[33] Luther an Kurfürst Johann Friedrich, 3. 7. 1535, WABr 7, 202, Nr. 2206.

[34] Verantwortung der aufgelegten Aufruhr, 1533, WA 38, 100.

[35] Luther und Bugenhagen an Kurfürst Johann, nach dem 21. 5. 1532, WABr 6, 314, Nr. 1935.

[36] Predigt vom 29. 9. 1531, WA 34, 2, 281; Kleine Antwort auf Herzog Georgs nächstes Buch, 1533, WA 38, 169.

[37] Luther und Bugenhagen an Kurfürst Johann, nach dem 21. 5. 1531, WABr 6, 314, Nr. 1935; Luther an Kanzler Brück, 10. 12. 1536, WABr 7, 611, Nr. 3115.

[38] Verantwortung der aufgelegten Aufruhr, 1533, WA 38, 115.

[39] WATi 2, 554, Nr. 2626, Kordatus, August 1532.

[40] Vgl. An den christlichen Adel, 1520, WA 6, 455; Von weltlicher Obrigkeit, 1523, WA 11, 262 ff. Der Obrigkeit kam für Luther in dieser Periode nur dann ein Recht zum Einschreiten gegen häretische Gruppen zu, wenn diese die öffentliche Ordnung gefährdeten, vgl. Brief an die Fürsten zu Sachsen vom aufrührerischen Geist, 1524, WA 15, 219.

[41] *»Fursten sollen nicht allein den untherthan jre guter und leiblich leben schutzen, sondern das furnemst ampt ist, Gottes ehr foddern, Gottslesterung und Abgotterey wehren.«* Daß weltliche Obrigkeit den Wiedertäufern mit leiblicher Strafe zu wehren schuldig sei, 1536, WA 50, 13.

[42] Vgl. hierzu besonders das Gutachten Melanchthons vom Oktober 1531, CR 4, 737-740 (unrichtig auf das Jahr 1541 datiert), sowie Luthers Zustimmung, WABr 6, 223, Nr. 1882. Vgl. zur Frage der strafrechtlichen Behandlung der Wiedertäufer auch das Sendschreiben an Herzog Albrecht von Preußen, 1532, WA 30, 3, 552 f.; Von den Schleichern und Winkelpredigern, 1532, WA 30, 3, 519 f. Vgl. Paul Wappler, Die Stellung Kursachsens und des Landgrafen Philipp von Hessen zur Täuferbewegung, Münster 1910 (Reformationsgeschichtliche Studien und Texte, 13/14), sowie Norbert Stein, Luthers Gutachten und Weisungen an die weltlichen Obrigkeiten zum Aufbau eines evangelischen Kirchenwesens, Diss. Masch. Freiburg 1960, 68-80.

[43] Vgl. besonders Auslegung des 82. Psalms, 1530, WA 31, 1, 189 ff.; 210 ff.

[44] RTA JR 7/2, 1325 ff., Nr. 153.

Das Verhältnis der Fürsten zum Kaiser bestimmt sich *»vermoge der ... naturlichen und weltlichen regiment und ordnungen«*. Begeht der Kaiser notorisches Unrecht, so legitimiert er die Fürsten zum Widerstand[45]. In dieser Aussage kehrt die 1530 gewonnene Einsicht wieder, daß die kaiserliche Herrschaft durch das geltende Recht verbindlich eingeschränkt sei. Überhaupt erscheint nunmehr der politische Spielraum der Fürsten in einem veränderten Licht. Während Luther noch im Frühjahr 1530 das Bündnis Straßburgs mit den Eidgenossen als Abfall vom Reich gebrandmarkt hatte[46], kritisierte er im Dezember des gleichen Jahres an der Aufnahme Hessens in den gleichen Burgrechtsverband nurmehr den Umstand, daß dadurch Krieg heraufbeschworen würde[47]. Und am 12. September 1535 empfahl er dem kursächsischen Kanzler sogar die Aufnahme einer auswärtigen Macht - nämlich Englands - in den Schmalkaldischen Bund[48]. Damit sprach Luther den Reichsständen das uneingeschränkte Recht auf Bündnisse mit auswärtigen Mächten zu, das ihnen erst später der Westfälische Frieden als einen der wichtigsten Inhalte ihres *»droit de souveraineté«* einräumen sollte[49].

Seine Gedanken zur verfassungsrechtlichen Stellung der Reichsangehörigen hatte Luther vor 1530 entwickelt und publizistisch verbreitet. In der Folgezeit blieb er diesen Positionen treu[50], ohne daß sich Ansätze zu einer weiteren Entwicklung oder Nuancierung zeigten. Es erübrigt sich deshalb, hierauf noch einmal einzugehen.

---

[45] *»dieweil das evangelium bestettigt weltliche leibliche regiment, so sol sich ein iglicher christlicher furst gegen seinem herrn oder keisar halten vermoge der selbige naturlichen und weltlichen regiment und ordnungen. Wenn der keisar nicht richter ist und wil gleichwol straffe uben, als pendente appellatione, so heisst solch sein thetlich furnemen iniuria notoria. Nu ist dieses naturliche ordnung der regiment, das man sich schutzen moge und die gegenwehr gebrauchen wider solche notoriam iniuriam.«* Gutachten vom 6. 12. 1536, ausgefertigt von Cruciger, unterzeichnet von Luther, Jonas, Bugenhagen, Amsdorf und Melanchthon, ed. Heinz Scheible, in: Das Widerstandsrecht als Problem der deutschen Protestanten 1523–1546, Gütersloh 1969 (Texte zur Kirchen- und Theologiegeschichte, 10) 90, Nr. 20.

[46] Vgl. oben S. 59.

[47] Vgl. oben S. 135 f.

[48] *»Nu auch der Konig sich erbeut, das Evangelion anzunehmen und unser Fursten Bundnis sich zu begeben und unser Apologia in seinem Konigreich zu gehen lassen, dunkt mich, wo S. k. Maj. wurde ehrlich drein genommen, sollt es die Papisten beide, mit Concilio und allem Fuhrnehmen, irre machen.«* Luther an Kanzler Brück, 12. 9. 1535, WABr 7, 268, Nr. 2241. Vgl. zum politischen Hintergrund Friedrich Prüser, England und die Schmalkaldener 1535–1540, Gütersloh 1929 (Quellen und Forschungen zur Reformationsgeschichte, 11).

[49] Vgl. hierzu Ernst-Wolfgang Böckenförde, Der Westfälische Frieden und das Bündnisrecht der Reichsstände, in: Der Staat 8 (1969) 469; 471–476.

[50] Vgl. als Beispiel für Luthers Verurteilung außergerichtlicher Selbsthilfe in dieser Periode seinen Brief an Hans Kohlhase vom 8. 12. 1534, WABr 7, 124, Nr. 2151.

Auch in dieser Periode hielt Luther am ständestaatlichen Charakter des Reiches fest. Aber die Akzente hatten sich seit Augsburg zugunsten der Stände verschoben: Die Herrschaft des Kaisers wird durch das Reichsrecht verbindlich normiert und vom ständischen Widerstandsrecht bedroht. Die Fürsten besitzen dagegen entscheidende Merkmale der Landeshoheit sowie ein Recht auf Bündnisse über die Reichsgrenzen hinweg. Bei bestimmten Tatbeständen dürfen sie sich gegen kaiserliches Unrecht wehren. Wenn auch Hinweise auf die Wahlkapitulation fehlen, so zeigt sich in diesen eher spärlichen Angaben doch das Fortdauern jener verfassungsrechtlichen Einsichten, die er im Gefolge des Augsburger Reichstages gewonnen hatte. Darüber hinaus mögen auch die äußeren Umstände - je länger je mehr - Luthers Betrachtungsweise verändert haben. Das fortdauernde Nein des Reiches gegenüber seiner Botschaft verengte allmählich seinen Blickwinkel auf die Interessen des Territoriums, auf das er wider Willen beschränkt blieb und das seine neue Kirche gegen Kaiser und Reich schützte.

VII. Kapitel
PROBLEME EINER REICHSREFORM 1530–1546

1. Reform durch Verfassungsänderung?

Auch in dieser Periode durchzog die Äußerungen Luthers immer wieder die Klage über eine Zerrüttung der obrigkeitlichen Verhältnisse im Reich[1], die von der eigennützigen Pflichtvergessenheit und dem Ungehorsam der Amtsträger herrühre[2].

Während er jedoch früher in einer Intensivierung der obrigkeitlichen Herrschaft das geeignete Heilmittel sah und damit – echt mittelalterlich – Reform als Rückkehr zur alten Ordnung verstanden hatte[3], trat nunmehr ein neues Element in sein politisches Denken: In der umfangreichen Auslegung des 101. Psalms ließ Luther die Möglichkeit einer *»Enderung der Regiment und Rechten«* anklingen, die *»wol auch eins Luthers durfften«*. Aber aus Furcht, einschneidende Reformen könnten die obrigkeitlichen Dämme gegen das diabolische Chaos brechen, verwarf er diesen Gedanken, um statt dessen zu einer oberflächlichen, symptombezogenen Therapie des Mißbrauchs und der Mißstände zu raten: *»ehe man im Deutschen lande ein newe weise des Reichs anrichtet, so were es drey mal verheeret.«*[4].

[1] Vgl. z.B. die besonders drastische Predigt vom 8. 11. 1534, WA 37, 598 f.

[2] Vgl. In XV Psalmos graduum, 1532/33, WA 40, 3, 268; Auslegung des 101. Psalms, 1534/35, WA 51, 254; Wider den Bischof von Magdeburg, Albrecht Kardinal, 1539, WA 50, 398; Luther an Justus Jonas, 10. 11. 1541, WABr 9, 548, Nr. 3686.

[3] Vgl. Lothar Graf zu Dohna, Reformatio Sigismundi. Beiträge zum Verständnis einer Reformschrift des fünfzehnten Jahrhunderts, Göttingen 1960 (Veröffentlichungen des Max-Planck-Instituts für Geschichte, 4) 52–68.

[4] *»Gleich wie ich die Keiserlichen Rechte auch nicht wolt gemenget oder geendert haben, ob gleich beide, Herrn, Unterthan, Richter und Juristen, den selben nicht allein zu wider leben, sondern getrost auch misbrauchen. Denn die Heiden sagen auch, das Enderung der Regiment und Rechten gehen on gros blut vergiessen nicht zu, wie alle Historien zeugen. Und ehe man im Deudschen lande ein newe weise des Reichs anrichtet, so were es drey mal verheeret. Darumb ich mir nicht lasse gefallen den Meister Klugling, so die weltlichen Rechte meistern oder alle, die es besser machen wollen. Wie wol mich auch zu weilen dunckt, das die Regiment und Juristen wol auch eins Luthers durfften. Aber ich besorge, Sie mochten einen Muntzer kriegen ... Weil nu kein ander Regiment im Romischen Reich zu hoffen ist, als auch Daniel anzeigt, so ists nicht zu raten, das mans*

In zahlreichen Reformschriften des ausgehenden Mittelalters tauchte der Gedanke an eine grundlegende Verfassungsreform als Heilmittel gegen die Schwächen des Reiches auf[5] und wahrscheinlich spiegelte sich in Luthers Äußerungen der kritische Reflex auf diese verschiedenartigen Vorschläge. Luther anerkannte zwar die Notwendigkeit grundlegender Reformen, verneinte aber die Chancen ihrer praktischen Verwirklichung[6]: *»sind doch verenderung der Regiment alle zeit fehrlich und schedlich gewest, Wol aber, wo es bleibt jn einem langen, alten, guten wesen.«*[7]

Hierin äußert sich eine wachsende Sorge um den Fortbestand der obrigkeitlichen Ordnung selbst. Sie wurzelt letztlich in seiner geschichtstheologischen Überzeugung, daß Gott die Nation bestrafen werde, weil sie das göttliche Wort verworfen habe[8]. Dabei befürchtete Luther zunehmend, daß diese Strafe aus einer Zerstörung der Obrigkeiten bestehen könne, so daß die Welt schutzlos dem Einbruch des Bösen ausgeliefert sei. Nicht umsonst mahnte er 1539 zum Gebet, Gott möge in dem kommenden Strafgericht die Obrigkeiten schonen und lieber eine Pestepidemie verhängen[9].

---

endere, Sondern flicke und pletze dran, wer da kan, weil wir leben, straffe den misbrauch und lege pflaster und schweden auff die blattern. Wird man aber die blattern ausreissen mit unbarmhertzigkeit, So wird den schmertzen und schaden niemand bas fulen denn solche kluge Balbierer,« Auslegung des 101. Psalms, 1534/35, WA 51, 257 f.

[5] Vgl. z.B.: Nikolaus von Kues, De Concordantia Catholica III, c.30 – c.40, ed. Gerhard Kallen, in: Opera Omnia, Bd 14, Hamburg 1939/68, 435-474; Reformatio Sigismundi, ed. Heinrich Koller, Stuttgart 1964 (MGH Staatsschriften 6) 308-312; Eberlin von Günzburg, Die fünfzehn Bundesgenossen, in: Ausgewählte Schriften, Bd 1, ed. Ludwig Enders, Halle 1896 (Flugschriften aus der Reformationszeit, 11) 122-131; Weigandts Reichsreformentwurf, in: Quellen zur Geschichte des Bauernkrieges, ed. Günther Franz, Darmstadt 1963 (Freiherr vom Stein-Gedächtnisausgabe, 2) 374-381, Nr. 124. Vgl. zu entsprechenden Plänen Karls V. Martti Salomies, Die Pläne Kaiser Karls V. für eine Reichsreform mit Hilfe eines allgemeinen Bundes, Diss. Helsinki 1953.

[6] Die Aufgabe einer grundlegenden politischen Sanierung bleibt jenen seltenen »Wundermännern Gottes« vorbehalten, die außer mit überdurchschnittlichen Fähigkeiten auch mit dem Charisma des Erfolges begabt sind, vgl. oben S. 27. Die gleiche Ablehnung einer Verfassungsreform wegen der damit verbundenen Gefahren für die politische Ordnung findet sich auch bei Erasmus von Rotterdam, Adagia, in: Opera Omnia, ed. Johannes Clericus, Bd 2, Leiden 1703, 109, sowie bei Melanchthon, Oratio de Irnerio et Bartolo, 1537, ed. Guido Kisch, in: Melanchthons Rechts- und Soziallehre, Berlin 1967, 218.

[7] Summarien über die Psalmen und Ursachen des Dolmetschens, 1531/33, WA 38, 40.

[8] Wolfgang Günter, Die geschichtstheologischen Voraussetzungen von Luthers Selbstverständnis, in: Fschr. August Franzen, Paderborn 1972, 390-393.

[9] *»Zum andern, das sie auch mit ernst Gott bitten und anruffen wolten, weil es doch nicht anders sein kan, denn das Deudschland mus Gott einmal eine torheit bezalen ... das sein veterliche gnade uns mit einer andern ruthen, es sey Pestilentz oder sunst eine, damit doch die Furstenthume, Stende und Regiment bleiben, heimsuche,«* Vermahnung an alle Pfarrherren, 1539, WA 50, 486. Vgl. Hermann Dörries, Luther und das Widerstandsrecht, in desselben: Wort und Stunde, Bd 3, Göttingen 1970, 257.

Wie jedoch Luthers Ideal für eine Verfassungsreform ausgesehen hätte, wird vielleicht in einigen Tischreden des Jahres 1537 greifbar: Luther betonte hier, daß Deutschland seiner natürlichen Reichtümer wegen unüberwindbar sei, wenn es nur unter einem Haupte geeint wäre: Die Nation sei wie ein starkes, wohlgenährtes Pferd ohne Führung und Reiter[10]. Als Beispiel nationaler Einheit und Stärke beschwor Luther ausdrücklich die Erinnerung an die Zeit der Ottonen[11], die seit Cusanus die großen normativen Vorbilder der deutschen Reichsreformpublizistik waren[12]: *»da stund es woll in Germania.«*

Hinter solchen Überlegungen standen weniger innenpolitische Bedürfnisse. In ihnen deutet sich vielmehr die äußere Bedrohung des Reiches durch Frankreich und durch das expandierende Osmanenreich an, die sich beide 1536 offen miteinander verbündet hatten. Bekanntlich orientierte sich die Politik der europäischen Mächte seit den Italienkriegen bewußter und eindeutiger am Gleichgewichtsprinzip[13]. Die dadurch gesteigerte Dynamik der europäischen Politik übte einen wachsenden Druck auf das Reich aus und führte - wie diese Äußerungen zeigen - auch bei Luther zur Einsicht, daß eine erhöhte Abwehrbereitschaft des Reiches eine Konzentration seiner Machtmittel unter einer Führungsspitze voraussetze. Luther entwickelte allerdings aus diesen privaten Äußerungen kein Reformprogramm. In ihnen zeigt sich aber die Fortdauer eines untergründigen Interesses an einer starken monarchischen Herrschaft im Reich, das sich hier umso klarer äußern konnte, als es aus den Bedürfnissen der Außenpolitik abgeleitet war und nicht vom Religionskonflikt überlagert wurde[14].

---

[10] *»Germania est sicut equus strenuus, qui habet cibum et omnia quibus indiget, sed deest illi sessor. Equus robustus sine sessore vagatur. Sic Germania satis est potens viribus et viris, sed deest illis dux.«* WATi 5, 336 f., Nr. 5735, Sammlung Clm 943 (ohne Datierung).

[11] *»Germania si sub uno esset capite und wer in eyner handt, so wers unuberwintlich, und hette auch eynen rechten herren. Otto caesar maximam partem illius obtinuit. Si quis obtineret totam, esset invincibilis, den es hat regalia, mineralia, civitates, vectigalia, nemora, argentum, milites etc.; es kan alle tage 50000 man in stillenn erhalten.«* WATi 3, 432, Nr. 3583, Lauterbach/ Weller, Frühjahr 1537. *»Ita fuit sub Henrico Ottonis patre; da stund es woll in Germania. Dar nach haben die 3 Ottones gewaltig regirt. Resistebant regi Galliae.«* WATi 3, 470, Nr. 3636, Lauterbach/Weller, 1. 11. 1537. Vgl. auch WATi 5, 468, Nr. 6062.

[12] De Concordantia Catholica III, c.26, ed. Kallen, 426 ff.

[13] Vgl. Wolfgang Windelband, Die auswärtige Politik der Großmächte in der Neuzeit, 6. Aufl., Darmstadt 1964, 29-66.

[14] Wie George W. Forell, Luther's View Concerning the Imperial Foreign Policy, in: The Lutheran Quaterly 4 (1952) 153-169, gezeigt hat, verstand Luther bis in die vierziger Jahre hinein nicht den engen Zusammenhang zwischen dem außenpolitischen Engagement des Kaisers und den damit gegebenen Möglichkeiten zur Ausbreitung und Konsolidierung seiner Lehre im Reich.

Luthers Überzeugung, daß einschneidende Reformen die Obrigkeit an sich gefährdeten, zeigt sich besonders darin, daß nunmehr in seinen Publikationen umfassendere Reformforderungen an die Obrigkeiten überhaupt zurücktreten. Dafür finden sich jetzt häufiger persönliche Ermahnungen und Zurechtweisungen einzelner Fürsten. So etwa, wenn er den Kurfürsten Johann Friedrich im literarischen Genus einer Psalmenexegese auf die Gefahren hinwies, die einer zu großen Eigenmächtigkeit seiner Höflinge und Amtsleute erwüchsen[15]. Oder wenn er mißliebigen Fürsten wie Erzbischof Albrecht von Mainz und Magdeburg[16], Georg von Sachsen[17] oder Heinrich von Braunschweig-Wolfenbüttel[18] in drastischem Grobianismus ihre Fehler und Sünden vorhielt und dabei klarstellte, daß man nur dem Amt und Recht der Obrigkeit Ehre schulde - nicht aber pflichtvergessenen Amtsträgern[19].

Diesen persönlichen Ermahnungen und Verweisen entsprechen als normative Bezugsebene allgemeinere Forderungen: Meist zu Pflichtenkatalogen nach Art der Fürsten- und Ständespiegel zusammengefaßt, ermahnen sie die verschiedenen Obrigkeiten und Stände an ihre jeweiligen Amtspflichten innerhalb der Gemeinschaft[20].

Nur ganz vereinzelt finden sich noch Forderungen, die von Reichs wegen eine Reform konkreter Mißstände verlangen. So etwa, wenn er 1541 und gewiß ohne allzu großen Ernst *»Keiser, Konige, Fursten, Adel«* aufforderte, dem deutschen Nationallaster, der Trunksucht, zu wehren[21]. Oder wenn er die Abschaffung geburtsständischer Privilegien davon abhängig machte, daß sich das ganze Reich einhellig daran beteiligte. Freilich: *»Ehe das geschehen wird, so wollen wir den obersten HErrn aller herrn oben jnn den wolcken sehen kommen und mit jm davon faren.«*[22]. Diese offenkundige Resignation zeigt, daß für ihn das Reich als obrig-

---

[15] Vgl. Auslegung des 101. Psalms, 1534/35, WA 51, 200-264, bes. 247 f.; 250; 254.

[16] Vgl Wider den Bischof zu Magdeburg, Albrecht Kardinal, 1539, WA 50, 395-431.

[17] Vgl. Wider den Meuchler zu Dresden, 1531, WA 30, 3, 446-471; Antwort auf Herzog Georgs nächstes Buch, 1533, WA 38, 141-170.

[18] Wider Hans Worst, 1541, WA 51, 469-572.

[19] Vgl.Wider Hans Worst, 1541, WA 51, 556.

[20] Vgl. z.B.: *»Fursten und Herrn sollen Recht im Lande schaffen, dem Wucher steuren, dem Geitz des Adels, Burger, Baurn wehren, Fur allen dingen Gottes wort ehren, Schulen, Kirchen und jre Diener versorgen, schutzen und fordern. Des gleichen auch Adel, Burger und Baurn gehorsam hierinnen sein, Zucht und Erbarkeit in Stedten und Landen handhaben, Handwercker, Erbeiter, Gesinde nicht gestatten, solchen grossen mutwillen zu treiben, Sondern frisch straffen. Summa, man hat den Catechismum deudsch, klar, hell gnug, man weis wol (Gott lob) was ein jeder Stand und Person thun und lassen sol.«* Vermahnung zum Gebet wider den Türken, 1541, WA 51, 594 f. Vgl. auch Auslegung des ersten und zweiten Kapitels Johannis, 1537, WA 46, 617 f.; Wider den Bischof zu Magdeburg, Albrecht Kardinal, 1539, WA 50, 398.

[21] Wider Hans Worst, 1541, WA 51, 548.

[22] Auslegung des 101. Psalms, 1534/35, WA 51, 257.

keitliche Instanz und als Forum größerer Reformmaßnahmen zurückgetreten war, um seinen Platz den Landesfürsten einzuräumen.

In seiner letzten Reformschrift, der *»Vermahnung an die Pfarrherrn wider den Wucher zu predigen«* von 1540, polemisierte er scharf gegen immer mehr überhandnehmende Kreditgeschäfte, die bereits zum Ruin der Nation geführt hätten[23]. Obgleich dies die Einsicht implizierte, daß das angesprochene Problem das ganze Reich unmittelbar und entscheidend angehe, ist in dieser Schrift nurmehr von den *»Fursten«*[24] oder vom *»Landesfurst«*[25] als zuständiger Instanzen wirtschaftspolitischer Maßnahmen die Rede, während der Kaiser nur beiläufig und mehr als Inbegriff der Rechtsordnung erwähnt wird[26]. Dies mag seinen Grund darin haben, daß Luther wegen des fortdauernden Religionskonfliktes weniger vom Reich als von den neugläubigen Fürsten eine Berücksichtigung seiner Reformforderungen erwarten konnte. Aber noch mehr dürfte dahinter die Einsicht stehen, daß nicht vom Reich, sondern von den Territorien jene »staatlichen« Aktivitäten zu erwarten waren, nach denen die neuen Ordnungsprobleme verlangten.

2. Die Reform der Reichskirche

a) Innere Reformen der Reichskirche

Luthers Zurückhaltung gegenüber einschneidenden Reformen fällt besonders dort auf, wo elementare Interessen der Reformation selbst berührt waren. Wie zuletzt Norbert Stein gezeigt hat, ging die Initiative zum organisatorischen Ausbau des evangelischen Landeskirchentums nicht in erster Linie von Luther aus[27]. Zwar polemisierte er weiterhin gegen die Bischöfe, die die Seelsorge vernachlässigt[28] und sich in die

[23] *»Deudschland ist gewest was es hat sollen werden, Der leidige geitz und wucher hats zu grund verderbet.«* WA 51, 331. Die Auswirkungen dieser Kreditgeschäfte waren gerade im Teuerungsjahr 1539 augenfällig geworden, vgl. Luther an Kurfürst Johann Friedrich, 9. 4. 1539, WABr 8, 404 f., Nr. 3319.

[24] Vgl. WA 51, 366 f.; 399; 422.

[25] Vgl. z.B. WA 51, 372.

[26] Vgl. z.B. WA 51, 370 f. Vgl. hierzu oben S. 40.

[27] Norbert Stein, Luthers Gutachten und Weisungen an die weltlichen Obrigkeiten zum Aufbau eines evangelischen Kirchenwesens, Diss. Masch. Freiburg 1960, 109 f.

[28] *»Darnach, haben solche Winckel Bischove (so man ordinarios loci nennet) ein iglicher teil seinen Ertzbisschoff uber sich, Die Ertzbisschove einen Primaten uber sich, Die Primaten einen Patriarchen uber sich, Zu letzt, oben auff den Bapst, da sitzt der Ratten konig, Das ist die schone Monarchia oder (wie sie es gern horen) Hierarchia, die heilige Christliche kirche, Diese alle thun auch der obgenanten stucke keins, Sie predigen nicht, Sie Teuffen nicht, Sie reichen das Sacrament nicht, Sie Absolvirn nicht, Sie beten nicht, Sie seelsorgen nicht, Denn solche schlechte empter, die Gottes Son selbs und seine hohesten heiligen geubt haben ... sind solchen grossen Herrn zu schlecht und geringe,*

politischen Händel dieser Welt verstrickt hätten[29]. Aber er ließ auch erkennen, daß er weiterhin an der überkommenen Episkopalverfassung der Kirche interessiert sei[30], die allerdings reformiert und aus der päpstlichen Jurisdiktion gelöst werden mußte[31].

Im Januar 1539 erläuterte er in einem Schreiben, das zur Vorlage beim Meißner Bischof Johann VIII. von Maltitz bestimmt war[32], wie er sich diese Reformation vorstellte: Die Hochstifte sollten erhalten bleiben. Denn sie seien *»tzu nutz unnd schutz«* der anderen Kirchen notwendig und könnten vor allem künftige Seelsorger ausbilden. Es wäre aber für den Anfang schon genug, wenn die Bischöfe wenigstens aufhörten, das Evangelium zu verfolgen. Dies käme den Bischöfen selbst zugute, denn es würde die Aufsässigkeit des Pöbels gegen sie vermindern[33].

Der hier angebotene Kompromiß zwischen altem Episkopat und neuer Lehre knüpfte zwar an den Vorschlag an, den Luther am Vorabend des Augsburger Reichstages den deutschen Prälaten unterbreitet hatte[34] und auf den er auch in der Folgezeit wiederholt zu sprechen gekommen war[35]. Aber nunmehr differenzierte er ihn zu zwei unterschiedlichen Lösungen. Die erste verlangte von den Bischöfen wie 1530 wohlwollende Neutralität gegenüber der neuen Lehre, um ihnen dafür den Fortbestand ihrer alten Stellung zu garantieren. Die zweite Lösung setzte die positive Mitarbeit der Bischöfe voraus und zielte auf den Aus-

---

gleich wol heissen sie Veter und knechte aller knechte Gottes.« Von der Winkelmesse und Pfaffenweihe, 1533, WA 38, 223.

[29] *»Ipsa politia nusquam fuit aut est magis exercita et sollicita quam apud Monachos et Episcopos, Uno excepto, quod non militant ipsi in castris, licet loco eius officij alant exercitus, iuvant duces, hortantur bellatores, Etiam ipsorum multi hodie per se belligerantur.«* Exemplum theologiae et doctrinae papisticae, 1531, WA 30, 3, 505 f.

[30] *»Nam sicuti sepius T. C. testatus sum, Me non optare ruinam Episcopatuum, sed reformationem.«* Luther an Fürst Georg von Anhalt, 20. 5. 1539, WABr 8, 432, Nr. 3333.

[31] Vgl. Luther an Herzog Albrecht von Preußen, 15. 10. 1540, WABr 9, 242, Nr. 3539. Entsprechend konnte er am 2. 12. 1536 Christian III. von Dänemark durchaus zur Ausrottung des katholischen Episkopats gratulieren, vgl. WABr 7, 604, Nr. 3112.

[32] Vgl. zur Vorgeschichte WATi 4, 456, Nr. 4731, Lauterbach, 25. 1. 1539.

[33] *»Dann meine meinung ja nicht ist, wie ich von D. Luther auch selber habe gehört, das man die hohen stiffte soltte tzureißen unnd verwusten, sondern viel lieber sehen, wie dieselbige erhalten tzu nutz unnd schutz den anderen kirchen, als aus welchen man kontte gelertte leutte ertziehen, wo sie wiederumb in den brauch der lection ein wenig komen, wie sie vom anfang gestifftet sindt. Indeß wer das gnug, daß sie das Euangelium doch nit verfolgten, sondern gehen ließen tzu guttem anfang, Denn wir sehen, daß die leutte wilde werden, unnd achten doch keinen tzwang der bischoffe. Wo aber die stiffte und bischoffe tzum Euangelio ein wenig sich recht schicketen, so muste der pöbel mit der tzeit wider eine scheu kriegen, unnd konde alles gutte doraus komen.«* Luther an Kaspar Zeuner (zur Vorlage beim Meißner Bischof Johann VIII. von Maltitz), 25. 1. 1539, WABr 8, 360 f., Nr. 3294.

[34] Vgl. oben S. 112 ff.

[35] Vgl. Glosse auf das vermeinte kaiserliche Edikt, 1531, WA 30, 3, 368; Von der Winkelmesse und Pfaffenweihe, 1533, WA 38, 195; 223.

bau der Hochstifte zu Stützpunkten und Missionszentralen der neuen Lehre. Sie garantierte dem Episkopat nicht nur seine weltlichen Hoheitsrechte, sondern machte deren Fortbestand notwendig. Luther ließ keinen Zweifel, daß ihm die zweite Möglichkeit mehr zusagte und dies aus gutem Grund. In einem Tischgespräch aus der gleichen Zeit äußerte er die Befürchtung, daß die größeren Stifte ohnehin demnächst säkularisiert würden. Man dürfe aber den Dingen nicht einfach ihren Lauf lassen, sondern müsse mit allen Mitteln versuchen, die Stifte für die Ausbildung und den Unterhalt der Prediger zu erhalten – das Volk dächte nämlich nicht daran, seine Seelsorger zu ernähren[36].

Damit zeichnet sich in Luthers Einstellung zur Reichskirche ein Wandel ab: In den zwanziger Jahren hatte er die Säkularisation der Hochstifte gefordert und 1530 den Bischöfen die Fortdauer ihrer fürstlichen Stellung als notwendiges Übel angeboten. Nunmehr legte er selbst Wert auf den Fortbestand der Hochstifte. Denn sie erschienen ihm jetzt als die beste Grundlage für eine geregelte und von der Gunst äußerer Verhältnisse unabhängigen Seelsorge, dies umso mehr, als er wegen des wachsenden Appetits der Fürsten auf geistliche Güter ohnehin mit deren baldigem Verlust für die Kirche rechnen mußte[37].

Im *»Exempel, einen rechten christlichen Bischof zu weihen«*, das Luther 1542 als Apologie für die juristisch fragwürdige Einsetzung seines Freundes Nikolaus von Amsdorf zum Bischof von Naumburg verfaßte, trug Luther diese Konzeption einer breiteren Öffentlichkeit vor: Es sei nicht unbedingt erforderlich, daß Bischöfe in eigener Person das Bischofsamt ausübten. Es genüge, wenn sie sich dem Vorbild des Valerius anschlössen und die Verkündigung geeigneten Persönlichkeiten übertragen oder überlassen würden[38]. Wichtig sei, daß die Stifte erhalten blieben. Er habe mit dem Magdeburger Domprobst Fürst Georg von Anhalt[39]

---

[36] *»Nos nolumus perire illorum autoritatem, modo amplectantur verbum Dei. Ego omnibus modis conabor, daß die stiffte und bisthumb mogen bleiben, das man prediger und pfarrher in die stette könde erwelen, aus den kleinen schulen, gemeine pfarrher; die großen bisthumb werden doch weldtlich werden. Wan man nu alles wolte lassen fallen, wo woltte man prediger und diener nemen? Nam vulgus nos non vult alere; so konnen wirs auch nicht selber thun und ernehren. Ideo hoc medium servemus, sicut iam cogito orare principes in meo libello de ecclesia. Si unum aut alterum episcopum ad nos attraheremus!«* WATi 4, 456, Nr. 4731, Lauterbach B, 25. 1. 1539.

[37] Vgl. Luther an Amsdorf, 23. 6. 1544, WABr 10, 600, Nr. 4007.

[38] *»Doch dringen wir nicht so hart darauff, das ein Bischoff fur seine Person solch Bischoffliche Ampt aus richten muste. Gantz hertzlich gerne wollen wir auch fur Gott das auff uns nemen und am Jungsten gericht helffen tragen und verantworten, das sie S. Valerij Exempel mochten nach folgen. S. Valerius war ein Bischoff zu Hippon und kund der sprachen halben ubel predigen, begerd aber offentlich, das man jemand funde, der an seine stat predigen mocht. Da zogen sie S. Augustin herfur und zwungen jn, das er muste Prediger sein.«* Exempel, einen rechten christlichen Bischof zu weihen, 1542, WA 53, 253.

[39] Georg von Anhalt, dem Luther offenbar die Rolle eines »Renommieraristokraten« beim

öfters über diese Frage gesprochen und ihn gebeten, seinen Einfluß bei den Bischöfen geltend zu machen, damit auch sie an der Erhaltung ihrer Stifte mitwirkten. Denn ihre Zerstörung würde Deutschland nichts Gutes bringen, sonderlich in dieser Zeit in der der Geiz alle Welt beherrsche[40]. Im übrigen sei eine derartige Regelung für die Bischöfe selbst nicht von Schaden. Sie könnten ihre alte Stellung bewahren[41], überdies heiraten und sogar *»mit bewilligung des Capitels on abbruch des Stiffts etwas jren Kindlin zu wenden«*[42]. Ebenso wie die Stifte solle man auch die *»hohen grossen Kloster«* erhalten und in Schulen umwandeln[43].

Auffallend ist der konziliante Ton gegenüber den Bischöfen, die, wie Luther betonte, durch die Annahme der neuen Lehre auf keinen Fall ihre Privilegien verlieren sollten. Obgleich Luther sein eigentliches Ziel mehr andeutete als aufdeckte, handelte es sich hier nicht mehr nur um den Versuch, einen Modus vivendi zwischen neuer Lehre und altem Episkopat zu finden. Nunmehr ging es darum, den Episkopat und die Reichskirche der neuen Kirchenorganisation nutzbar zu machen. Die Naumburger Regelung, in der das Stift *»unzurissen«* und als *»ein sonder Corpus, wie es bisher gewest,«*[44] erhalten blieb, sollte deshalb das Vorbild für die Reform aller anderen Bistümer abgeben[45].

---

hochadeligen Episkopat zugedacht hatte, stand seit längerem in enger Beziehung zu Luther. 1543 »weihte« er ihn zum »Bischof« von Merseburg. Vgl. über ihn: Franz Lau, Georg III. von Anhalt (1507–1553), erster evangelischer »Bischof« von Merseburg. Seine Theologie und seine Bedeutung für die Geschichte der Reformation in Deutschland, in: Wissenschaftliche Zeitschrift der Karl-Marx-Universität Leipzig, Gesellschafts- und sprachwissenschaftliche Reihe 3 (1953/54) 139–152.

[40] *»Denn das kan ich mit Warheit rhumen, das ich mit dem fromen Herrn, Furst Georgen von Anhalt, Thumprobst zu Magdeburg, meinem gnedigen Herrn, mehr denn ein mal gered, auch gebeten habe, das seine Furstlich gnade doch dazu raten und helffen wolten bey den hohen Bischoffen und Stifften, das sie wolten dazu thun, damit die Stiffte nicht zurissen wurden, aus mancherley Ursache. Denn ich sie nicht gern sehen wolt zureissen, Were auch Deudschen lande nicht gut, sonderlich zu dieser zeit, da der Geitz die Welt wild, tol und torich gemacht hat.«* Exempel, einen rechten christlichen Bischof zu weihen, 1542, WA 53, 254.

[41] *»Was schadets nu unsern Bischoven, das sie solchem Exempel nach eitel Valerij wurden, Und was sie nicht kundten, doch durch andere ausrichten, Sehen sich umb, wo sie solche Augustinos kriegten in jren Kirchen ... Blieben sie was sie sind, Hetten was sie haben, Liessen ab vom Verfolgen, Morden und Lesteren, Nemen die erkandte Warheit an, hulffen dazu, das Kirchen wol bestellet wurden?«* Exempel, einen rechten christlichen Bischof zu weihen, 1542, WA 53, 254 f.

[42] WA 53, 255.

[43] *»Wolt auch wol, das man der hohen grossen Kloster, die on Titel eins Bischoffs Bistum wol gleich sind, nicht alle zurisse, sondern zu Schulen machte, wo es not were.«* Exempel, einen rechten christlichen Bischof zu weihen, 1542, WA 53, 255.

[44] WA 53, 255.

[45] WA 53, 256. Diese Lösung wurde dann auch in die Wittenberger Reformation von 1545 übernommen, vgl. Die evangelischen Kirchenordnungen des XVI. Jahrhunderts, ed. Emil Sehling, Bd 1, Leipzig 1902, 218 ff.

Eine andere Situation trat dann ein, wenn sich ein Prälat nicht nur zur Duldung oder Unterstützung der neuen Lehre bekannte, sondern sein Amt auch als evangelischer Bischof fortführen wollte – wie der Kölner Erzbischof Hermann von Wied[46]. Oder wenn gar ein alter Anhänger seiner Lehre Bischof wurde – wie Nikolaus von Amsdorf[47]. In beiden Fällen erhob Luther auf Grund seiner 1530 getroffenen Unterscheidung zwischen bischöflichem und fürstlichem Amt, die ein Mensch gegebenenfalls getrennt ausüben könne[48], keinerlei Einwände, wenn die Prälaten neben ihrem evangelischen Bischofsamt auch noch die fürstlichen Rechte eines Reichsbischofs ausübten[49].

Unabhängig hiervon verlief jedoch eine andere Entwicklung: die Etablierung des landesherrlichen Kirchenregiments. Der Landesherr, der als *»Notbischof«*[50] nur vorübergehend die fehlende bischöfliche Ju-

---

[46] Vgl. über ihn August Franzen, Bischof und Reformation. Erzbischof Hermann von Wied in Köln vor der Entscheidung zwischen Reform und Reformation, Münster 1971 (Katholisches Leben und Kirchenreform, 31), der hierin seine früheren Forschungen über Hermann von Wied zusammenfaßte.

[47] Vgl. über ihn Peter Brunner, Nikolaus von Amsdorf als Bischof von Naumburg, Gütersloh 1961 (Schriften des Vereins für Reformationsgeschichte, 179).

[48] Vgl. oben S. 114.

[49] Vgl. zu Hermann von Wied: Luther erhob zwar gegen die Abendmahlslehre des von Butzer und Melanchthon ausgearbeiteten Kölner Reformationsentwurfes Einwände (vgl. Luther an Kanzler Brück, Anfang August 1544, WABr 10, 617 f., Nr. 4014), nicht aber gegen die im dritten Teil entworfene Reformation des Bistums und Kurstiftes, die die Beibehaltung der landesherrlichen Stellung von Bischof und Kapitel voraussetzte, vgl. Von Gottes genaden unser Hermanns Ertzbischoffs zu Cöln und Churfürsten einfaltiges bedenken, worauff ein Christliche in dem wort Gottes gegrundete Reformation ... auszurichten seye, Bonn 1544, fol. 137^{v}–153^{v}; vgl. auch die Vorrede, ebda, fol. 1 f. Mechtild Köhn, Martin Bucers Entwurf einer Reformation des Erzstiftes Köln, Witten 1966 (Untersuchungen zur Kirchengeschichte, 2) geht auf diese Problematik leider nicht ein. Vgl. zu Nikolaus von Amsdorf: Luther an Amsdorf, 3. 2.(?) 1542, WABr 9, 610, Nr. 3709. Trotz eines von Kursachsen abhängigen Stiftshauptmanns, der den Bischof im Naumburger Stift von der weltlichen Herrschaft entlasten sollte, verblieben Nikolaus von Amsdorf noch eine Reihe von politischen Aufgaben, vgl. Peter Brunner, Nikolaus von Amsdorf, 101 ff. Vgl. im übrigen das Schreiben Luthers, Bugenhagens, Crucigers und Melanchthons an die pommerschen Räte, 30. 5. 1544, WABr 10, 587–590, Nr. 3999. Da es sich hier jedoch um das mediatisierte Bistum Cammin handelt, sind die hierbei entwickelten Vorstellungen nicht ohne weiteres auf ein Hochstift übertragbar, wie Johannes Heckel, Die evangelischen Dom- und Kollegiatstifter Preußens, Stuttgart 1924 (Kirchenrechtliche Abhandlungen, 100/101) 123, offenbar voraussetzt.

[50] *»Mussen doch unsere weltliche Herrschafften jtzt Not Bischove sein und uns Pfarherr und Prediger ... schutzen und helffen, das wir predigen, Kirchen und Schulen dienen konnen,«* Exempel, einen rechten christlichen Bischof zu weihen, 1542, WA 53, 255. Vgl. auch Luthers Schreiben an die Visitatoren in Thüringen, 25. 3. 1539: der Kurfürst ist *»unser einiger Notbisschoff, weil sonst kein Bisschoff uns helffen wil,«* WABr 8, 396, Nr. 3313.

risdiktion ersetzen sollte, gewann im Vollzug notwendiger Reformen zunehmend die Organisationsgewalt über die Kirche seines Territoriums. Wenn Luther auch Kritik an den Auswüchsen dieser Entwicklung übte[51], die, je länger je mehr, seinen ursprünglichen Vorstellungen nicht mehr entsprach[52], so billigte er sie doch grundsätzlich als eine unvermeidbare Notwendigkeit[53]. Die landesherrlichen Visitationen, die Sequestration der geistlichen Güter seit 1531[54], die Einrichtung der Konsistorien[55] und schließlich auch landesherrliche Reformen des kanonischen Rechtes, die Luther zum Teil ausdrücklich gefordert hatte[56], lieferten die Elemente, aus denen allmählich in den neugläubigen Territorien – ohne Rücksicht auf überkommene Diözesangrenzen – neue Kirchen entstanden.

Das Zögern des Episkopats und der entschlossene Einsatz der Macht- und Organisationsmittel der Landesfürsten führten dazu, daß Luthers Kirche keine Bischofskirche blieb, sondern sich als Landeskirche organisierte. Der Augsburger Religionsfrieden von 1555 hat diese Entwicklung dann schließlich reichsrechtlich anerkannt.

b) Die Nationalkirche

Da sich Reich und Reichskirche seiner Botschaft verschlossen hatten, blieb die von Luther erstrebte Nationalkirche ohne politische Chancen. Allerdings zeigen auch späte Äußerungen Luthers, daß er grundsätzlich noch immer am Ideal einer deutschen Nationalkirche festhielt.

In seiner ekklesiologisch bedeutsamen Schrift *»Von den Konziliis und Kirchen«*, in der er sich ausdrücklich auf die »romfreie« Patriarchalverfassung der antiken Kirche als Vorbild berief, erörterte er die Vorteile eines allgemeinen Konzils, das von den christlichen Herrschern (*»Keiser und Konige«*) einzuberufen sei und vor allem die päpstliche Häresie verurteilen solle[57]. Aber – wie er selbst argwöhnte – sei auf ein derartiges Konzil nicht zu hoffen[58]. Statt dessen sollten Kaiser und Fürsten eine

---

[51] Vgl. Luther an Daniel Greiser, 22. 10. 1543, 1543, WABr 10, 436, Nr. 3930.

[52] Vgl. hierzu Hans Walter Krumwiede, Zur Entstehung des landesherrlichen Kirchenregiments in Kursachsen und Braunschweig-Wolfenbüttel, Göttingen 1967 (Studien zur Kirchengeschichte Niedersachsens, 16) 120–145.

[53] Vgl. Karl Trüdinger, Luthers Briefe und Gutachten an weltliche Obrigkeiten zur Durchführung der Reformation, Münster 1975 (Reformationsgeschichtliche Studien und Texte, 111) 68–108.

[54] Vgl. Hans Lehnert, Kirchengut und Reformation, Erlangen 1935 (Erlanger Abhandlungen zur mittleren und neueren Geschichte, 20) 54–57. Vgl. auch Georg Buchwald, Martin Luther und die Einziehung und Verwaltung des Kirchengutes, Dresden 1919.

[55] Karl Müller, Die Anfänge der Konsistorialverfassung im lutherischen Deutschland, in: HZ 102 (1909) 1–30.

[56] Vgl. z.B. Hermann Dörries, Das beirrte Gewissen als Grenze des Rechtes, in desselben: Wort und Stunde, Bd 3, Göttingen 1970, 272–321, bes. 315–319.

[57] Vgl. WA 50, 621 ff.

[58] *»Ja, sprichstu, solch Concilium ist nimmermehr zu hoffen. Das dencke ich selber auch wol,«* WA 50, 623.

Provinzialsynode in *»Deudschen Landen«* einberufen, um den anderen Monarchen ein Beispiel christlicher Reformation zu geben[59].

Eine solche Provinzialsynode hätte zweifellos die deutsche Kirche von Rom getrennt und damit eine Nationalkirche begründet. Und möglicherweise hätte sie auch den erwünschten »Schneeballeffekt« gehabt und durch ihr Vorbild allmählich die Christenheit in autonome Nationalkirchen aufgelöst. Aber Luther wußte auch, daß eine derartige Provinzialsynode und damit eine Lösung der Religionsfrage von Reichs wegen keine große Chance mehr für seine Botschaft darstellte, sondern daß die Pflege und der Ausbau der bereits geschaffenen neuen Kirchenorganisation ihre realistischere Alternative war[60]. Dies verwies ihn wieder auf die landeskirchliche Lösung der Kirchenfrage.

Trotzdem blieb das Ideal einer deutschen Nationalkirche in ihm so lebendig, daß er in jedem Wechsel der kaiserlichen Politik eine neue Chance witterte. Anläßlich des Wormser Religionsgesprächs[61] erwog er gegenüber Melanchthon, ob der Kaiser etwa auf diese Weise ein Nationalkonzil *»sine nomine concilii, et sine Papae auctoritate«* abhalten wolle[62]. Und als die Kurie mit einem scharfen Tadelsbreve auf den Speyerer Abschied von 1544 reagierte, der eine Nationalsynode zur Interimslösung der Religionsfrage in Aussicht gestellt hatte, nutzte Luther sogleich die Gelegenheit, um den aufbrechenden Konflikt zwischen Kaiser und Papst weiter zu verschärfen.

In seiner letzten großen Kampfschrift *»Wider das Papsttum zu Rom, vom Teufel gestiftet«* deutete er die Politik von Kaiser und Ständen seit dem Wormser Reichstag von 1521 als eine Phase fortgesetzter Bemühungen um ein deutsches Konzil, auf dem das Wort Gottes der alleinige Maßstab aller Entscheidungen sein sollte[63]. Freilich sei dieses

[59] *»Und ob andere Monarchen nicht wolten thun zum heubt Concilio, so kundte dennoch Keiser Carolus und die Deudschen Fursten wol ein Provintial halten in Deudschen Landen, Und das etliche meinen, Es wurde ein Schisma draus, Wer weis denn auch, wenn wir das unser dazu theten und Gottes ehre und der seelen heil mit ernst suchten, Gott kundte noch wol der andern Monarchen hertz keren und wenden, das sie mit der zeit solchs Concilij urteil loben und annehmen wurden, Denn plotzlich kundte es nicht geschehen. Aber wenns Deudschland anneme, so muste es in andern Landen auch erschallen, dahin es on solchen grossen Prediger, als das Concilium ist, und eine starcke stim hat, die man fern horet, nicht kan, oder schwerlich komen kan.«* Von den Konziliis und Kirchen, 1539, WA 50, 623. Vgl. auch WATi 4, 395, Nr. 4596, Lauterbach, 15. 5. 1539.

[60] *»Wolan, mussen wir denn an einem Concilio verzweiveln, so sey es dem rechten Richter, unserem barmhertzigen Gotte, befolhen. Indes wollen wir die Kleinen Concilia und die Jungen Concilia, das ist Pfarrhen und Schulen foddern,«* Von den Konziliis und Kirchen, 1539, WA 50, 623.

[61] Vgl. hierzu Erwin Iserloh, Die deutsche Fürstenreformation, in: Handbuch der Kirchengeschichte, hrsg. von Hubert Jedin, Bd 4, Freiburg 1967, 286.

[62] Luther an Melanchthon, 21. 11. 1540, WABr 9, 271 f., Nr. 3554.

[63] *»Die Fursten und Stende des Reichs haben durch den Keiser diese 24 jar lassen erbeiten*

freie deutsche Konzil bislang am Papst gescheitert[64], der *»fein dem Keiser und Stenden des reichs auff dem maul getrumpelt und gespottet wie der Narren«*[65]. Nach diesen schlecht vergoltenen Mühen solle man den Papst mit seinem Konzil zum Teufel fahren lassen[66]. Denn wie die Beispiele der alten Kaiser zeigten, besitze der Kaiser das Recht, ein allgemeines Konzil auszuschreiben. Umso mehr sei er befugt, ein Nationalkonzil zu berufen[67]. Wie 1520 in der Adelsschrift hielt es Luther also noch 1545 für möglich, durch ein kaiserliches Nationalkonzil eine deutsche Nationalkirche zu begründen.

Inzwischen hatte sich allerdings sein Bild von der Verfassung der Universalkirche geändert. Noch 1530 war er bereit gewesen, eine oberste Kirchenleitung des Papstes um den Preis der Verkündigungsfreiheit anzuerkennnen[68]. Und 1535 hatte er diese Möglichkeit in seinem Galaterkommentar grundsätzlich bejaht, aber durch den Hinweis auf die Schwere päpstlicher Verfehlungen praktisch ausgeschlossen[69]. In den Schmal-

---

umb ein Frey, Christlich, Deudsch Concilium einfeltiger meinung, nach gemeinem verstand solcher wort... So habens gemeint und meinens noch die Deudschen und Stende des Reichs – in sonderheit aber und fur allen dingen, das Gottes wort oder die heilige schrifft frey und unverbunden (wie es doch sein mus) jren gang und recht habe, Nach welcher man alles richten und urteiln solle.« Wider das Papsttum zu Rom 1545, WA 54, 211.

64 Vgl. Wider das Papsttum zu Rom, 1545, WA 54, 215 ff.

65 Wider das Papsttum zu Rom, 1545, WA 54, 217.

66 Vgl. Wider das Papsttum zu Rom, 1545, WA 54, 220.

67 *»weil er aber nu xxiiij jar lang umb sonst bey dem Bapst umb ein gemein Christlich Concilium geerbeitet, und nichts erlangen mugen, denn das jm der Bapst auff dem maul getrumpelt und als seinen narren geeffet hat, ist er zu gefaren, dem loblichen Exempel nach Constantini, Theodosij, Junger Theodosij, Martiani, Caroli magni, Ludovici primi, und viel anderer Keiser mehr, und wollen ein National Concilium ansetzen, ob er wol recht und macht hat ein gemeines anzusetzen, der Spitzbube zu Rom speie was er wolle in seinen Dreckctalen.«* Wider das Papsttum zu Rom, WA 54, 224; vgl. WA 54, 221 f.

68 *»Will der Papst Herr oder Oberster sein, das lassen wir wohl geschehen; dann wir achten nicht, wie große Ehre oder Gut er hat, sondern begehren, daß er uns das Evangelion (wie er schuldig ist) frei lasse. Will er's selbs nicht predigen noch das Wort fördern, wie es billig wäre, so mag er sein und tun auf sein Gewissen, was er will; es gehet uns nicht an.«* Artikel für den Augsburger Reichstag, Juni 1530, WABr 5, 432, Nr. 1618. Vgl. hierzu Otto Clemen, in: WABr 5, 429 f.

69 *»Dominium Papae libenter ferremus, sed quia abutitur authoritate et dominio suo et nos cogere vult, ut se solum abnegato et blasphemato Deo dominum agnoscamus, et conscientias nostras ligare et urgere vult contra timorem et fiduciam Dei. Ideo cogimur inviti resistere Papae,«* Galaterkommentar, 1535, WA 40, 1, 177 f. Vgl. Karin Bornkamm, Luthers Auslegung des Galaterbriefes, Tübingen 1963 (Arbeiten zur Kirchengeschichte, 35) 367. Bereits in Entwürfen zur Schrift Von der Winkelmesse und Pfaffenweihe hatte sich Luther von einer obersten Kirchenleitung durch den Papst abgesetzt: *»In medium istorum Traditionem illam, quae Episcopus super Episcopum, olim utilem propter unitatem, nunc perniciosam propter abominationem in Ecclesia scil. Capelle vel taberna Satanae iuxta Ecclesiam.«* WA 38, 185.

kaldischen Artikeln von 1537 versperrte er dann seiner Kirche gegen den Willen Melanchthons[70] endgültig den Weg nach Rom: Ein päpstlicher Primat *»iure humano«* sei zwar grundsätzlich erwägenswert, würde aber letztlich wenig zur Einheit der Kirche beitragen. Denn weil die Autorität des Papstes nicht auf göttlicher Einsetzung beruhe, sondern vom guten Willen der Kirchen abhänge, würde sie alsbald verachtet und damit Anlaß neuer Spaltungen. Die Kirche könne deshalb nicht besser regiert werden, als wenn alle Bischöfe gleich seien und nur Christus zu ihrem Haupt hätten[71].

Zu solchen pragmatischen Argumenten gegen einen Papst *»iure humano«* kamen freilich noch andere Gründe hinzu: 1539 erklärte er in der Schrift *»Von den Konziliis und Kirchen«*, daß man sich nicht mehr um den Papst zu kümmern brauche, weil sich dieser durch seine Reformunwilligkeit selbst aus der Kirche hinausmanövriert habe[72]. Im gleichen Jahre argumentierte er von der Grundlage seiner Ständelehre aus, daß der Papst überhaupt kein Amtsträger sein könne, weil er als das von Daniel und Paulus prophezeite apokalyptische Ungeheuer alle Schöpfungsordnungen Gottes zu zerstören trachte[73]. Und schließlich bemühte er 1545 in der Schrift *»Wider das Papsttum zu Rom«* die Geschichte zum Beweis dafür, daß die päpstliche Obrigkeit weder von der weltlichen Gewalt noch von der Kirche oder gar von einem Konzil ein-

---

[70] Vgl. Hans Volz, Luthers Schmalkaldische Artikel und Melanchthons Tractatus de potestate papae, in: Theologische Studien und Kritiken 103 (1931) 1–73.

[71] *»Und ich setze, das der Bapst wolte sich des begeben, das er nicht Jure divino oder aus Gottes gebot der Oberst were, Sondern damit die einigkeit der Christenheit wider die Rotten und Ketzerey deste bas erhalten wurde, muste man ein Heubt haben, daran sich die andern alle hielten. Solchs Heubt wurde nu durch Menschen erwelet und stunde jnn menschlicher walh und gewalt, dasselbe Heubt zu endern, zu entsetzen ... Dennoch were damit der Christenheit nichts geholffen und wurden viel mehr Rotten werden denn zuvor. Denn weil man solchem Heubt nicht muste unterthan sein aus Gottes befelh, Sondern aus menschlichem guten willen, wurde es gar leichtlich und bald veracht, zu letzt kein gelied behalten ... Darumb kan die Kirche nimer mehr bas regiert und erhalten werden, Denn das wir alle unter einem Heubt Christo leben, und die Bisschove alle gleich nach dem Ampt ... vleissig zusammen halten jnn eintrechtiger Lere, Glauben, Sacramenten, Gebeten und wercken der Liebe.«* Schmalkaldische Artikel, 1537, WA 50, 215 ff.

[72] Von den Konziliis und Kirchen, 1539, WA 50, 514.

[73] *»51: Evidens est, papam non esse magistratum, neque ecclesiasticum, neque politicum, sed neque oeconomicum. 52: Tres enim hierarchias ordinavit Deus contra diabolum, scil. oeconomiam, politiam et Ecclesiam. 53: Ecclesiasticum non esse convincit, quod Evangelium damnat et conculcat per suas blasphemias in iure canonico. 54: Politicum non esse convincit, quod iura civilia sibi subiecit, sicut et Evangelium. 55: Oeconomicum non esse convincit, quod nuptias et coniugium prohibet, quibus libitum est, non tantum sacerdotibus. 56: Sed est illud monstrum, de quo Daniel dicit, quod adversatur omni Deo, etiam Deo deorum. 57: Et quod Paulus Danielis verba secutus vocat adversarium Dei, hominem peccati, filium perditionis.«* Thesen der Zirkulardisputation über Matthäus 19, 21, 9. 5. 1539, WA 39, 2, 42.

gerichtet worden sei[74].

Mit der Preisgabe einer obersten Leitungs- und Disziplinarinstanz hätte sich die Universalkirche in ein Konglomerat von Nationalkirchen aufgelöst. Aber damit hätte die erstrebte Nationalkirche - wie es dann auch tatsächlich mit den Landeskirchen geschah - ihren Rückbezug auf einen umfassenderen Organisationsrahmen verloren und wäre umso leichter Objekt und Werkzeug der politischen Gewalten geworden.

[74] Vom Papsttum zu Rom, 1545, WA 54, 235 ff.

VIII. Kapitel
LETZTE ENTWICKLUNGEN

Die Macht des Schmalkaldischen Bundes sicherte den Bestand und die weitere Ausbreitung der neuen Lehre. Sie gab den Neugläubigen auch den nötigen Rückhalt, um die päpstliche Konzilsberufung nach Mantua und damit die kaiserliche Konzilspolitik abzulehnen. Die Lage änderte sich, als im Juni 1538 der eigenmächtige kaiserliche Vizekanzler Held den Nürnberger Bund, ein Defensivbündnis altgläubiger Stände, gründete, das trotz seiner geringen Macht von den Schmalkaldenern als Auftakt neuer kaiserlicher Bedrohung verstanden wurde[1]. Denn kurz darauf schloß der Kaiser in Nizza einen zehnjährigen Frieden mit Frankreich und gewann damit seine Handlungsfreiheit im Reich zurück. Die Diskussionen über das Widerstandsrecht lebten deshalb im protestantischen Lager erneut auf.

1. Die kurfürstlich-aristokratische Reichskonzeption

a) Die Tischrede vom 7. Februar 1539

In diese Diskussionen wurde Luther durch die Bitte einbezogen, dem Prediger von Kottbus, Johannes Ludicke, bei einem Gutachten zu helfen, das dieser dem Markgrafen von Brandenburg erstatten sollte[2]. Am Abend des 7. Februar 1539, einen Tag bevor er sein Schreiben an Ludicke ausfertigte, erörterte er in einem Tischgespräch[3] ausführlich alle Argumente für ein Recht auf Gegenwehr.

Er ging davon aus, daß der Kaiser einen Krieg gegebenenfalls nicht als Reichsoberhaupt führen werde (*»non propter se«*), sondern als

---

[1] Vgl. zu den politischen Hintergründen des Frankfurter Anstandes Paul Fuchtel, Der Frankfurter Anstand vom Jahre 1539, in: ARG 28 (1931) 145-206; Gerhard Müller, Zur Vorgeschichte des Frankfurter Anstandes 1539, in: QFIAB 39 (1959) 328-341.

[2] Vgl. Karl Müller, Luthers Äußerungen über das Recht des bewaffneten Widerstandes gegen den Kaiser, München 1915 (Abh. d. kgl. Bayer. Ak. d. Wiss., Phil.-hist. Kl., 1915/8) 69, Anm. 2.

[3] Das Tischgespräch ist in der recht zuverlässigen Sammlung Lauterbachs zum Jahre 1539 überliefert. Vgl. über die Mitschriften Lauterbachs Ernst Kroker, in: WATi 3, XLI.

Dienstmann des Papstes, der seine Greuel durch den Kaiser verteidigen wolle[4]. Damit sah sich Luther in einer ähnlichen Situation wie im Jahre 1530. Und wie damals nahm er dies zum Ausgangspunkt für eine Auseinandersetzung mit den rechtlichen Normen, die das kaiserliche Amt bestimmten und einschränkten.

Seine Argumente fand Luther diesmal nicht nur in der kaiserlichen Wahlkapitulation, sondern auch in einem Verfassungsdokument, das in dieser ausdrücklich und an erster Stelle der *»ordnungen und gesetz«* des Reiches bestätigt wurde[5]: in der Goldenen Bulle. Luther kannte ihren Inhalt spätestens seit dem Ende des Jahres 1530[6]. Aber wenn man einmal von einer kurzen Laudatio auf die Kurfürsten in einer Tischrede des Jahres 1532 absehen will[7], spielte sie in seinen politischen und verfassungsrechtlichen Äußerungen vor 1539 keine Rolle.

Mit der Goldenen Bulle kannte Luther ein Verfassungsdokument, das das Reich vor allem auf die Kurfürsten gründete und ihnen als Mitglieder des Wahlkollegiums und des Kurfürstenrates neben dem Kaiser den maßgeblichen Einfluß auf die Reichspolitik einräumte[8]. Auf dieser Grundlage stieg das Kurkolleg in der ersten Hälfte des 15. Jahrhunderts zu einem Organ der Reichsregierung auf, »das nicht nur mit dem König gleichberechtigt die Haltung des Reiches festlegen konnte, sondern auch ohne ihn die Reichspolitik bestimmte.«[9] Die Kurfürsten entwickelten in

---

[4] *»si caesar contra nos bellum inferre voluerit, tunc non propter se, sed propter papam infert, cuius est feudatarius, et papae et Turcarum abominationem defendere praesumit, nam papa nihil minus curat quam euangelium ... sed suam impiam autoritatem defendere vult per caesarem. Ideo caesar neque pro sua persona neque propter euangelium contra nos pugnat, sed in persona papae impiissimi pro illius abominatione bellum inferre vult,«* WATi 4, 238 f., Nr. 4342, Lauterbach, 7. 2. 1539. Vgl. auch Luther an Johann Ludicke, 8. 2. 1539, WABr 8, 367, Nr. 3297; Zirkulardisputation über Matthäus 19, 21, 8. 5. 1539, Thesen 68–70, WA 39, 2, 42 f.

[5] RTA JR 1, 866, Nr. 387. Vgl. Karl Zeumer, Die Goldene Bulle Kaiser Karls IV., Bd 1, Weimar 1908 (Quellen und Studien zur Verfassungsgeschichte des Deutschen Reiches in Mittelalter und Neuzeit, 2/1) 232 f.

[6] Dies ergibt sich aus dem Schreiben Luthers an Kurfürst Johann vom 12. 12. 1530, in dem er dem Kurfürsten geraten hatte, an der Wahl Ferdinands teilzunehmen, da dieser dann gemäß der Goldenen Bulle verpflichtet sei, dem Kurfürsten sogleich seine Privilegien zu bestätigen, vgl. WABr 5, 698, Nr. 1761. Der Text der Goldenen Bulle ist ediert von Karl Zeumer, Die Goldene Bulle Kaiser Karls IV., Bd 2, Weimar 1908 (Quellen und Studien zur Verfassungsgeschichte des Deutschen Reiches in Mittelalter und Neuzeit, 2/2) 5–48.

[7] WATi 2, 554, Nr. 2626, Kordatus, August 1532.

[8] Vgl. Zeumer, Die Goldene Bulle, Bd 1, 234; Winfried Becker, Der Kurfürstenrat. Grundzüge seiner Entwicklung in der Reichsverfassung und seine Stellung auf dem Westfälischen Friedenskongress, Münster 1973 (Schriftenreihe der Vereinigung zur Erforschung der neueren Geschichte, 5) 73 f. Vgl. zur Stellung der übrigen Stände in der Goldenen Bulle Armin Wolf, Das »kaiserliche Rechtsbuch« Karls IV. (sogenannte Goldene Bulle), in: Jus commune 2 (1969) 18 ff.

[9] Heinz Angermeier, Reich und Konziliarismus, in: HZ 192 (1961) 577. Vgl. Eduard

dieser Periode drei unterschiedliche Verfahren, um neben und gegebenenfalls auch gegen den König ihrer besonderen Verantwortung für Reich und Gemeinwohl zu genügen: Vor der Wahl hatten sie die Möglichkeit, den Thronkandidaten vertraglich an bestimmte Zusagen zu binden, die in manchem als Vorläufer der Wahlkapitulationen gelten können[10]. Durch Kurfürsteneinungen konnten sie ein bestimmtes korporatives Gesamthandeln in verfassungsrechtlichen und politischen Fragen festlegen und eventuellen Widerstand institutionell absichern. Und schließlich verblieb ihnen die Absetzung des Königs - oder zumindest die Drohung damit - als letztes Mittel ihrer Amtsrechte[11]. Im weiteren Verlauf des 15. Jahrhunderts konsolidierte sich dann der Reichstag zur »Institution reichsständischer Mitregierung«[12]. Er trug zwar in seiner kurialen Gliederung der überkommenen Präeminenz des Kurkollegs Rechnung[13], beteiligte aber grundsätzlich alle Reichsstände an der Regierung[14]. In der Wahlkapitulation Karls V. sicherte sich das Kurkolleg jedoch erneut ein Mitsprachemonopol in wichtigen Fragen der Reichsregierung, ohne allerdings den Reichstag grundsätzlich auszuschalten[15]: Denn die Wahlkapitulation bestätigte dem Kurkolleg nicht nur alle in der Goldenen Bulle verbrieften Rechte[16], sondern teilte auch wichtige Regierungs- und Mitsprachekompetenzen zwischen Kurkolleg und Reichstag auf[17]. Der Kaiser war damit zwar keinesfalls in allen, aber

Ziehen, Mittelrhein und Reich im Zeitalter der Reichsreform, Bd 1, Frankfurt 1934, 17-48.

[10] Vgl. Gerd Kleinheyer, Die kaiserliche Wahlkapitulation, Karlsruhe 1968 (Studien und Quellen zur Geschichte des deutschen Verfassungsrechts, A/1) 19 ff.

[11] Vgl. Eberhard Isenmann, Kaiser und Reich. Untersuchungen zur Reichsregierung unter Kaiser Friedrich III. in den Jahren 1452-1486, Diss. Masch. Tübingen 1974, 177-191, bes. 187.

[12] Friedrich Hermann Schubert, Die deutschen Reichstage in der Staatslehre der frühen Neuzeit, Göttingen 1966, 61 (zum Ganzen: 60-87), sowie Rudolf Bemman, Beiträge zur Geschichte des Deutschen Reichstages im XV. Jahrhundert, Diss. Leipzig 1907, bes. 61 f. Vgl. zur Bedeutung des Reichstages die unübertroffene Charakteristik von Leopold von Ranke, Deutsche Geschichte im Zeitalter der Reformation, in: Gesamt-Ausgabe der Deutschen Akademie, I/7, hrsg. von Paul Joachimsen, Bd 1, München 1925, 2.

[13] Friedrich Hermann Schubert, Die Deutschen Reichstage, 67 f.; 80; Becker, Der Kurfürstenrat, 75-79.

[14] Vgl. zur umstrittenen Frage nach der Gleichberechtigung der Reichsstädte Gerhard Oestreich, Zur parlamentarischen Arbeitsweise der deutschen Reichstage unter Karl V., in: Mitteilungen des österreichischen Staatsarchivs 25 (1972) 226 f.

[15] Vgl. Horst Rabe, Reichsbund und Interim, Köln 1971, 82 f. Vgl. auch Bernhard Weicker, Die Stellung der Kurfürsten zur Wahl Karls V. im Jahre 1519, Berlin 1901 (Historische Studien, 22) 369-406; Fritz Hartung, Die Wahlkapitulationen der deutschen Kaiser und Könige, in: HZ 107 (1911) 321-330.

[16] Vgl. RTA JR 1, 867, Nr. 387.

[17]
Zuständigkeit des Reichstages:	Zuständigkeit des Kurkollegs:
Mitsprache bei einer Änderung der	Zustimmung zu auswärtigen Bündnissen

doch in wichtigen Regierungsmaterien an den Konsens des Kurkollegs oder des Reichstages gebunden.

Dieser gedrängte Überblick umschreibt den geschichtlichen Hintergrund jener Elemente, die nunmehr in Luthers Verfassungsvorstellung auftauchten. Sie zeigen sich erstmalig in der zweiten Argumentationsreihe der erwähnten Tischrede vom 7. Februar 1539: Der Kaiser - so erläuterte Luther - sei kein Alleinherrscher wie der französische oder englische König. Denn die Kurfürsten übten mit ihm zusammen die Herrschaft aus. Als Glieder der kaiserlichen Obrigkeit (*»membra caesaris«*) komme ihnen die Sorge für das Reich (*»cura imperii«*) zu - wenngleich nicht an erster Stelle. In ihrer Amtsgewalt (*»potentia«*)[18] seien sie dem Kaiser gleich, obwohl sie nicht an seine Würde (*»dignitas«*)[19] heranreichten[20].

Wie die entscheidenden Termini zeigen[21] und wie Luther wenige Zeilen später ausdrücklich bestätigte[22], ist das hier vorgetragene Konzept

Gesetze und Ordnungen des Reiches, RTA JR 1, 866, Nr. 387	oder Einungen mit Reichsgliedern (mehrheitliche Zustimmung der Kurfürsten), RTA JR 1, 868, Nr. 387.
Mitsprache bei Neuregelung der Beziehungen zwischen Reichskirche und Papst, ebda, 871.	Zustimmung zu Kriegen in und außerhalb des Reiches, zur Überführung fremder Truppen ins Reich, ebda, 870.
Mitsprache bei Abschaffung der großen Handelsgesellschaften, ebda, 872.	Zustimmung zur Erhebung von Steuern und Abgaben, Zustimmung zur Ausschreibung von Reichstagen, ebda, 870.
Mitsprache bei Münzreform, ebda, 874.	Zustimmung zur Errichtung neuer Zölle, ebda, 872. Zustimmung zur Verpfändung von Reichssteuern und -gefällen, ebda, 873.

18 *»Potentia«* ist hier, wie sich aus der Parallele *»communis potestas«* wenige Zeilen später ergibt, im Sinne von *»potestas«* (Amtsgewalt) zu verstehen.

19 Vgl. zum Begriff *»dignitas«* als Ausdruck der überpersönlichen Amtswürde Otto von Gierke, Das deutsche Genossenschaftsrecht, Bd 3, Berlin 1881, 595 ff., sowie Ernst H. Kantorowicz, The King's Two Bodies. A Study in Medieval Political Theology, Princeton 1957, 383-450.

20 *»Secundo caesar non est monarcha in Germania, sicut Gallus et Anglus in suo regno sunt monarchae, sed electores septemviri sunt simul politica membra cum caesare et sunt membra caesaris; quorum cuilibet cura imperii imposita est, quamvis non in primo loco. Ibi septemviri sunt cum caesare aequali potentia, esto non aequali dignitate. Illi septemviri et principes quatenus sunt membra politiae et caesaris, sunt politici, non christiani. Non debent tacere in hac parte sollicitudinis.«* WATi 4, 236 f., Nr. 4342, Lauterbach, 7. 2. 1539.

21

Tischrede:	Goldene Bulle:
»membra caesaris« WATi 4, 236; 237.	*»nam et ipsi pars corporis nostri sunt,«* c. 24, ed. Zeumer, Die Goldene Bulle, Bd 2, 39.
»politica membra« ebda, 236. *»membra politiae«* ebda, 237.	*»qui propinquiora sacri imperii membra esse noscuntur«* c. 2; c. 4, ebda, 16.
»in hac parte sollicitudinis« ebda, 237.	*»qui ... caesareae sublimitati assistunt in partem sollicitudinis constituti«* c. 31, ebda, 48.

22 Vgl. unten S. 164, Anm. 46.

entscheidend von der Goldenen Bulle geprägt. Freilich darf man nicht übersehen, daß Luther die Rolle der Kurfürsten über den Wortlaut der Goldenen Bulle hinaus aufwertete. Denn obwohl die Goldene Bulle das Kurkolleg als wichtigste Gruppe der Reichsfürsten hervorhob, ihnen die Mitregierung und die Aufnahme in die kaiserliche Majestas gewährte[23], ließ sie doch keinen Zweifel an der überragenden Stellung des Kaisers, dem allein die *»plenitudo imperatoriae potestatis«* zukommt[24]. Luther sprach dagegen dem Kurkolleg die gleiche *»potestas«* wie dem Kaiser zu, dem damit nur der Vorrang in der *»cura imperii«* sowie die höhere Würde verblieb.

Luther wird die Vorstellung von der kaisergleichen *»potestas«* der Kurfürsten wohl kaum der kraftvollen Periode kurfürstlicher Machtentfaltung im 15. Jahrhunderts entnommen haben[25], in der Ansprüche dieser Art tatsächlich erhoben worden sind[26]. Und nichts deutet im übrigen darauf hin, daß Luther hier unter dem Einfluß einer bestimmten verfassungsrechtlichen Literatur[27] oder gar einer bestimmten Tendenz kursächsischer Hofjuristen gestanden habe[28]. So wird Luther wohl selbst zur Überzeugung gelangt sein, daß der Kaiser durch die Promulgation der Goldenen Bulle zusammen mit seiner Majestät auch seine *»potestas«* auf das Kurkolleg übertragen habe, so daß es eine *»aequalis potentia«* mit ihm erlangt hatte[29]. Zu diesem Schluß hielt er sich vielleicht auch

---

[23] Vgl. zur kurfürstlichen Mitregierung das wichtige Kapitel 12 der Goldenen Bulle (ed. Zeumer, Die Goldene Bulle, Bd. 2, 28) sowie zu den Anfängen und zur Form kurfürstlicher Mitregierung Wolfgang D. Fritz, Kurfürstliche Willebriefe aus den Jahren 1348-1358, in: DA 23 (1967) 171-187, bes. 186. Vgl. zur Aufnahme der Kurfürsten in die kaiserliche Majestas (im Anschluß an C 9, 8, 5) das Kapitel 24 (ed. Zeumer, Die Goldene Bulle, Bd 2, 39), vgl. hierzu Zeumer, Die Goldene Bulle, Bd 1, 139 f., sowie Erling L. Petersen, Studien zur Goldenen Bulle von 1356, in: DA 22 (1966) 249.

[24] Vgl. z.B.: Prolog; c. 1; c. 3, ed. Zeumer, Die Goldene Bulle, Bd 2, 7; 17. Entsprechend dieser Konzeption weist sich die Goldene Bulle selbst als *»edictum imperiale«*, c. 1, als *»lex edictalis«*, c. 3, und als *»constitutio«*, c. 11, aus, vgl. Zeumer, Die Goldene Bulle, Bd 2, 7; 17.

[25] Luther kannte - soweit sich sehen läßt - die Verfassungsgeschichte des 15. Jahrhunderts nicht näher.

[26] Vgl. etwa die Erklärung des Kurfürstentages zu Bingen vom 17. 1. 1424, RTA ÄR 8, 347, Nr. 295.

[27] In der verfassungsrechtlichen Literatur des ausgehenden 15. Jahrhunderts finden sich auch bei Autoren, die sich eingehend mit der Goldenen Bulle beschäftigt haben - wie Peter von Andlau - keine Anklänge an eine derartige Vorstellung.

[28] Es gibt keine Anhaltspunkte dafür, daß der kursächsische Hof in dieser Periode die besondere Pflegestätte einer kurfürstlichen Reichskonzeption gewesen wäre. Man würde dann in den Stellungnahmen zu reichsrechtlichen Problemen - etwa zur Widerstandsfrage - verstärkt derartige Argumente erwarten. Auch in den Schriften des führenden juristischen Beraters am kursächsischen Hof, Hieronymus Schürff, findet sich nichts Derartiges.

[29] Diesen Schluß deutet zumindest WATi 4, 397, Nr. 4599, an (zitiert oben S. 170, Anm. 60).

deshalb für berechtigt, weil ihm die kaiserliche Wahlkapitulation zeigte, daß der Kaiser tatsächlich in wichtigen Regierungsmaßnahmen an den Konsens der Kurfürsten gebunden war[30].

Im weiteren Verlauf der Tischrede erläuterte Luther das Verhältnis zwischen Kaiser und Kurfürsten durch folgenden Vergleich: Der Kaiser werde durch das Kurkolleg genauso eingeschränkt wie ein Bürgermeister oder Rektor durch die Mitregierung kollegialer Gremien. Deshalb seien die Kurfürsten verpflichtet, dem Kaiser bei Überschreiten seiner Kompetenzen von Amts wegen Widerstand zu leisten[31].

Die Vergleiche zeigen, daß Luther das Verhältnis zwischen Kaiser und Kurfürsten in den Termini des korporativen Rechtes sah, das in der Kanonistik und Legistik des Hochmittelalters ausgeformt worden ist[32] und der mittelalterlichen Staatslehre »ihre eigentlich juristischen Elemente lieferte.«[33] Als Universitätsmitglied kannte Luther das korporative Recht[34]. Und 1523 hatte er darin sogar die Grundlage für eine neue Kirchenverfassung gesehen: Eine Gemeinschaft von Gleichberechtigten verfüge über das Recht, einen Vorstand zu bestimmen, der dieses Amt im Auftrag und Namen aller ausübe, dabei aber an den Konsens der Gesamtheit gebunden bleibe[35].

Man wird annehmen dürfen, daß sich Luther die innere Verfassungs- und Funktionsstruktur der höchsten Regierungskorporation ähnlich vorstellte, zumal in der Tischrede alle wesentlichen Elemente anklingen: Die Rechtsgleichheit der Kurfürsten mit dem Kaiser, der Vorrang des Kaisers in der Reichsregierung sowie die Konsensgebundenheit seiner Herrschaft, der ein Einspruchsrecht auf Seiten der Kurfürsten entspricht.

Das korporative Recht hatte sich in der Verfassungsgeschichte des Spätmittelalters zu einem erprobten Werkzeug entwickelt, um die Herrschaft monokratischer Führungsspitzen durch den Mitregierungsan-

---

[30] Vgl. oben S. 159 f., Anm. 17.

[31] *»Exempli gratia, sicut consul, rector non soli regunt civitatem et universitatem, sed habent iuxta se senatores, collegiatos, qui illos moderantur, illis resistunt, ita caesari resistere debent illi septemviri et ceteri principes.«* Den korporativen Charakter des Kurkollegs betont der Zusatz: *»Praeterea si caesar unum ex septemviris tollit, tunc omnes tollit; ideo illi non permittendum.«* WATi 4, 237, Nr. 4342.

[32] Vgl. hierzu die grundlegende Darstellung von Gierke, Das deutsche Genossenschaftsrecht, Bd 3, 186–497, sowie Brian Tierney, Foundations of the Conciliar Theory, Cambridge 1955 (Cambridge Studies in Medieval Life and Thought, NS/4) 96–131 (kritische Auseinandersetzung mit Gierke).

[33] Gierke, Das deutsche Genossenschaftsrecht, Bd 3, 513.

[34] Vgl. etwa Exempel, einen christlichen Bischof zu weihen, 1542, WA 53, 258.

[35] *»Verum haec communio iuris cogit, ut unus, aut quotquot placuerint communitati, eligantur vel acceptentur, qui vice et nomine omnium, qui idem iuris habent, exequantur officia ista publice, ne turpis sit confusio in populo dei, . . . publice exequi non licet, nisi consensu universitatis seu Ecclesiae.«* De instituendis ministris Ecclesiae, 1523, WA 12, 189.

spruch von Ratskollegien auszuhöhlen[36]. Wie ein Gutachten zeigt, das kurz nach dem Augsburger Reichstag verfaßt worden ist[37], fand es auch in die Diskussionen um ein ständisches Widerstandsrecht Eingang.

In diesem Gutachten zeichnete der unbekannte Jurist aus der Umgebung des hessischen Landgrafen[38] den Kaiser als Vorsteher einer Ständearistokratie, dem nur im fest umrissenen Rahmen seiner Zuständigkeit Gehorsam zukomme, der ansonsten auf die Mitregierung der Stände angewiesen sei und bei Überschreiten seiner Kompetenzen jederzeit zur Rechenschaft gezogen werden könne: eben weil dann – so könnte man seine Argumentation vollenden – die kaiserliche Amtsgewalt wieder auf die Korporation devolviert, von der sie ihren Ausgang nahm[39].

Es ist müßig, die von Karl Müller begonnenen Überlegungen fortzuführen, ob Luther dieses Gutachten gekannt hat oder nicht[40]. Denn ein Vergleich mit Luther zeigt ohnehin dessen bemerkenswerte Eigenständigkeit: Während das Gutachten ganz allgemein in den Reichsständen

---

[36] Vgl. für das Verhältnis Papst-Konzil (Gesamtkirche): Tierney, Conciliar Theory, 157–237, für das Verhältnis Papst-Kardinäle: Joseph Lecler, Pars Corporis Papae... Le Sacré Collège dans l'Ecclésiologie mediévale, in: Mélanges Henri de Lubac, Lyon 1964 (Théologie, 57) 183–198; vgl. auch Hubert Jedin, Geschichte des Konzils von Trient, Bd 1, 2. Aufl., Freiburg 1951, 60–73.

[37] Vgl. zur Charakteristik des Gutachtens: Karl Müller, Luthers Äußerungen, 46 ff.; Ekkehard Fabian, Die Entstehung des Schmalkaldischen Bundes und seiner Verfassung 1524/29 - 1531/35, 2. Aufl., Tübingen 1962 (Schriften zur Kirchen- und Rechtsgeschichte, 1) 120.

[38] Vgl. Karl Müller, Luthers Äußerungen, 47; Fabian, Die Entstehung des Schmalkaldischen Bundes, 120.

[39] *»Summa summarum, diß keyserthumb lest sich nicht viel anderst ansehen, dan ethwann der rhadt zu Roma gewest ist, welcher alle ihar zwen consules erwelet, und yetz zur zeit ein bischoff gegen seinem capitel; auch nicht viel anderst dann ein hertzog zu Venedig gegen seinen senatorn. Ist also meins bedunckens viel mehr ein* Ἀριστοκράτεια *dann ein* μοναρχία *Und sein zur selben zeit die senatores zu Roma nicht schuldig gewest, auch der vernunft nach zu reden, den consulibus yhren mutwiellen zu gestatten, zu gleicher weis wie ein capitel nicht schuldig ist, dem bischoff in allen sachen zu gehorchen, auch der senat zu Venedig dem hertzogen.... Es hat viel ein andere gestalt mit den fursten und stenden gegen dem kayser dann mit den underthanen gegen yren fursten, dann die churfursten welen einen kayser, so regirn die stendte mit dem kayser, und ist der kayser kein monarcha, wie oben angezeigt.«* Verfassungsrechtliches Gutachten von 1530, ed. Heinz Scheible, in: Das Widerstandsrecht als Problem der deutschen Protestanten 1523–1546, Gütersloh 1969 (Texte zur Kirchen- und Theologiegeschichte, 10) 76, Nr. 17.

[40] Vgl. Karl Müller, Luthers Äußerungen, 80 f., Anm. 2. Die Herkunft jeder von Karl Müller aufgezeigten Analogien kann auch anders erklärt werden, so daß sich kein zwingender Abhängigkeitsbeweis ergibt. Im übrigen war die anthropomorphe Terminologie (corpus-membrum), die Luther in der Goldenen Bulle vorfand, die bevorzugte Metaphorik, in der die Korporationstheorie abgehandelt wurde (vgl. Gierke, Das deutsche Genossenschaftsrecht, Bd. 3, 546–557, sowie Tierney, Conciliar Theory, 103 f.), so daß sich für Luther eine Übertragung des korporativen Rechts auf die Goldene Bulle geradezu anbot.

die Glieder der aristokratischen Regierungskorporation sah und die Kurfürsten nur als Träger des Wahlprivilegs anführte[41], hatte Luther vor allem die Kurfürsten vor Augen.

Allerdings tauchen auch in der Tischrede die anderen Fürsten neben den Kurfürsten mehr oder minder beiläufig auf[42]. Dies erklärt sich wahrscheinlich aus dem Umstand, daß auch die kaiserliche Wahlkapitulation zwischen dem engeren Mitregierungsgremium des Kurkollegs und dem weiteren des Reichstages unterschieden und beide Gremien durch jeweils unterschiedliche Kompetenzen auf einander zugeordnet hatte[43]. Dies vorausgesetzt, fügt sich Luthers Ansicht besser in das geltende Verfassungsrecht ein als das Gutachten aus der Umgebung Philipps von Hessen, das mit seiner Tendenz zur Nivellierung der Reichsstände eher dem Wunsch der Fürsten nach Gleichrangigkeit mit den Kurfürsten[44] und weniger dem Verfassungsrecht der Wahlkapitulation entsprach.

Im weiteren Verlauf der Tischrede faßte Luther die Leitgedanken seiner Thesen zusammen, um zugleich die historischen Fundamente der kurfürstlichen Mitregierung anzudeuten: Der Kaiser sei kein Alleinherrscher (»*monarcha*«), denn die Kurfürsten besäßen mit ihm die gleiche Gewalt. Allein könne er weder Gesetze erlassen noch Krieg eröffnen[45]. Die Gleichheit der Kurfürsten mit dem Kaiser gründe auf der Goldenen Bulle, die Otto III. zum Besten des Reiches erlassen habe, denn sonst hätte es nicht lang bestanden[46]. Nichts zeigt das Neue dieser Vorstellung

---

[41] Die dem Gutachten zugrunde liegende Konzeption erinnert an das »*corpus imperiale*« von Cusanus: »*Omnes illi, qui ceteris eminent et imperio plus approximantur, corpus imperiale, cuius caput est ipse caesar, constituunt*«. De Concordantia Catholica III, 25, ed. Gerhard Kallen, in: Opera Omnia, Bd 14, Hamburg 1939/65, 421 f.

[42] Neben den Kurfürsten, die deutlich im Mittelpunkt der Tischrede stehen, werden die Fürsten nur an zwei Stellen eingeführt. Einmal heißt es gleich zu Beginn: »*Illi septemviri et principes quatenus sunt membra politiae et caesaris, sunt politici, non christiani*«, WATi 4, 237, Nr. 4342. Wenn hier die »*principes*« nicht einfach nur als Synonyma zu »*septemviri*« gebraucht werden, anerkannte Luther auch die Fürsten als »*membra politiae et caesaris*«. Zum andern werden bei dem Vergleich mit anderen Korporationen neben den Kurfürsten auch die übrigen Fursten als Träger eines Widerstandsrechtes angeführt: »*ita caesari resistere debent illi septemviri et ceteri principes.*« WATi 4, 237, Nr. 4342.

[43] Vgl. oben S. 159 f., Anm. 17.

[44] Gerade dies war eine konstante Tendenz der hessischen Politik, vgl. Fritz Dickmann, Der Westfälische Frieden, 2. Aufl., Münster 1965, 125 f.

[45] »*Summa, cum caesar non sit monarcha, sed septemviri sunt cum illo in communi potestate, ita ut non habet ius condendi leges, ideo multo minus gladium stringere.*« WATi 4, 237, Nr. 4342.

[46] »*Ideo Otto imperator optime constituit auream bullam, das er die sieben kurfursten neben den keiser gesetzt hat; sonst hette das imperium nicht lange gestanden.*« WATi 4, 237 f., Nr. 4342. Die Handschrift Clm 939 fügte nach »*Otto*« erläuternd »*3*« ein. Vgl. zu Entstehung und Auswirkung der Legende von der Gründung des Kurkollegs durch Otto III. bzw. Papst Gregor V., die bis ins 16. Jahrhundert hinein fortwirkte, Max Buchner, Die Entstehung und Auswirkung der Kurfürstenfabel, in: HJb 33 (1912) 54–100; 255–322, sowie Becker, Der Kurfürstenrat, 23 ff.

besser als ihr Kontrast zu früheren Aussagen: Noch 1537 hatte Luther die Ottonen als Vorbilder einer starken, autokratischen Reichsregierung gepriesen[47]. Aber jetzt erschien ihm die vermeintlich von Otto III. eingerichtete kurfürstlich-aristokratische Verfassung als Voraussetzung für den Bestand des Reiches.

Abschließend stellte Luther wie bereits 1531 in aristotelischer Terminologie die Frage nach der Verfassungsform des Reiches: Der Kaiser besitze keinen *»magistratus despoticus«*, sondern einen *»magistratus politicus«*[48], in dem seine Herrschaft durch bestimmte *»conditiones«* eingeschränkt werde. Der *»politicus magistratus«* gliedere sich als Gattung in verschiedene Arten: in die Monarchie, wie in Frankreich oder England, in die Demokratie, wie in der Schweiz oder in Dithmarschen, und schließlich in die Aristokratie, wie in Deutschland[49].

Wie auch andere Zeitgenossen[50] sah Luther damit in der aristokratischen Regierungsform das charakteristische Merkmal der Reichs-

---

[47] Vgl. oben S. 145.

[48] Der *»magistratus politicus«* knüpft hier nicht an den im Spätmittelalter geläufigen Verfassungstyp des *»principatus politicus«* (Wilhelm von Ockham, Octo Quaestiones de Potestate Papae III, 5, ed. Jeffray G. Sikes, in: Opera Politica, Bd 1, Manchester 1940, 109) oder des *»regimen politicum«* (Peter von Andlau, Libellus de Cesarea Monarchia I, Tit. VIII, ed. Joseph Hürbin, in: ZRG GA 12 [1891] 65) an, die im Anschluß an den von Aristoteles beschriebenen Verfassungstyp der »Πολιτεία« (Mischung von Demokratie und Oligarchie) eine quasi-aristokratische Regierung meinen. Der Gegensatz zum *»magistratus despoticus«* zeigt, daß Luther sich hier eher an Pol III, 6, 1278^b, orientiert hat, wo (im Gegensatz zur rechtlich unbeschränkten Gewaltausübung) Πολιτεία eine durch das Recht beschränkte Herrschaft bedeutet (in dieser Bedeutung auch das *»regimen politicum«* bei Thomas von Aquin, In Libros Politicorum Aristotelis Expositio, Comm. in I Pol. Arist. lect. 1, ed. Raymund Spiazzi, Turin/Rom 1951, 6). Die vier aufgeführten Verfassungstypen orientieren sich weniger an Pol III, 6, 1279^a, dem klassischen Fundort der aristotelischen Verfassungslehre, weil dort die Oligarchie nurmehr als Perversionsform der Aristokratie erscheint. Eher ist an Pol IV, 6, 1293^a, zu denken, wo die genannten Verfassungsformen zusammen in der gleichen Reihenfolge auftauchen.

[49] *»Praeterea caesar habet magistratum politicum, non despoticum, ut Aristoteles distinguit. Nam regnum despoticum habet simpliciter servos sub se sine omni conditione, sicut equus, vacca est sub dominio possessoris; das mus es thun, wird geschlagen und getrieben. Politicum regnum habet conditiones; da frage man, ob sichs gezimet. Politicus magistratus habet multas species: Monarchiae, als da ist regnum Galliae, Angliae, Portugaliae, Bohemiae, Ungariae, Poloniae. Aristocratia est magistratus civilis, ut Germaniae; democratia, ubi plures regunt, als in Schweitzen und Dytmars. Oligarchia, als zu Erfurdt.«* WATi 4, 238, Nr. 4342; vgl. auch WATi 4, 459, Nr. 4735.

[50] Nicht erst Jean Bodin (Les Six Livres de la République, Paris 1583, II, 6, S. 320–327) vertrat die These, daß das Reich eine Aristokratie sei. Dieser Gedanke war bereits in der ersten Hälfte des 16. Jahrhunderts als Interpretation der Verfassungsverhältnisse wie als politische Zielsetzung geläufig, vgl. das verfassungsrechtliche Gutachten aus der Umgebung Philipps von Hessen (zit. oben S. 163, Anm. 39). Nach Johannes Sleidanus, De Statu religionis et reipublicae, Carolo Quinto Caesare, Commentarii, Straßburg 1555, 12, soll der Erzbischof von Mainz die Kurfürsten vor der Wahl Karls V. ermahnt haben: *»nobis autem inprimis est aristocratia retinenda.«* Zwar ist diese Rede unecht (vgl. Richard Fester, Sleidan, Sabinus, Melanchthon, in: HZ 89 [1902] 1–16, gegen Leo-

verfassung. An der Spitze des Reiches steht das Kollegium aus Kaiser und Kurfürsten, dessen Verfassungsstruktur sich nach den Regeln des korporativen Rechts bestimmt: Dem Kaiser kommt zwar vorrangig die Regierung zu, aber seine Beschlüsse unterliegen dem Konsens der Kurfürsten als gleichberechtigter Teilhaber der Herrschaft. Daneben besitzen auch die Fürsten einen – allerdings nicht näher beschriebenen – Anteil an der Regierung.

Nirgendwo ist die Verfassungsvorstellung Luthers deutlicher und umfassender formuliert als in der vorliegenden Tischrede, und der Fortschritt gegenüber früher ist unübersehbar: Luther kannte die wichtigsten Verfassungsdokumente des Reiches; er benutzte die Korporationslehre der Juristen als Interpretationsebene und verband schließlich diese Elemente mit bemerkenswertem Geschick.

Trotzdem ist seine Auffassung auch jetzt noch weit davon entfernt, ein geschlossenes Bild von der Reichsverfassung wiederzugeben. Sie beschreibt nur die Herrschaftsverteilung zwischen dem Kaiser und den Kurfürsten, deutet ein solches Verhältnis zwischen dem Kaiser und den Fürsten lediglich an, ohne dabei näher auf den Bezug zwischen kurfürstlicher und fürstlicher Mitregierung einzugehen: Die Herrschaftsverteilung in der aristokratischen Führungsspitze des Reiches tritt damit nicht plastisch genug hervor. Weiterhin geht Luther nicht auf die Institutionen dieser Herrschaftsausübung ein. Denn vom Kurfürstenrat abgesehen, treten weder der Reichstag noch die wichtigsten Zentralbehörden des Reiches, wie Reichskanzlei oder Reichskammergericht, in Erscheinung, ganz davon zu schweigen, daß auch die Kreiseinteilung, die immerhin für Reichswehrverfassung und Friedenswahrung wichtig war[51], sowie Rechtsinstitute von so grundlegender Bedeutung wie das Lehnswesen überhaupt nicht erwähnt werden. Und sieht man einmal von der Korporationslehre ab, so fehlen weitere Ansätze zu einer Verfassungstheorie: Bei der Bedeutung, die Luther dem Kurkolleg zusprach, hätte sich ein Bezug auf die Repräsentationslehre nahegelegt, die seit Lupold von Bebenburg und Nikolaus von Kues die theoretische Grundlage für die Interpretation des Kurkollegs abgab[52].

---

pold von Ranke, Zur Kritik neuerer Geschichtsschreiber, 2. Aufl., Leipzig 1874, 66–70), aber sie dürfte recht gut die Sleidan bekannte Auffassung selbstbewußter Reichsstände in der ersten Hälfte des 16. Jahrhunderts wiedergeben (vgl. auch Dickmann, Der Westfälische Frieden, 125).

[51] Vgl. Fritz Hartung, Deutsche Verfassungsgeschichte, 9. Aufl., Stuttgart 1969, 44.

[52] Vgl. Gierke, Das deutsche Genossenschaftsrecht, Bd 3, 603 f.; Peter Pernthaler, Die Repräsentationslehre im Staatsdenken der Concordantia Catholica, in: Cusanus-Gedächtnisschrift, Innsbruck/München 1970 (Forschungen zur Rechts- und Kulturgeschichte, 3) 45–99; Rudolf Haubst, Wort- und Leitidee der »Repraesentatio« bei Nikolaus von Kues, in: Der Begriff der Repraesentatio im Mittelalter, hrsg. von Albert Zimmermann, Berlin 1971 (Miscellanea Medievalia, 8) 139–162; Werner Krämer, Die ekklesiologische Auseinandersetzung um die wahre Repräsentation auf dem Basler Konzil, ebda, 202–237; Becker, Der Kurfürstenrat, 91–102.

Diese kritischen Anmerkungen sollen freilich die Überlegungen Luthers nicht abwerten, sondern nur ihr Verständnis erleichtern. Denn sie zeigen, daß es Luther auch jetzt, als seine Verfassungsvorstellung ihre größte Argumentationsweite erreicht hatte, nicht um die Reichsverfassung als solche ging: Die Widerstandsfrage, die die Entwicklung seiner Verfassungsvorstellung energisch vorangetrieben hatte, konzentrierte sein Interesse daran immer mehr auf jene Argumente, die die kaiserliche Gewalt einschränkten.

b) Der Brief an Johann Ludicke

Als Luther am folgenden Tag in seinem Brief an den kurbrandenburgischen Prediger Johann Ludicke erneut die Widerstandsfrage behandelte, räumte er der Reichsverfassung nicht den gleichen Rang ein wie in der Tischrede des Vorabends. Während die theologischen Implikationen des Widerstandsrechts in einem bunten Wechsel alter und neuer Argumente zu Wort kommen[53], tritt die verfassungsrechtliche Erörterung auffallend in den Hintergrund, um erst zum Schluß eine gewisse Rolle zu spielen.

Luther behandelte hier alttestamentliche Beispiele eines göttlich approbierten Widerstandes gegen tyrannische Obrigkeiten, um aus den Unterschieden zwischen den Verfassungen Altisraels und des Reiches ein ständisches Widerstandsrecht a fortiori zu erweisen: Die deutschen Fürsten besäßen mehr Rechte gegenüber dem Kaiser als Israel gegen Saul oder Ahikam gegen Jojakim: Sie regierten das Reich gemeinsam mit dem Kaiser, der weder Alleinherrscher sei, noch durch Beseitigen der Kurfürsten die Reichsverfassung ändern dürfe[54].

Damit billigte Luther zwar undifferenziert allen Fürsten die Mitherrschaft zu: wahrscheinlich dachte er dabei an den Reichstag. Aber der Vorrang des Kurkollegs zeigt sich darin, daß sein Wegfall die Reichsverfassung (*»forma imperii«*) ändern würde. Dies bezieht sich nicht nur auf das Wahlrecht der Kurfürsten, sondern auch auf ihre besondere Teilhabe an der Herrschaft, die eine kaiserliche Monarchie ausschließt. Damit enthalten diese kurzen Bemerkungen die gleiche Aussage wie die ausführlichere Tischrede: Die kaiserliche Herrschaft wird durch die

---

[53] Vgl. zum Ludicke-Brief unter dem Gesichtspunkt des Widerstandsrechtes Karl Müller, Luthers Äußerungen, 69–73, sowie Hermann Dörries, Luther und das Widerstandsrecht, in desselben: Wort und Stunde, Bd 3, Göttingen 1970, 247–251.

[54] *»Nam Principes Germaniae plus iuris habent contra Caesarem, quam illic populus contra Saul, vel Ahikam contra Joiakim, ut qui communi consilio gubernent imperium cum Caesare, et Caesar non sit monarcha nec posset deiectis Electoribus mutare formam imperii, nec esset ferendum, si tentaret. Quod si hoc propter civilia ferri non potest, nec debet, quid, si id tentet propter peregrinas et Diaboli causas?«* Luther an Johann Ludicke, 8. 2. 1539, WABr 8, 367, Nr. 3297.

Mitregierung der Fürsten und besonders der Kurfürsten eingeschränkt, wobei letztere – obwohl nur beiläufig erwähnt – das wichtigere Mitregierungsgremium bilden.

Auffallend ist jedoch, daß die Reichsverfassung in der Argumentation des Briefes eine so untergeordnete Rolle spielt. Man kann sich des Eindrucks nicht erwehren, daß sich Luther hier bewußt allgemein ausdrückt und inhaltliche Präzision vermeidet. Offenbar wollte er sich in einem offiziösen Schreiben mit möglicherweise unabsehbaren Folgen streng an die Grenzen seiner theologischen Zuständigkeit halten und das Verfassungsrecht nur insoweit heranziehen, wie es für den Argumentationsgang unerläßlich war. Damit ergänzt der Brief an Ludicke das vorangegangene Tischgespräch. Denn er zeigt, daß es Luther auch jetzt nicht darum ging, seine Einsicht in den aristokratischen Charakter der Reichsverfassung politisch auszumünzen[55].

c) Weitere Äußerungen vom Frühjahr 1539

Am 9. Mai 1539 fand an der Wittenberger Universität eine Disputation über die drei weltlichen Stände statt[56], in der bald die Wider-

[55] Der Ludicke-Brief zeigt politisch eine etwas mühsame Zwischenposition Luthers: Einerseits sollen die Schmalkaldener nicht zu einer aggressiven Religionspolitik und andererseits die Altgläubigen nicht zum Angriff ermuntert werden. Interessant ist der Schluß des Briefes: »*Quanquam nec ista sola sunt, quae me movent, nec omnia volo prodere, ne qua permanent ad illos pessimos satanae servos, quos expedit Cainica poena esse insignitos, scilicet metu et pavore, ... nec opus est, te omnia in hac re scire, tantum ne fortifices manus impiorum contra nostros principes,*« WABr 8, 367, Nr. 3297. Luther bezieht sich hier offenbar auf den Umstand, daß das März-Gutachten von 1530 in die Hände der Altgläubigen geraten war und bereits 1531 von Cochläus publiziert wurde, um den Schmalkaldischen Bund zu verunsichern, vgl. Clemen, in: WABr 5, 251.

[56] Es handelt sich um eine der durch die Gründungsurkunde der Universität Wittenberg von 1536 (Walter Friedensburg, Urkundenbuch der Universität Wittenberg, Bd 1, Magdeburg 1926, 191) vorgeschriebenen öffentlichen Disputationen, die zwischen Professoren und Studenten im vierteljährlichen Turnus stattfinden sollten. Die Disputation vom 9. 5. 1539 fand als Zirkulardisputation statt, das heißt, außer dem Vorsitzenden (Luther) traten mehrere Respondenten auf, vgl. Heinrich Hermelink, in: WA 39, 2, 1). Die Weimarer Ausgabe wählte die Überschrift: »Zirkulardisputation über das Recht des Widerstandes gegen den Kaiser«, verkürzte aber damit das Anliegen der Disputation auf jene Teile, die vom Widerstandsrecht handeln. Die Überschrift der frühen Drucke wird dem umfassenderen Anliegen der Disputation besser gerecht: »Septuaginta Propositiones Disputandae de Tribus Hierarchiis«, WA 39, 2, 35 f. Vgl. über die Disputation Rudolf Hermann, Luthers Zirkulardisputation über Mt 19, 21, in desselben: Gesammelte Studien zur Theologie Luthers und der Reformation, Göttingen 1960, 206–250. Vgl. zum Widerstandsproblem in der Disputation Karl Müller, Luthers Äußerungen, 73 ff.; Johannes Heckel, Lex charitatis. Eine juristische Untersuchung über das Recht in der Theologie Martin Luthers, München 1953 (Abh. d. Bayer. Ak. d. Wiss., Phil.-hist. Kl., NF, 36) 157 ff. (vgl. jedoch die Kritik von Dörries, Luther und das Widerstandsrecht, 241 f., Anm. 109).

standsfrage beherrschend in den Vordergrund trat. Dabei begegnete Luther dem Einwand, der Kurfürst besitze gegenüber dem Kaiser als *»privata persona«* kein Widerstandsrecht[57], mit dem Argument, daß ein Kurfürst als *»pars imperii«* keine *»privata persona«* sein könne. Die sieben Kurfürsten seien ihrer Stellung nach dem Kaiser gleich und bildeten mit ihm die kaiserliche Obrigkeit als ein Kollegium, dessen Haupt der Kaiser und dessen Glieder die Kurfürsten seien[58].

In einer Tischrede des gleichen Tages erläuterte Luther seinen Gästen erneut die in der Diskussion angeklungenen Verfassungsprobleme. Dabei machte er zwar einleitend die Juristen für das Aushöhlen der kaiserlichen Gewalt verantwortlich und deutete damit an, daß die Verfassung des heutigen Reiches aus dem Zerfall einer ursprünglichen Monarchie entstanden sei. Aber im Unterschied zu jenen fernen Tagen eines Diokletian könne der Kaiser heute das Reich nur zusammen mit den Kurfürsten regieren. Verweigere ihm auch nur ein Kurfürst den rechtlich erforderlichen Konsens, sei seine monarchische Herrlichkeit schon an ihrem Ende[59]. Trotz des leicht nachgrollenden Mißbehagens an dieser Ent-

---

[57] Vgl. WA 39, 2, 77.

[58] Die Disputation wurde in drei studentischen Mitschriften (Relation A, B, C) überliefert. Da die Relation C an der hier wichtigen Stelle (Responsio auf die Obiectio XXII) unterbrochen bzw. verderbt ist, scheidet sie als Quelle aus (vgl. auch WA 39, 2, 76, Anm. 2). Die Relationen A und B unterscheiden sich weniger im Inhalt als in der Tendenz:

Relation A:
»Elector princeps non est privata persona, sed sunt aequales Caesari, sunt partes constituentes Caesarem septem electores. Ipse Caesar est caput, ipsi membra etc. Sunt enim pars imperii, ergo etiam sunt pars Caesaris. Ich bin auch ein finger, Denn wenn ein finger das Auge wollte aufstoßenn, so wehret der andre. Sic quoque in forma imperii.«
WA 39, 2, 78.

Relation B:
»Iuristae dicunt: Cum electores sint membra Caesaris, sunt partes imperii. Ergo possunt resistere. Das eine Hand die andere hawe, das lassen wir also geschehen, weyl die iura so halten.«
WA 39, 2, 78.

Die Relation A gibt ausführlicher als die Relation B die aus der Tischrede vom 7. Februar bekannten verfassungsrechtlichen Argumente wieder und spricht sich so engagiert für das Widerstandsrecht aus wie der Ludicke-Brief. Die Relation B steht der verfassungsrechtlichen Argumentation merklich distanzierter gegenüber (*»Iuristae dicunt. . .«*. Ebenso deutet der nachfolgende Vergleich das Unsinnige der Handlung an). Auch dies könnte gut zu Luther passen, zumal er in der Tischrede des gleichen Tages (vgl. die folgende Anm.) die Aushöhlung der kaiserlichen Gewalt als böses Spiel der Juristen bezeichnete. Eine Entscheidung darüber, welche Relation besser die Meinung Luthers wiedergibt, ist der angedeuteten Schwierigkeiten wegen weder aus diesem Absatz zu treffen, noch ergibt der vollständige Vergleich der Relationen ein gewichtiges Kriterium.

[59] *»Die Juristen haben dem keiser ein bose spiel gemacht: Er hab das schwert von sich gegeben, ita ut nos habeamus gladium traditum possessorium; caesar vero tantum habet in nobis gladium petitorium, Es seind nicht die zeiten ut tempore martyrum, do der*

wicklung verschärfte Luther damit seine aristokratisch-kurfürstliche Reichsvorstellung durch die Aussage, daß die Regierungsprärogative des Kaisers vom einhelligen Konsens aller Kurfürsten getragen sein müsse[60].

Die geforderte Einhelligkeit im Konsens der Kurfürsten hat ihre Parallelen weniger in der Beschlußpraxis zeitgenössischer Körperschaften, in denen sich längst - nicht zuletzt unter dem Einfluß des Kirchenrechtes - das Majoritätsprinzip eingebürgert hatte[61]. Dagegen zählte die Wahlkapitulation Karls V. eine Reihe von Regierungsmaterien auf, in denen sich der Kaiser an den einhelligen Konsens aller Kurfürsten gebunden hatte[62]. Und gerade jene Möglichkeit, auf die sich Luthers Interesse vor allem konzentrierte - ein kaiserlicher Krieg gegen die Schmalkaldener - wäre von der Zustimmung aller Kurfürsten abhängig gewesen[63].

Allerdings band die Wahlkapitulation den Kaiser nur in den aufgezählten Fällen an den Konsens aller Kurfürsten, während die genera-

---

Diocletianus alleine regirt. Nunc aliud est imperium, ubi caesar cum septem regit electoribus; ideo illius potestas nihil est sine septem illis, immo si unus non concludit, nihil est et non amplius est monarcha.« WATi 4, 388, Nr. 4582, Lauterbach, 9. 5. 1539. Die gebrauchten Ausdrücke *»gladius traditus possessorius«* und *»gladius petitorius«* erwekken den Eindruck, als handle es sich um feststehende juristische Begriffe. In der zeitgenössischen juristischen Literatur konnten allerdings keine Parallelen gefunden werden. Zweifelhaft ist auch, ob diese Ausdrücke - wie Karl Müller, Luthers Äußerungen, 81, Anm. 2, vermutet - auf die im anonymen verfassungsrechtlichen Gutachten verwendeten Begriffe *»dominium directum«* (naturrechtliches Obereigentum) und *»dominium utile«* (positiv-rechtliches Nutzungseigentum) zurückzuführen sind, die im Lehnsrecht eine wichtige Rolle spielten, vgl. Eduard Meynial, Notes sur la formation de la théorie du domaine divisé, domaine directe et domaine utile du XIIe au XIVe siècle dans les Romanistes, Mélanges Hermann Fitting, Bd 2, Montpellier 1908, 409-461. Denn der Zusatz *»possessorius«* deutet den tatsächlichen Besitz der Stände an, während von einem Eigentumsvorbehalt des Kaisers keine Rede ist.

60 Die gleiche Auffassung zeigt sich übrigens auch in einer Tischrede vom 16. Mai 1539: *»16. Mai dicebat de optima forma imperii, ubi imperator eligeretur a septemviris secundum auream bullam, et qui illis ius gladii tribuisset: Das mugen sie auch brauchen. Item unius aut duorum vota ceterorum quinque suffragia cassant.«* WATi 4, 397, Nr. 4599, Lauterbach, 16. 5. 1539. *»Ius gladii«* meint im Anschluß an D 2, 1, 3 die oberste Strafgewalt als Hoheitsattribut des Kaisers, vgl. Adolf Berger, Encyclopedic Dictionnary of the Roman Law, Philadelphia 1953, 253.

61 Vgl. zur geschichtlichen Entwicklung Ferdinand Elsener, Zur Geschichte des Majoritätsprinzips (Pars maior und Pars sanior), insbesondere nach schweizerischen Quellen, in: ZRG KA 42 (1956) 73-116; 560-570. Maßgeblichen Einfluß für die Durchsetzung des Majoritätsprinzips kam - außer dem römischen Recht (vgl. D 1, 50, 17, 19 und D 1, 50, 17, 160) - vor allem der Papstwahldekretale *»Licet de vitanda«* (X I, 6, 6) von 1179 zu.

62 Vgl. oben S. 159 f., Anm. 17.

63 *»Wir sollen und wellen ... kain gezenk, vehd, noch krieg in oder ausserhalb des reichs von desselben wegen anfahen oder unternemen, noch einich fremde kriegsfolk ins reich furen, on furwissen, rat und bewilligen der reichsstende, zum wenigsten der sechs churfursten.«* RTA JR I, 870, Nr. 387.

lisierende Aussage Luthers darauf abzielte, ihn in grundsätzlich allen Beschlüssen davon abhängig zu machen. Falls dahinter nicht einfach nur Unkenntnis[64] oder rhetorische Übertreibung steht, könnte der Grund vielleicht darin liegen, daß es bei der isolierten Stellung Kursachsens im Kurkolleg darauf ankommen mußte, die Stimme eines einzelnen Kurfürsten so weit wie möglich aufzuwerten. Daß Luther die Position Kursachsens tatsächlich als prekär empfand, deutet ein im Zusammenhang der Tischrede vom 16. Mai 1539 etwas isolierter Gedanke an: Es wäre besser, wenn die geistlichen Kurfürsten weltliche Herren würden. Denn jetzt sei ein einzelner Kurfürst - offenkundig meinte Luther seinen Landesherrn - gezwungen, den Haß aller zu ertragen[65].

2. Ständische Freiheit und neue Lehre

Luthers Äußerungen zur kurfürstlich-aristokratischen Verfassungskonzeption blieben merkwürdigerweise auf das Jahr 1539 beschränkt. In der Folgezeit kam Luther auch dann nicht mehr darauf zu sprechen, wenn sachliche Gründe dies zumindest nahegelegt hätten. Zusammen mit Jonas und Bugenhagen legte Luther im Sommer 1539 dem Kurfürsten ein Gutachten zur Frage vor, ob Verteidigungsbündnisse gegen gleichgestellte Obrigkeiten und gegebenenfalls auch gegen den Kaiser erlaubt seien. Er bejahte die Rechtmäßigkeit derartiger Bündnisse als Maßnahmen obrigkeitlicher Schutzpflicht und nahm - wie schon früher - auch den Kaiser nicht aus, sofern dieser notorisches Unrecht gegen die Fürsten begehe[66]. Aber über die mehr oder minder formale Argumentation hinaus finden sich keinerlei Anklänge an die aristokratisch-kurfürstliche Verfassungskonzeption, die zumindest Kriterien dafür hätte abgeben können, wann der Kaiser notorisches Unrecht begeht.

Gelegentlich finden sich auch Äußerungen, die dem Kaiser uneingeschränkt - und wie es scheint - auch ausschließlich die Herrschaft über das Reich sowie den Friedensschutz als wesentlichsten Inhalt dieser

---

[64] Ob Luther die Wahlkapitulation ihrem vollen Wortlaut nach kannte, läßt sich den Quellen nicht entnehmen. Indizien sprechen eher dagegen, so z.B. der Umstand, daß die Wahlkapitulation immer nur von sechs Kurfürsten spricht (vgl. hierzu Weicker, Die Stellung der Kurfürsten, 462 f.), Luther dagegen stets die alte Siebenzahl nennt. Ebenso auffallend ist, daß Luther 1530 zwar die Goldene Bulle als Argument gegen die Königswahl *»vivente Imperatore«* anführte, nicht aber die Wahlkapitulation, die jeden kaiserlichen Druck zugunsten einer erblichen Sukzession verbot, vgl. RTA JR 1, 874, Nr. 387.

[65] *»Wan die bischoffe electores, weltliche herren wehren, consultius esset. Nunc unus elector cogitur omnium odia ferre, et nisi haberet populum applaudentem, sicut Jacob in Sichomitas etiam habuit, non posset durare; Gott erhielt ihn wunderlich.«* WATi 4, 397, Nr. 4599, Lauterbach, 16. 5. 1539.

[66] Juli(?) 1539, WABr 8, 516 f., Nr. 3369.

Herrschaft zusprechen: Wir anerkennen den Kaiser als Herrn, schrieb er etwa an Melanchthon[67]. Und in seiner Kampfschrift *»Wider das Papsttum zu Rom, vom Teufel gestiftet«* unterstrich er die Pflicht des Kaisers, *»sein Vaterland zu versehen mit gutem friede und schutz«*. Karl V. bemühe sich darum, genauso wie er gern Frieden und Einigkeit in der Religion hätte[68]. Nirgendwo ist hier davon die Rede, daß auch den Kurfürsten und den übrigen Ständen ein wesentlicher Anteil an der kaiserlichen Herrschaft und an der *»cura imperii«* zukommt.

Gegenüber Heinrich von Braunschweig-Wolfenbüttel betonte Luther, daß *»unsere Fursten und Herrn«* – also auch der sächsische Kurfürst[69] – dem Kaiser *»alle zeit von hertzen und trewlich gehorsam gewest sind«*. Denn wenn sie zum Reichstag oder zur Heerfahrt berufen worden seien, hätten sie als die Ersten Folge geleistet[70]. Wenn Luther die Pflicht des Untergebenen zu »Rat und Hilfe«[71] uneingeschränkt auf den Kurfürsten übertrug und damit den Kaiser zum Herrn des Kurfürsten erklärte, so könnte darin ein gewisser Widerspruch zur vordem so hoch veranschlagten Gleichrangigkeit der Kurfürsten mit dem Kaiser liegen.

Man darf freilich diese Indizien auch nicht überbewerten. Denn sie lassen sich gut aus ihrem jeweiligen Zusammenhang heraus erklären[72] und widersprechen dann auch nicht mehr direkt der kurfürstlich-aristokratischen Verfassungskonzeption. Daraus ergibt sich dann allerdings nur, daß diese für Luther keine so grundsätzliche Bedeutung besaß, daß sie bis in die Präzision der Formulierungen hinein seine weiteren Aussagen zur Reichsverfassung bestimmt hätte.

Charakteristischer als diese Bemerkungen sind für die letzten Jahre Luthers Aussagen, die zwar die aristokratische Verfassung des Reiches voraussetzen, aber die Kurfürsten nicht mehr besonders hervorheben. Ihr Merkmal ist eine wachsende Sorge um die *»Libertas Germaniae«*[73].

---

[67] *»a Caesare, quem agnoscimus Dominum,«* 21. 9. 1540, WABr 9, 272, Nr. 3554.

[68] *»Keiser Karl hette gern friede und einigkeit in der Religion, gleich wie er im Reich gern frieden sehe,«* 1545, WA 54, 221.

[69] Dies ergibt sich eindeutig aus dem Textzusammenhang heraus.

[70] *»Aber Gott zu dienst und dem Heintzisschen Teufel zu verdries, bekennen wir diese warheit, das unsere Fursten und Herrn dem Keiser alle zeit von hertzen und trewlich gehorsam gewest sind, wie das gantze Reich offentlich mus zeugen. Denn wo sie beruffen sind, auff Reichstage, oder zu felde, sind sie die ersten gewest,«* Wider Hans Worst, 1541, WA 51, 532.

[71] Vgl. hierzu Otto Brunner, Land und Herrschaft, 5. Aufl., Wien 1965, 426 ff.

[72] Im Schreiben an Melanchthon kontrastierte Luther die unrechtmäßige Herrschaft des Papstes mit der rechtmäßigen Herrschaft des Kaisers, ähnlich wie er in der Schrift Vom Papsttum zu Rom die kaiserlichen Bemühungen um religiöse Eintracht der päpstlichen Konzilsunwilligkeit gegenüberstellte. In der Schrift Wider Hans Worst versuchte Luther dem Vorwurf Heinrichs von Braunschweig-Wolfenbüttel zu parieren, die Schmalkaldischen Fürsten seien gegenüber dem Kaiser ungehorsam und aufrührerisch.

[73] Vgl. zur Vorgeschichte dieser Formel Gerhard Pfeiffer, ›Christliches Verständnis‹ und ›teutsche Libertät‹, in: Fschr. Wilhelm Maurer, Berlin/Hamburg 1965, 104 f. Vgl. zum

Ihren Hintergrund zeichnet ein wachsendes Mißtrauen gegenüber dem Kaiser, das sich – im Unterschied zu Luthers früher beinahe naivem Zutrauen – sowohl auf dessen Verhältnis zum Evangelium[74] als auch auf dessen machtpolitische Aspirationen[75] bezog.

In einem Tischgespräch aus den frühen vierziger Jahren erklärte Luther, er sei sicher, daß der Kaiser und König Ferdinand die *»Libertas Germaniae«* beseitigen, die eigenständige Herrschaft der Fürsten brechen und das Reich in die gleiche Knechtschaft überführen wollten wie die übrigen von ihnen beherrschten Nationen[76]. Ähnliche Töne schlug Luther in einer Tischrede vom 12. Mai 1544 an: Der Teufel habe es nicht nur auf das Wort Gottes, sondern auch auf die Freiheit Deutschlands abgesehen. Denn die *»libertas Germanica«* sei den Monarchen verhaßt. Die Bischöfe und der Adel würden leichthin die spanischen Praktiken billigen. Demgegenüber müsse man daran festhalten, daß der Kaiser Herr über freie Bürger und nicht über Sklaven sei: *»Summa, omnia regna sunt servitus, sola Germania est libera«*[77].

Diese Äußerungen in privatem Kreise zeigen den inneren Zusammenhang in den politischen Befürchtungen des alten Luther: Mit dem Evan-

---

politischen Hintergrund Karl Josef Seidel, Frankreich und die deutschen Protestanten, Münster 1970 (Reformationsgeschichtliche Studien und Texte, 102) 8 ff.

[74] Dieses Mißtrauen entwickelte sich seit 1539 aus der allmählichen Einsicht, daß der Kaiser doch nicht nur das Werkzeug seiner gottlosen Umgebung sei. Trotz gewisser Hoffnungen auf eine Änderung (vgl. WABr 9, 272, Nr. 3554) oder auf ein Zerwürfnis zwischen Kaiser und Papst (vgl. Vom Papsttum zu Rom, 1545) behielt Luther dieses Mißtrauen bis zu seinem Tode bei. Vgl. insbesondere WABr 9, 452, Nr. 3632; WABr 10, 230, Nr. 3832; WABr 10, 671, Nr. 4036; WABr 11, 72, Nr. 4091; WABr 11, 83, Nr. 4099; WABr 11, 85, Nr. 4100; WABr 11, 201, Nr. 4162; WATi 5, 597, Nr. 6311.

[75] Vgl. etwa die Befürchtungen Luthers vor einer ausgreifenden Arondierungspolitik des Kaisers zu Lasten der niederländischen Stifte: Luther an Melanchthon, 17. 6. 1541, WABr 9, 452, Nr. 3632.

[76] *»Hoc certo scio, quod caesar et Ferdinandus nun possunt ferre illam libertatem Germaniae. Vellent exectos esse omnes Germaniae principes, ut redigeretur in servitutem ut reliquae nationes.«* WATi 5, 415, Nr. 5981, Rörer (ohne Datierung). Da die Tischrede die Türkenniederlage Ferdinands von 1541, aber nicht die Vertreibung von Heinrich von Braunschweig-Wolfenbüttel voraussetzt (August 1542), muß sie in den dazwischen liegenden Zeitraum fallen.

[77] *»Eo tendet Sathan, qui verbum Dei et liberam Germaniam devastare tentat. Fürcht, wir sein verraten und verkeufft. Nam ubi nobiles et centauri una cum caesare hoc tentaverint, so wirdt er den adel mit auffressen. Nam libertas Germanica monarchis est odiosa. Nisi Dominus immediate servaverit, actum erit de Germania.... Rusticorum seditio fuit tantum praeludium, das ABC. Nobilitatis seditio, nisi Deus praevenerit, omnia perdet. Episcopi et nobiles sunt scorpiones, cancri, vomicae Germaniae, qui facile in Hispanicam practicam consentirent. Similiter iuristae scribunt et asserunt omnia esse imperatoris; nos vero negamus et asserimus caesarem esse dominum supra cives, non supra servos, sicut regnum Israel non evacuavit tribus populi neque ademit libertatem. Summa, omnia regna sunt servitus, sola Germania est libera.«* WATi 5, 286 f., Nr. 5653b, Sammlung Clm 937, 6. 5. 1544.

gelium will der Kaiser die ständische Freiheit im Reich auslöschen. Anstöße dazu geben sowohl das Vorbild der monarchisch regierten Länder des habsburgischen Imperiums - ausdrücklich ist von der »*Hispanica practica*« die Rede - als auch die römisch-rechtliche Theorie von der unbeschränkten kaiserlichen Herrschaft. Die Reichsverfassung beruht jedoch auf der ständischen Freiheit ihrer Glieder, die wiederum Voraussetzung für die Freiheit des Evangeliums ist.

Wenn Luther sich auch stets gegen eine Vermischung seiner Lehre mit ständischer Interessenpolitik gewehrt hatte, so konnte er sich doch letztlich nicht der Einsicht verschließen, daß ständische Freiheit Voraussetzung für den Fortbestand des Evangeliums in Deutschland sei. Auch für ihn war damit ständische Libertät und evangelisches Bekenntnis zu dem faktischen Junktim geworden, das das anbrechende konfessionelle Zeitalter bestimmen sollte.

ERGEBNISSE

Die vorliegende Arbeit versuchte zwei Fragen zu beantworten: Wie entwickelte sich Luthers Verfassungsvorstellung und wie verhielt sie sich zur zeitgenössischen Verfassung des Reiches? Damit war nicht nur Luthers Verhältnis zu den politischen Folgen der Reformation angesprochen, sondern auch zu der eigentümlichen Verfassungsproblematik des Reiches im frühen 16. Jahrhundert mit ihren vielfach noch offenen Entwicklungsmöglichkeiten.

Die Untersuchung setzte bei den Vorfragen ein, ob Luthers theologische Obrigkeitslehre eine bestimmte Verfassungskonzeption implizierte, was Luther unter dem Reich verstand und welches Verhältnis zur überkommenen Reichsidee seine Verfassungsvorstellung beeinflußte. Die dabei gewonnenen Kriterien lagen der weiteren Untersuchung zugrunde, die sich aus naheliegenden Gründen an der chronologischen Entwicklung von Luthers Verfassungsvorstellung orientierte.

Luther kannte grundsätzlich keine theologische Vorentscheidung zugunsten einer bestimmten Verfassungsform: Zwar ist das obrigkeitliche Regiment als solches von Gott begründet. Aber da das Evangelium nicht die konkrete Form und Wirkweise der Obrigkeit normiert, obliegt es der Vernunft, sie institutionell so auszuformen, daß sie – entsprechend ihrem von Gott gesetzten Ziel – einen allseits begründeten Frieden als Inbegriff irdischer Glückseligkeit zu schaffen vermag. Luthers Obrigkeitslehre verlangte deshalb – vielleicht mehr als andere politische Theorien seiner Zeit – jenes Erweitern und Intensivieren obrigkeitlicher Funktionen, aus denen sich schließlich der »moderne Staat« entwickelte.

Die gleiche rationale Tendenz zeigte auch seine Reichsvorstellung: Luther schied aus der überkommenen Reichsidee all jene Elemente aus, die Kaiser und Reich eine besondere Rolle zuschrieben. So hielt er zwar am römischen Ursprung und Charakter des Imperiums fest, sprach sich aber nachhaltig gegen eine päpstliche Translation und gegen alle daraus abgeleiteten päpstlichen Ansprüche auf das Reich aus. Ebenso verwarf er die Idee einer besonderen Sakralität des Reiches sowie die um die Advocatus- Ecclesiae-Vorstellung kreisenden Ansprüche des Kaisers auf einen besonderen Dienst für Kirche und Christenheit. Weiter lehnte er die Weltreichsidee ab, die die Reichsidee des Spätmittelalters zunehmend überwuchert und von der politischen Realität entfernt hatte: Das

Reich ist für Luther der auf den deutschen Kern reduzierte, tatsächliche Herrschaftsbereich des Kaisers, dem bestenfalls ein Anspruch auf Rom und den Kirchenstaat zukommt, weil die Päpste beides vom Reich geraubt hätten. Mit dieser Konzeption widersprach Luther in wesentlichen Punkten der mittelalterlichen Reichsidee und damit jener »Überlast der Tradition«, die das Reich in seiner staatlichen Entwicklung »jahrhundertelang nicht zu Entscheidungen« hatte kommen lassen[1].

Luthers Verfassungsvorstellung zeigte durchgehend die Merkmale eines spätmittelalterlichen Ständestaates: Das Reich ist ein organisch gewachsenes und in viele Zwischengewalten gegliedertes Herrschaftsgefüge, an dessen Spitze der Kaiser steht. Die Reichsstände üben die Herrschaft innerhalb ihrer Territorien aus und besitzen zugleich eine Teilhabe am Reich, die sich innerhalb bestimmter institutioneller Gegebenheiten als Mitregierung äußert. Dieser ständestaatliche Dualismus von Kaiser und Reichsständen bildete das konstante Raster von Luthers Verfassungsvorstellung. In ihm verschoben sich als Variablen die Akzente vom Kaiser auf die Stände. Dieser Wandel hing von den einzelnen Stadien des Religionskonfliktes ab und läßt sich in drei Phasen gliedern: die Zeit bis 1530, der Augsburger Reichstag mit der sich anschließenden Periode bis 1539 und schließlich der Zeitraum von 1539 bis zum Tode Luthers.

Bis 1530 war Luthers Botschaft durch den Kaiser weder direkt bedroht, noch hatte sie zu einem offenen Verfassungskonflikt zwischen Kaiser und neugläubigen Ständen geführt. Trotz seiner Ächtung in Worms, die er der Unerfahrenheit des jungen Kaisers zuschrieb, war für ihn die Haltung des Reiches zu seiner Botschaft letztlich noch unentschieden. In dieser Phase zeigt sich deshalb Luthers ursprüngliches, vom Religionskonflikt noch weitgehend ungetrübtes Verfassungsbild. Ihr Merkmal ist die Tendenz zu einer Stärkung der kaiserlichen Obrigkeit: Luther sprach dem Kaiser nicht nur eine zentrale Rolle für Einheit und Wohlfahrt des Reiches zu, sondern auch eine unmittelbare Gebotsgewalt über alle seine Glieder. Zudem forderte er eine intensivere und straffer organisierte Herrschaft im Rahmen der bestehenden Verfassung, die ohne Zweifel die zentrale Rolle des Kaisers weiter gestärkt und allmählich auch mit neuen Inhalten gefüllt hätte.

In diese Tendenz ordnen sich eine Reihe von Reformforderungen ein: Der nachhaltig geforderte Verzicht auf Selbsthilfe und Rechtswahrung außerhalb eines obrigkeitlichen Amtes, das konsequente Hinleiten der allgemeinen Verantwortung für Recht und Gemeinwohl auf die obrigkeitlichen Institutionen und schließlich die Reduktion aller Institutionen und Privilegien auf ihren Dienst für das Gemeinwohl – all dies trug in

---

[1] Hermann Heimpel, Das deutsche Spätmittelalter: Charakter einer Zeit, in desselben: Deutsches Mittelalter, Leipzig 1941, 117.

weite Kreise der Bevölkerung ein – vor allem auch religiös begründetes – Verständnis für eine neue Staatlichkeit. Sein Bemühen um ordnende und regulierende Eingriffe in Wirtschafts-, Sozial- und Bildungsprobleme lief darauf hinaus, die Funktionen des Reiches zu erweitern und zeigte damit den Weg, der gewöhnlich zum »modernen Staat« hinführte.

In dieses Bild fügen sich auch seine Vorstellungen von einer Reform der Reichskirche ein: Die erstrebte deutsche Nationalkirche hätte nicht nur den Kaiser gestützt, sondern – analog zu den westeuropäischen Ländern – auch einen wichtigen Beitrag zur staatlichen Konsolidierung des Reiches geleistet. In der Frage, wie die deutsche Kirche reformiert und die theologisch untragbare Vermischung von weltlicher Herrschaft und geistlichem Amt beseitigt werden sollte, zeigte Luther eine solche Anpassungsfähigkeit, daß er wahrscheinlich eine generelle Säkularisation der Hochstifte von Reichs wegen unterstützt hätte – zumal er dies einmal auch ausdrücklich gefordert hat. Wenn eine derartige Maßnahme politisch überhaupt durchzuführen gewesen wäre, hätte sie dem Reich zweifellos einen gewaltigen politischen und materiellen Gewinn eingebracht.

Die meisten dieser Vorstellungen waren politisches Gedankengut der Zeit. Von Luther wurden sie freilich in vielen Fällen theologisch neu und einsichtig begründet: Mit seiner Autorität untermauert, hätten sie im Kontext der religiösen Reformation vielleicht zum ideellen Rückgrat einer kaiserlichen Reichsreform werden können, wenn der Kaiser sein definitives Nein zu Luther je widerrufen hätte[2].

Das Scheitern des Augsburger Reichstages leitete eine neue Phase für Luthers Verfassungsvorstellung ein. Der Dissens in der Religionsfrage verschärfte sich nunmehr zum offenen Verfassungskonflikt zwischen Kaiser und neugläubigen Ständen. Er zwang Luther, sich intensiver als bisher mit der Reichsverfassung auseinanderzusetzen, wobei er in mehreren Stufen seine Vorstellung änderte: Der Eindruck, daß eine Verschwörung ständischer Widersacher das kaiserliche Amt zur Unterdrückung des Evangeliums mißbrauche, wies Luther auf das Recht als umgrenzender Norm kaiserlicher Herrschaft, zu dessen Schutz die Stände verpflichtet seien – gegebenenfalls auch in Form eines aktiven Widerstandes. Vom hessischen Landgrafen, der am konsequentesten die

---

[2] Bekanntlich zweifelte auch Karl V. nicht daran, daß ihm die Neugläubigen um den Preis der Bekenntnisfreiheit treue Untertanen sein würden, vgl. sein Schreiben an Noircarmes vom 18. 6. 1534: »*et que quant nous eussions voulsu ou encoires vouldrions prendre intelligence ou dissimuler avec les desvoyez de la foy, nous les aurions entièrement à nostre dévotion et très – obéyssans.*« Papiers d'Etat du Cardinal de Granvelle, ed. Charles Weiss, Bd 2, Paris 1841 (Collection de documents inédits sur l'histoire de France, I/2) 122.

Reichsverfassung im ständischen Sinne ausdeutete, übernahm Luther die Vorstellung, daß die kaiserliche Herrschaft durch die Wahlkapitulation verbindlich eingeschränkt werde und den Ständen ein Amtsrecht zum Schutz der Reichsverfassung und ihrer Stellung zustehe. Und schließlich folgerte Luther, daß das Reich ein *»regnum politicum«* im aristotelischen Sinne sei und kaiserliche Herrschaft nur in strikter Bindung an die Normen des Reichsrechtes bestehen könne. Die Tendenz von Luthers Verfassungsvorstellung zielte also jetzt darauf ab, die kaiserliche Herrschaft einzuschränken.

Für Luther hätte sich nunmehr die Versuchung nahelegen können, diese Verfassungseinsicht religionspolitisch auszumünzen und sich an die Spitze des ständischen Libertätsstrebens zu stellen. Aber aus einem starken, theologisch begründeten Widerwillen gegen eine Politisierung seiner Botschaft und aus einer wachsenden Sorge um den Frieden im Reich verwendete er ganz im Gegenteil seinen Einfluß darauf, den Verfassungskonflikt zu entschärfen. Äußerungen aus dem Jahre 1537 zeigen, daß ihm – entsprechend seiner theologischen Obrigkeitslehre – noch immer an einer starken Herrschaftsordnung im Reich und damit an einem starken Kaisertum lag. Aus einer wachsenden Sorge um den Fortbestand obrigkeitlicher Ordnung überhaupt verneinte er nunmehr die Chancen einer grundlegenden Verfassungsreform zur Stärkung des Reiches. Hinter dieser wachsenden konservativen Tendenz beginnen auch andere Reformforderungen zurückzutreten.

In dem Maße wie nach 1530 die akute Gefahr eines Bürgerkrieges nachließ, nahmen Luthers Aussagen zu Verfassungsfragen ab. Die wenigen Äußerungen dieser Jahre zeigen weiterhin Merkmale eines Ständestaates. Sie zeigen aber auch die fortdauernde Überzeugung, daß die kaiserliche Gewalt durch die Reichsverfassung verbindlich eingeschränkt werde. Stärker als früher betonte Luther nunmehr die obrigkeitliche Stellung und den politischen Spielraum der Landesfürsten, wenn er ihnen an Stelle des Reichs die Lösung drängender Ordnungsprobleme zuwies oder ihnen ein ein Bündnisrecht über die Reichsgrenzen hinaus zusprach.

Die gleiche Reserve gegenüber Reformen zeigen auch seine Aussagen zur Reichskirche: Luther verzichtete nunmehr auf die radikalen Säkularisationsforderungen früherer Jahre. Dagegen vertrat er jetzt konsequent den vor dem Augsburger Reichstag formulierten Kompromiß, der den Prälaten ihren fürstlichen Status um den Preis der Verkündigungsfreiheit garantierte. Und gegen Ende der dreißiger Jahre warb er auf dieser Grundlage verstärkt um Konversion und Mithilfe der Bischöfe: Damit die neue Kirchenorganisation von der Gunst äußerer Umstände unabhängig werde, sollte die wirtschaftliche Kraft der Hochstifte der Ausbildung und dem Unterhalt der neugläubigen Seelsorger zugute kommen.

Auch in dieser Periode hielt Luther grundsätzlich am Ziel einer deutschen Nationalkirche fest. Aber das fortdauernde Nein des Reiches gegenüber seiner Botschaft machte den organisatorischen Ausbau der Landeskirchen als Interimslösung unumgänglich. Diese Entwicklung gewann zunehmend an Eigengewicht und brachte den neugläubigen Landesherren als Vorstufe ihres künftigen Summepiskopats die Organisationsgewalt über die Kirche ihres Territoriums.

Gegen Ende der dreißiger Jahre verschärfte der kurze Zeitraum zwischen Nürnberger Bund und Frankfurter Anstand erneut die Krise im Reich und belebte bei den Neugläubigen die Diskussionen um ein ständisches Widerstandsrecht. In diesen Diskussionen nahm Luthers Verfassungsvorstellung ihre abschließende Form an. Ihr Merkmal ist eine eigenwillige Interpretation der Goldenen Bulle und der darin vermittelten kurfürstlichen Reichskonzeption. Ihre Tendenz zielte auf eine umfassende Einschränkung der kaiserlichen Herrschaft durch die Mitregierung des Kurkollegs. Danach wird die kaiserliche Reichsherrschaft durch ein Kollegium ausgeübt, dessen Haupt der Kaiser und dessen Glieder die Kurfürsten sind. Die Verfassung dieses Regierungskollegiums bestimmt sich nach den Regeln des korporativen Rechts. Der Kaiser ist in allen Regierungsmaßnahmen an den einhelligen Konsens der Kurfürsten gebunden, neben denen auch den übrigen Ständen ein nicht näher bestimmter Anspruch auf Mitregierung zukommt. Luther folgerte daraus, daß das Reich eine Aristokratie sei. Damit hatte er sich die Verfassungsinterpretation jener Reichsstände zu eigen gemacht, die am ausgeprägtesten eine ständische Interessenpolitik vertraten.

Einige Äußerungen aus den vierziger Jahren zeigen, daß der alte Luther in der aristokratischen Verfassung des Reiches die Voraussetzung für den Fortbestand der evangelischen Lehre in Deutschland sah.

Die Tendenz in Luthers Vorstellung von der Reichsverfassung veränderte sich damit im Laufe seiner Entwicklung: Die treibende Kraft war der Religionskonflikt. Die Konstante bildete die Einsicht in den ständestaatlichen Dualismus zwischen Kaiser und Ständen. Die Variable lag in der unterschiedlichen Bedeutung, die Luther dem Kaiser und den Ständen beimaß und die das Reich entweder als Monarchie oder Aristokratie bestimmte. Dieser Positionswechsel hielt sich jedoch im Rahmen des Möglichen, den die mangelnde Konsolidierung der Reichsverfassung offen ließ.

Wo immer nach »Luther und . . . « gefragt wird, muß man sich ständig vergewissern, wie eng das gewählte Thema mit der eigentlichen, der theologischen Mitte des Reformators zusammenhängt. Je weiter man sich vom Kern wegbewegt, um so spärlicher, um so diffuser, um so weniger belastbar sind die Äußerungen. Das hier erörterte Problem überforderte im Grunde den Theologen Luther – mehr als seinen Zeitgenossen Calvin. Aber die Verfassung des Reiches war eine Gegebenheit, der er sich nicht entziehen konnte, eben weil das Schicksal seiner Botschaft unlösbar mit ihr verknüpft war. Insofern behandelte diese Arbeit keine für ihn periphere Fragen. Aber sein eigentliches Feld war die Verfassungsproblematk dennoch nie. Und in seinen Äußerungen fehlt deshalb vielfach die Ausführlichkeit und die auf das Grundsätzliche zielende Präzision, mit der er gewöhnlich theologische Fragen behandelte. Luther entwickelte keine zusammenhängende und gedanklich voll durchreflektierte Theorie über die Reichsverfassung. Freilich erklärt das Schlagwort vom »unjuristischen« oder »unpolitischen« Luther diesen Umstand nicht zur Genüge. Denn sachkundige Stellungnahmen zu Wirtschaftsfragen beispielsweise zeigen, daß er sich auch in fachfremde Gebiete einzuarbeiten vermochte, wenn ihn ein theologisches Interesse dazu trieb. Aber sein grundsätzlicher und theologisch begründeter Verzicht, Gottes Evangelium mit den Mitteln menschlicher Politik zu sichern und auszubreiten, verwehrte ihm letztlich ein bohrendes, leidenschaftliches Interesse an der Reichsverfassung.

In der Vielzahl untersuchter Äußerungen, die alle aus verschiedenen Zusammenhängen stammen und ein unterschiedliches Gewicht an Aussage- und Überlieferungsqualität besitzen, zeigen sich deshalb bei aller Einheit in Form und Tendenz nur die Grundzüge einer Vorstellung, aber nicht die klaren Linien einer Konzeption.

QUELLEN- UND LITERATURVERZEICHNIS

1. Quellen

Andlau, Peter von, Libellus de Cesarea monarchia, ed. Joseph Hürbin, in: ZRG GA 12 (1891) 34-103; 13 (1892) 163-219.
Aristoteles, Politik, ed. Immanuel Bekker, in: Aristotelis Opera, Bd 2, 2. Aufl., Berlin 1960, 1252-1342.
Augustinus, Aurelius, De civitate Dei, ed. Emmanuel Hoffmann, Wien 1899/1900 (Corpus Scriptorum Ecclesiasticorum Latinorum, 40).
Bebel, Heinrich, Oratio ad regem Maximilianum de laudibus atque amplitudine Germaniae, Innsbruck 1504.
Bekenntnisschriften der evangelisch-lutherischen Kirche, 5. Aufl., Göttingen 1963.
Bodin, Jean, Les Six Livres de la République, Paris 1583.
Brant, Sebastian, Narrenschiff, ed. Friedrich Zarncke, Leipzig 1854.
Calvin, Johannes, Institutio Christianae Religionis, in: Corpus Reformatorum, Bd 30, Braunschweig 1864.
Constitutiones et Acta publica Imperatorum et Regum (MGH Const), Bd 1, ed. Ludwig Weiland, Hannover 1893 (MGH Legum, IV/1).
Contarini u.a., Consilium de emendanda Ecclesia, 1537, ed. Vinzenz Schweitzer, in: Concilium Tridentinum, hrsg. von der Görres-Gesellschaft, Bd 12/1, Freiburg 1930, 131-145.
Corpus Juris Canonici, ed. Emil Friedberg, 2 Bde, Leipzig 1879/81.
Corpus Juris Civilis, ed. Theodor Mommsen, Paul Krüger, Rudolf Schoell, Wilhelm Kroll, 3 Bde, Neudruck Berlin 1954.
Dante Alighieri, Monarchia, ed. Antero Meozzi, Mailand 1938.
Deutsche Reichstagsakten, Ältere Reihe (RTA ÄR), 17 Bde, München 1867/1963.
Deutsche Reichstagsakten, Jüngere Reihe (RTA JR), Bde 1-4, München 1893/1905; Bde 7-8, München 1935/1970.
Erasmus von Rotterdam, Adagia, ed. Johannes Clericus, in: Opera Omnia, Bd 2, Leiden 1703.
Erasmus von Rotterdam, Institutio Principis Christiani, ed. Johannes Clericus, in: Opera Omnia, Bd 4, Leiden 1703, 561-616.
Opus Epistolarum Des. Erasmi Roterodami, ed. Percy S. Allen, Bd 3, Oxford 1913.
Die Evangelischen Kirchenordnungen des XVI. Jahrhunderts, ed. Emil Sehling, Bde 1; 4, Leipzig 1902/1911.
Goede, Henning, Consilia, Bautzen 1563.
Die Goldene Bulle, ed. Karl Zeumer, in desselben: Die Goldene Bulle Kaiser Karls IV., Bd 2, Weimar 1908 (Quellen und Studien zur Verfassungsgeschichte des Deutschen Reiches in Mittelalter und Neuzeit, 22) 5-48.

Papiers d'Etat du Cardinal de Granvelle, ed. Charles Weiss, Bd 2, Paris 1841 (Collection de documents inédits sur l'histoire de France, I/2).

Günzburg, Eberlin von, Die fünfzehn Bundesgenossen, ed. Ludwig Enders, in: Ausgewählte Schriften, Bd 1, Halle 1896 (Flugschriften aus der Reformationszeit, 11).

Herberstein, Sigismund Freiherr von, Rerum Moscovitarum commentarii, Basel 1571.

[Hermann von Wied] Von Gottes Gnaden unser Hermanns Ertzbischoffs zu Cöln und Churfürsten einfältiges bedencken, worauff ein Christliche in dem Wort Gottes gegrundete Reformation ... auszurichten seye, Bonn 1544.

Hermansgrün, Hans von, Somnium, ed. Heinrich Ulmann, in desselben: Der Traum des Hans von Hermannsgrün. Eine politische Denkschrift aus dem Jahre 1495, in: Forschungen zur deutschen Geschichte 20 (1880) 69-92.

Hortleder, Friedrich, Der Römischen Kaiser- und Königlichen Majesteten ... Handlungen und Ausschreiben von Rechtmäßigkeit ... des Teutschen Kriegs Kaiser Karls des Fünfften, Gotha 1645.

Ulrichs von Hutten Schriften, ed. Eduard Böcking, Bde 1-5, Leipzig 1859/1861.

Lupold von Bebenburg, De iure regni et imperii, ed. Simon Schardius, in: De jurisdictione, auctoritate et praeeminentia imperiali ac potestate ecclesiastica, Basel 1566, 328-409.

D. Martin Luthers Werke. Kritische Gesamtausgabe (WA), Bde 1-58/1, Weimar 1883/1948.

D. Martin Luthers Werke. Kritische Gesamtausgabe. Briefwechsel (WABr), Bde 1-14, Weimar 1930/70.

D. Martin Luthers Werke. Kritische Gesamtausgabe. Die Deutsche Bibel (WADB), Bde 1-12, Weimar 1906/1961.

D. Martin Luthers Werke. Kritische Gesamtausgabe, Tischreden (WATi), Bde 1-6, Weimar 1912/1921.

Macchiavelli, Niccolò, Il Principe, in: Opere, ed. Mario Bonfantini, Mailand/Neapel 1954 (La letteratura italiana. Storia e testi, 29) 3-86.

Marsilius von Padua, Defensor Pacis, ed. Richard Scholz, Hannover 1932 (MGH Fontes iuris Germanici in usum scholarum).

Melanchthon, Commentarii in aliquot Politicos Libros Aristotelis, in: Corpus Reformatorum, Bd 16, Halle 1850, 416-451.

Melanchthon, De Irnerio et Bartolo iurisconsultis oratio, ed. Guido Kisch, in desselben: Melanchthons Rechts- und Soziallehre, Berlin 1967, 214-220.

Melanchthon, Oratio de legibus, ed. Guido Kisch, in desselben: Melanchthons Rechts- und Soziallehre, Berlin 1967, 189-209.

Neues Urkundenbuch zur Geschichte der evangelischen Kirchenreform, ed. Carl Förstemann, Bd 1, Hamburg 1842.

Nicolaus de Cusa, De Concordantia Catholica, ed. Gerhard Kallen, in: Opera Omnia, Bd 14, Hamburg 1939/68.

Nikolaus von Lyra, Postille, Froben-Ausgabe, Bd 1, Basel 1498.

[«Oberrheinischer Revolutionär«] Das Buch der hundert Kapitel und der vierzig Statuten, ed. Annelore Franke, Berlin 1967 (Leipziger Übersetzungen und Abhandlungen zum Mittelalter, A/4).

Ockham, Wilhelm von, Dialogus, ed. Melchior Goldast, in: Monarchia S. Romani Imperii, Bd 2, Frankfurt 1614, 393-957.

Ockham, Wilhelm von, Octo quaestiones de potestate papae, ed. Jeffray G. Sikes, in: Opera Politica, Bd 1, Manchester 1940, 1-221.

Quellensammlung zur Geschichte der Deutschen Reichsverfassung in Mittelalter und Neuzeit, ed. Karl Zeumer, 2. Aufl., Tübingen 1913.

Quellen zur Geschichte des Bauernkrieges, ed. Günther Franz, Darmstadt 1963 (Freiherr vom Stein-Gedächtnisausgabe, 2).

Reformatio Sigismundi, ed. Heinrich Koller, Stuttgart 1964 (MGH Staatsschriften, 6).

Sachsenspiegel. Land- und Lehenrecht, ed. Karl August Eckhard, Hannover 1933 (MGH Fontes Juris Germanici Antiqui, NS, 1).
Satiren und Pasquillen aus der Reformationszeit, ed. Oskar Schade, Bde 1-3, 2. Aufl., Hannover 1863.
Schürff, Hieronymus, Consilia et Responsia iuris. Centuria I-III, Frankfurt 1594.
Sleidanus, Johannes, De Statu religionis et reipublicae, Carolo Quinto Caesare, Commentarii, Straßburg 1555.
Thomas von Aquin, In Libros Politicorum Aristotelis Expositio, ed. Raymund Spiazzi, Rom/Turin 1951.
Urkundenbuch der Universität Wittenberg, ed. Walter Friedensburg, Bd 1, Magdeburg 1926.
Urkundliche Quellen zur hessischen Reformationsgeschichte, Bd 2, ed. Günther Franz, Marburg 1954 (Veröffentlichungen der Historischen Kommission für Hessen und Waldeck, XI/2).
Das Widerstandsrecht als Problem der deutschen Protestanten 1523-1546, ed. Heinz Scheible, Gütersloh 1969 (Texte zur Kirchen- und Theologiegeschichte, 10).
Zwingli, Huldreich, Auslegung und Gründe der Schlussreden, in: Corpus Reformatorum, Bd 89, Leipzig 1908, 1-457.

2. Literatur

Abel, Wilhelm, Agrarkrisen und Agrarkonjunktur, 2. Aufl., Hamburg/ Berlin 1966.
Adam, Alfred, Die Nationalkirche bei Luther, in: ARG 35 (1938) 39-62.
Aland, Kurt, Hilfsbuch zum Lutherstudium, 3. Aufl., Witten 1970.
Andrae, Friedrich, Das Kaisertum in der juristischen Staatslehre des 15. Jahrhunderts, Diss. Masch. Göttingen 1951.
Andreas, Willy, Deutschland vor der Reformation, 6. Aufl., Stuttgart 1959.
Angermeier, Heinz, Die Funktion der Einung im 14. Jahrhundert, in: ZbLG 20 (1957) 457-508.
Angermeier, Heinz, Königtum und Landfriede, München 1966.
Angermeier, Heinz, Reich und Konziliarismus, in: HZ 192 (1961) 529-583.
Angermeier, Heinz, Die Reichsregimenter und ihre Staatsidee, in: HZ 211 (1970) 265-315.
Angermeier, Heinz, Die Vorstellung des ›gemeinen Mannes‹ von Staat und Reich im Bauernkrieg, in: VSWG 53 (1966) 329-343.
Asendorf, Ulrich, Eschatologie bei Luther, Göttingen 1967.
Baar, P.A. van den, Die kirchliche Lehre der Translatio Imperii Romani bis zur Mitte des 13. Jahrhunderts, Rom 1956 (Analecta Gregoriana, 78).
Bader, Karl S., Kaiserliche und ständische Reformgedanken in der Reichsreform des endenden 15. Jahrhunderts, in: HJb 73 (1954) 74-94.
Badura, Peter, Das Verwaltungsmonopol, Berlin 1963.
Baethgen, Friedrich, Der Anspruch des Papstes auf das Reichsvikariat, in: ZRG KA 10 (1920) 168-268.
Baethgen, Friedrich, Zur Geschichte der Weltherrschaftsidee im späteren Mittelalter, in: Fschr. Percy Ernst Schramm, Bd 1, Wiesbaden 1964, 189-203.
Bäumer, Remigius, Der junge Luther und der Papst, in: Catholica 23 (1969) 392-420.
Bäumer, Remigius, Luther und der Papst, Münster 1970 (Katholisches Leben und Kirchenreform, 30).
Bäumer, Remigius, Nachwirkungen des konziliaren Gedankens in der Theologie und Kanonistik des frühen 16. Jahrhunderts, Münster 1971 (Reformationsgeschichtliche Studien und Texte, 100).

Barge, Hermann, Jakob Strauß. Ein Kämpfer für das Evangelium in Tirol, Thüringen und Süddeutschland, Leipzig 1937 (Schriften des Vereins für Reformationsgeschichte, 162).

Barge, Hermann, Luther und der Frühkapitalismus, Gütersloh 1951 (Schriften des Vereins für Reformationsgeschichte, 168).

Bauer, Clemens, Conrad Peutingers Gutachten zur Monopolfrage, in: ARG 45 (1954) 1-43; 145-196.

Bauer, Clemens, Studien zur spanischen Konkordatsgeschichte des Spätmittelalters. Das spanische Konkordat von 1482, Münster 1956 (Spanische Forschungen der Görres-Gesellschaft, I/11).

Bauer, Clemens, Unternehmung und Unternehmungsformen im Spätmittelalter und in der beginnenden Neuzeit, Jena 1936 (Münchner Volkswirtschaftliche Studien, NF, 23).

Bausani, Alessandro, Die Perser, Stuttgart 1965 (Urban-Bücher, 87).

Becher, Hubert, Der deutsche Primas, Kolmar o.J.

Becker, Winfried, Der Kurfürstenrat. Grundzüge seiner Entwicklung in der Reichsverfassung und seine Stellung auf dem Westfälischen Friedenskongress, Münster 1973 (Schriftenreihe der Vereinigung zur Erforschung der neueren Geschichte, 5).

Below, Georg von, Der deutsche Staat des Mittelalters, Bd 1, 2. Aufl., Leipzig 1925.

Bemmann, Rudolf, Beiträge zur Geschichte des deutschen Reichstages im XVI. Jahrhundert, Diss. Leipzig 1907.

Benrath, Gustav Adolf, Die Universität der Reformationszeit, in: ARG 57 (1966) 32-51.

Berger, Adolf, Encyclopedic Dictionary of the Roman Law, Philadelphia 1953.

Berges, Wilhelm, Die Fürstenspiegel des hohen und späten Mittelalters, Leipzig 1938 (Schriften der MGH, 2).

Bertrams, Wilhelm, Der neuzeitliche Staatsgedanke und die Konkordate des ausgehenden Mittelalters, Rom 1950 (Analecta Gregoriana, B/30).

Beumann, Helmut, Das imperiale Königtum im 10. Jahrhundert, in: WaG 10 (1950) 117-130.

Beumann, Helmut, Das Imperium und die Regna bei Wipo, in: Fschr. Franz Steinbuch, Bonn 1960, 11-36.

Bezold, Friedrich von, Das Bündnisrecht der deutschen Reichsfürsten bis zum Westfälischen Frieden, Bonn 1904.

Bezold, Friedrich von, Die Lehre von der Volkssouveränität während des Mittelalters, in desselben: Aus Mittelalter und Renaissance, München/Berlin 1918, 1-48.

Bizer, Ernst, Luther und der Papst, München 1958 (Theologische Existenz heute, 69).

Black, Antony, Monarchy and Community. Political Ideas in the Later Conciliar Controversy 1430-1490, Cambridge 1970 (Cambridge Studies in Medieval Life and Thought, III/2).

Blaich, Fritz, Die Reichsmonopolgesetzgebung im Zeitalter Karls V., Stuttgart 1967 (Schriften zum Vergleich von Wirtschaftsordnungen, 8).

Blaich, Fritz, Die Wirtschaftspolitik des Reichstags im Heiligen Römischen Reich, Stuttgart 1970 (Schriften zum Vergleich von Wirtschaftsordnungen, 16).

Blickle, Peter, Landschaften im alten Reich. Die staatliche Funktion des gemeinen Mannes in Oberdeutschland, München 1973.

Bock, Ernst, Monarchie, Einung und Territorium im späteren Mittelalter, in: HVjschr 24 (1929) 557-572.

Böckenförde, Ernst-Wolfgang, Die deutsche verfassungsgeschichtliche Forschung im 19. Jahrhundert, Berlin 1961.

Böckenförde, Ernst-Wolfgang, Der Westfälische Friede und das Bündnisrecht der Reichsstände, in: Der Staat 8 (1969) 449-478.

Bornkamm, Heinrich, Luthers geistige Welt, 4. Aufl., Stuttgart 1960.

Bornkamm, Heinrich, Luthers Lehre von den beiden Reichen im Zusammenhang seiner Theologie, in: ARG 49 (1958) 26-49.

Bornkamm, Karin, Luthers Auslegung des Galaterbriefes, Tübingen 1963 (Arbeiten zur Kirchengeschichte, 35).

Borth, Wilhelm, Die Luthersache (causa Lutheri) 1517-1524, Lübeck/ Hamburg 1970 (Historische Studien, 414).

Bosl, Karl, Die alte deutsche Freiheit, in desselben: Frühformen der Gesellschaft, München 1964, 204-219.

Brackmann, Albert, Der »Römische Erneuerungsgedanke« und seine Bedeutung für die Reichspolitik der deutschen Kaiserzeit, in desselben: Gesammelte Aufsätze, 2. Aufl., Köln/Graz 1967, 108-139.

Brandi, Karl, Karl V. Werden und Schicksal einer Persönlichkeit und eines Weltreiches, 7 Aufl., München 1964.

Brandi, Karl, Der Weltreichsgedanke Karls V., in: Ibero-Amerikanisches Archiv 13 (1939/40) 261-268.

Braun, Hellmut, Das safavidische Königtum und der Niedergang des Reiches im 17. Jahrhundert, in: Vorträge des XVII. Deutschen Orientalistentages, hrsg. von Wolfgang Voigt, Wiesbaden 1969 (Supplementband der Zeitschrift der Deutschen Morgenländischen Gesellschaft) 941-947.

Brunner, Otto, Die Freiheitsrechte in der altständischen Gesellschaft, in: Fschr. Theodor Mayer, Bd 1, Lindau/Konstanz 1954, 293-303.

Brunner, Otto, Vom Gottesgnadentum zum monarchischen Prinzip, in desselben: Neue Wege der Verfassungs- und Sozialgeschichte, 2. Aufl., Göttingen 1968, 160-186.

Brunner, Otto, Land und Herrschaft, 5. Aufl., Wien 1965.

Brunner, Peter, Vom Amt des Bischofs, Berlin 1955 (Schriften des theologischen Konvents Augsburgischen Bekenntnisses, 9).

Brunner, Peter, Nikolaus von Amsdorf als Bischof von Naumburg, Gütersloh 1961 (Schriften des Vereins für Reformationsgeschichte, 179).

Buchanan, Harvey, Luther and the Turks 1519-1529, in: ARG 47 (1956) 145-160.

Buchner, Max, Die Entstehung und Auswirkung der Kurfürstenfabel, in: HJb 33 (1912) 54-100; 255-322.

Buchwald, Georg, Martin Luther und die Einziehung und Verwaltung des Kirchengutes, Dresden 1919.

Burdach, Konrad, Walter von der Vogelweide, Leipzig 1900.

Buszello, Horst, Der deutsche Bauernkrieg von 1525 als politische Bewegung, Berlin 1969 (Studien zur europäischen Geschichte, 8).

Cardauns, Ludwig, Die Lehre vom Widerstandsrecht des Volkes gegen die rechtmäßige Obrigkeit im Luthertum und Calvinismus des 16. Jahrhunderts, Diss. Bonn 1903.

Carlyle, Alexander J. und Robert W., A History of Medieval Political Theory in the West, 3. Aufl., Bde 1-6, Edinburgh/London 1928/36.

Cherniavsky, Michael, Khan or Basileus. An Aspect of Russian Medieval Political Theory, in: Journal of the History of Ideas 20 (1959) 459-476.

Cohn, Norman, Kaiser Friedrich II. als Messias, in: Stupor mundi. Zur Geschichte Friedrichs II. von Hohenstaufen, hrsg. von Gunther Wolf, Darmstadt 1966 (Wege der Forschung, 101) 611-647.

Coing, Helmut, Römisches Recht in Deutschland, in: Jus Romanum Medii Aevi, Pars V, 6, Mailand 1964.

Conrad, Hermann, Deutsche Rechtsgeschichte, Karlsruhe, Bd 1, 2. Aufl., 1962; Bd 2, 1966.

Cranz, Ferdinand E., An Essay on the Development of Luther's Thought on Justice, Law and Society, London/New Haven 1959 (Harvard Theological Studies, 19).

Dannenbauer, Heinrich, Adel, Burg und Herrschaft bei den Germanen, in: Herrschaft und Staat im Mittelalter, hrsg. von Helmut Kämpf, 2. Aufl., Darmstadt 1964 (Wege der Forschung, 2) 66-134.

Deutsches Rechtswörterbuch. Wörterbuch der älteren deutschen Rechtssprache (DRWB), Bde 1-5, Weimar 1914/60.

Dickens, Arthur Geoffrey, The German Nation and Martin Luther, London 1974.
Dickmann, Fritz, Der Westfälische Frieden, 2. Aufl., Münster 1965.
Diehl, Adolf, Heiliges Römisches Reich Deutscher Nation, in: HZ 156 (1937) 457-484.
Diem, Harald, Luthers Lehre von den zwei Reichen, München 1938.
Dirlmeier, Ulf, Mittelalterliche Hoheitsträger im wirtschaftlichen Wettbewerb, Wiesbaden 1966 (Beiheft der VSWG, 51).
Döllinger, Ignaz von, Der Weissagungsglaube und das Prophetentum in der christlichen Zeit, in desselben: Kleinere Schriften, hrsg. von F. H. Reusch, Stuttgart 1890.
Dörries, Hermann, Das beirrte Gewissen als Grenze des Rechtes, in desselben: Wort und Stunde, Bd 3, Göttingen 1970, 271-321.
Dörries, Hermann, Luther und das Widerstandsrecht, in desselben: Wort und Stunde, Bd 3, Göttingen 1970, 195-270.
Dohna, Lothar Graf zu, Reformatio Sigismundi. Beiträge zum Verständnis einer Reformschrift des fünfzehnten Jahrhunderts, Göttingen 1960 (Veröffentlichungen des Max-Planck-Instituts für Geschichte, 4).
Dommasch, Gerd, Die Religionsprozesse der rekusierenden Fürsten und Städte und die Erneuerung des Schmalkaldischen Bundes 1534-1536, Tübingen 1961 (Schriften zur Kirchen- und Rechtsgeschichte, 28).
Droege, Georg, Landrecht und Lehnsrecht im hohen Mittelalter, Bonn 1969.
Drögereit, Richard, Kaiseridee und Kaisertitel bei den Angelsachsen, in: ZRG GA 69 (1952) 24-73.
Duchrow, Ulrich, Christenheit und Weltverantwortung, Stuttgart 1970.
Dülfer, Kurt, Die Packschen Händel im Lichte der hessischen Politik, 2. Aufl., Marburg 1958 (Veröffentlichungen der Historischen Kommission für Hessen und Waldeck, XXIV/3).
Ebel, Wilhelm, Geschichte der Gesetzgebung in Deutschland, 2. Aufl., Göttingen 1958 (Göttinger rechtswissenschaftliche Studien, 24).
Ebel, Wilhelm, Die Willkür. Eine Studie zu den Denkformen des älteren deutschen Rechts, Göttingen 1953 (Göttinger rechtswissenschaftliche Studien, 6).
Eckermann, Karla, Studien zur Geschichte des monarchischen Gedankens im 15. Jahrhundert, Berlin 1933 (Abhandlungen zur Mittleren und Neueren Geschichte, 73).
Eger, Karl, Grundsätze evangelischer Kirchenverfassung bei Luther, in: Theologische Studien und Kritiken 106 (1934/35) 77-123.
Eger, Karl, Luther und der nationalkirchliche Gedanke, in: Wartburg 37 (1938) 179-190.
Elert, Werner, Der bischöfliche Charakter der Superintendenturverfassung, in: Luthertum 46 (1935) 353-367.
Elert, Werner, Morphologie des Luthertums, Bd 2, München 1932.
Elliger, Walter, Luthers politisches Denken und Handeln, Berlin 1952.
Elsner, Ferdinand, Zur Geschichte des Majoritätsprinzipes (Pars major und Pars sanior), insbesondere nach schweizerischen Quellen, in: ZRG KA 12 (1956) 73-116; 560-570.
Engel, Josef, Von der spätmittelalterlichen respublica christiana zum Mächte-Europa der Neuzeit, in: Handbuch der europäischen Geschichte, hrsg. von Theodor Schieder, Bd 3, Stuttgart 1971, 1-443.
Ercole, Francesco, Da Bartolo all'Althusio, Florenz 1932 (Collana storica, 44).
Erdmann, Carl, Forschungen zur politischen Ideenwelt des Frühmittelalters, Berlin 1951.
Erdmann, Carl, Das ottonische Reich als Imperium Romanum, in: DA 6 (1943) 426-441.
Fabian, Ekkehard, Die Entstehung des Schmalkaldischen Bundes und seiner Verfassung 1524/29-1531/35, 2. Aufl., Tübingen 1962 (Schriften zur Kirchen- und Rechtsgeschichte, 1).
Fabiunke, Günter, Martin Luther als Nationalökonom, Berlin 1963 (Schriften des Instituts für Wirtschaftswissenschaften, 15).
Fagerberg, Holsten, Die Theologie der lutherischen Bekenntnisschriften von 1529-1537, Göttingen 1965.

Falk, Friedrich, Luthers Schrift an die Ratsherren aller Städte deutschen Landes und ihre geschichtliche Wirkung auf die deutsche Schule, in: LJb 19 (1937) 55-114.
Fester, Richard, Sleidan, Sabinus, Melanchthon, in: HZ 89 (1902) 1-16.
Feuchtwanger, Ludwig, Geschichte der sozialen Politik und des Armenwesens im Zeitalter der Reformation, in: Schmollers Jahrbuch für Gesetzgebung, Verwaltung und Volkswirtschaft im Deutschen Reich, NF, 32 (1908) 1423-1460; 33 (1909) 191-228.
Fichtenau, Heinrich, Arenga. Spätantike und Mittelalter im Spiegel der Urkundenformeln, Wien 1957 (Ergänzungsbände der MIÖG, 18).
Ficker, Julius, Vom Heerschilde, Innsbruck 1862.
Fischer-Galati, Stephen A., Ottoman Imperialism and the Religious Peace of Nürnberg, in: ARG 47 (1956) 160-180.
Folz, Robert, Les assemblées d'Etat dans les principautées allemandes, in: SBaG 20 (1962/63) 167-187.
Folz, Robert, Le régime monocratique en Allemagne (XIe - XVe siècles), in: Recueils de la société Jean Bodin, Bd 21, Brüssel 1969, 241-321.
Forell, George W., Luther's View Concerning the Imperial Foreign Policy, in: The Lutheran Quaterly 4 (1952) 153-169.
Forell, George W., Luther and the War against the Turks, in: Church History 14 (1945) 256-271.
Fraenkel, Peter, Utraquism or Co-Existence: Some Notes on the Earliest Negotiations before the Pacification of Nuernberg, in: Studia Theologica 18 (1964) 119-158.
Franz, Eugen, Nürnberg, Kaiser und Reich, München 1930.
Franz, Günter, Der deutsche Bauernkrieg, 3. Aufl., Darmstadt 1962.
Franzen, August, Bischof und Reformation. Erzbischof Hermann von Wied in Köln vor der Entscheidung zwischen Reform und Reformation. Münster 1971 (Katholisches Leben und Kirchenreform, 31).
Franzen, August, Kirchliches Benefizialrecht, kuriales Pfründenwesen und Reformation, in: Fschr. Bernhard Panzram, Freiburg 1972, 423-438.
Freitag, Albert, Über die Entwürfe Luthers zu der Schrift ›Warnung an seine lieben Deutschen‹, in: Die handschriftliche Überlieferung von Werken D. Martin Luthers, hrsg. von Gustav Koffmane, Bd 1, Liegnitz 1907, 54-67.
Frensdorff, Ferdinand, Reich und Reichstag. Ein Beitrag zur Geschichte der deutschen Rechtssprache, in: Hansische Geschichtsblätter 16 (1910) 1-43.
Friedensburg, Walter, Geschichte der Universität Wittenberg, Halle 1917.
Fritz, Wolfgang D., Kurfürstliche Willebriefe aus den Jahren 1348-1358, in: DA 23 (1967) 171-187.
Fuchtel, Paul, Der Frankfurter Anstand vom Jahre 1539, in: ARG 28 (1931) 145-206.
Fueter, Eduard, Die Geschichte des europäischen Staatensystems von 1492-1559, München/Berlin 1919 (Handbuch der Mittelalterlichen und Neueren Geschichte, II/1).
Ganshof, François Louis, Was ist das Lehenswesen? 3. Aufl., Darmstadt 1970.
Gebhardt, Bruno, Die Gravamina der deutschen Nation gegen den römischen Hof, Diss. Breslau 1884.
Gernhuber, Joachim, Die Landfriedensbewegung in Deutschland bis zum Mainzer Reichslandfrieden von 1235, Bonn 1952 (Bonner rechtswissenschaftliche Abhandlungen, 44).
Gesenius, Wilhelm, Hebräisches und aramäisches Wörterbuch über das Alte Testament, 14. Aufl., Leipzig 1905.
Gierke, Otto von, Das deutsche Genossenschaftsrecht, Bde 1-4, Berlin 1868/1913.
Gierke, Otto von, Der germanische Staatsgedanke, Berlin 1919.
Gierke, Otto von, Johann Althusius und die Entwicklung der naturrechtlichen Staatstheorien, Breslau 1880 (Untersuchungen zur deutschen Staats- und Rechtsgeschichte, 7).
Gloege, Gerhard, Politia divina, in desselben: Theologische Traktate, Bd 2, Göttingen 1967, 69-108.

Gloege, Gerhard, Thesen zu Luthers Zwei-Reiche-Lehre, in: Fschr. Hermann Kunst, Berlin 1967, 79-90.

Goez, Werner, Translatio Imperii, Tübingen 1958.

Grabmann, Martin, Studien über den Einfluß der aristotelischen Philosophie auf die mittelalterlichen Theorien über das Verhältnis von Kirche und Staat, München 1934 (Abh. d. Bayer. Ak. d. Wiss., Phil.-hist. Kl., 1934/2).

Grawert, Rolf, Historische Entwicklungslinien des neuzeitlichen Gesetzesrechtes, in: Der Staat 11 (1972) 1-25.

Grawert, Rolf, Staat und Staatsangehörigkeit. Verfassungsgeschichtliche Untersuchung zur Entstehung der Staatsangehörigkeit, Berlin 1973 (Schriften zur Verfassungsgeschichte, 17).

Grimm, Harold, J., Luther's Contributions to Sixteenth-Century Organization of Poor Relief, in: ARG 61 (1970) 222-233.

Grisar, Hartmann, Luther, Bd 2, Freiburg 1911.

Grundmann, Herbert, Landgraf Philipp von Hessen auf dem Augsburger Reichstag, Göttingen 1959 (Schriften des Vereins für Reformationsgeschichte, 176).

Grundmann, Siegfried, Kirche und Staat nach der Zwei-Reiche-Lehre Luthers, in: Fschr. Franz Arnold, Wien 1963, 38-54.

Grundmann, Walter, Luther in der Sicht der Reichsidee, in: Zeitschrift für Deutsche Geisteswissenschaft 5 (1942/3) 19-32.

Günter, Heinrich, Das evangelische Kaisertum, in: HJb 37 (1916) 376-395.

Günter, Heinrich, Die Reichsidee im Wandel der Zeiten, in: HJb 53 (1933) 409-428.

Günter, Wolfgang, Die geschichtstheologischen Voraussetzungen von Luthers Selbstverständnis, in: Fschr. August Franzen, Paderborn 1972, 379-394.

Hageneder, Othmar, Das päpstliche Recht der Fürstenabsetzung: seine kanonistische Grundlegung (1150-1250), in: AHP 1 (1963) 53-95.

Handwörterbuch zur deutschen Rechtsgeschichte (HRG), hrsg. von Adalbert Erler und Ekkehard Kaufmann, Bd 1, Berlin 1971; Bd 2/1, 1972.

Hartung, Fritz, Berthold von Henneberg, Kurfürst von Mainz, in: HZ 103 (1909) 527-551.

Hartung, Fritz, Deutsche Verfassungsgeschichte der Neuzeit, 9. Aufl., Stuttgart 1969.

Hartung, Fritz, Die Wahlkapitulationen der deutschen Kaiser und Könige, in: HZ 107 (1911) 306-344.

Hartz, Werner, Die Gesetzgebung des Reiches und der weltlichen Territorien von 1495-1555, Diss. Marburg 1931.

Hashagen, Justus, Zur Charakteristik der geistlichen Gerichtsbarkeit vornehmlich im späteren Mittelalter, in: ZRG KA 6 (1916) 205-292.

Hashagen, Justus, Laieneinfluß auf das Kirchengut vor der Reformation, in: HZ 126 (1922) 377-409.

Hashagen, Justus, Staat und Kirche vor der Reformation, Essen 1931.

Hassinger, Erich, Das Werden des neuzeitlichen Europa 1300-1600, 2. Aufl., Braunschweig 1964.

Hassinger, Herbert, Politische Kräfte und Wirtschaft, in: Handbuch der deutschen Sozial- und Wirtschaftsgeschichte, hrsg. von Hermann Aubin und Wolfgang Zorn, Bd 1, Stuttgart 1971, 274-299; 608-657.

Hatzfeld, Lutz, Staatsräson und Reputation bei Karl V., in: Zeitschrift für Religions- und Geistesgeschichte 11 (1959) 32-58.

Haubst, Rudolf, Wort- und Leitidee der »Repraesentatio« bei Nikolaus von Kues, in: Der Begriff der Repraesentatio im Mittelalter, hrsg. von Albert Zimmermann, Berlin 1971 (Miscellanea Medievalia, 8) 139-162.

Haupt, Friedrich, Der Episcopat der deutschen Reformation, Bd 2, Frankfurt 1866.

Hausherr, Hans, Wirtschaftsgeschichte der Neuzeit, 4. Aufl., Köln/Wien 1970.

Hauswirth, René, Landgraf Philipp von Hessen und Zwingli, in: Zwingliana 11 (1959/63) 499-551.

Heckel, Johannes, Die evangelischen Dom- und Kollegiatstifter Preußens, Stuttgart 1924 (Kirchenrechtliche Abhandlungen, 100/101).

Heckel, Johannes, Im Irrgarten der Zwei-Reiche-Lehre, München 1957 (Theologische Existenz heute, NF, 55).

Heckel, Johannes, Lex charitatis. Eine juristische Untersuchung über das Recht in der Theologie Martin Luthers, München 1953 (Abh. d. Bayer. Ak. d. Wiss., Phil.-hist. Kl., NF, 36).

Heckel, Johannes, Recht und Gesetz, Kirche und Obrigkeit in Luthers Lehre vor dem Thesenanschlag 1517, ZRG KA 26 (1937) 285-375.

Heimpel, Hermann, Das deutsche Spätmittelalter. Charakter einer Zeit, in desselben: Deutsches Mittelalter, Leipzig 1941, 105-126.

Heimpel, Hermann, Das Wesen des deutschen Spätmittelalters, in: AKG 35 (1953) 29-51.

Heinze, Martin, Reich (regnum) und Regiment (regimen). Die sogenannte Zwei-Reiche-Lehre im Spiegel von Luthers Briefwechsel, in: Fschr. Ernst Barnikol, Berlin 1964, 147-167.

Hennis, Wilhelm, Amtsgedanke und Demokratiebegriff, in: Fschr. Rudolf Smend, Tübingen 1962, 51-70.

Hermann, Rudolf, Luthers Zirkulardisputation über Matthäus 19, 21, in desselben: Studien zur Theologie Luthers und der Reformation, Göttingen 1960, 206-250.

Herrmann, Ehrenfried, Türke und Osmanenreich in der Vorstellung der Zeitgenossen Luthers, Diss. Masch. Freiburg 1961.

Hesslinger, Helmo, Die Anfänge des Schwäbischen Bundes. Ein Beitrag zur Geschichte des Einungswesens und der Reichsreform unter Kaiser Friedrich III., Ulm 1970 (Forschungen zur Geschichte der Stadt Ulm, 9).

Heyland, Carl, Das Widerstandsrecht des Volkes, Tübingen 1950.

Hiltbrunner, Otto, Die Heiligkeit des Kaisers (Zur Geschichte des Begriffs sacer), in: Frühmittelalterliche Studien 2 (1968) 1-30.

Hinschius, Paul, Das Kirchenrecht der Katholiken und Protestanten in Deutschland, Bd 2, 2. Aufl., Graz 1959 (Nachdruck der Ausgabe von 1878).

Hintze, Otto, Typologie der ständischen Verfassungen des Abendlandes, in desselben: Staat und Verfassung, Leipzig 1941, 110-129.

Hintze, Otto, Weltgeschichtliche Bedingungen der Repräsentativverfassung, in desselben: Staat und Verfassung, Leipzig 1941, 130-175.

Hoberg, Hermann, Das Bruderschaftswesen am Oberrhein im Spätmittelalter, in: HJb 72 (1953) 238-252.

Höffner, Joseph, Wirtschaftsethik und Monopole im 15. und 16. Jahrhundert, Jena 1941 (Freiburger staatswissenschaftliche Schriften, 3).

Höß, Irmgard, Georg Spalatin auf dem Reichstag zu Augsburg 1530 und seine Stellungnahme zur Frage des Widerstandsrechts, in: ARG 44 (1953) 64-84.

Holborn, Hajo, Ulrich von Hutten, 2. Aufl., Göttingen 1968.

Holl, Karl, Luther und das landesherrliche Kirchenregiment, in desselben: Gesammelte Aufsätze zur Kirchengeschichte, Bd 1, 7. Aufl., Tübingen 1948, 326-350.

Holl, Karl, Der Neubau der Sittlichkeit, in desselben: Gesammelte Aufsätze zur Kirchengeschichte, Bd 1, 7. Aufl., Tübingen 1948, 155-287.

Holtzmann, Robert, Der Weltherrschaftsgedanke des mittelalterlichen Kaisertums und die Souveränität der europäischen Staaten, in: HZ 159 (1939) 251-264.

Horn, Norbert, Aequitas in den Lehren des Baldus, Köln/Graz 1968 (Forschungen zur neueren Privatrechtsgeschichte, 11).

Hubatsch, Walter, Albrecht von Brandenburg-Ansbach, Heidelberg 1960 (Studien zur Geschichte Preußens, 8).

Hürten, Heinz, Die Verbindung von geistlicher und weltlicher Gewalt als Problem in der Amtsführung des mittelalterlichen deutschen Bischofs, in: ZKiG 82 (1971) 16-28.

Hughes, Philip, The Reformation in England, Bd 1, 2. Aufl., London 1952.
Isenmann, Eberhard, Kaiser und Reich. Untersuchungen zur Reichsregierung unter Kaiser Friedrich III. in den Jahren 1452-1486, Diss. Masch. Tübingen 1974.
Iserloh, Erwin, Die deutsche Fürstenreformation, in: Handbuch der Kirchengeschichte, hrsg. von Hubert Jedin, Bd 4, Freiburg/Basel/Wien 1967, 217-312.
Janssen, Johannes, Geschichte des deutschen Volkes seit dem Ausgang des Mittelalters, 8 Bde, Freiburg, Bde 1-6, 1879/88; Bde 7-8, hrsg. von Ludwig von Pastor, 1893/94.
Jedin, Hubert, Geschichte des Konzils von Trient, Bd 1, 2. Aufl., Freiburg 1951.
Jegel, August, Ein früher Vorläufer des Lazarus Schwendi. Ideen des kaiserlichen Artilleriegenerals Michel Ott von Echterdingen zur Reichs- und Adelsreform (1526), in: ARG 40 (1943) 89-171.
Jordan, Hermann, Luthers Staatsauffassung, München 1917.
Kallen, Gerhard, Die politische Theorie im philosophischen System des Nikolaus von Kues, in desselben: Probleme der Rechtsordnung in Geschichte und Theorie, Köln/Graz 1965 (Kölner Historische Abhandlungen, 11) 141-171.
Kalkoff, Paul, Luther und die Entscheidungsjahre der Reformation von den Ablaßthesen bis zum Wormser Edikt, München/Leipzig 1917.
Kalkoff, Paul, Luthers Verhältnis zur Reichsverfassung und die Rezeption des Wormser Edikts, in: HVjschr 18 (1916/18) 265-289.
Kalkoff, Paul, Der Wormser Reichstag von 1521, München/Berlin 1922.
Kampers, Franz, Die deutsche Kaiseridee in Prophetie und Sage, München 1896.
Kantorowicz, Ernst H., The King's Two Bodies. A Study in Medieval Political Theology, Princeton 1957.
Kaser, Kurt, Zur politischen und sozialen Bewegung im deutschen Bürgertum des 15. und 16. Jahrhunderts, in: Deutsche Geschichtsblätter 3 (1901) 1-18; 49-60.
Kattenbusch, Ferdinand, Die Doppelschichtigkeit des lutherischen Kirchenbegriffs, Gotha 1928.
Kaufmann-Bühler, Wilhelm Erich, Ulrich von Huttens humanistisch-politische Gedankenwelt, Diss. Masch. Heidelberg 1923.
Kempf, Friedrich, Das mittelalterliche Kaisertum, in: Das Königtum. Seine geistigen und rechtlichen Grundlagen, Konstanz 1956.
Kempf, Friedrich, Papsttum und Kaisertum bei Innozenz III., Rom 1954 (Miscellanea Historiae Pontificiae, 19).
Kern, Fritz, Gottesgnadentum und Widerstandsrecht, 2. Aufl., Darmstadt 1954.
Kern, Fritz, Humana Civilitas, Leipzig 1913.
Kern, Fritz, Luther und das Widerstandsrecht, in: ZRG KA 6 (1916) 331-340.
Kern, Fritz, Recht und Verfassung im Mittelalter, 2. Aufl., Darmstadt 1965 (Libelli, 3).
Kern, Fritz, Die Reichsgewalt des deutschen Königs nach dem Interregnum, in: HZ 106 (1911) 35-95.
Kinder, Ernst, Luthers Ableitung der geistlichen und weltlichen Obrigkeit aus dem 4. Gebot, in: Fschr. Johannes Heckel, Köln/Graz 1959, 270-286.
Kirfel, Hans Joachim, Weltherrschaftsidee und Bündnispolitik. Untersuchungen zur auswärtigen Politik der Staufer, Bonn 1959 (Bonner historische Forschungen, 12).
Kirn, Paul, Friedrich der Weise und die Kirche, Leipzig/Berlin 1926 (Beiträge zur Kirchengeschichte des Mittelalters und der Renaissance, 30).
Kisch, Guido, Erasmus und die Jurisprudenz seiner Zeit, Basel 1960 (Basler Studien zur Rechtswissenschaft, 36).
Kisch, Guido, Melanchthons Rechts- und Soziallehre, Berlin 1967.
Kleineidam, Erich, Universitas Studii Erffordensis, 2 Bde, Leipzig 1964/69 (Erfurter Theologische Studien, 14/22).
Kleinheyer, Gerd, Die kaiserliche Wahlkapitulation, Karlsruhe 1968 (Studien und Quellen zur Geschichte des deutschen Verfassungsrechts, A/1).

Klippel, Rainer, Die Aufnahme der Schriften Lupolds von Bebenburg im deutschen Humanismus, Diss. Masch. Frankfurt 1953.

Klotzner, Josef, Kardinal Domenico Jacobazzi und sein Konzilswerk, Rom 1948 (Analecta Gregoriana, B/45).

Knepper, Joseph, Jakob Wimpfeling (1450-1528), Freiburg 1902 (Erläuterungen und Ergänzungen zu Janssens Geschichte des deutschen Volkes, III/2,4).

Knepper, Joseph, Nationaler Gedanke und Kaiseridee bei den elsässischen Humanisten, Freiburg 1898 (Erläuterungen und Ergänzungen zu Janssens Geschichte des deutschen Volkes, I/2,3).

Knöpp, Friedrich, Landgraf Philipps weltgeschichtliche Bedeutung, in: Jahrbuch der Hessischen Kirchengeschichtlichen Vereinigung 14 (1963) 457-485.

Koch, Gottfried, Auf dem Wege zum Sacrum Imperium, Wien/Köln/ Graz 1972 (Forschungen zur mittelalterlichen Geschichte, 20).

Koebner, Richard, Despot and Despoticism. Vicissitudes of a Political Term, in: Journal of the Warburg Institute 14 (1951) 275-302.

Köhler, Dietrich, Reformationspläne für die geistlichen Fürstentümer bei den Schmalkaldenern, Diss. Greifswald 1912.

Köhler, Walther, Die deutsche Kaiseridee am Ausgang des Mittelalters, in: HZ 149 (1934) 35-56.

Köhler, Walther, Der deutsche Reichsgedanke bei den Humanisten und Luther, in: Neue Jahrbücher für deutsche Wissenschaft 13 (1937) 101-117.

Köhler, Walther, Zu Luthers Schrift ›An den christlichen Adel deutscher Nation‹, in: ZRG KA 14 (1925) 1-38.

Köhler, Walther, Die Quellen zu Luthers Schrift ›An den christlichen Adel deutscher Nation‹, Diss. Heidelberg 1895.

Köhn, Mechthild, Martin Bucers Entwurf einer Reformation des Erzstiftes Köln, Witten 1966 (Untersuchungen zur Kirchengeschichte, 2).

Kölmel, Wilhelm, »A Deo sed per homines«. Zur Begründung der Staatsgewalt im Ordnungsverständnis des Mittelalters, in: Franziskanische Studien 48 (1966) 308-335.

Kölmel, Wilhelm, Regimen Christianum, Berlin 1970.

Körber, Eberhard von, Die Staatstheorie des Erasmus von Rotterdam, Diss. Berlin 1966.

Körber, Kurt, Kirchengüter und Schmalkaldischer Bund, Leipzig 1913 (Schriften des Vereins für Reformationsgeschichte, 111/112).

Kohlmeyer, Ernst, Die Entstehung der Schrift Luthers ›An den christlichen Adel deutscher Nation‹, Gütersloh 1922.

Kohlmeyer, Ernst, Noch ein Wort zu Luthers Schrift an den christlichen Adel, in: ZKG 44 (1925) 582-594.

Kohls, Ernst-Wilhelm, Die Durchdringung von Humanismus und Reformation im Denken des Nürnberger Ratschreibers Lazarus Spengler, in: ZbKG 36 (1967) 13-25.

Kohls, Ernst-Wilhelm, Die Theologie des Erasmus, Bd 1, Basel 1966.

Kolde, Theodor, Luther's Stellung zu Concil und Kirche bis zum Wormser Reichstag 1521, Gütersloh 1876.

Kornemann, Ernst, Doppelprinzipat und Reichsteilung im Imperium Romanum, Leipzig/ Berlin 1930.

Koschaker, Paul, Europa und das römische Recht, München/Berlin 1947.

Krämer, Werner, Die ekklesiologische Auseinandersetzung um die wahre Repräsentation auf dem Basler Konzil, in: Der Begriff der Repraesentatio im Mittelalter, hrsg. von Albert Zimmermann, Berlin 1971 (Miscellanea Medievalia, 8) 202-237.

Kraft, Heinz, Luther und der Reichsgedanke, Göttingen o.J., (Historisch-politische Hefte der Ranke-Gesellschaft, 7).

Kraske, Konrad, Der Einfluß der mittelalterlichen Reichsidee auf Luthers historisches Bewußtsein, Diss. Masch. Freiburg 1951.

Krause, Hermann, Kaiserrecht und Rezeption, Heidelberg 1952 (Abh. d. Heidelberger Ak. d.Wiss., Phil.-hist. Kl., 1952/1).

Kroeschell, Karl, Haus und Herrschaft im frühen deutschen Recht, Göttingen 1968 (Göttinger rechtswissenschaftliche Studien, 70).

Krumwiede, Hans Walter, Zur Entstehung des landesherrlichen Kirchenregiments in Kursachsen und Braunschweig-Wolfenbüttel, Göttingen 1967 (Studien zur Kirchengeschichte Niedersachsens, 16).

Küppers, Jürgen, Luthers Dreihierarchienlehre als Kritik an der mittelalterlichen Gesellschaftsauffassung, in: EvTh 19 (1959) 361-374.

Kunst, Hermann, Martin Luther als politischer Berater seines Landesherrn, in: Fschr. Ulrich Scheuner, Berlin 1973, 307-362.

Laehr, Gerhard, Die Konstantinische Schenkung in der abendländischen Literatur des ausgehenden Mittelalters, QFIAB 23 (1930/31) 157-162.

Lagarde, Georges de, La naissance de l'ésprit laïque au declin du moyen-âge, Bd 4, 3. Aufl., Paris 1962.

Landwehr, Götz, Die Verpfändung der deutschen Reichsstädte im Mittelalter, Köln/Graz 1967 (Forschungen zur deutschen Rechtsgeschichte, 5).

Lau, Franz, Georg III. von Anhalt (1507-1553), erster evangelischer »Bischof« von Merseburg. Seine Theologie und seine Bedeutung für die Geschichte der Reformation in Deutschland, in: Wissenschaftliche Zeitschrift der Karl-Marx-Universität Leipzig, Gesellschafts- und sprachwissenschaftliche Reihe 3 (1953/54) 139-152.

Lecler, Joseph, Pars Corporis Papae ... Le Sacré Collège dans l'ecclésiologie medievale, in: Mélanges Henri de Lubac, Lyon 1964 (Théologie, 57) 183-198.

Lehnert, Hans, Kirchengut und Reformation, Erlangen 1935 (Erlanger Abhandlungen zur mittleren und neueren Geschichte, 20).

Lewis, Ewart, Organic Tendencies in Medieval Political Thought, in: The American Political Science Review 32 (1938) 849-876.

Lezius, Friedrich, Gleichheit und Ungleichheit. Aphorismen zur Theologie und Staatsanschauung Luthers, in: Fschr. Hermann Cremer, Gütersloh 1895, 285-326.

Lieberg, Hellmut, Amt und Ordination bei Luther und Melanchthon, Göttingen 1962 (Forschungen zur Kirchen- und Dogmengeschichte, 11).

Liese, Wilhelm, Geschichte der Caritas, Bd 1, Freiburg 1922.

Lilje, Hanns, Luthers Geschichtsanschauung, Diss. Zürich 1932.

Löscher, Friedrich Hermann, Schule, Kirche und Obrigkeit im Reformationsjahrhundert, Leipzig 1925 (Schriften des Vereins für Reformationsgeschichte, 138).

Lötscher, Valentin, Der deutsche Bauernkrieg in der Darstellung und im Urteil der zeitgenössischen Schweizer, Basel 1943 (Basler Beiträge zur Geschichtswissenschaft, 11).

Lohse, Bernhard, Ratio und Fides. Eine Untersuchung über die ratio in der Theologie Luthers, Göttingen 1958 (Forschungen zur Kirchen- und Dogmengeschichte, 8).

Lohse, Bernhard, Das Verständnis des leitenden Amtes der lutherischen Kirchen in Deutschland von 1517-1918, in: Kirchenpräsident oder Bischof?, hrsg. von Ivar Asheim, Göttingen 1968, 55-74.

Lütge, Friedrich, Das 14./15. Jahrhundert in der Sozial- und Wirtschaftsgeschichte, in desselben: Studien zur Sozial- und Wirtschaftsgeschichte, Stuttgart 1963, 281-335.

Lüthje, Hans, Melanchthons Anschauungen über das Recht des Widerstandes gegen die Staatsgewalt, in: ZKiG 47 (1928) 512-542.

Lutz, Heinrich, Conrad Peutinger, Augsburg 1961 (Abhandlungen zur Geschichte der Stadt Augsburg, 9).

Lutz, Heinrich, Christianitas afflicta. Europa, das Reich und die päpstliche Politik im Niedergang der Hegemonie Kaiser Karls V. (1552-1556), Göttingen 1964.

Lutz, Heinrich, Das Reich, Karl V. und der Beginn der Reformation, in: Beiträge zur neueren Geschichte Österreichs, hrsg. von Heinrich Fichtenau und Erich Zöllner, Wien/

Köln/Graz 1974 (Veröffentlichungen des Instituts für österreichische Geschichtsforschung, 20) 47-70.
Lutz, Heinrich, Kaiser Karl V., Frankreich und das Reich, in: Frankreich und das Reich im 16. und 17. Jahrhundert, Göttingen 1968 (Kleine Vandenhoeck-Reihe, 262/263) 7-19.
MacSorley, Harry J., Luthers Lehre vom unfreien Willen, München 1967 (Beiträge zur ökumenischen Theologie, 1).
Maier, Hans, Die ältere deutsche Staats- und Verwaltungslehre (Polizeiwissenschaft), Neuwied/Berlin 1966 (Politica. Abhandlungen und Texte zur politischen Wissenschaft, 13).
Manns, Peter, Fides absoluta ... Fides incarnata. Zur Rechtfertigungslehre Luthers im Großen Galater-Kommentar, in: Fschr. Hubert Jedin, Bd 1, Münster 1965, 265-312.
Martin, Victor, Le Gallicanisme politique et le clergé de France, Paris 1929.
Maschke, Erich, »Obrigkeit« im spätmittelalterlichen Speyer und in anderen Städten, in: ARG 57 (1966) 7-22.
Matthes, Kurt, Das Corpus Christianum bei Luther im Lichte seiner Erforschung, Diss. Berlin 1929.
Matthes, Kurt, Luther und die Obrigkeit, München 1937 (Aus der Welt christlicher Frömmigkeit, 12).
Maurer, Wilhelm, Die christliche Diakonie im Mittelalter, in: Das diakonische Amt der Kirche, hrsg. von Herbert Krimm, 2. Aufl., Stuttgart 1965, 133-166.
Maurer, Wilhelm, Erwägungen und Verhandlungen über die geistliche Jurisdiktion der Bischöfe vor und während des Augsburger Reichstags von 1530, in: ZRG KA 55 (1969) 348-394.
Maurer, Wilhelm, Von der Freiheit eines Christenmenschen, Göttingen 1949.
Maurer, Wilhelm, Luthers Lehre von den drei Hierarchien und ihr mittelalterlicher Hintergrund, München 1970 (Sbb. d. Bayer. Ak. d. Wiss., Phil.-hist. Kl. 1970/4).
Mayer, Theodor, Die Ausbildung der Grundlagen des modernen deutschen Staates im hohen Mittelalter, in: Herrschaft und Staat, hrsg. von Helmut Kämpf, 2. Aufl., Darmstadt 1964 (Wege der Forschung, 2), 284-331.
Mayer, Theodor, Fürsten und Staat, Weimar 1950.
Meier, Peter, Die Ursache der Säkularisation Preußens und ihre Beziehung zur lutherischen Reformation, in: 450 Jahre Reformation, hrsg. von Leo Stern und Max Steinmetz, Berlin 1967, 170-185.
Meinecke, Friedrich, Luther über christliches Gemeinwesen und über christlichen Staat, in: HZ 121 (1920) 1-22.
Meisner, Heinrich Otto, Staats- und Regierungsformen in Deutschland seit dem 16. Jahrhundert, in: Die Entstehung des modernen souveränen Staates, hrsg. von Hanns Hubert Hofmann, Köln/Berlin 1967, 321-350.
Merk, Walther, Der Gedanke des gemeinen Besten in der deutschen Staats- und Rechtsentwicklung, in: Fschr. Alfred Schultze, Weimar 1934, 451-520.
Meynial, Eduard, Notes sur la formation de la théorie du domaine divisé (domaine direct et domaine utile) du XIIe au XIVe siècle dans les Romanistes, in: Mélanges Hermann Fitting, Montpellier 1908, Bd 2, 409-461.
Mochi Onory, Sergio, Fonti canonistiche dell'idea moderna dello stato, Mailand 1951 (Publicazioni dell'Università cattolica del Sacro Cuore, II/38).
Mollat, Guy, Le roi de France et la collation plénière (pleno iure) des bénéfices ecclésiastiques, Paris 1951.
Most, Ingeborg, Der Reichslandfriede vom 20. August 1467. Zur Geschichte des Crimen laesae maiestatis und der Reichsreform unter Kaiser Friedrich III., in: Fschr. Hermann Aubin, Lindau/ Konstanz 1956 (Schriften des Kopernikuskreises, 1) 116-153.
Most, Rolf, Der Reichsgedanke des Lupold von Bebenburg, in: DA 4 (1941) 444-485.
Moulin, Leo, Sanior et major pars. Note sur l'évolution des techniques electorales dans les Ordres religieux du VIe au XIIIe siècle, in: RHDFE 36 (1958) 368-397; 491-530.

Müllejans, Hans, Publicus und Privatus im römischen Recht und im älteren kanonischen Recht, München 1961 (Münchner Theologische Studien, III/14).
Müller, Gerhard, Ekklesiologie und Kirchenkritik beim jungen Luther, in: Neue Zeitschrift für systematische Theologie und Religionsphilosophie 7 (1965) 100–128.
Müller, Gerhard, Karl V. und Philipp der Großmütige, in: Jahrbuch der Hessischen Kirchengeschichtlichen Vereinigung 12 (1961) 1–34.
Müller, Gerhard, Die römische Kurie und die Reformation 1523–1534, Gütersloh 1969 (Quellen und Forschungen zur Reformationsgeschichte, 33).
Müller, Gerhard, Zur Vorgeschichte des Frankfurter Anstandes 1539, in: QFIAB 39 (1959) 328–341.
Müller, Karl, Die Anfänge der Konsistorialverfassung im lutherischen Deutschland, in: HZ 102 (1909) 1–30.
Müller, Karl, Kirche, Gemeinde und Obrigkeit nach Luther, Tübingen 1910.
Müller, Karl, Luthers Äußerungen über das Recht des bewaffneten Widerstandes gegen den Kaiser, München 1915 (Abh. d. Kgl. Bayer. Ak. d. Wiss., Phil.-hist. Kl., 1915/8).
Müller, Wolfgang, Die Maßnahmen des Rates auf dem Gebiet der offenen Wohlfahrtspflege in den oberrheinischen Stadtrechten des 16. und beginnenden 17. Jahrhunderts, Diss. Heidelberg 1963.
Näf, Werner, Frühformen des »Modernen Staates« im Spätmittelalter, in: HZ 171 (1951) 225–243.
Näf, Werner, Herrschaftsverträge und Lehre vom Herrschaftsvertrag, in: SBaG 7 (1949) 26–52.
Nobbe, Heinrich, Das Superintendentenamt, seine Stellung und Aufgabe nach den Evangelischen Kirchenordnungen des 16. Jahrhunderts, in: ZKiG 14 (1894) 404–429; 556–572; 15 (1895) 44–93.
Oakley, Francis, The Political Thought of Pierre d'Ailly, New Haven/London 1964.
Oestreich, Gerhard, Zur parlamentarischen Arbeitsweise der deutschen Reichstage unter Karl V. (1519–1556), in: Mitteilungen des österreichischen Staatsarchivs 25 (1972) 217–243.
Oestreich, Gerhard, Das persönliche Regiment der deutschen Fürsten am Beginn der Neuzeit, in desselben: Geist und Gestalt des frühmodernen Staates, Berlin 1969, 201–234.
Oestreich, Gerhard, Die verfassungspolitische Situation der Monarchie in Deutschland vom 16. bis 18. Jahrhundert, in desselben: Geist und Gestalt des frühmodernen Staates, 253–276.
Ohnsorge, Werner, Das Zweikaiserproblem im frühen Mittelalter, Hildesheim 1947.
Ott, Hugo, Zur Wirtschaftsethik des Konrad Summenhart, in: VSWG 53 (1966) 1–27.
Pauls, Theodor, Luthers Auffassung von Staat und Volk, Bonn/Leipzig 1925 (Bonner staatswissenschaftliche Untersuchungen, 12).
Pernthaler, Peter, Die Repräsentationslehre im Staatsdenken der Concordantia Catholica, in: Cusanus-Gedächtnisschrift, Innsburck/München 1970 (Forschungen zur Rechts- und Kulturgeschichte, 3) 45–99.
Petersen, Erling L., Studien zur Goldenen Bulle von 1356, in: DA 22 (1966) 227–253.
Peuckert, Will-Erich, Die große Wende. Das apokalyptische Saeculum und Luther, Hamburg 1948.
Pfeffermann, Hans, Die Zusammenarbeit der Renaissancepäpste mit den Türken, Winterthur 1946.
Pfeiffer, Gerhard, »Christliches Verständnis« und »teutsche Libertät«, in: Fschr. Wilhelm Maurer, Berlin/Hamburg 1965, 88–112.
Post, Gaines, Plena Potestas and Consent in Medieval Assemblies, in: Traditio 1 (1943) 355–408.
Post, Gaines, Ratio publicae utilitatis, ratio status and ›reason of state‹ 1100–1300, in desselben: Studies in Medieval Legal Thought. Public Law and the State 1100–1322, Princeton 1964, 241–309.

Post, Gaines, A Romano Canonical Maxim »quod omnes tangit« in Bracton, in: Traditio 4 (1947) 197-251.
Prüser, Friedrich, England und die Schmalkaldener 1535-1540, Gütersloh 1929 (Quellen und Forschungen zur Reformationsgeschichte, 11).
Quaritsch, Helmut, Staat und Souveränität, Bd 1, Frankfurt 1970.
Raab, Heribert, Die Concordata nationis Germanicae in der kanonistischen Diskussion des 17. bis 19. Jahrhunderts, Wiesbaden 1956 (Beiträge zur Geschichte der Reichskirche in der Neuzeit, 1).
Rabe, Horst, Reichsbund und Interim, Köln/Wien 1971.
Radbruch, Gustav, Aus Lieb der Gerechtigkeit und um gemeines Nutz willen. Eine Formel des Johann von Schwarzenberg, in: Schweizerische Zeitschrift für Strafrecht 55 (1941) 113-133.
Ramp, Ernst, Die Stellung Luthers, Zwinglis und Calvins zur Zinsfrage, Diss. Zürich 1949.
Ranke, Leopold von, Deutsche Geschichte im Zeitalter der Reformation, in: Gesamt-Ausgabe der Deutschen Akademie I/7, ed. Paul Joachimsen, 6 Bde, München 1925.
Ranke, Leopold von, Zur Kritik neuerer Geschichtsschreiber, 2. Aufl., Leipzig 1874.
Rassow, Peter, Die Kaiser-Idee Karls V. dargestellt an der Politik der Jahre 1528-1540, Berlin 1932 (Historische Studien, 217).
Rassow, Peter, Reich und Reichsidee Karls V., in desselben: Die politische Welt Karls V., München 1942, 9-39.
Reininghaus, Werner, Elternstand, Obrigkeit und Schule bei Luther, Heidelberg 1969 (Pädagogische Forschungen, 38).
Repgen, Konrad, Die römische Kurie und der Westfälische Frieden, Bd I/1, Tübingen 1962 (Bibliothek des Deutschen Historischen Instituts in Rom, 24).
Reuter, Alfred, Luthers und Melanchthons Stellung zur iurisdictio episcoporum, in: Neue kirchliche Zeitschrift 36 (1925) 549-575.
Ritter, Gerhard, Luther - Gestalt und Tat, 3. Aufl., München 1943.
Ritter, Suzanne, Die kirchenkritische Tendenz in den deutschsprachigen Flugschriften der frühen Reformationszeit, Diss. Tübingen 1970.
Rohr, Ignaz, Die Prophetie im letzten Jahrhundert vor der Reformation als Geschichtsquelle und Geschichtsfaktor, in: HJb 19 (1898) 29-59; 547-566.
Rouco-Varela, Antonio M., Staat und Kirche im Spanien des 16. Jahrhunderts, München 1965 (Münchner Theologische Studien, III/23).
Rückert, Hanns, Die Stellung der Reformation zur mittelalterlichen Universität, in desselben: Vorträge und Aufsätze zur historischen Theologie, Tübingen 1972, 77-91.
Sackur, Ernst, Sibyllinische Texte und Forschungen, Halle 1898.
Sägmüller, Johann Baptist, Die Idee der Säkularisierung des Kirchengutes im ausgehenden Mittelalter, in: ThQ 99 (1917/18) 253-310.
Salomies, Martti, Die Pläne Kaiser Karls V. für eine Reichsreform mit Hilfe eines allgemeinen Bundes. Diss. Helsinki 1953.
Schäfer, Ernst, Luther als Kirchenhistoriker, Gütersloh 1897.
Scharffenorth, Gerta, Römer 13 in der Geschichte des politischen Denkens, Diss. Heidelberg 1964.
Scheel, Otto, Luther und die Schule seiner Zeit, LJb 7 (1925) 141-175.
Scheible, Heinz, Die Gravamina, Luther und der Wormser Reichstag, in: Blätter für pfälzische Kirchengeschichte und religiöse Volkskunde 39 (1972) 167-183.
Scheyhing, Robert, Eide, Amtsgewalt und Bannleihe, Köln/Graz 1960 (Forschungen zur deutschen Rechtsgeschichte, 2).
Schlesinger, Walter, Herrschaft und Gefolgschaft in der germanisch- deutschen Verfassungsgeschichte, in: Herrschaft und Staat im Mittelalter, hrsg. von Helmut Kämpf, 2. Aufl., Darmstadt 1964 (Wege der Forschung, 2) 135-190.
Schlink, Edmund, Theologie der lutherischen Bekenntnisschriften, München 1940.

Schmidt, Gerhard, Sinn und Bedeutung der Constitutio Criminalis Carolina als Ordnung des materiellen und prozessualen Rechts, in: ZRG GA 83 (1966) 239-257.
Schmidt, Martin, Luthers Schau der Geschichte, in: LJb 30 (1963) 17-69.
Schmitt, Carl, Verfassungslehre, 4. Aufl., Berlin 1965.
Schnabel, Franz, Deutschlands geschichtliche Quellen und Darstellungen in der Neuzeit, Leipzig/Berlin 1931.
Schnith, Karl, Gedanken zu den Königsabsetzungen im Spätmittelalter, in: HJb 91 (1971) 309-326.
Scholz, Richard, Krisis und Wandlungen des Reichsgedankens am Ausgang des Mittelalters, in: Neue Jahrbücher für deutsche Wissenschaft 13 (1937) 22-40.
Schottenloher, Karl, Heiliges römisches Reich deutscher Nation, in: Fschr. Eugen Stollreither, Erlangen 1950, 301-311.
Schottenloher, Otto, Erasmus und die Respublica Christiana, in: HZ 210 (1970) 295-323.
Schrader, Franz, Kardinal Albrecht von Brandenburg, Erzbischof von Magdeburg, im Spannungsfeld zwischen alter und neuer Kirche, in: Fschr. August Franzen, Paderborn 1972, 419-445.
Schramm, Gottfried, Der polnische Adel und die Reformation 1548-1607, Wiesbaden 1965 (Veröffentlichungen des Instituts für Europäische Geschichte Mainz, 36).
Schramm, Percy Ernst, Kaiser, Rom und Renovatio, 3. Aufl., Darmstadt 1962.
Schrey, Heinz-Horst, Einführung zu: Reich Gottes und Welt. Die Lehre Luthers von den zwei Reichen, Darmstadt 1969 (Wege der Forschung, 107) IX-XVII.
Schröcker, Alfred, Unio atque concordia. Reichspolitik Bertholds von Henneberg 1484-1504, Diss. Würzburg 1970.
Schubert, Friedrich Hermann, Die deutschen Reichstage in der Staatslehre der frühen Neuzeit, Göttingen 1966.
Schubert, Friedrich Hermann, Volkssouveränität und Heiliges Römisches Reich, in: HZ 213 (1971) 91-122.
Schubert, Hans von, Bekenntnisbildung und Religionspolitik 1529/30, Gotha 1910.
Schubert, Hans von, Der Reichstag von Augsburg im Zusammenhang der Reformationsgeschichte, Leipzig 1930 (Schriften des Vereins für Reformationsgeschichte, 150).
Schubert, Irmgard von, Wirtschaftsethische Entscheidungen Luthers (Kauf und Darlehen), in: ARG 21 (1924) 49-77.
Schulte, Aloys, Zwei Aktenstücke zum Leben des Kardinals Albrecht von Brandenburg, in: Fschr. Friedrich Schneider, Freiburg 1906, 203-217.
Schuurmann, Lambert, Confusio Regnorum. Studie zu einem Thema aus Luthers Ethik, Diss. Amsterdam 1965.
Seidel, Karl Josef, Frankreich und die deutschen Protestanten, Münster 1970 (Reformationsgeschichtliche Studien und Texte, 102).
Seils, Martin, Der Gedanke vom Zusammenwirken Gottes und des Menschen in Luthers Theologie, Gütersloh 1962 (Beiträge zur Förderung der christlichen Theologie, 50).
Sellert, Wolfgang, Über die Zuständigkeitsabgrenzung von Reichshofrat und Reichskammergericht, Aalen 1965 (Untersuchungen zur deutschen Staats- und Rechtsgeschichte, NF, 4).
Skalweit, Stephan, Reich und Reformation, Berlin 1967.
Skalweit, Stephan, Reichsverfassung und Reformation, in: Probleme der Kirchenspaltung im 16. Jahrhundert, hrsg. von Raymund Kottje und Joseph Staber, Regensburg 1970, 33-58.
Smend, Rudolf, Zur Geschichte der Formel »Kaiser und Reich« in den letzten Jahrhunderten des alten Reiches, in desselben: Staatsrechtliche Abhandlungen, Berlin 1955, 9-18.
Smend, Rudolf, Das Reichskammergericht, Weimar 1911 (Quellen und Studien zur Verfassungsgeschichte des Deutschen Reiches in Mittelalter und Neuzeit, 4/3).
Spitz, Lewis W., Luther's Ecclesiology and his Concept of the Prince as Notbischof, in: Church History 22 (1953) 113-141.

Spörl, Johannes, Gedanken zum Widerstandsrecht und Tyrannenmord im Mittelalter, in: Widerstandsrecht und Grenzen der Staatsgewalt, hrsg. von Bernhard Pfister und Gerhard Hildmann, Berlin 1956, 11-32.

Spuler, Berthold, Die goldene Horde. Die Mongolen in Rußland, 2. Aufl., Wiesbaden 1965.

Stadelmann, Rudolf, Das Zeitalter der Reformation, in: Handbuch der deutschen Geschichte, hrsg. von Otto Brandt und Arnold Oskar Meyer, 2. Aufl., Bd 2, Potsdam 1936, 1-125.

Stein, Norbert, Luthers Gutachten und Weisungen an die weltlichen Obrigkeiten zum Aufbau eines evangelischen Kirchenwesens, Diss. Masch. Freiburg 1960.

Stengel, Edmund E., Imperator und Imperium bei den Angelsachsen, in: DA 16 (1960) 15-72.

Stengel, Edmund E., Kaisertitel und Souveränitätsidee. Studien zur Vorgeschichte des modernen Staatsbegriffes, in: DA 3 (1939) 1-59.

Stengel, Edmund E., Regnum und Imperium. Engeres und weiteres Staatsgebiet im alten Reich, in desselben: Abhandlungen und Untersuchungen zur Geschichte des Kaisergedankens im Mittelalter, Köln/ Graz 1965, 171-205.

Störmann, Anton, Die städtischen Gravamina gegen den Klerus, Münster 1916 (Reformationsgeschichtliche Studien und Texte, 24/26).

Strohm, Stefan, Die fraglich gewordene Integrität der Homilien zu Daniel von Brenz, in: Johannes Brenz, Frühschriften, Teil 2, hrsg. von Martin Brecht u.a., Tübingen 1974, 589-651.

Suerbaum, Werner, Vom antiken zum frühmittelalterlichen Staatsbegriff, Münster 1966 (Orbis Antiquus, 16/17).

Tecklenburg-Johns, Christa, Luthers Konzilsidee in ihrer historischen Bedingtheit und ihrem reformatorischen Neuansatz, Berlin 1966 (Theologische Bibliothek Töpelmann, 10).

Tellenbach, Gerd, Libertas, Stuttgart 1936 (Forschungen zur Kirchen- und Geistesgeschichte, 7).

Théremin, Wilhelm, Beitrag zur öffentlichen Meinung über Kirche und Staat in der Geschichtsschreibung Deutschlands von 1349-1415, Berlin 1909 (Historische Studien, 68).

Thieme, Hans, Die Funktion der Regalien im Mittelalter, in: ZRG GA 62 (1942) 75-79.

Tierney, Brian, Foundations of the Conciliar Theory, Cambridge 1955 (Cambridge Studies in Medieval Life and Thought, NS/4).

Törnvall, Gustaf, Geistliches und weltliches Regiment bei Luther, München 1947.

Toews, John B., Pope Eugenius IV and the Concordat of Vienna (1448), in: Church History 34 (1965) 178-194.

Triepel, Heinrich, Die Hegemonie, Stuttgart 1938.

Troeltsch, Ernst, Die Bedeutung des Protestantismus für die Entstehung der modernen Welt, 3. Aufl., München/Berlin 1924.

Troeltsch, Ernst, Die Soziallehren der christlichen Kirchen und Gruppen, Tübingen 1922.

Trüdinger, Karl, Luthers Briefe und Gutachten an weltliche Obrigkeiten zur Durchführung der Reformation, Münster 1975 (Reformationsgeschichtliche Studien und Texte, 111).

Trusen, Winfried, Anfänge des gelehrten Rechts in Deutschland. Ein Beitrag zur Geschichte der Frührezeption, Wiesbaden 1962 (Recht und Geschichte, 1).

Trusen, Winfried, Römisches und partikuläres Recht in der Rezeptionszeit, in: Fschr. Heinrich Lange, München 1970, 97-120.

Trusen, Winfried, Spätmittelalterliche Jurisprudenz und Wirtschaftsethik, Wiesbaden 1961 (Beiheft der VSWG, 43).

Ulmann, Heinrich, Studie über Maximilian's I. Plan einer deutschen Kirchenreform im Jahre 1510, in: ZKiG 3 (1879) 199-219.

Ullmann, Walter, A History of Political Thought: The Middle Ages, London 1965.

Ullmann, Walter, Principles of Government and Politics in the Middle Ages, London 1961.
Verdross, Alfred, Völkerrecht, 3. Aufl., Wien 1955.
Volz, Hans, Luthers Schmalkaldische Artikel und Melanchthons Tractatus de potestate pape, in: Theologische Studien und Kritiken 103 (1931) 1-73.
Vorster, Hans, Das Freiheitsverständnis bei Thomas von Aquin und Luther, Göttingen 1965.
Wangemann, Hans, Luther als Sprecher und Lenker der öffentlichen Meinung in der Zinsfrage, Diss. Leipzig 1948.
Walter, Johann von, Luther und Melanchthon während des Augsburger Reichstages, Gütersloh 1931.
Wappler, Paul, Die Stellung Kursachsens und des Landgrafen Philipp von Hessen zur Täuferbewegung, Münster 1910 (Reformationsgeschichtliche Studien und Texte, 13/14).
Ward, Frank G., Darstellung und Würdigung der Ansichten Luthers vom Staat und seinen wirtschaftlichen Aufgaben, Jena 1898.
Watt, John A., The Theory of Papal Monarchy in the Thirteenth Century, New York 1965.
Weicker, Bernhard, Die Stellung der Kurfürsten zur Wahl Karls V. im Jahre 1519, Berlin 1901 (Historische Studien, 22).
Weier, Reinhold, Der Einfluß des Nikolaus Cusanus auf das Denken Martin Luthers, in: Mitteilungen und Forschungsbeiträge der Cusanus-Gesellschaft 4 (1964) 214-229.
Werminghoff, Albert, Nationalkirchliche Bestrebungen im deutschen Mittelalter, Stuttgart 1910 (Kirchenrechtliche Abhandlungen, 61).
Wiesflecker, Hermann, Kaiser Maximilian I., Bd 1, München 1971.
Wiesflecker, Hermann, Neue Beiträge zur Frage des Kaiser-Papstplanes Maximilians I. im Jahre 1511, in: MIÖG 71 (1963) 311-332.
Wilks, Michael, The Problem of Sovereignty in the Later Middle Ages, Cambridge 1964 (Cambridge Studies in Medieval Life and Thought, NS/9).
Winckelmann, Otto, Über die ältesten Armenordnungen der Reformationszeit (1522-1525), in: HVjschr 17 (1914) 187-228.
Winckelmann, Otto, Der Schmalkaldische Bund 1530-1532 und der Nürnberger Religionsfriede, Straßburg 1892.
Windelband, Wolfgang, Die auswärtige Politik der Großmächte in der Neuzeit, 6. Aufl., Darmstadt 1964.
Wingren, Gustav, Luthers Lehre vom Beruf, München 1952.
Wohlfeil, Rainer, Der Wormser Reichstag von 1521, in: Der Reichstag zu Worms von 1521, hrsg. von Fritz Reuter, Worms 1971, 59-154.
Wolf, Armin, Das »kaiserliche Rechtsbuch« Karls IV. (sogenannte Goldene Bulle), in: Ius Commune 2 (1969) 1-32.
Wolf, Erik, Idee und Wirklichkeit des Reiches im deutschen Rechtsdenken des 16. und 17. Jahrhunderts, in: Reich und Recht in der deutschen Philosophie, hrsg. von Karl Larenz, Bd 1, Stuttgart/Berlin 1943, 37-168.
Wolf, Ernst, Zur Frage des Naturrechtes bei Thomas von Aquin und bei Luther, in desselben: Peregrinatio, Bd 1, 2. Aufl., München 1962, 183-213.
Wolf, Ernst, Die »lutherische Lehre« von den zwei Reichen in der gegenwärtigen Forschung, in: ZevKR 6 (1958/59) 255-273.
Wolf, Ernst, Politia Christi. Das Problem der Sozialethik im Luthertum, in desselben: Peregrinatio, Bd 1, 2. Aufl., München 1962, 214-242.
Wolny, Klaus, Das Bischofsamt als leitendes geistliches Amt und seine verfassungsmäßige Gestaltung in den Gliedkirchen der evangelischen Kirche in Deutschland, Diss. Erlangen/Nürnberg 1967.
Wolter, Hans, Das Bekenntnis des Kaisers, in: Der Reichstag zu Worms von 1521, hrsg. von Fritz Reuter, Worms 1971, 222-236.

Wolzendorff, Kurt, Staatsrecht und Naturrecht in der Lehre vom Widerstandsrecht des Volkes gegen rechtswidrige Ausübung der Staatsgewalt, Breslau 1916 (Untersuchungen zur deutschen Staats- und Rechtsgeschichte, 126).

Zeeden, Ernst Walter, Deutsche Kultur in der frühen Neuzeit, Frankfurt 1968 (Handbuch der Kulturgeschichte, I/5).

Zeeden, Ernst Walter, Deutschland von der Mitte des 15. Jahrhunderts bis zum Westfälischen Frieden (1648), in: Handbuch der europäischen Geschichte, hrsg. von Theodor Schieder, Bd 3, Stuttgart 1971, 445-580.

Zeeden, Ernst Walter, Die Einwirkung der Reformation auf die Verfassung des Heiligen Römischen Reiches Deutscher Nation, in: Trierer Theologische Zeitschrift 59 (1950) 207-215.

Zeeden, Ernst Walter, Das Zeitalter der Gegenreformation, Freiburg 1967 (Herder Bücherei, 281).

Zeller, Gaston, Les rois de France, candidats à l'Empire. Essai sur l'idéologie impériale en France, in: Revue Historique 173 (1934) 273-311.

Zeumer, Karl, Die Goldene Bulle Kaiser Karls IV., 2 Bde, Weimar 1908 (Quellen und Studien zur Verfassungsgeschichte des Deutschen Reiches in Mittelalter und Neuzeit, 2).

Zeumer, Karl, Heiliges römisches Reich deutscher Nation. Eine Studie über den Reichstitel, Weimar 1910 (Quellen und Studien zur Verfassungsgeschichte des deutschen Reiches in Mittelalter und Neuzeit, IV/2).

Ziehen, Eduard, Mittelrhein und Reich im Zeitalter der Reichsreform, Bd 1, Frankfurt 1934.

Zieschang, Rudolf, Die Anfänge eines landesherrlichen Kirchenregimentes in Sachsen am Ausgange des Mittelalters, in: Beiträge zur sächsischen Kirchengeschichte 23 (1909) 1-156.

ABKÜRZUNGEN

Abh.	Abhandlung
Ak.	Akademie
AKG	Archiv für Kulturgeschichte
ARG	Archiv für Reformationsgeschichte
Aufl.	Auflage
Bd(e)	Band (Bände)
bes.	besonders
C	Codex Justiniani
c.	capitulum, caput, causa
Clem	Clementis Papae V. Constitutiones (Clementinae)
CR	Corpus Reformatorum
D	Justiniani Digesta
DA	Deutsches Archiv für Erforschung des Mittelalters
DecretGrat	Decretum Gratiani
Diss.	Dissertation
DRWB	Deutsches Rechtswörterbuch
ebda	ebenda
ed.	edidit
EvTh	Evangelische Theologie
Fschr.	Festschrift
hist.	historisch
HJb	Historisches Jahrbuch der Görres-Gesellschaft
HRG	Handwörterbuch zur deutschen Rechtsgeschichte
hrsg.	herausgegeben
HVjschr	Historische Vierteljahresschrift
HZ	Historische Zeitschrift
kgl.	königlich
Kl.	Klasse
LJb	Luther-Jahrbuch
Masch.	Maschinenschrift
MGH	Monumenta Germaniae Historica
MGH Const	Monumenta Germaniae Historica, Constitutiones et Acta Publica Imperatorum et Regum
MGH Staatsschriften	Monumenta Germaniae Historica, Staatsschriften des späteren Mittelalters
MIÖG	Mitteilungen des Instituts für österreichische Geschichtsforschung
NF	Neue Folge
NS	Neue Serie (New Series)
o.J.	ohne Jahr
o.O.	ohne Ort
q.	Quaestio
QFIAB	Quellen und Forschungen aus italienischen Archiven und Bibliotheken

RHDFE	Revue historique de droit français et étranger
RTA ÄR	Deutsche Reichstagsakten, Ältere Reihe
RTA JR	Deutsche Reichstagsakten, Jüngere Reihe
S.	Seite
SBaG	Schweizer Beiträge zur allgemeinen Geschichte
sc.	scilicet
ThQ	Theologische Quartalschrift
vgl.	vergleiche
VSWG	Vierteljahrschrift für Sozial- und Wirtschaftsgeschichte
WA	D. Martin Luthers Werke. Kritische Gesamtausgabe (Weimarer Ausgabe)
WABr	D. Martin Luthers Werke. Kritische Gesamtausgabe: Briefwecbsel
WADB	D. Martin Luthers Werke. Kritische Gesamtausgabe: Deutsche Bibel
WaG	Die Welt als Geschichte
WATi	D. Martin Luthers Werke. Kritische Gesamtausgabe: Tischreden
X	Decretales Gregorii Papae IX. (Liber Extra)
ZbKG	Zeitschrift für bayerische Kirchengeschichte
ZbLG	Zeitschrift für bayerische Landesgeschichte
ZevKR	Zeitschrift für evangelisches Kirchenrecht
ZKiG	Zeitschrift für Kirchengeschichte
ZRG GA	Zeitschrift der Savigny-Stiftung für Rechtsgeschichte, Germanistische Abteilung
ZRG KA	Zeitschrift der Savigny-Stiftung für Rechtsgeschichte, Kanonistische Abteilung

PERSONENREGISTER

Adolf von Nassau, deutscher König 64
Ahikam 167
Albrecht von Brandenburg, Erzbischof von Mainz und Magdeburg 100, 110, 137, 146
Aristoteles 131, 132, 165, 178
Augustinus 37, 149
Berthold von Henneberg, Erzbischof von Mainz 128
Brück, Gregor, kursächsischer Kanzler 117, 119, 121, 125, 141
Bugenhagen, Johannes 171
Calvin, Johannes 135, 180
Campeggio, Lorenzo, päpstlicher Legat 118, 119
Daniel 47, 48, 50, 155
Dante Alighieri 38
Diokletian 169
Eck, Johannes 33, 98
Elert, Werner 12, 13
Fabian, Ekkehard 118
Ferdinand I., römischer König 119, 137, 173
Friedrich Barbarossa 49
Friedrich, Kurfürst von der Pfalz 137
Friedrich der Weise, Kurfürst von Sachsen 58
Georg von Anhalt, Domprobst von Magdeburg 149
Georg, Herzog von Sachsen 119, 120, 146
Gierke, Otto von 56
Grisar, Hartmann 11
Grundmann, Walter 12
Günter, Heinrich 11
Hans von Hermannsgrün 99
Heckel, Johannes 17
Heinrich, Herzog von Braunschweig-Wolfenbüttel 146, 172
Heinrich VIII., König von England 51
Held, Matthias, Reichsvizekanzler 157
Hermann von Wied, Erzbischof von Köln 151
Holl, Karl 9
Janssen, Johannes 9
Joachim I., Kurfürst von Brandenburg 120
Joachim II., Kurfürst von Brandenburg 157
Johann, Kurfürst von Sachsen 118, 137
Johann Friedrich, Kurfürst von Sachsen 146, 171
Johann von Henneberg, Fürstabt von Fulda 112
Johann VIII. von Maltitz, Bischof von Meißen 148
Jojakim 167
Jonas, Justus 171
Kalkoff, Paul 11, 13
Karl der Große 32, 36, 46, 47
Karl V. 3, 6-7, 37, 48, 66, 71, 104, 118, 119, 137, 138, 153, 159, 170, 172, 173, 177

Köhler, Walther 12, 13
Konrad von Thüngen, Fürstbischof von Würzburg 114
Kraft, Heinz 13
Kraske, Konrad 13-16, 34-35, 40, 54
Lang, Matthäus, Erzbischof von Salzburg 100
Link, Wenzel 123
Ludicke, Johannes 157, 167, 168
Lupold von Bebenburg 32, 166
Macchiavelli, Niccolò 25
Maximilian I. 4, 96, 100
Mayer, Theodor 57
Melanchthon, Philipp 63, 64, 68, 114, 118, 132, 153, 155, 172
Müller, Karl 10-11, 13, 15, 16, 63, 125, 163
Müntzer, Thomas 55, 59
Nikolaus von Amsdorf, Bischof von Naumburg 149, 151
Nikolaus von Kues 32, 145, 166
Nimrod 37
Ockham, Wilhelm von 62
Otto III. 164, 165
Ottonen 145, 165
Pauls, Theodor 11
Paulus 155
Philipp, Landgraf von Hessen 126-128, 129, 130, 136, 138, 163, 178
Ranke, Leopold von 8-9
Ritter, Gerhard 12
Saul, König von Israel 167
Scholz, Richard 12
Schubert, Hans von 133
Spengler, Lazarus 65, 68, 124, 130
Stadelmann, Rudolf 12
Stein, Norbert 147
Strauß, Jakob, Prediger in Eisenach 91
Troeltsch, Ernst 9
Ulrich, Herzog von Württemberg 138
Ulrich von Hutten 97, 100
Valerius, Bischof von Hippo 149
Wenzel, deutscher König 64
Wimpfeling, Jakob 99
Wolf, Erik 12, 13

SACHREGISTER

Abendland 39
Adel 3, 55, 139, 140, 173
- Adelskritik 80, 87, 97
- Lehensadel 55, 86-87
Ägypten 37
Annaten 99, 103
Apostolisches Glaubensbekenntnis 140
Aristotelische Verfassungstypen
- Aristokratie 165
- Demokratie 165
- Despotie 131, 165
Asien 37
Aufruhr 24, 66, 67, 76, 84
Augsburger Religionsfrieden (1555) 152
Außenpolitik 141
Bauernkrieg 29, 60, 63, 89, 111
Benefizien 101
Bettelwesen 93-94
Billigkeit (*Aequitas*) 26
Bischöfe 36, 72, 98, 101, 103, 107-115, 147-152, 173, 178
- als Landesfürsten 106-115, 148-151
- bischöfliche Jurisdiktion 101, 112, 113, 152
- neugläubige Bischöfe 111, 114-115, 151
- und Papst 99, 101-103, 148, 155
Böhmen 100, 102
Bündnispolitik der neugläubigen Stände 135-136
Bürokratie 81, 86
Carolina 75
Christenheit 39, 49, 52, 175
Christ- und Weltperson 123-124
Coburg 79, 112, 117
Corpus Christianum 9
Crimen lesae Majestatis 66, 76
Deutscher Orden 109-110
Deutschland 3,8 12, 31-33, 37, 45, 47, 97, 99, 100, 101, 102, 113, 132, 138, 145, 150, 165, 173, 176, 179
- Deutsche 42, 43, 44, 47, 48
- Deutsche Nation 13, 43, 99, 144
Diözesangliederung 108
Dithmarschen 165
Divisio imperii 35, 36, 46, 47, 48
dynastisches Prinzip 87, 88, 127
Eidgenossen 136, 147
- Eidgenössischer Burgrechtsverband 136
Einung 5, 57, 70

England 33, 141, 160, 165
Evangelium 7, 17, 29, 85, 107, 118, 119, 120, 121, 122, 138, 148, 173, 174, 177, 180
Ewiger Landfrieden (1495) 6, 15, 71, 75, 76, 77, 78
Exemptionen 101
Expektanzen 103
Fehde 74, 75, 77
Franken 114
Frankfurter Anstand (1539) 179
Frankreich 5, 32, 33, 37, 39, 45, 47, 102, 145, 157, 160, 165
Frieden 26-27, 79, 84, 135-138, 175, 178
Frieden von Nizza (1538) 157
Fürsten 3, 4, 10, 11, 16, 36, 38, 50, 54, 55, 57, 58, 60, 69-70, 72, 74, 77, 81, 84, 85, 87-88, 91, 94-95, 96, 105, 117, 118, 123-124, 126-127, 129, 130, 132, 133, 139, 140-141, 142, 146, 147, 149, 161, 164, 166, 167-168, 172, 173
- Fürstenaufruhr 77, 85
- Fürstenverschwörung 119-121
- Rechtsstellung 57, 58, 60, 61, 66, 70, 74, 126-128, 129, 132-133, 139, 140-141, 164, 167, 172
- Mitregierung 57, 60, 61, 70, 126-129, 164, 166, 167, 172
- Verantwortung für das Reich 57, 127, 129
(vgl. auch: Landesfürsten, Reichsstände)
Fürsten- und Ständespiegel 146
Fulda 112
Geburtsständische Privilegien 80, 87, 146
Geistliche Fürstentümer 97, 106, 115, 148-151, 177, 178
- Säkularisation 109-112, 149, 177
Gelehrte Räte 81, 85-86
Gemeiner Kasten 109
Gemeinwohl 61, 79, 80, 87, 88, 91, 92, 94, 95, 176
Gerichte 77, 78, 140
Geschichtstheologie Luthers 44-45, 47, 51, 144
Gesetz, Gesetze 17, 25, 121, 122, 124, 131, 164
Gleichgewichtsprinzip 145
Glossatoren 40
Goldene Bulle 15, 138, 158-159, 161, 164, 179
Goten 42
Gott 3, 13, 18-21, 22, 23, 24, 25, 27-28, 29, 38, 43, 44, 45, 49, 50, 51, 53, 54, 61, 62, 66, 67, 68, 76, 80, 110, 120, 123, 135, 136, 139, 144, 175
Grafen 55, 139
Gravamina 97, 99
Griechenland 37
- Griechen 43, 46
Großreiche 38, 47-48, 50
Handelsgesellschaften 90
Hausherrschaft 55-56
Heiden 24, 38, 50, 68
Heidenkrieg 52
Herrschaftlicher Schutz 60, 140
Hessen 121, 141
Hochstifte: vgl. Geistliche Fürstentümer
Humanismus 5, 24, 62, 84, 88
Hussiten 100

Israel 87, 167
Italien 32, 37, 46, 47
Italienkriege 145
Juristen 79, 123, 124, 125, 130, 163
- kursächsische Juristen 10, 121, 125, 161
Kaiser 3, 4, 5, 6, 7, 8, 10, 11, 12, 13, 15, 16, 32, 33, 34, 35, 36, 38, 40, 44, 48, 51, 52, 53, 58-61, 64-74, 79, 84, 85, 88, 91, 94, 96, 104, 105, 117-121, 124, 125, 126, 127, 128, 129, 130, 131, 132, 133, 134, 135, 137, 138, 139, 141, 142, 146, 147, 152, 153, 154, 157, 158, 160-174, 176, 178, 179
- Absetzung des Kaisers 64-67, 68, 72, 134
- als *Advocatus Ecclesiae* 14, 51-52
- als Alleinherrscher 4, 133, 160, 164-165, 167, 169, 173, 174
- als deutscher Kaiser 32, 37, 45, 46, 48
- als *Dominus mundi* 35, 37, 38, 39
- als Großherrscher 37
- als Haupt der Christenheit 33, 39-40, 52
- als Herr der Fürsten 58, 69, 129, 139, 169, 172
- als römischer Kaiser 36, 46, 48
- direkte Herrschaft über die Reichsangehörigen 54, 58-59, 126, 176
- Gebotsgewalt 6, 39, 40, 58-59, 61, 126, 128, 176
- Gerichtshoheit 4, 139
- Heidenkrieg 52
- Herrschaftsrechte 4, 58-59, 70, 71, 74, 126-129, 139, 160-164, 166, 167-171, 173, 176
- Majestät 117, 119, 161
- Rechtsunterworfenheit 66, 69, 126-127, 129, 131, 134, 141, 142, 159-160
- und Kirchenreform 51, 102-105, 153-154
- und Papst 49, 102-103, 121, 153-154, 158
- und Recht 40-41, 59-60, 64, 139, 147
- Wahl 63, 66, 127, 128, 130
Kaiser
- oströmischer Kaiser 46
- persischer Kaiser 36
- römischer Kaiser 36, 42
- tatarischer Kaiser 35, 36
- türkischer Kaiser 35, 36
(vgl. auch: Sultan)
- weströmischer Kaiser 46
- von Konstantinopel 42, 46
Kaisertum 32, 35, 55
- als Herrschaft über Königreiche 36-37, 55
Kirche 3, 10, 14, 19, 33, 49, 51, 79, 96-115, 142, 147-156, 175, 177, 178, 179
- Kirchenreform 51, 83, 99, 102-104, 149-150, 152-154, 155, 177, 178-179
- Landeskirche 97, 105, 112, 151-152, 153, 156, 179
- Nationalkirche 96, 99-100, 101, 102, 104, 105, 152-153, 156, 177, 179
- Reichskirche 6, 96-97, 104, 113, 147, 149, 150, 152, 177
- Reichsklöster 112, 150
- Universalkirche 33-34, 38-39, 40, 102, 104, 105, 154-156
Kirchenstaat 37, 176
Kleiderluxus 90, 91
König, Könige 36, 40, 56, 133, 140, 159, 160
- englischer König 51, 160, 165
- französischer König 39, 160, 165
- römischer König 126, 137

Konkordate von 1447/48 96, 105
Konsenslehre 61-62
Konsistorien 152
Konstantinopel 43, 45, 47
Konzil
- Allgemeines Konzil 40, 103, 152, 154, 155
- Konziliarismus 62
- Nationalkonzil 104, 153, 154
Konzil von Nikaia 100, 101
Konzilsberufung nach Mantua 157
Korporation, Kollegium 159, 162-164, 166, 168, 169, 170, 179
Kreiseinteilung 166
Krieg 136, 138, 141, 157, 164, 170
Kurfürsten 13, 63, 64, 66, 128, 140, 158-162, 164, 166-171, 172, 179
- Kaiserabsetzung 64-65, 72
- Kaiserwahl 63, 128, 158, 164
- Mitregierung 158-159, 160-162, 164, 166, 167-171, 172, 179
- Verantwortung für das Reich 159, 160, 162, 169
Kurfürstenrat 158, 166
Kurkolleg 4, 64, 72, 158-160, 161-162, 164-167, 171, 179
Kursachsen 121, 161, 171
Länder 54-55, 57, 58, 140
Landesfürsten 59, 81, 105, 112, 114, 140-141, 147, 151, 178
- als Notbischof 114, 151-152
- und Reformen 94-95, 146-147
Landeshoheit 96, 105, 133, 142
Landeskirche: vgl. Kirche
Landrichter 53, 86
Langobarden 45-46
Legatus natus [Erzbischöfe von Salzburg] 100
Legisten 65, 162
Lehen 86, 111
(vgl. auch: Adel)
Leipziger Disputation 33
Leisnig 109
Liebe (*Caritas*) 19-20, 25
Libertas Germaniae 172, 173, 174
Magdeburg 100, 101
Majoritätsprinzip 71, 128, 170
Mark Ancona 106
Moderner Staat 5, 6, 56, 83, 175, 177
Monarchie 4, 5, 6-7, 11, 12, 15, 28-29, 30, 61, 131, 133, 145, 160, 165, 167, 169, 174, 179
- rechtlich beschränkte Monarchie 131-132, 134, 142, 178
Naumburg 149, 150
Neapel-Sizilien 106
Nominalismus 61
Nürnberg 65, 73, 123
Nürnberger Anstand (1532) 138
Nürnberger Bund (1538) 157, 179
Nürnberger Edikt (1524) 51
Obrigkeit 3, 4, 15, 17, 18, 22-30, 34, 50, 53-55, 57, 58, 67, 68, 72, 74, 76, 77, 78, 79, 80, 81, 83, 85, 86, 87, 88, 89, 91, 92, 93, 94, 95, 98, 102-103, 104, 122, 124, 125, 126, 130,

139, 140, 143, 144, 146, 155, 175, 176, 178
- als Amt 23-25, 53, 56, 57, 76, 87, 88, 146, 176
- Aufgaben 25-28, 76, 81, 85-86, 91-95, 102-103, 146, 175
- Ursprung 22-23, 24, 25, 50, 53-54, 57, 62, 80, 175
Offiziale 106
Papst 3, 9, 32, 33, 34, 36, 37, 41-47, 48, 49, 94, 96-97, 98, 99, 101, 102, 103, 104, 105, 114, 118, 119, 121, 148, 152, 154-156, 158
- als Antichrist 45, 121, 155
- als Kaiser 42, 44, 45, 47, 48, 106
- als oberste Aufsichts- und Appellationsinstanz der Kirche 101, 102, 156
- Kaiserakklamation 46, 47
- Kaiserkrönung 32
- Jurisdiktion 103-104, 148
- päpstliche Ansprüche auf das Reich 41-47, 49, 106, 175
(vgl. auch: *Translatio imperii*)
- päpstliche Kurie 96, 97, 99
- Primat *iure humano* 98, 154-155
- Recht auf Kaiserabsetzung 65
Preiswelle 90
Preußen 110
Primas von Deutschland [Erzbischöfe von Magdeburg] 99-101, 102
Recht, Rechte 10, 11, 13, 14, 15, 18, 24-25, 26, 27, 32, 40, 53, 54, 57, 58, 59-60, 61 , 64, 65, 66, 69, 70, 72, 74-79, 88, 95, 98, 101, 117, 121, 122, 123-125, 126, 129, 130, 131-132, 133, 134, 135, 139, 141, 142, 146, 151, 152, 154, 157, 159, 162, 166, 167, 169, 176, 177, 179
- Kaiserrecht 40, 60, 130, 139
- kanonisches Recht 49, 125, 152, 162
- korporatives Recht 162, 163, 166, 179
- Landrechte 60
- Mosaisches Recht 60
- positives Recht 15, 124, 125, 131, 134
- Reichsrecht 10(69, 142
- römisches Recht 24, 40, 60, 139, 174
Recht und Gemeinwohl 61, 79, 88, 132
Rechtfertigung 19
Rechtsprechung 74, 77
Reform, Reformen 3, 27, 83, 88, 91, 93, 94, 95, 96, 99, 102, 103, 108, 133, 143, 144, 145, 146, 147, 148, 150, 152, 155, 176, 177, 178
- Reform als Änderung der bestehenden Ordnung 143-144
- Reform als Rückkehr zur alten Ordnung 84, 143
- Reform der Herrschaftsordnung 85-88, 145
- Reichsreform 83, 143-144, 177
- Schulreformen 94-95, 177
- soziale Reformen 93-94, 146, 177
- Universitätsreformen 94
- wirtschaftliche Reformen 91-92, 147, 177
Regalien 132-133
Reich 3-8, 10-15, 31-33, 37, 41, 42-51, 53-56, 57, 58, 59, 60, 61 , 64, 66, 70, 71, 72, 73, 74, 75, 79, 83-85, 88-89, 91-95, 102, 104, 105, 107, 110, 111, 112, 114, 117, 121, 126-129, 131-132, 134, 135, 137, 138, 139, 141, 142, 143-144, 145, 146-147, 150, 152, 153, 157, 158, 159, 160, 164, 165, 166, 167, 169, 171, 173, 174, 175-180
Reich [Idee]
- als deutsches Reich 13, 31-33, 37, 41, 44, 176

- als heiliges Reich 14, 49-51
- als letztes Großreich der Geschichte 47-49, 50-51
- als römisches Reich 14, 41, 43-49, 51, 175
- als Weltreich 12, 14, 31, 35, 37, 38, 175
- Ende des Reiches 47-49
- heilsgeschichtliche Sendung des Reiches 49, 50, 51
- Herkunft von Gott 49-50

Reich [Verfassung]
- als Aristokratie 4, 7, 15, 165-166, 170, 171, 172, 179
- als Herrschaftspyramide 53-54, 55, 56, 58, 74, 139
- als Monarchie 7, 11, 61, 145, 179
- als organisches Ordnungsgefüge 54-56
- als rechtlich beschränkte Monarchie 131-132, 134, 178
- als Ständestaat 56, 70-71, 128, 133-134, 142, 176, 178, 179
- und Reformen 6, 91-95, 96-97, 102-105, 111, 146-147, 152-154, 176-177 178-179
- Wehrverfassung 6, 166
- Wirtschaftspolitik 71, 91-92, 147, 177

Reichsacht 53, 76

Reichskammergericht 75, 139, 166

Reichsreform 5-7, 83, 84-89, 143-144, 145, 176-177, 178

Reichsreformperiode 4, 71, 74, 83, 145, 159

Reichsstädte 57-58, 132

Reichsstände 4, 5-6, 7, 10, 12, 13, 63, 64, 66, 69, 73, 91, 104, 105, 107, 117, 120, 121, 126, 127, 128, 129, 133, 134, 135, 138, 139, 141, 142, 154, 157, 159, 163, 164, 174, 176, 177, 178, 179
- Auswärtige Bündnisse 59, 141, 142, 178
- Einungsrecht 57, 136, 171
- Mitregierung 57, 60, 61, 64, 69-71, 74, 91, 129, 159, 163-164, 166, 167, 172, 179
- Untertanen des Kaisers 53-54, 58, 69, 84, 130, 139
- Verantwortung für das Reich 66, 69, 127, 129

Reichstag 4, 70-74, 91, 92, 128, 159-160, 164, 166, 167, 172
- Mitregierung 71-74, 128, 159-160, 164
- Verfassung 71-72

Reichstag von Augsburg (1530) 114, 117, 118, 119, 120, 133, 135, 138, 142, 148, 163, 176, 177
- von Lindau (1498) 71
- von Nürnberg (1523) 73
- von Nürnberg (1524) 51
- von Speyer (1526) 73, 74
- von Speyer (1529) 117, 140
- von Speyer (1544) 153
- von Worms (1521) 7, 8, 11, 53, 72, 73, 104, 107, 153, 176

Reichsverfassung 4, 8, 15, 53, 74, 83, 84, 85, 91, 107, 110, 114, 115, 117, 121, 125, 126, 127, 129, 131, 135, 138, 139, 143-145, 165-166, 167, 168, 172, 174, 175-180
- als *forma imperii* 129, 134, 167

Reichsweistum von 1231 70

Religionskonflikt 7, 8, 12, 117, 135-136, 138, 145, 147, 176

Repräsentationslehre 166

Ritter 57, 77

Römer 13 15, 28, 54, 65, 98

Römisches Reich [Antike] 14, 36, 38, 40, 41-48, 51, 175
- Ostreich 43, 46, 47

- Westreich 45, 46, 47
(vgl. auch: *Divisio imperii, Translatio imperii*)
Rom 37, 42, 43, 45, 46, 96, 97, 99, 101, 103, 106, 152, 155, 176
Romagna 106
Romwallfahrten 103
Salzburg 100
Satzung 70, 71
Schmalkaldischer Bund 117, 136, 137, 138, 139, 141, 157, 170
Schulwesen 94-95
Schwäbischer Bund 138
Schwärmer 29, 60, 94
Schweiz 165
(vgl. auch: Eidgenossen)
Seelsorge 23, 105, 106, 107, 113, 147, 149
Selbsthilfe 24, 76-77, 91, 176
Sequestration der geistlichen Güter 152
Spanien 46, 173, 174
Speyerer Nationalkonzil 104
Städte 3, 54, 57, 58, 91, 93-94, 95
Stände [theologisch] 18-22, 23, 25, 27, 83, 110, 155, 168
- *Ecclesia* 18, 23, 83, 98
- *Oeconomia* 18, 83, 110
- *Politia* 18, 23, 25, 83, 110
Standesgrenzen 80
Straßburg 141
Sultan 48, 55
(vgl. auch: türkische Kaiser)
Territorialstaat 57
Territorien 6, 7, 57, 70, 85, 89, 92, 105, 110, 112, 128, 140, 142, 147, 152, 176
Torgau 58
- Torgauer Verhandlungen 121-123, 124, 125, 126, 129, 133, 136
Translatio imperii 41-47
- kuriale Translationslehre 41, 42, 47, 175
- *Translatio vocabuli* 43, 44, 47
Türken (Osmanen) 35, 36, 37, 42, 47, 48, 50, 52, 60, 138, 145
Tyrannis, Tyrann, tyrannisch 24, 55, 76, 78, 117, 119, 121, 131, 167
Ungleichheit 21
Universitäten 94
Untertanen 25, 26, 53-54, 57, 58-59, 67, 69, 78, 85, 126, 131, 139, 172
- doppelte Untertanenschaft 58-59
Verfassung 7, 8, 11, 12, 15, 16, 17, 28-30, 53, 83, 98, 102, 130, 131, 135, 154, 162, 165, 166, 169, 172, 175, 176, 179, 180
Verfassungsbegriff
- konstitutioneller Verfassungsbegriff 15
- Luthers Verfassungsverständnis 28, 129, 139, 143, 167
- rechtshistorischer Verfassungsbegriff 15-16
Verfassungskonflikt 7, 117, 138, 176, 177
Verfassungsreform 4-7, 83-85, 88-89, 143-144, 177, 178
Vernunft 21-22, 25, 27, 28, 29, 34, 88, 175
Verteidigung 53, 57, 60, 86-87, 140
Verteidigungsbündnis 57, 136, 171
Vertrag, Verträge 66, 70, 127, 128, 129, 134

Via media 62
Visitation 85, 86, 152
Vita activa 20
Völkerwanderung 41, 45
Volkssouveränität 63–64
Wahlkapitulation 4, 6, 10, 11, 15, 66, 71, 127, 128, 129, 134, 142, 158, 159, 164, 170, 178
Waren- und Geldwucher 90–91
Weltherrschaft 31, 33, 37–38, 39, 40, 42, 44, 174, 175
Westfälischer Frieden 141
Widerstand 7, 9, 10, 11, 13, 15, 66–69, 117, 120, 122–125, 129, 130, 131, 135, 141, 142, 157, 159, 167, 169, 171, 177, 179,
Wiedertäufer 140
Wirtschaftsfragen 71, 89–92, 93, 147, 177, 180
Wittenberg 168
Wormser Religionsgespräch (1540/41) 153
Würzburg 114
Wundermänner 27–28, 30
Zinskauf 90, 91
Zwei-Regimenter-Lehre 17, 18
- Trennung des geistlichen und weltlichen Regiments 49, 51–52, 106, 110, 113, 114, 115, 177
Zwei-Reiche-Lehre 17, 18